La liste de Schindler

J'AI LU

Thomas Keneally

La liste de Schindler

Traduit de l'américain
par François Dupuis

Éditions J'ai lu

À la mémoire d'Oskar Schindler et de Léopold Pfefferberg dont la persévérance a permis à ce livre d'exister

Titre original :

SCHINDLER'S LIST

En 1980, je m'apprêtais à faire l'achat d'une valise dans un magasin de Beverly Hills, en Californie. La boutique appartenait à Leopold Pfefferberg, un des survivants du groupe Schindler. C'est là, au milieu des articles de cuir importés d'Italie, que j'ai entendu parler pour la première fois d'Oskar Schindler, Allemand, bon vivant, gentleman-traficoteur, qui réussit à sauver de la mort quelques milliers d'individus appartenant à une race condamnée dans une période où l'Histoire s'écrivait Holocauste. Ce récit, je l'ai écrit après avoir interrogé cinquante des survivants du groupe Schindler dans sept pays différents – Australie, Israël, Allemagne fédérale, Autriche, Etats-Unis, Argentine et Brésil. Accompagné de Leopold Pfefferberg, je me suis rendu sur les lieux où se sont déroulés les événements : Cracovie, la ville d'adoption d'Oskar ; Plaszow, où Amon Goeth avait fait ériger son camp de travail concentrationnaire ; Zablocie, où l'on peut encore voir l'usine d'Oskar ; Auschwitz-Birkenau, où Oskar recrutait sa main-d'œuvre féminine. J'ai compulsé les documents d'époque et me suis entretenu avec les quelques associés d'Oskar encore joignables et le petit groupe de ses amis d'après-guerre. Les nombreux témoignages recueillis à Yad Vashem par les « juifs de Schindler », la haute autorité du souvenir des martyrs et des héros, des écrits de sources privées ainsi que des notes et des lettres d'Oskar – quelques-unes puisées à Yad Vashem, d'autres fournies par les amis d'Oskar – m'ont servi à documenter ce récit.

Comme beaucoup d'auteurs modernes, j'ai choisi d'écrire cette histoire sous la forme d'un roman. Parce que le talent de romancier est le seul auquel je puisse prétendre, mais aussi parce que la technique du roman semblait particulièrement appropriée pour tenter de cerner un personnage aussi complexe et fascinant qu'Oskar. Cela m'a amené à relater des conversations aussi vraisemblables que possible sur la base de documents parfois très brefs. Mais la plupart des dialogues et tous les événements sont tirés des témoignages des « Schindlerjuden *» (« les juifs de Schindler »), de Schindler lui-même et de tant d'autres qui furent témoins des actions courageuses et secourables d'Oskar.*

Je témoigne d'abord ma reconnaissance à trois survivants de la bande Schindler – Leopold Pfefferberg, Moshe Bejski, membre de la Cour suprême d'Israël, et Mieczyslaw Pemper – qui non seulement m'ont apporté leurs témoignages sur Oskar et m'ont fourni des documents contribuant à la rigueur de ce récit, mais qui ont aussi lu les bonnes feuilles de ce livre et suggéré des corrections. Beaucoup d'autres survivants ou associés d'Oskar après la guerre m'ont accordé des interviews et fourni des lettres et des documents. Je les cite : Frau Emilie Schindler, Mrs Ludmila Pfefferberg, Dr Sophia Stern, Mrs Helen Horowitz, Dr Jonas Dresner, Mr et Mrs Henry et Mariana Rosner, Leopold Rosner, Dr Alex Rosner, Dr Idek Schindel, Dr Danuta Schindel, Mrs Regina Horowitz, Mrs Bronisslawa Karakulska, Mr Richard Horowitz, Mr Schmuel Springmann. Certains sont décédés : Mr Jakob Sternberg, Mr Jerzy Sternberg, Mr et Mrs Lewis Fagen, Mr Henry Kinstlinger, Mrs Rebecca Bau, Mr Edward Heuberger, Mr et Mrs M. Hirsch-

feld, Mr et Mrs Irving Glovin, et tant d'autres. Dans ma ville même, Mr et Mrs E. Korn m'ont fourni leur témoignage sur Oskar et m'ont été d'un soutien de tous les instants. A Yad Vashem, le Dr Josef Kermisz, le Dr Schmuel Krakowski, Vera Prausnitz, Chana Abells et Hadassah Mödlinger m'ont généreusement facilité l'accès aux témoignages des survivants et aux documents vidéo et photographiques.

Enfin, je salue tout particulièrement les efforts déployés par Mr Martin Gosch, aujourd'hui décédé, pour que le nom d'Oskar Schindler reste gravé dans nos mémoires. Et je dis toute ma gratitude à sa veuve pour l'aide qu'elle m'a apportée.

Grâce à tous ces gens, l'histoire étonnante d'Oskar Schindler peut être aujourd'hui racontée.

Tom KENEALLY

[illegible]

Automne 1943

[illegible]

L'automne [illegible]
et grand [illegible]
zewskiep[illegible]
Son [illegible]
dont le [illegible]
ouvrant [illegible]
chromes [illegible]
mattle, [illegible]

Attention [illegible]
glaces que [illegible]

Cette petite scène [illegible] pouvait donner le ton. Jusqu'à sa mort, le grand jeune homme continuera à porter [illegible] trop concilia[illegible] tant qu'intérieur [illegible]
dables ; il [illegible]
moment [illegible]
d'entregent [illegible]
leur potard [illegible]
ton et la [illegible]

Les personnages [illegible]
récit nous [illegible]
Car [illegible]

PROLOGUE

Automne 1943

L'automne polonais prenait fin. Un homme jeune et grand sortait d'un immeuble cossu de la Straszewskiego, proche du centre historique de Cracovie. Son manteau d'une rare élégance cachait un smoking dont le revers arborait une croix gammée. Debout, ouvrant la portière d'une énorme Adler dont les chromes étincelants détonnaient dans cet univers mutilé, son chauffeur paraissait transi.

– Attention, Herr Schindler, les trottoirs sont aussi glacés que les dessous d'une veuve.

Cette petite scène hivernale pourrait donner le ton. Jusqu'à sa mort, le grand jeune homme continuerait à porter des costumes irréprochables. Il aurait – en tant qu'industriel – des voitures de fonction impeccables ; il serait toujours – bien qu'Allemand, et à ce moment de l'Histoire, Allemand ne manquant pas d'entregent – le type d'individu avec lequel un chauffeur polonais pourrait se permettre de plaisanter sans forcer la note.

Les personnages que nous allons découvrir dans ce récit nous obligeront toutefois à la forcer, cette note. Car ceci est l'histoire d'une lutte de tous les instants pour que la vie triomphe de la mort. Le nombre des survivants pourra nous donner une mesure de ce que fut cette victoire. Raconter ce que furent la Bête et son ignominie permet d'être direct et concis. Il est moins difficile en effet de se pencher sur le mal que d'entreprendre un récit où triomphe la vertu.

« Vertu », c'est un mot à ce point dangereux qu'il nous faut l'expliquer. Oskar Schindler n'est pas un personnage vertueux dans le sens où on l'entend généralement. L'homme avait un fort relent de mâle. Il se permettait d'héberger dans son luxueux appartement de Cracovie une maîtresse allemande, tout en recevant de temps à autre sa secrétaire polonaise et sa femme Emilie qui, en dehors de quelques courtes visites, restait prudemment dans la maison familiale de Moravie. Un bon point cependant : il fut avec toutes un amant généreux et attentionné. Est-ce à dire que la vertu y trouvait son compte ? Je n'irai pas jusque-là.

C'était aussi un grand buveur. Pour le plaisir, mais aussi pour obtenir de ses associés ou des fonctionnaires SS qu'il fréquentait quelques résultats tangibles. Il avait la rare capacité de garder la tête froide dans les pires beuveries. Ce n'est pas une excuse mais un constat. Et si les mérites de Schindler ne prêtent pas à controverse, il faut néanmoins rappeler qu'il a accepté d'agir dans ce cadre de bestialité et de corruption qui a plongé l'Europe dans un univers concentrationnaire. Commençons donc par tenter de cerner le personnage.

Parvenue à l'extrémité de la Straszewskiego, la voiture longea le château de Wawel où siégeait Hans Frank, gouverneur général de Pologne. Aucune lumière ne filtrait des fenêtres. Pas plus Schindler que son chauffeur ne jetèrent un œil en direction du château. La voiture se dirigeait vers le pont Podgorze truffé de sentinelles qui veillaient à ce qu'aucune personne « non autorisée » ne franchisse la Vistule pour se rendre de Podgorze à Cracovie. Herr Schindler n'était pas de ceux-là. Il traversait fréquemment le barrage, soit pour se rendre à son usine (où il disposait d'un autre appartement), soit pour revenir à la Straszewskiego. Qu'il fût en costume ou en smoking, Herr Schindler savait que les sentinelles ne chercheraient pas à savoir s'il allait à une soirée galante ou à un dîner d'affaires. Peut-être se rendait-il – c'était le cas ce soir-là – au camp de travaux forcés de Plaszow, situé à dix kilomètres de la ville, pour dîner avec le Hauptsturmführer SS Amon Goeth, grand noceur, lui aussi, mais d'une autre espèce. Herr Schindler ne manquait jamais de distribuer généreusement cadeaux et alcools au moment de Noël, ce qui lui valait la sympathie des gardes. Le passage du contrôle de Podgorze s'effectua sans excès de formalités.

A ce point de l'histoire, on peut supposer que, malgré son penchant pour la bonne chère et les bons vins, Oskar Schindler n'était pas particulièrement heureux à l'idée de dîner chez le commandant Goeth. En fait, manger et picoler chez Amon n'était jamais une affaire ragoûtante. Mais le dégoût qu'éprouvait Schindler ne l'empêchait pas d'apprécier le piquant de la situation : il allait plonger dans cette sorte d'abomination que les justes semblent éprouver pour les damnés des peintures médiévales. Ce genre d'émotion pouvait ragaillardir un type de la trempe d'Oskar. Pendant que le chauffeur poursuivait sa course à travers le quartier qui était hier encore le ghetto juif, Herr Schindler, à l'arrière, fumait sans discontinuer, comme à l'habitude. Impavide. Détendu. On sentait la classe. Il savait très exactement quand chercher sa prochaine cigarette et où trouver sa bouteille de cognac. Lui seul aurait pu nous dire si l'alcool l'aidait à supporter le spectacle des longues files de wagons à bestiaux, rangés le long des quais de la gare de Prokocim, sur la ligne de Lwow. Wagons bourrés de fantassins ou de prisonniers, ou même peut-être – allez donc savoir – de bétail.

A dix kilomètres environ du centre de la ville, après avoir parcouru la campagne, l'Adler tourna sur la droite dans une rue appelée par ironie Jerozolimska. Dans cette nuit glacée, le paysage se découpait nettement dans le ciel, ce qui permettait à Schindler d'apercevoir, au-delà d'une colline, une synagogue en ruine et, plus loin encore, un alignement de baraques : le camp de travail forcé de Plaszow-Jérusalem, où vingt mille juifs étaient entassés. Les gardes ukrainiens et les Waffen SS accueillirent Herr Schindler au poste de garde avec la même courtoisie qu'au pont de Podgorze.

Après avoir passé l'immeuble des bureaux de l'administration, l'Adler s'engagea sur une route pavée de pierres tombales juives. Le camp avait été construit sur ce qui, deux ans plus tôt, était encore un cimetière juif. Le commandant Goeth, qui se voulait poète, aimait s'entourer de métaphores. Ces pierres tombales, étalées sur toute la longueur du camp qu'elles coupaient en deux, conféraient, pensait-il, un petit côté artiste à toute son entreprise. Il s'était pourtant abstenu d'en paver l'allée qui menait à sa villa, située à l'est du camp.

Sur la droite, après les baraques des gardes, on pouvait voir une ancienne morgue juive. Elle semblait témoigner que la mort était dans la nature des choses et que, là comme ailleurs, on alignait les hommes bien sagement, une fois passés de vie à trépas... En fait, le bâtiment avait été transformé en écurie pour les chevaux du commandant.

On peut penser qu'Oskar, bien qu'il fût familier de l'endroit, l'a contemplé avec une certaine ironie. Il est vrai que l'ironie devenait une réaction naturelle de défense au spectacle de la nouvelle Europe. Et Herr Schindler en possédait une bonne dose.

Ce soir-là, le prisonnier Poldek Pfefferberg se rendait lui aussi chez le commandant. Lisiek, un jeune homme de dix-neuf ans faisant office d'ordonnance pour Goeth, était allé remettre à Pfefferberg un laissez-passer dûment estampillé par un sous-officier SS. Lisiek avait un problème : la baignoire du commandant révélait un anneau de crasse qui allait valoir à l'ordonnance une fameuse raclée s'il ne parvenait pas à la nettoyer avant le bain matinal de Goeth. Pfefferberg, ancien professeur de Lisiek au collège de Podgorze, était affecté au garage du camp, ce qui lui permettait d'avoir accès aux produits d'entretien. Les deux hommes passèrent donc par le garage pour y prendre une balayette et des détergents. Se rendre à la villa du commandant était toujours une affaire hasardeuse, mais parfois payante puisque Helena Hirsh, une ancienne élève de Pfefferberg devenue la servante-esclave de Goeth, essayait toujours de s'arranger pour vous filer en douce un peu de nourriture. L'Adler d'Oskar Schindler n'était pas encore parvenue à cent mètres de la villa que les chiens d'Amon – un danois, un chien-loup et quelques autres gardés dans le chenil proche de la maison – se mirent à aboyer. La villa était simple, carrée, avec mansardes. Les fenêtres du premier étaient reliées par un balcon. Un patio bordé d'une balustrade faisait le tour de la maison. C'est là que Goeth aimait à s'asseoir pendant l'été. Il avait pris du poids depuis son arrivée à Plaszow. Peu importe. Dans cette Jérusalem-là, personne n'oserait se moquer de sa gidouille lorsqu'il prendrait ses bains de soleil l'été suivant.

Un sergent SS, portant gants blancs, se tenait au seuil de la porte. Il salua Herr Schindler et le remit entre les mains d'Ivan, l'ordonnance ukrainienne, qui prit le pardessus et le hambourg du visiteur. Schindler tapota la poche intérieure de son veston pour vérifier qu'il avait bien le cadeau pour son hôte : un étui à cigarettes, plaqué or, acheté au marché noir. Amon, qui traficotait de son côté, notamment en bijoux confisqués, aurait sans doute mal pris qu'on lui offrît quelque chose qui ne fût pas au moins du plaqué or.

Les frères Rosner, Henry au violon, Leo à l'accordéon, jouaient en parfaite harmonie sur le seuil de la porte à double battant qui donnait sur le salon. Ils avaient troqué leurs vieilles guenilles quotidiennes maculées de peinture pour le smoking que Goeth exigeait dans de telles occasions. Schindler savait que Goeth appréciait vivement leur virtuosité. Ce qui n'empêchait pas les Rosner de se sentir mal à l'aise. Ils connaissaient trop bien Amon, ses fantasmes et ses colères qui le poussaient de temps à autre à faire exécuter un homme pour la moindre broutille. Ils jouaient avec application, espérant que leur musique n'allait pas, pour une raison inexplicable, déclencher la tempête.

Six hommes avaient été conviés ce soir-là à la table de Goeth. Outre Schindler, les invités comprenaient Julian Scherner, commandant des SS de la région de Cracovie, et Rolf Czurda, chef du SD (Sicherheitsdienst) – les services de sécurité de feu Heydrich – pour le secteur de Cracovie. Scherner avait le titre d'Oberführer, un grade spécifiquement SS entre colonel et brigadier général, qui n'avait pas d'équivalent dans l'armée. Czurda était Obersturmbannführer, soit l'équivalent de lieutenant-colonel. Goeth lui-même n'avait que le grade de Hauptsturmführer ou capitaine. Le camp était placé sous l'autorité de Scherner et Czurda qui, ce soir-là, étaient les invités d'honneur. Avec ses lunettes, son crâne chauve et son petit bedon, Scherner donnait l'impression d'un homme entre deux âges. Goeth, son protégé, bien que plus jeune, paraissait presque aussi âgé. L'alcool, sans doute...

Le plus vieux du lot, Herr Franz Bosch, ancien combattant de la Première Guerre mondiale, dirigeait à Plaszow quelques entreprises plus ou moins légales. Il était en même temps « conseiller économique » de Julian Scherner et possédait plusieurs affaires dans la ville.

Oskar méprisait Bosch et les deux chefs de la police, Scherner et Czurda. Il avait cependant besoin de leur coopération pour faire tourner sa propre usine de Zablocie. Aussi ne manquait-il pas de leur envoyer régulièrement des cadeaux. Les seuls invités pour lesquels Oskar éprouvait une certaine sympathie étaient Julius Madritsch, propriétaire de la fabrique d'uniformes située à l'intérieur du camp de Plaszow, et Raimund Titsch, directeur de la fabrique. Madritsch était d'un an plus jeune qu'Oskar et Goeth. C'était un fonceur mais il savait rester humain. Qu'il fît tourner une fabrique extrêmement rentable à l'intérieur du camp ne semblait pas lui poser de gros problèmes de conscience. Après tout, ses quatre mille et quelques employés échappaient à l'enfer concentrationnaire. Raimund Titsch, son associé, à peine plus de quarante ans, partageait ce point de vue. C'est à lui que revenait de faire passer en douce, dans le camp, des camions entiers de victuailles pour les prisonniers – ce qui aurait pu lui valoir d'être expédié dans la prison SS de Montelupich ou à Auschwitz.

Telle était la brochette d'invités qui se rendaient régulièrement aux dîners du commandant Goeth.

Les quatre jeunes femmes qui participaient à la soirée, coiffures élaborées et robes élégantes, étaient des poules de luxe allemandes ou polonaises recrutées à Cracovie. Certaines étaient des habituées. Les deux officiers supérieurs savaient qu'ils pourraient exercer un choix dans le lot. La maîtresse allemande de Goeth, Majola, s'abstenait généralement de participer à ces soirées entre mâles où les minauderies n'étaient pas de saison.

Il ne fait aucun doute que les chefs de la police et le commandant appréciaient Oskar à leur manière. Et cela en dépit du fait qu'ils n'arrivaient pas très bien à cerner le personnage. Etait-ce parce qu'il était un Sudète (un peu comme un Texan à New York ou un Marseillais à Paris) ? L'homme, bien qu'il leur rendît pas mal de services – ne serait-ce qu'en leur fournissant des denrées rares –, bien qu'il tînt remarquablement l'alcool et laissât de temps à autre percer un humour dévastateur, ne semblait pas vivre à leur diapason. Distant. On pouvait lui sourire et lui serrer la main, mais pas lui tapoter l'épaule.

Dès qu'Oskar entra, les filles modifièrent leur comportement, et il est probable que les deux officiers supérieurs s'en aperçurent. Tous ceux qui ont connu l'Oskar de cette époque parlent de son charme magnétique qui ne laissait aucune femme indifférente. A ce point de la soirée, Czurda et Scherner se sentirent sans doute obligés de se mettre en frais pour Oskar, ne serait-ce que pour s'attirer la bienveillance des jeunes femmes. Goeth, lui aussi, s'avança pour lui serrer la main. Le commandant était aussi grand qu'Oskar. Mais la graisse qui l'enveloppait semblait le diminuer. Son visage ne reflétait pas encore l'incandescence de l'alcool, pourtant ses yeux commençaient à le trahir. Goeth, il est vrai, absorbait le cognac local avec une remarquable constance.

Herr Bosch, le « génial expert économique », n'avait rien à lui envier de ce côté-là. Sa trogne illuminée révélait son penchant. Avant même de lui avoir serré la main, Schindler savait que, comme à l'habitude, Bosch solliciterait un quelconque pot-de-vin.

– Bienvenue à notre chef d'entreprise ! lança Goeth avant de présenter Schindler aux quatre filles.

Les frères Rosner continuaient à jouer du Strauss en faisant le moins de vagues possible. Pendant qu'il baisait la main des dames, Herr Schindler ne pouvait s'empêcher de penser que tôt ou tard, après les petits jeux de fin de banquet, elles devraient subir les assauts des trois SS dont la brutalité était légendaire. Mais Goeth, que l'ivrognerie rendait sadique, se comportait pour l'instant comme un véritable homme du monde de sa Vienne natale.

A l'heure de l'apéritif, les conversations ne dépassèrent pas les banalités d'usage. La guerre, bien sûr... et Czurda profita de cette occasion pour assurer à une grande Allemande que la Crimée était solidement tenue, tandis que Scherner racontait à une autre convive qu'un garçon qu'il avait connu à Hambourg avant la guerre, un jeune homme vraiment très bien, devenu Oberscharführer dans les SS, avait perdu ses deux jambes au cours d'un attentat terroriste dans un restaurant de Czestochowa. Schindler parlait industrie avec Madritsch et Titsch. On sentait entre ces trois-là une certaine complicité. Schindler était au courant des efforts déployés par Titsch pour procurer aux prisonniers travaillant dans la fabrique d'uniformes du pain acheté au marché noir avec l'argent et la bénédiction de Madritsch. C'était le moins qu'ils pussent faire, pensait Schindler, compte tenu des larges bénéfices que toutes les entreprises allemandes établies sur le sol polonais tiraient du pays. Dans le cas d'Oskar, les contrats qu'il avait réussi à tirer du Rüstungs-inspektion – le service d'Inspection des armements chargé de négocier les marchés pour tous les approvisionnements des forces armées – étaient si nombreux et si juteux qu'il lui semblait avoir atteint un objectif mûri de longue date : son père pouvait être fier de lui. Malheureusement pour les prisonniers, Madritsch, Titsch et lui-même, Oskar, étaient, à sa connaissance, les seuls dirigeants d'entreprise qui consacraient des sommes importantes pour se procurer du pain au marché noir.

Avant de passer à table, Herr Bosch s'approcha de Schindler et l'emmena en direction de la porte où les frères Rosner continuaient à jouer une impeccable musique qui allait couvrir le bruit de leur conversation.

– Les affaires sont bonnes, je vois, dit Bosch.

– Vous trouvez, vous ? répondit Schindler en souriant.

– Exactement, répondit Bosch, qui n'avait pas manqué de lire les bulletins officiels du bureau des armements faisant état de nouveaux contrats accordés à Schindler.

– Je me demandais, reprit Bosch en penchant la tête, si, compte tenu de la prospérité ambiante qui, reconnaissons-le, est due pour une large part aux succès de nos armées... je me demandais si vous n'accepteriez pas de faire un geste... Rien d'exagéré... non, un geste, seulement.

– Sans problème, répondit Schindler, partagé entre le dégoût à l'idée d'être manipulé et, en même temps, un certain sentiment de supériorité.

Les services de police de Scherner avaient déjà, en deux occasions, tiré Oskar d'un mauvais pas... Peut-être une autre occasion se présenterait-elle...

– L'immeuble de ma vieille tante à Brême a été détruit dans un bombardement, poursuivit Bosch. La pauvre... tout y est passé... son lit nuptial, son buffet, ses faïences, sa vaisselle. Peut-être auriez-vous la possibilité de lui procurer le strict nécessaire, quelques ustensiles. Et puis une cocotte ou deux, vous savez, du genre de celles que vous fabriquez à la DEF.

Deutsche Emailwaren Fabrik (manufacture de matériel de cuisine), tel était le nom de l'entreprise Schindler. Les Allemands l'appelaient DEF. Les juifs et les Polonais Emalia.

– Je pense que ça peut se faire, dit Oskar. Est-ce que j'expédie la marchandise directement ou je la fais passer chez vous ?

Bosch n'esquissa pas l'ombre d'un sourire.

– Chez moi, Oskar. J'aimerais y joindre ma carte.

– Bien sûr.

– Alors, c'est réglé. Disons un lot de vaisselle – assiettes, plats, tasses – et une demi-douzaine de ces cocottes.

Herr Schindler accueillit la commande avec un grand rire où perçaient cependant quelques notes de mépris. Mais sa réponse n'en laissa rien paraître. Sa générosité était légendaire. Ce qui l'agaçait un peu, c'est que Bosch semblait avoir à sa disposition une ribambelle d'oncles et de cousins particulièrement visés par les bombardements alliés.

– Votre tante dirige-t-elle un orphelinat ? murmura Oskar.

Les yeux de Bosch, dilatés par l'alcool, se rétrécirent brusquement.

– C'est une vieille femme sans ressources. Elle pourra troquer ce dont elle n'a pas besoin.

– Je dirai à ma secrétaire de s'en occuper.

– Votre Polonaise... la superbe créature ? demanda Bosch.

– Elle-même, approuva Schindler.

Bosch tenta en vain d'émettre un petit sifflement d'admiration, mais l'alcool semblait lui avoir desséché les lèvres. Il se contenta de murmurer :

– D'homme à homme, votre épouse doit être une sainte.

– C'est vrai, admit Schindler avec une certaine morgue.

Que Bosch lui soutire ses ustensiles de cuisine, soit, mais qu'il ne se mêle pas de ses affaires de famille.

– Dites-moi, poursuivit Bosch, comment faites-vous pour ne pas l'avoir sur le dos ? Elle doit être au courant, non ? Et pourtant vous avez l'air de maîtriser parfaitement la situation...

Le visage de Schindler s'était brusquement figé et c'est d'une voix rauque qu'il répliqua :

– Je ne discute jamais de mes affaires personnelles.

Bosch se sentit morveux :

– Pardonnez-moi... Je ne voulais pas...

Pourquoi Schindler se serait-il donné la peine d'expliquer à ce douteux personnage que les relations ambiguës des époux Schindler tenaient surtout au fait que sa femme n'avait pas un tempérament qui pût satisfaire ses appétits sexuels ? Mais ce n'est pas pour cela qu'Oskar se sentait piqué au vif. Emilie, sa femme, était de la même race que sa mère Louisa, dont son père s'était séparé en 1935. En plaisantant sur le ménage Schindler, Bosch remuait un passé auquel il valait mieux ne pas toucher.

Il ne savait plus comment s'excuser. Bosch, qui avait une main dans tous les tiroirs-caisses de Cracovie, paniquait maintenant à l'idée de devoir perdre quelques services de table.

Ils passèrent à table où une servante apporta aussitôt une soupe à l'oignon. Les frères Rosner s'étaient approchés mais continuaient à jouer, à une distance suffisante cependant pour ne pas gêner le service de la soubrette et des deux ordonnances ukrainiennes, Ivan et Petr. Schindler, assis entre la grande Allemande que Scherner semblait s'être appropriée et une charmante Polonaise d'aspect fragile qui s'exprimait en allemand, s'aperçut que les deux jeunes femmes avaient l'œil rivé sur la servante.

Le costume de la soubrette (robe noire et tablier blanc comme le veut la tradition) ne portait aucun signe (étoile de David sur la poitrine ou trait de peinture jaune au dos) qui eût pu la désigner comme juive. Ce qui attirait le regard des jeunes femmes, c'était son visage, plein d'ecchymoses. Le col de sa robe ne parvenait pas à dissimuler une zébrure pourpre à la jonction de l'épaule. Goeth, manifestement, n'avait cure de montrer à ses hôtes de Cracovie une domestique en si piteux état. Il fit signe à la fille de s'approcher.

Bien qu'il ne fût pas venu à la villa du commandant au cours des six dernières semaines, Schindler savait par ses informateurs que les relations entre la servante et son maître avaient pris un tour macabre. Quand il recevait ses amis, Goeth faisait de la fille sa tête de Turc. Il prenait soin toutefois de la cacher le jour où des officiers supérieurs venaient lui rendre visite.

– Mesdames et messieurs, je vous présente Lena, déclara-t-il sur le ton d'un maître de cérémonie bien chauffé par l'alcool. Elle n'a été que cinq mois à mon service, mais je puis témoigner que ses talents domestiques et culinaires se sont considérablement développés dans ce court laps de temps.

– Elle est tombée sur la cuisinière ? demanda la grande fille allemande.

– Sans doute, et cette salope pourrait bien tomber encore, répliqua Goeth en éclatant de rire. Pas vrai, Lena ?

– Voilà un homme qui sait parler aux femmes, déclara le chef SS en lançant un clin d'œil à son subordonné.

Scherner, pour l'instant, ne semblait pas vouloir pousser au crime. Il avait parlé de « femmes » en général, et non pas de « la juive ». C'est seulement quand on rappelait devant Goeth que Lena était juive qu'il s'acharnait sur elle, aussi bien en public, devant ses hôtes, qu'en fin de soirée, quand ils avaient quitté les lieux.

Scherner, supérieur hiérarchique de Goeth, aurait pu tempérer la bestialité de son subordonné. Mais c'eût été de mauvais goût. Il venait là en ami, en vieux compagnon de bouteille et de cul, pour faire la fête. Et Dieu sait que, pour la fête, Goeth ne craignait personne !

Après la soupe à l'oignon, Lena servit des harengs grillés puis de délicieux pieds de porc. Un vin rouge de Hongrie, bien charpenté, contribuait à faire monter la température. Les frères Rosner, pour être au diapason, s'étaient lancés dans une musique tsigane endiablée. Les hommes avaient retiré leur veste.

On parlait encore affaires, mais mollement. L'usine de Herr Madritsch à Tarnow était-elle aussi bien vue de l'Inspection des armements que celle de Plaszow ? Titsch, à la demande de Madritsch, fit un topo de la situation. Goeth, lui, semblait préoccupé, comme quelqu'un qui se serait aperçu brusquement, au milieu du dîner, qu'il avait oublié de faire une chose très importante. Les filles commençaient à bâiller.

La petite Polonaise, qui paraissait avoir dix-huit ou dix-neuf ans, posa sa main sur le bras de Schindler.

– Vous n'êtes pas mobilisé ? demanda-t-elle. Dommage, vous seriez superbe en uniforme !

Tout le monde se mit à glousser, même Madritsch qui avait dû, lui, porter l'uniforme jusqu'en 1940, avant que les autorités ne le renvoient à la vie civile où ses talents de manager seraient plus utiles à la nation. Schindler, lui, avait le bras assez long pour ne jamais avoir été inquiété de ce côté-là.

– Eh bien, voilà autre chose ! s'esclaffa l'Oberführer Scherner. Notre jeune amie voit déjà notre industriel en uniforme. Simple soldat, peut-être, du côté de Kharkov, avec une couverture en guise de manteau, et bouffant son rata dans une gamelle en alu...

Cette évocation paraissait tellement absurde que tout le monde se mit à rire.

– C'est arrivé à... commença Bosch en se grattant

le front comme pour se souvenir, arrivé à... ah ! vous savez bien, le type, à Varsovie...

– Toebbens, dit Goeth qui semblait soudain être revenu sur terre. Oui, c'est arrivé à Toebbens... Enfin, ça a failli.

– Oui, ajouta Czurda, il s'en est fallu de peu.

Toebbens était un industriel de Varsovie. Plus important que Schindler ou Madritsch. Un sacré brasseur d'affaires.

– Heini, reprit Czurda (Heini, c'était Heinrich Himmler), était venu lui-même à Varsovie pour engueuler le type des armements : « Foutez-moi dehors tous ces fumiers de juifs de l'usine de Toebbens... Et Toebbens, lui, dans l'armée, allez hop ! Et... et envoyez-le au front... Vous entendez, au front ! Et que ça saute ! » Et Heini a dit alors à mon associé là-bas : « Et vérifiez-moi tous ses comptes au microscope. »

Toebbens était l'enfant chéri de l'Inspection des armements qui lui accordait de très gros marchés en échange d'importants cadeaux.

– Les gens de l'inspection ont réussi à sauver Toebbens, déclara Scherner solennellement. (Puis, envoyant un gros clin d'œil en direction d'Oskar :) Ça n'arrivera pas à Cracovie, Oskar. Jamais. On vous aime trop.

Goeth, voulant sans doute témoigner des sentiments chaleureux que toute l'assemblée éprouvait pour Oskar, se leva et entonna un air de *Madame Butterfly* que les frères Rosner étaient en train d'exécuter avec une méticulosité qui trahissait leurs craintes.

Pendant ce temps, Pfefferberg et Lisiek, l'ordonnance, s'acharnaient à faire disparaître la crasse de la baignoire de Goeth. De la salle de bains, ils pouvaient entendre la musique, les rires et des bribes de conversation. Lena, en bas, avait déjà servi le café et s'était éclipsée dans sa cuisine avant de subir de nouvelles avanies.

Après avoir bu rapidement leur café, Madritsch et Titsch prirent congé de leur hôte. Schindler, malgré les protestations de la petite Polonaise, déclara qu'il n'allait pas tarder non plus. Il en savait trop sur la conduite des SS en Pologne pour ne pas éprouver un certain malaise à être là, dans cette maison, en train de boire et de plaisanter avec eux. Alors, l'amour, merci ! S'il était monté avec la fille, il n'aurait pas pu s'empêcher d'imaginer Bosch, Scherner et Goeth en train de faire la même chose au rez-de-chaussée, au premier étage ou même dans les escaliers. Herr Schindler, qui ne croyait guère à l'abstinence, préférait encore jouer les moines que se taper une fille chez Goeth.

Il fit encore un brin de conversation avec Scherner, évoquant la guerre, les terroristes polonais, l'approche de l'hiver. Il ne voulait pas vexer la fille, et il cherchait à lui faire comprendre que Scherner, c'était comme un frère, et qu'on ne partage pas la compagne d'un frère... Il prit soin, toutefois, de lui baiser la main en la quittant. Goeth, pendant ce temps, complètement débraillé, était en train de s'esquiver avec la fille qui avait été sa compagne de table. Oskar salua à la ronde et rejoignit le commandant qu'il prit par l'épaule.

– Oh ! déjà terminé, Oskar ? bredouilla celui-ci.

– Les obligations, mon vieux...

Goeth n'avait pas de mal à imaginer de quelles obligations il s'agissait : Ingrid, sa maîtresse allemande.

– Vous êtes un sacré lapin, dit Goeth.

– Allons, je ne vous arrive pas à la cheville, répliqua Oskar.

– Puisque vous le dites, Oskar... Bon, on va... Mais oui, où va-t-on au fait ?

Bien qu'il eût fait semblant d'interroger la fille, il répondit lui-même à la question :

– Ah oui ! on va à la cuisine voir si Lena fait son boulot correctement.

– Mais non, dit la fille en riant. On a d'autres choses à faire...

Elle le poussa vers l'escalier, évitant ainsi à Lena, sans doute par solidarité féminine, de prendre une dernière correction. Schindler regarda le couple qui montait l'escalier en titubant un peu, la frêle jeune fille essayant de soutenir comme elle pouvait l'officier bedonnant. Goeth avait l'air mûr pour dormir vingt-quatre heures d'affilée, mais Oskar savait que l'étonnante constitution du personnage lui permettrait de récupérer très vite. Peut-être même, après s'être occupé de la fille, déciderait-il d'écrire une lettre à son père, à Vienne. Quoi qu'il en soit, ne devrait-il dormir qu'une heure, il serait très exactement à 7 heures du matin sur sa terrasse, fusil en main et prêt à faire un carton sur le premier prisonnier polonais qui ne travaillerait pas comme il l'entendait.

Quand Goeth et la fille eurent disparu sur le palier du premier étage, Schindler, au lieu de se diriger vers la porte, traversa le vestibule dans la direction opposée.

Pfefferberg et Lisiek entendirent le commandant pénétrer dans la chambre avec la fille. La tuile. Ils ne l'attendaient pas si tôt. Ramassant en hâte leur matériel, ils se glissèrent à pas de loup dans la chambre et tentèrent de s'esquiver par la porte la plus éloignée du lit. Goeth, encore debout, aperçut les deux silhouettes tenant à la main des objets qu'il ne parvenait pas à identifier. Il fut aussitôt sur ses gardes. Lisiek, pressentant le danger, se mit au garde-à-vous pour faire un rapport approprié. Le commandant était rassuré : ce n'étaient que de vulgaires prisonniers.

– Herr Commandant, balbutia Lisiek en pleine panique, la baignoire était sale et...

– Je vois, dit Amon, vous avez fait appel à un expert. Approchez donc, mon mignon !

Lisiek s'avança et reçut une baffe si monumentale qu'il alla s'étaler le long du lit. Amon réitéra l'ordre de s'approcher, pensant que cette petite scène pourrait amuser la fille. Lisiek se releva et fit quelques pas. Avec sa longue expérience de prisonnier, Pfefferberg s'attendait au pire. Allait-on les emmener dans le jardin et les fusiller sur-le-champ ? Goeth se contenta de leur ordonner de sortir en proférant quelques injures.

Quand Pfefferberg apprit quelques jours plus tard que Goeth avait abattu Lisiek d'un coup de revolver, il n'en fut pas surpris outre mesure. Dans cet univers, on payait de sa vie le fait d'être là où on ne devait pas être, et vice versa. En fait, ce n'était pas pour une baignoire sale que Lisiek était mort, mais parce qu'il avait attelé une carriole pour Herr Bosch sans en référer au commandant.

La bonne, qui s'appelait en réalité Helena Hirsch (Goeth, disait-elle, l'appelait Lena par flemme), s'aperçut qu'un des invités avait entrouvert la porte de la cuisine. Elle se mit immédiatement au garde-à-vous.

– Herr... (elle ne savait pas très bien comment l'appeler)... Herr Direktor, se reprit-elle, je mettais les os de côté pour les chiens du commandant.

– Allons, allons ! Pas besoin de me faire un rapport ! dit Schindler.

Il s'avança vers elle. Il n'avait pas l'air à l'affût, mais quand même... Amon pouvait bien la battre, mais au moins le fait qu'elle était juive la protégeait contre le viol. Certains Allemands, il est vrai, n'étaient pas aussi stricts que lui sur le non-mélange des races.

Quelque chose pourtant lui disait que celui-là était différent de la bande d'officiers et de sous-officiers SS qui défilaient dans sa cuisine pour venir épancher leurs griefs contre Amon.

– Vous ne savez pas qui je suis, dit-il du ton de la star qui s'étonne qu'on ne la reconnaisse pas. Schindler... vous savez, Schindler.

– Bien sûr, Herr Direktor, je sais... et vous êtes déjà venu ici, je me rappelle...

Il la prit dans ses bras, et la sentit se raidir quand il l'embrassa délicatement sur la joue.

– Ce n'est pas ce que vous pensez, dit-il dans un murmure. Si vous voulez savoir, j'ai... j'ai pitié...

Elle avait le visage en larmes. Herr Schindler lui donna alors un baiser sur le front, un vrai baiser polonais avec tout le bruit nécessaire, comme on s'en donne sur les quais de gare, juste avant le départ du train. Lui aussi avait la larme à l'œil.

– Ce baiser, je vous l'apporte au nom...

Il fit un geste de la main comme pour signifier que cette marque d'affection, ce n'était pas lui seulement mais des tas d'autres qui la lui donnaient, des gens d'ailleurs, des gens qui, grâce à elle, étaient encore à l'abri. C'est elle, en quelque sorte, qui prenait les coups pour eux.

Herr Schindler relâcha son étreinte et, tirant de sa poche une barre de chocolat, il la tendit à la fille :

– Gardez ça quelque part.

– Je m'en tire ici, dit-elle avec l'accent de celle qui se sentirait humiliée à l'idée que son interlocuteur pouvait imaginer qu'elle crevait de faim.

En fait, la nourriture était le dernier de ses soucis. Elle savait qu'elle ne quitterait pas vivante la maison d'Amon, mais pas à cause du manque de bouffe.

– Si vous ne voulez pas le manger, troquez-le, dit Schindler en lui jetant un regard ému. Itzhak Stern m'a parlé de vous...

– Herr Schindler... commença la fille. (Elle baissa la tête et se mit à pleurer doucement pendant quelques secondes.) Herr Schindler, ce qu'il aime, c'est me brutaliser devant *ces* femmes-là. Le premier jour où j'étais ici, il m'a battue parce que j'avais jeté les os du dîner. Il est descendu à minuit pour me demander ce que j'en avais fait... Les chiens, vous comprenez. C'était la première fois. Je lui ai dit – je ne sais pas pourquoi je lui ai dit... Jamais plus je ne le dirai... : « Pourquoi me battez-vous ? » Alors il a dit : « La raison pour laquelle je vous bats est que vous me demandez pourquoi je vous bats. »

Elle haussa doucement les épaules, comme si elle se reprochait de trop parler. D'ailleurs, pourquoi en dire plus ? Comment raconter l'horreur quotidienne ?

Herr Schindler se pencha vers elle :

– Je sais les conditions très pénibles...

– Ça ne fait rien, ça n'a plus d'importance...

– Plus d'importance ?

– Un jour, il me tuera.

Schindler fit non de la tête, mais ce maigre encouragement ne lui fut d'aucun secours. La belle mine et les beaux vêtements de Herr Schindler lui faisaient soudain l'effet d'une provocation.

– Mais, Seigneur, je sais ce qui se passe ici, Herr Direktor. J'étais sur le toit, lundi dernier, avec le jeune Lisiek, en train de balayer la neige. Nous avons vu le commandant sortir de la maison et descendre les marches qui mènent au patio. Et là, sur les marches, il a sorti son revolver et il a tiré sur une femme qui passait devant lui. En plein dans la gorge. Une femme qui portait un balluchon. Elle ne faisait que passer. Vous voyez... Elle n'était pas plus grosse ou plus maigre qu'une autre... Elle n'allait pas plus vite ou plus lentement. Je ne sais pas ce qu'elle avait pu faire. Avec le commandant, il n'y a pas de règles. On ne peut pas se dire je vais faire ceci ou je vais faire cela et je m'en tirerai... Non, on ne sait rien.

Schindler lui prit la main et la serra très fort pour qu'elle mesure bien ce qu'il allait lui dire.

– Ecoutez, chère mademoiselle Helena Hirsch, c'est terrible, mais c'est quand même mieux que Maidanek ou Auschwitz. Si vous pouvez garder votre santé...

– Je pensais que ça ne poserait pas de problèmes ici, à la cuisine du commandant, répondit-elle. Quand on m'a transférée de la cuisine du camp, les autres filles étaient jalouses.

Elle se força à sourire.

Schindler se fit plus convaincant, élevant le ton comme pour assener une règle fondamentale :

– Il ne vous tuera pas, Helena. Il ne vous tuera pas parce que vous êtes devenue sa tête de Turc. Il joue avec vous, et ça l'amuse. Ça l'amuse tellement qu'il ne veut même pas que vous portiez l'étoile de David. Il ne veut pas que les autres sachent qu'il tire quelque amusement d'une juive. La femme qu'il a tuée l'autre jour, ce n'était rien pour lui, un numéro. Elle ne lui avait rien fait. Vous comprenez. Mais vous, *vous*, Helena, c'est autre chose... C'est peut-être monstrueux mais c'est comme ça.

Quelqu'un lui avait déjà dit cela. Leo John, l'assistant du commandant, un sous-lieutenant SS.

– Il ne vous tuera pas, Lena, lui avait-il dit. Il prend bien trop de plaisir à vous faire souffrir.

Sur le coup, ça ne l'avait pas marquée. Mais venant de Herr Schindler... Oui, c'était ça : elle était condamnée à survivre, pitoyablement.

Il comprit qu'elle était bouleversée et tenta de lui remonter le moral. Il reviendrait la voir. Il ferait son possible pour la tirer d'ici.

– D'ici ?

– Oui, d'ici, répliqua-t-il. Dans mon usine. Vous en avez entendu parler, l'usine d'ustensiles...

– Oh ! bien sûr, dit-elle, la fabrique Schindler.

Elle avait pris l'air d'un gosse des taudis à qui l'on fait miroiter des vacances sur la Côte d'Azur.

– Surtout, gardez la santé, dit-il à nouveau.

Pour Schindler, c'était l'essentiel, compte tenu de ce qu'il pressentait des intentions de Himmler et de Frank.

– Oui, bien sûr.

Elle lui tourna le dos pour se diriger vers un lourd placard de cuisine qu'elle déplaça avec une aisance qui paraissait incongrue chez une jeune fille si frêle. Elle détacha une brique de la paroi du mur cachée par le placard et sortit une liasse de billets – des zlotys d'Occupation.

– J'ai une sœur qui travaille à la cuisine du camp, dit-elle. Elle est plus jeune que moi. Je voudrais que vous utilisiez cet argent pour empêcher son transfert si jamais on décide de l'envoyer ailleurs. On m'a dit que vous étiez souvent au courant de ces choses avant... qu'il ne soit trop tard.

– J'en fais mon affaire, l'assura Schindler, comme si c'était la chose la plus naturelle au monde. Combien y a-t-il ?

– Quatre mille zlotys.

Il mit négligemment dans sa poche le trésor accumulé depuis Dieu sait quand. De toute façon, il était plus en sûreté avec lui que dans une cachette chez Goeth.

L'histoire d'Oskar Schindler, on le voit, n'est pas simple. Elle nous a déjà révélé une brochette de nazis jouisseurs et sadiques, une jeune Polonaise brutalisée, des prisonniers terrorisés et un personnage qui pourrait rejoindre dans l'imagerie populaire la putain au grand cœur : le bon Allemand.

Schindler connaissait déjà le véritable visage du système. Il savait que le rideau de l'efficacité bureaucratique recouvrait une réalité atroce. Avant beaucoup d'autres, il avait deviné ce que cachait le terme de *Sonderbehandlung* – traitement spécial. Un traitement qui se concluait par des pyramides de cadavres passés dans les chambres à gaz de Belzec, de Sobibor, de Treblinka et d'Auschwitz-Birkenau, cette usine de mort située à l'ouest de Cracovie et que les Polonais appelaient Oswiecim-Brzezinka.

Mais Schindler est aussi un homme d'affaires, un joueur, qui ne peut pas se permettre de cracher ouvertement dans la soupe. Il s'est déjà mitonné un petit royaume. Qui sait si, dans les années qui viennent, il ne pourrait pas le transformer en empire ? Il compte sur son flair pour déjouer toutes les bizarreries administratives qui pourraient lui faire obstacle. Et il pense que le Reich aura toujours besoin du travail forcé des juifs. Quand il dit à Helena « surtout, gardez votre santé », c'est pour une raison évidente : il sait que les nazis ne pourront jamais se passer d'une pareille main-d'œuvre gratuite. Ceux qu'on envoie au crématoire, ce sont les faibles, les malades, les blessés. Il a lui-même entendu des prisonniers, alignés pour l'appel au camp de Plaszow, murmurer « ça va, j'ai la santé », sur le ton qu'emploient généralement les vieillards.

A ce moment de l'histoire, Herr Schindler s'est résolument engagé dans une voie qui doit lui permettre de sauver quelques vies. Il est totalement mouillé : il a violé toutes les lois nazies au point qu'un tribunal pourrait très bien l'envoyer à la potence, au billot ou à Auschwitz. Il a déjà dépensé une fortune, mais il ne sait pas encore jusqu'où tout cela va le mener.

Le récit commence donc par cette action charitable : un baiser, quelques propos rassurants, une plaque de chocolat. Helena Hirsch ne reverra jamais ses quatre mille złotys, pas sous la forme de billets de banque en tout cas. Mais jusqu'à ce jour, elle sait qu'il importait peu qu'Oskar n'eût jamais su compter.

1

Les divisions blindées du général Sigmund List, fonçant vers le nord, avaient pris en tenaille Cracovie, joyau de la Pologne. La ville tombait le 6 septembre 1939. Oskar Schindler, arrivé dans les fourgons des troupes allemandes, avait tout de suite mesuré les possibilités qu'offrait la nouvelle situation : Cracovie, important nœud ferroviaire mais dépourvu d'industries majeures, devrait normalement prospérer à la faveur du nouveau régime. Même s'il allait prendre rapidement ses distances avec les nazis, Oskar, au cours des cinq années à venir, allait se constituer ici même un petit royaume. C'était un remarquable vendeur. Il serait un brasseur d'affaires.

Rien, dans l'histoire de sa famille, ne le prédestinait à devenir un jour le défenseur des opprimés. Il était né le 28 avril 1908 dans la province de Moravie qui faisait alors partie de l'ex-empire austro-hongrois. Ses ancêtres viennois s'étaient installés au XVIe siècle dans la petite ville de Zwittau où le commerce ouvrait d'intéressantes perspectives.

Hans Schindler, le père d'Oskar, bon sujet autrichien, pétri de culture autrichienne, s'accommoda cependant très bien de se retrouver du jour au lendemain citoyen tchécoslovaque dans la république fondée par Masaryk et Benes au lendemain de la Première Guerre mondiale. Comme toute la famille, d'ailleurs. Hitler, devenu adulte, a raconté les tourments que lui causait la séparation de l'Autriche et de l'Allemagne, qui, culturellement, ne faisaient qu'une. Rien de tel chez les Schindler. La république tchécoslovaque apparaissait tellement bâtarde, dénuée d'importance, que la minorité allemande des Sudètes accepta son destin, sans enthousiasme peut-être, mais sans acrimonie. Même si, plus tard, la grande dépression des années 30 et plusieurs faux pas politiques allaient devoir susciter quelques éléments de tension.

Zwittau était une petite ville industrielle située aux confins d'une région montagneuse – les Jesenik –, dont les collines environnantes, plantées de mélèzes et de sapins, étaient peu à peu grignotées par l'industrie. La communauté allemande des Sudetendeutschen avait conservé ses écoles où Oskar fit ses études secondaires avant d'entrer au Realgymnasium, l'école supérieure qui donnait une formation d'ingénieur très recherchée dans l'industrie locale. Hans Schindler, lui-même industriel, possédait une usine de machines agricoles dont il destinait la succession à son fils.

La famille Schindler était catholique, comme d'ailleurs la famille Goeth, dont le fils Amon faisait à cette même époque des études scientifiques à Vienne.

Louisa, la mère d'Oskar, avait épousé sa religion avec une très grande ferveur. Ses robes dominicales avaient fini par s'imprégner de l'odeur d'encens brûlé à profusion dans l'église Saint-Maurice au cours des messes, vêpres et complies. Il est vrai que Hans Schindler était le type d'homme qui pousse une épouse à la béatification. Il aimait le cognac. Il fréquentait les cafés. Un bon vivant, quoi, dont l'haleine trahissait souvent une forte consommation de liqueurs coûteuses et d'excellents tabacs.

Les Schindler s'étaient installés dans une grande maison moderne, entourée d'un jardin, assez éloignée de la zone industrielle. Oskar avait une sœur, Elfriede. C'est à peu près tout ce que l'on sait de la famille à l'époque, sinon que Frau Schindler se désespérait de voir que le fils, comme le père, négligeait ses devoirs religieux.

C'était, je crois, une maison heureuse. Les rares confidences d'Oskar sur son enfance en font foi. Il a évoqué les sapins du jardin baignés de soleil, les pruniers chargés de fruits pendant l'été, les messes qu'il escamotait sans toutefois se sentir pécheur. Parfois, on lui accordait la permission de sortir la voiture du garage et de s'initier, dans le jardin, aux facéties du carburateur. Et il passait un temps appréciable à se construire une motocyclette, le fin du fin à l'époque.

Oskar avait rencontré à l'école quelques camarades de familles juives bourgeoises, pas ces juifs orthodoxes, pratiquants, portant papillotes, mais des gens qui se sentaient aussi allemands que lui. Sigmund Freud, à peine plus âgé que le père d'Oskar, né à quelque distance de là, appartenait à ce même type de familles juives.

L'enfance d'Oskar a-t-elle été prémonitoire de son destin ? A-t-il pris la défense d'un petit copain juif maltraité par ses camarades de classe sur le chemin de l'école ? Rien n'est moins sûr. Et d'ailleurs, nous préférons n'en rien savoir. D'autant que cela ne prouverait rien. Himmler, dans un de ses discours, n'avait-il pas dénoncé le fait que chaque Allemand avait un ami juif ? « Le peuple juif doit être annihilé... c'est ce que disent tous les membres de notre parti. Bien sûr, c'est dans notre programme : élimination des juifs, extermination, on s'en occupera. Seulement, il y a un problème : quatre-vingts millions de bons Allemands ont chacun leur "bon" juif. Evidemment, tous les autres juifs sont des porcs, et ils le savent, mais celui-là, c'est le leur... l'exception. »

Voyons ce qu'il en était chez les Schindler. Leur « bon » juif à eux, c'était leur voisin, le Dr Felix Kanter, un rabbin de la nouvelle école, disciple d'Abraham Geiger, un des prophètes de l'émancipation qui ne voyait aucune incompatibilité, bien au contraire, entre le fait d'être à la fois allemand et juif. Le rabbin Kanter s'habillait à l'occidentale, parlait l'allemand chez lui et préférait appeler le lieu de prière « temple » plutôt que « synagogue ». Les médecins, ingénieurs ou propriétaires de filature qui composaient sa communauté religieuse ne manquaient jamais de vanter, auprès des étrangers, les mérites de l'œcuménisme de leur pasteur : « Le Dr Kanter, notre rabbin, écrit des articles pour les journaux juifs de Prague et de Brno, mais également pour bien d'autres quotidiens non juifs. »

Les deux enfants du rabbin allaient à la même école que le fils de leur voisin. Ils étaient sans doute assez brillants pour espérer devenir plus tard – fait assez rare pour des juifs – professeurs à l'université allemande de Prague. Les gamins des deux familles, en culottes courtes, jouaient ensemble, et le bon rabbin a dû penser plus d'une fois qu'il était dans le vrai, que dans ce petit monde pénétré de culture germanique, les relations entre communautés de religions différentes se développaient aussi harmonieusement que l'avaient prédit ses maîtres à penser. Oui, le rabbin ne pouvait que se féliciter du climat de l'époque : une vie équilibrée, des voisins amicaux et confiants (n'avait-il pas entendu Herr Schindler proférer en sa présence quelques remarques désobligeantes sur certains membres du gouvernement tchécoslovaque ?). Pénétrés de culture hébraïque, mais à l'écoute du monde moderne, le rabbin et sa communauté se sentaient à la fois dans le siècle et dans l'Histoire. Fervents mais pas militants, bien acceptés, ils pouvaient se croire entièrement assimilés.

Plus tard, dans le courant des années 30, le rabbin tombera de haut : ses fils, même diplômés d'un doctorat en langue allemande, ne seraient jamais tolérés dans le nouvel ordre nazi. Aucun certificat, aucun talent, aucun renom ne pourrait mettre un juif à l'abri des représailles. En 1936, la famille Kanter émigrait en Belgique. Jamais plus les Schindler ne devaient en entendre parler.

Le jeune Oskar, lui, se souciait comme d'une guigne des histoires de race, de religion ou de patriotisme. Tout ce qui l'intéressait, c'était sa moto, et son père, bricoleur de nature, le confortait dans cette voie. Pendant sa dernière année de collège, Oskar sillonnait les rues de Zwittau sur une Galloni rouge de cinq cents centimètres cubes qui faisait pâlir d'envie ses camarades d'école. Il est vrai que cette moto était la seule Galloni de Zwittau, la seule cinq cents centimètres cubes italienne de Moravie, et sans doute un engin unique dans toute la Tchécoslovaquie.

Au printemps 1928 – Oskar était alors arrivé au terme de son adolescence et n'allait pas tarder à tomber amoureux de la jeune fille qu'il épouserait –, il parcourait la ville sur une moto Guzzi de deux cent cinquante centimètres cubes dont quatre exemplaires seulement avaient été importés d'Italie. Elles appartenaient d'ailleurs à quatre coureurs de classe internationale : Giessler, Hans Winkler, Joo (un Hongrois) et Kolaczkowski (un Polonais). Il ne devait pas manquer de gens à Zwittau pour penser que Herr Schindler gâtait un peu trop son fils.

Ce sera l'été le plus doux dans la vie d'Oskar. Pas de soucis, pas l'ombre d'une pensée politique, rien que la joie de vivre et le bonheur de se mesurer le dimanche avec les équipes locales de motocyclistes sur les routes accidentées de Moravie. Bientôt, tout sera bouleversé : un mariage à la sauvette, une économie en désarroi, dix-sept années d'ordre nouveau... Il nous reste de cette époque le portrait d'un garçon chevauchant la vie avec l'enthousiasme de la jeunesse, fonçant cheveux au vent, courant en compétition contre de vrais motards professionnels qui savaient, eux, que le temps, c'est de l'argent. Oskar l'ignorait encore.

Sa première course, qui opposait l'équipe de Brno à celle de Sobeslav, eut lieu en mai de cette année-là. Pas un événement à l'échelle mondiale, mais localement assez important pour justifier aux yeux de Hans Schindler le précieux cadeau qu'il avait offert à son fils. Oskar arriva troisième sur la Guzzi, derrière deux Terrot gonflées avec des moteurs anglais Blackburne.

La course suivante devait se disputer sur le circuit d'Altvater, dans une région vallonnée proche de la frontière de Saxe. Là, c'était plus sérieux. Oskar allait devoir se mesurer avec le champion allemand Walfried Winkler et son rival Kurt Henkelmann, dont la DKW avait un moteur à refroidissement par eau. Les pro de la Saxe – Horowitz, Kocher et Kliwar – participaient à la course. La lutte entre les Terrot-Blackburne et les Coventry Eagles s'annonçait très chaude. Trois motos Guzzi, dont celle d'Oskar Schindler, seraient en lice et devraient se mesurer avec les grosses cylindrées de trois cent cinquante centimètres cubes et même les cinq cents centimètres cubes de l'équipe BMW.

Ce fut, pour Oskar, une journée de rêve. Il colla au peloton de tête pendant les premiers tours. Au bout d'une heure de course, Winkler, Henkelmann et Oskar avaient semé leurs redoutables concurrents de Saxe. Les deux autres motos Guzzi avaient dû interrompre la course sur ennuis mécaniques. Oskar dépassa Winkler dans ce qu'il croyait être l'avant-dernier tour. Nul doute, il se voyait vainqueur et s'imaginait déjà à la tête d'une écurie de courses qui le mènerait aux quatre coins du monde.

Dans ce qu'Oskar crut être le dernier tour, il passa Henkelmann et les deux DKW, franchit la ligne d'arrivée et se mit à ralentir. Un des juges avait sans doute fait un signe mal interprété puisque la foule elle-même crut la cause entendue. Quand Oskar s'aperçut qu'elle ne l'était pas, qu'il avait commis une erreur d'amateur, Walfried Winkler et Mita Vychodil l'avaient déjà dépassé, et Henkelmann, complètement épuisé, parvint à lui ravir la troisième place.

On lui fit fête malgré tout. Sans cette erreur d'appréciation, Oskar aurait battu les meilleurs professionnels d'Europe.

Si Oskar abandonna une carrière de champion qui s'annonçait prometteuse, ce fut uniquement pour des raisons financières. Au cours de ce même été, six semaines à peine après avoir commencé sa cour, il épousa la fille d'un fermier du coin. Ce qui déplut fort à son père qui était aussi, hélas pour lui ! son employeur.

La fille habitait un village proche de Zwittau. Son père, veuf, gentleman-farmer de vieille tradition autrichienne, était tout aussi opposé au mariage que Hans Schindler.

Oskar avait été séduit par les bonnes manières et la réserve de cette fiancée à peine sortie d'une école religieuse. Elle lui rappelait sa propre mère. Et c'est précisément ce qui déplaisait à son père. Celui-ci s'était marié dans les mêmes conditions. Il avait épousé une fille-femme, charmante, bien éduquée, pétrie de religion. On voyait ce que ça avait donné. Et son fils, porté comme lui sur les plaisirs de ce monde, ne manquerait pas de le regretter.

Oskar avait connu sa future femme au cours d'une soirée donnée par des amis originaires d'Alt-Molstein, le village d'Emilie. Il connaissait bien l'endroit pour y avoir vendu des tracteurs.

Quand les bans furent publiés dans les églises de Zwittau, les bonnes gens de la bourgade pensèrent immédiatement qu'il y avait anguille sous roche. Comment deux jeunes personnes aussi différentes de caractère auraient-elles pu tomber amoureuses ? L'usine de Herr Schindler qui fabriquait encore des tracteurs à vapeur alors démodés était-elle en difficulté ? Oskar qui devait reverser une bonne part de son salaire pour renflouer le capital s'était-il amouraché de la dot d'Emilie – un demi-million de Reichsmark, donc un bon magot pour l'époque ? Rien de tel. L'homme était amoureux. Mais comme le père d'Emilie avait raison de supposer que son gendre ne serait jamais le type de mari idéal, une partie seulement de cette somme fut jamais versée.

Emilie, pour sa part, était ravie de quitter l'atmosphère pontifiante d'Alt-Molstein pour épouser le bel Oskar. Le plus proche ami de la famille était le curé de la paroisse, un homme mortellement ennuyeux dont elle devait subir les bavardages politiques et théologiques à l'heure du thé. Elle avait aussi connu quelques juifs pendant son enfance – le médecin du village qui soignait sa grand-mère, et Rita, la petite-fille de l'épicier. Le curé, au cours d'une visite, avait déclaré au père d'Emilie qu'il n'était pas bon pour une jeune fille catholique de fréquenter assidûment une juive. Emilie, têtue comme les enfants savent l'être, refusa de l'écouter. Rita Reif resta son amie jusqu'au jour de 1942 où les nazis l'exécutèrent devant l'épicerie de son grand-père.

Une fois mariés, Oskar et Emilie s'installèrent dans un appartement à Zwittau. Après les glorieuses chevauchées en moto, notamment sur le circuit d'Altvater, Oskar dut trouver que les années 30 débutaient d'une façon un peu terne. Il fit son service militaire dans l'armée tchécoslovaque, ce qui lui permit d'apprendre à conduire un camion. Maigre compensation en regard de la vie militaire qu'il abhorrait, non pas pour des raisons politiques, mais simplement à cause de la discipline et du manque de confort. De retour à Zwittau, il commença à négliger Emilie pour faire des escapades nocturnes. L'affaire familiale fut déclarée en faillite en 1935 et, cette même année, son père abandonna Frau Louisa Schindler pour s'installer dans une garçonnière. Oskar supporta mal cette séparation et se répandit en discours vengeurs pour dénoncer la trahison de son père vis-à-vis d'une femme irréprochable. Manifestement, il ne voyait aucune similitude entre sa propre situation et celle de ses parents.

Ses bons contacts dans les milieux d'affaires, sa réputation de vendeur hors pair, son sens de la fête et cette faculté qu'il avait de boire en tenant remarquablement le coup lui permirent d'obtenir un poste de directeur des ventes à l'usine électrotechnique de Moravie, et ceci, en pleine dépression. Le siège social de la firme se trouvait dans la triste petite capitale provinciale de Brno et Oskar devait faire le trajet Zwittau-Brno deux fois par jour. Il s'en accommodait très bien. Bien sûr, ce n'était pas la vie de grand voyageur intercontinental qu'il avait imaginée pendant quelques instants quand il avait dépassé Winkler sur le circuit d'Altvater, mais c'était mieux que rien.

Sa mère mourut peu de temps après. Au cours de l'enterrement, Oskar se tint résolument aux côtés de ses tantes, de sa sœur Elfriede et d'Emilie. Hans, le papa félon, était seul de son côté. Oskar ignorait encore ce que tout le reste de la famille avait déjà compris : lui et son père étaient du même tonneau.

Oskar, pour la cérémonie des funérailles, avait accroché à son revers l'insigne du parti allemand des Sudètes de Konrad Henlein. Ça ne plaisait guère à Emilie. Pas plus qu'aux tantes, d'ailleurs. Mais qu'y faire ? A l'exception des sociaux-démocrates et des communistes, tous les jeunes Allemands des Sudètes arboraient cet insigne. Et Dieu sait qu'Oskar n'était ni social-démocrate ni communiste ! C'était avant tout un vendeur. Or, à l'époque, quand on se présentait auprès d'un acheteur allemand avec l'insigne à la boutonnière, on enlevait généralement le marché.

Les commandes, c'était le souci majeur d'Oskar. Mais en cette année 1938, avant même que les divisions allemandes déferlent sur les Sudètes, Oskar pressentait que le monde était arrivé à un tournant de l'Histoire. Assurément, comme tous les jeunes Allemands, il avait envie d'être partie prenante des événements à venir.

L'invasion des Sudètes par les troupes allemandes lui fit très vite perdre ses illusions. Il espérait que le pouvoir national-socialiste s'accommoderait d'une nouvelle république sœur des Sudètes. Il racontera plus tard à quel point la façon dont les nazis se comportaient avec la population tchèque l'avait épouvanté. La barbarie des nouvelles autorités mises en place, dès la constitution du protectorat de Bohême et de Moravie proclamée par Hitler en mars 1939, allait l'amener très vite à prendre ses distances avec l'ordre nouveau.

De plus, les deux personnes dont il respectait l'opinion, sa femme Emilie et son père – en dépit des divergences qui les opposaient –, n'éprouvaient aucune sympathie pour le grand mouvement d'hystérie teutonique. Elles proclamaient toutes deux que Hitler ne parviendrait jamais à ses fins. Emilie, pour sa part, pensait qu'un homme qui se prenait pour Dieu ne manquerait pas de subir le châtiment divin. Quant à papa Schindler, dont Oskar avait des nouvelles par le relais des tantes, il étayait ses thèses des précédents historiques. Austerlitz, la très célèbre bataille, avait été remportée par Napoléon à quelques kilomètres de là près de Brno. Et qu'était-il advenu de l'empereur triomphant ? Il avait fini ses jours à planter des patates sur une île perdue au milieu de l'Atlantique. Hitler ne s'en tirerait pas mieux. Le destin, philosophait papa Schindler, n'était pas un fil qu'on pouvait dérouler indéfiniment. C'était plutôt comme un boomerang qu'on lançait de plus en plus loin jusqu'au jour où il vous revenait en plein sur la tronche. Il est vrai qu'un mariage raté et une faillite économique avaient appris les choses de la vie à Herr Hans Schindler.

Son fils, pour sa part, n'avait pas encore tiré de conclusions aussi abruptes. Un soir d'automne où Oskar participait à une soirée dans un centre hospitalier proche d'Ostrava, aux confins de la frontière polonaise, la directrice du centre qu'il avait rencontrée au hasard de ses tournées le présenta à Eberhard Gebauer, un Allemand qui paraissait dans le vent. La conversation s'engagea sur les affaires puis prit très vite un tour politique. Qu'allaient faire la France, la Grande-Bretagne et la Russie ? Les deux hommes prirent une bouteille pour aller s'installer dans une pièce adjacente où ils pourraient parler plus librement. Gebauer faisait partie des services d'espionnage de l'amiral Canaris. Oskar accepterait-il de travailler pour lui ? Son métier lui permettait de circuler librement de l'autre côté de la frontière en Pologne, en Galicie et en haute Silésie. On pouvait glaner là quelques renseignements... L'hôtesse avait prévenu Gebauer qu'Oskar était intelligent et de bonne compagnie. De tels dons lui permettraient sans doute de repérer les déplacements de troupes et de situer les zones industrielles importantes de la région. Sans compter qu'il pourrait peut-être se rallier les bons offices du Polonais d'origine allemande qu'il rencontrerait dans les bars ou au cours de conversations d'affaires...

Les admirateurs inconditionnels d'Oskar diront qu'il a accepté de travailler pour Canaris parce que sa fonction d'agent spécial allait lui permettre d'éviter la mobilisation. Cela a dû jouer. Mais il a sans doute pensé qu'une invasion allemande de la Pologne ne serait pas malvenue pour ses affaires. Et il devait partager les idées de son interlocuteur allemand : la patrie valait bien quelque reconnaissance, même si les pitres qui la dirigeaient ne valaient rien... De plus, aux yeux d'Oskar, Gebauer et ses agents au service de l'Abwehr semblaient appartenir à l'élite de la nation. C'étaient des chrétiens, pas des nazis. Qu'ils aient programmé, tout comme les autres, l'invasion de la Pologne ne les empêchait pas d'éprouver un certain dégoût pour Himmler et ses SS avec qui ils se disputaient la mainmise sur la conscience d'un peuple.

Plus tard, un autre service de renseignements noterait « excellents » les rapports fournis par Oskar. Pendant ses voyages en Pologne pour le compte de l'Abwehr, il fit preuve d'un certain flair pour tirer les vers du nez aux gens qu'il rencontrait dans des cocktails ou des soirées. Nous ignorons la nature exacte des informations qu'il transmettait à Gebauer et Canaris, mais nous savons qu'il se prit d'affection pour Cracovie, ville de modeste importance industrielle, mais charmante cité médiévale à peine détériorée sur ses abords par quelques usines de textile, de chimie et de métallurgie.

Quant à la puissance de feu des divisions polonaises, c'était un secret de Polichinelle...

2

A la fin du mois d'octobre 1939, deux jeunes sous-officiers allemands entrèrent dans le hall d'exposition de la firme J. C. Buchheister et Co, située dans la rue Stradom de Cracovie pour y acheter quelques pièces de tissu qu'ils désiraient envoyer chez eux. L'employé juif, une étoile de David cousue sur sa poitrine, expliqua que Buchheister ne faisait pas la vente directe au public, mais seulement aux ateliers de couture et aux détaillants. Les militaires ne voulurent rien entendre. Ils réglèrent leur facture avec un billet bavarois datant de 1858 et des billets qui remontaient à l'occupation allemande de la Pologne en 1914. « Tout à fait valables », déclara l'un d'eux à l'employé. Ces jeunes gens frais et roses, qui avaient passé le printemps et l'été en manœuvres avant de se lancer dans la guerre éclair de l'automne, avaient le comportement type des nouveaux conquérants. L'employé n'avait pas intérêt à leur chercher querelle.

Quelques heures plus tard, un jeune comptable allemand de l'Agence des contrôles de l'Est – un organisme créé spécialement pour réquisitionner et faire tourner les affaires juives – entra dans le magasin de Buchheister. Deux comptables étaient chargés de superviser les transactions commerciales de la firme : Sepp Aue, le chef, un homme d'âge mûr, sans grande personnalité, et son assistant venu vérifier ce jour-là les registres et le tiroir-caisse. Il s'étonna d'y découvrir des billets complètement bidons. Qu'est-ce que cela pouvait bien vouloir dire ?

L'employé juif tenta d'expliquer l'affaire sans toutefois parvenir à convaincre son interlocuteur : pour ce dernier, aucun doute, l'employé avait substitué quelques zlotys en échange de cette monnaie de singe. Il alla rendre compte de l'affaire à son supérieur, Sepp Aue, dont le bureau était situé à un étage supérieur qui servait d'entrepôt. Il fallait, dit-il, appeler la Schutzpolizei.

Herr Aue et son subordonné savaient tous deux qu'une telle démarche aboutirait à l'incarcération de l'employé dans la prison SS de la rue Montelupich. Le jeune comptable était pour : ce serait, disait-il, un excellent avertissement pour les quelques juifs qui travaillaient encore chez Buchheister. Aue ne partageait pas cet avis. Il est vrai que sa grand-mère était juive, détail que tout le monde ignorait alors.

Aue, qui avait décroché son poste par filon politique, n'avait pas la réputation d'être un foudre de comptabilité. Aussi expédia-t-il un messager quérir Itzhak Stern, un Juif polonais qui tenait les registres de la firme Buchheister. Bien que celui-ci fût affligé d'une forte grippe, il devait rappliquer immédiatement : Aue voulait avoir son avis sur cette histoire de billets bidons. A peine avait-il donné des ordres dans ce sens que sa secrétaire lui rappela le rendez-vous qu'il avait donné à un certain Herr Schindler. Ce monsieur était arrivé. Aue alla jeter un coup d'œil dans l'antichambre où il aperçut un grand jeune homme en train de fumer tranquillement. C'était bien la même personne qu'il avait rencontrée la veille au cours d'une soirée où Oskar était accompagné d'une Allemande des Sudètes, Ingrid, qui exerçait les mêmes fonctions que lui pour le compte de l'Agence des contrôles de l'Est. Ingrid et Oskar formaient un couple parfait, manifestement très amoureux. Ils semblaient avoir tous deux des tas d'amis haut placés dans l'Abwehr.

Dans le cours de la conversation, Oskar avait suggéré qu'il aimerait s'installer à Cracovie. « Dans les textiles, peut-être, avait lancé Aue en ajoutant : Vous savez, il n'y a pas que les uniformes. Le marché polonais offre des tas de possibilités... » Pourquoi Oskar ne viendrait-il pas voir comment ça se passait chez Buchheister ? Aue se mit à regretter cette proposition faite à 2 heures du matin sous l'influence de l'alcool.

Schindler, dans l'antichambre, perçut tout de suite ses réticences :

– Si je vous dérange, monsieur le chef comptable...

– Mais non, mais non, répliqua Herr Aue, qui entreprit de faire faire à Oskar le tour des entrepôts et de la filature situés de l'autre côté de la rue.

Schindler demanda à son interlocuteur si le fait de travailler avec des Polonais lui posait des problèmes. Non, pas de problèmes. Les Polonais se montraient même assez coopératifs. Mais, après tout, ici, ce n'était pas une usine d'armements.

Aue aurait aimé savoir si Oskar avait le bras aussi long qu'il le laissait paraître. Connaissait-il les gens du service des armements ? Et le général Julius Schindler ? Quelqu'un de la famille peut-être ?

– Quelle importance ? répondit Oskar avec un sourire désarmant. (En fait, le général n'était pas de sa famille.) C'est un homme compétent, surtout si on le compare à quelques autres.

Aue ne pouvait qu'en convenir. Mais lui, le chef comptable, ne s'assiérait jamais à la même table que le général Schindler. C'était toute la différence.

De retour à son bureau, Aue aperçut dans l'antichambre le comptable juif, Itzhak Stern, qui toussait et se mouchait bruyamment, mais qui se leva néanmoins immédiatement à l'approche des deux hommes en leur lançant un regard apeuré. Après avoir offert un verre à Oskar, Aue s'excusa pour aller trouver Stern.

Le jeune homme, très mince, très sérieux, aurait pu passer pour un de ces experts en études talmudiques. Aue lui raconta toute l'histoire survenue le matin entre l'employé de Buchheister et les sous-officiers. Il alla chercher dans le coffre les billets sans valeur.

– Je pensais que vous auriez peut-être institué une procédure comptable pour faire face à ce type de situation, dit Aue. Je suppose que ça doit être assez courant à Cracovie en ce moment.

Itzhak examina les billets. Oui, en effet, il avait institué une procédure. Sans l'ombre d'un sourire, il s'approcha du poêle et y jeta les billets.

– Je fais entrer ces déchets dans la colonne « pertes et profits » sous la rubrique « échantillons gratuits », dit-il. Depuis septembre, il y a eu beaucoup d'échantillons gratuits.

Aue apprécia la réponse : efficace, sans fioritures et valable d'un point de vue comptable. Il se mit à rire en regardant le visage sec et tiraillé de Stern. « Un visage à l'image de Cracovie », pensait-il. Une petite ville déchirée où l'on ne s'en tirait que grâce au système D. Herr Schindler, toujours assis dans le bureau, gagnerait peut-être à être mis au courant des pratiques locales.

Aue fit signe à Stern d'entrer dans le bureau où Oskar se réchauffait près de la cheminée, un verre à la main. Quand il vit Schindler, Stern pensa immédiatement : « Cet Allemand-là ne doit pas être facile à manipuler. » Aue, comme tous les bons Allemands de l'époque, portait à la boutonnière le badge de fidélité au Führer, un petit insigne qui aurait pu aussi bien être celui d'un club cycliste. Rien à voir avec le gros macaron de Schindler dont l'émail reflétait les flammes de la cheminée. Cet insigne, plus l'aspect cossu de l'Allemand, réveillait les sentiments de frustration que pouvait éprouver un jeune Polonais affligé d'une grippe.

Aue fit les présentations.

– Je dois vous dire, monsieur, que je suis juif, annonça Stern, conformément à l'ordonnance promulguée par le gouverneur Frank.

– Bon, eh bien moi, je suis allemand, grogna Schindler.

Stern était démangé par l'envie de lui dire : « Dans ce cas, pourquoi ne faites-vous pas supprimer l'ordonnance ? »

Il est vrai qu'après seulement sept semaines de l'ordre nouveau en Pologne, Stern n'était pas seulement victime de ce décret, mais de beaucoup d'autres. Pas moins de six avaient été promulgués par le gouverneur général, Hans Frank, à lui tout seul. Sans compter ceux qu'avait émis son adjoint, le Gruppenführer SS, Otto Wächter. Outre l'obligation de faire savoir qu'il était juif, Stern devait porter sur lui en tout temps une carte d'identité frappée d'une bande jaune. Les décrets interdisant la préparation de nourriture kasher et institutionnalisant le travail forcé avaient été proclamés trois semaines auparavant. Et la ration quotidienne des Untermenschen, les sous-hommes comme Stern, ne dépassait guère de moitié celle consentie aux Polonais non juifs, déjà considérés comme des moins-que-rien.

Enfin, une ordonnance, datée du 8 novembre, obligeait tous les juifs de Cracovie à se faire enregistrer auprès des autorités d'occupation dans les quinze jours à venir.

Et ce n'était qu'un début. Stern était assez clairvoyant pour imaginer que d'autres ordonnances seraient prises, qui ne manqueraient pas de rétrécir encore plus son espace vital. La plupart des juifs partageaient cet avis. Ils avaient déjà eu un avant-goût de ce qu'on leur préparait : les juifs des *shtetls* (petites bourgades rurales) étaient expédiés dans les grandes villes pour y pelleter le charbon, les intellectuels des villes étaient envoyés à la campagne pour récolter les betteraves. Ils savaient qu'ils n'étaient pas à l'abri d'un massacre. Déjà, dans le village de Tursk, une unité SS d'artillerie avait, quelque temps auparavant, obligé des membres de la communauté juive à réparer un pont pendant toute une journée avant de les conduire dans la synagogue pour les y fusiller. Oui, tout cela se reproduirait. Mais, en fin de compte, les choses parviendraient à un statu quo, croyaient-ils. La race survivrait. A force de tractations, de pétitions, de pots-de-vin – c'était la vieille méthode, imparable, et que toutes les communautés juives en péril avaient utilisée au cours de l'Histoire depuis l'Empire romain. Et puis, de toute façon, les autorités civiles auraient besoin des juifs, de leur travail. Ne représentaient-ils pas, dans ce pays, près d'un dixième de la population ?

Stern, en fait, n'y croyait qu'à moitié. Il ne pensait pas que les décrets à venir, si sévères soient-ils, puissent faire l'objet d'un quelconque marchandage. Et même s'il ignorait ce que réservait l'avenir, il le pressentait déjà assez sombre pour penser « parfait, Herr Schindler, mais votre geste pour nous mettre sur un pied d'égalité, ça ne signifie strictement rien ».

– Cet homme est le bras droit de Buchheister, dit Aue en présentant Itzhak Stern. Il a ses entrées dans les milieux d'affaires de Cracovie.

Inutile, pour Stern, de prétendre le contraire. Il se demanda si le chef comptable n'était pas en train de dorer la pilule à ce visiteur distingué.

Aue les pria de l'excuser.

Resté seul avec Stern, Schindler dit à son interlocuteur qu'il lui serait reconnaissant s'il pouvait lui donner quelques précisions sur ces milieux d'affaires. Stern tenta d'en savoir plus sur Oskar : pourquoi ne s'adressait-il pas aux directeurs de l'Agence des contrôles ?

– Tous des voleurs ! répliqua Schindler. En plus, ce sont des ronds-de-cuir. J'ai besoin d'un peu de souplesse... Je suis capitaliste de tempérament et je n'aime pas travailler dans un carcan administratif.

C'était gagné. Et ce fut sur un ton presque amical que les deux hommes se mirent à discuter. Stern, manifestement, était l'homme de la situation. Il paraissait avoir des amis ou des parents dans tous les secteurs industriels ou commerciaux de Cracovie, textile, confection, ateliers de montage, métallurgie... Herr Schindler, dûment impressionné, tira une enveloppe de sa poche.

– Connaissez-vous la Compagnie Rekord ? demanda-t-il.

Oui, Stern connaissait.

– En cessation de paiements, dit-il. Spécialisée dans le matériel de cuisine, casseroles émaillées, cocottes...

Depuis qu'elle avait été déclarée en faillite, les presses et autres grosses machines avaient été confisquées. Aujourd'hui, l'usine, dirigée par des parents des anciens propriétaires, ne travaillait plus qu'à un très faible pourcentage de sa capacité.

– Mon frère, ajouta Stern, représente une firme suisse qui est un des principaux créditeurs de Rekord. La boîte était très mal gérée.

Schindler tendit l'enveloppe à Stern :

– Voici leur compte courant. Dites-moi ce que vous en pensez.

– Herr Schindler devrait également solliciter d'autres avis.

– D'accord, mais j'apprécierais votre opinion.

Stern étudia rapidement les colonnes de chiffres. Au bout de deux à trois minutes, il prit conscience de l'étrange silence qui régnait dans la pièce. Schindler le regardait avec une intensité troublante.

Stern, comme beaucoup de ses coreligionnaires, possédait cette intuition venue du fond des siècles, qui permettait de reconnaître le goy marqué du sceau de la justice, celui qui éventuellement pourrait faire paravent à la sauvagerie des autres. C'est le même type d'intuition qui fait frapper le vagabond à la porte de l'homme charitable. Le fait que Schindler pourrait éventuellement servir de bouclier modifiait le ton de la conversation, un peu comme peut virer, au cours d'une soirée, la conversation entre un homme et une femme qui viennent de se rencontrer lorsque celui-ci entrevoit la possibilité d'emmener la dame. Stern en était plus conscient que Schindler, et il s'efforça de mettre les atouts dans sa manche, avec mille précautions.

– L'affaire est encore très valable, déclara-t-il. Vous pourriez en parler avec mon frère. Et, bien sûr, il y a toujours l'éventualité de contrats militaires...

– Très juste, murmura Herr Schindler.

Immédiatement après la chute de Cracovie, avant même que le siège de Varsovie ne fût terminé, le gouvernement général de Pologne avait mis sur pied une Inspection des armements dont le but était d'entrer en contact avec les industriels susceptibles de fournir du matériel militaire. Dans une usine comme Rekord, on pourrait très bien fabriquer des ustensiles de cuisine et des gamelles pour les popotes de campagne. Stern savait que l'Inspection des armements était dirigée par un général d'armée de la Wehrmacht, Julius Schindler. Le général était-il un parent de Herr Oskar Schindler ?

– Non, je crains que non, répondit Schindler sur

un ton qui laissait penser à Stern qu'il préférait qu'on ne le sût point.

– De toute façon, expliqua Stern, même avec la production minimale actuelle, Rekord arrive encore à un chiffre d'affaires d'un demi-million de zlotys par an.

Il faudrait, bien sûr, remplacer les presses et les fours qui avaient été embarqués. Cela dépendait des crédits que pourrait obtenir Herr Schindler.

Les ustensiles de cuisine, c'était en effet plus dans ses cordes que le textile, dit Schindler. Il avait travaillé dans des usines de matériel agricole, et il connaissait bien les presses à vapeur et les machines de ce type.

Il ne vint pas à l'esprit de Stern de demander pourquoi un industriel allemand bien sous tous rapports désirait le sonder sur différentes options commerciales. Après tout, ce type de rencontre n'était pas inhabituel dans la longue histoire de sa tribu, et les affaires n'étaient pas la seule raison valable. Il expliqua la façon dont le tribunal de commerce fixerait les droits pour le bail de l'usine en faillite. Bail avec option d'achat – beaucoup mieux que simplement Treuhänder. En tant que Treuhänder, c'est-à-dire gérant, on était totalement soumis à la tutelle du ministère de l'Economie.

– Vous découvririez qu'il ne vous sera pas possible d'employer qui bon vous semble, se risqua Stern en baissant la voix.

– Comment le savez-vous ? dit Schindler d'un ton enjoué. Vous êtes au courant de ce qui se trame ?

– Je l'ai lu dans le *Berliner Tageblatt*. Personne n'interdit encore à un juif de lire les journaux allemands.

– Est-ce vrai ? demanda Schindler qui se mit à tapoter l'épaule de Stern tout en continuant de rire.

En fait, Stern était au courant de ce qui se tramait

parce qu'il avait vu les directives adressées à Aue par Eberhard von Jagwitz, directeur au ministère de l'Economie, sur la ligne de conduite à adopter pour « aryaniser » industries et commerces. Aue avait chargé Stern de faire un résumé du mémorandum. Von Jagwitz – bien que le ton de sa missive indiquât qu'il n'y était pour rien et même le regrettait – soulignait que certaines branches du gouvernement, telles que la RHSA de Heydrich (services de sécurité) ou certaines instances du parti, feraient pression pour une « aryanisation » totale de l'industrie. Plus vite les nouveaux directeurs mis en place pourraient se débarrasser des ouvriers qualifiés juifs, mieux cela vaudrait – étant entendu, bien sûr, que la productivité devrait se maintenir à un niveau tolérable.

Herr Schindler remit les comptes courants de Rekord dans sa poche, puis, se levant, entraîna Stern dans la salle des employés. Dans le brouhaha des machines à écrire, au milieu des sténos et des clercs, ils se mirent tous deux à philosopher. Oskar parlait des origines juives de la religion chrétienne, un sujet qui lui tenait à cœur depuis son amitié d'enfance avec les Kanter de Zwittau.

Oskar aimait à jouer les philosophes. Mais il avait trouvé à qui parler. Stern avait publié plusieurs articles et thèses sur les religions comparées. Cet érudit, que certains jugeaient pédant, voyait en Oskar un esprit ouvert mais simpliste. Peu lui importait. Une sorte d'amitié mal définie semblait s'être établie entre les deux hommes. Et cette conversation incitait Stern à penser que l'empire nazi s'effondrerait un jour ou l'autre à la manière d'autres empires. Les analogies de l'Histoire avaient amené le père d'Oskar à imaginer exactement la même chose quelques années auparavant.

Stern ne put s'empêcher de le dire. Les employés juifs du bureau se penchèrent avec ardeur sur leur travail, craignant une réaction. Schindler ne broncha pas.

Vers la fin de la conversation, Oskar émit quelques propos désabusés :

Dans une telle époque, philosopha-t-il, il devait être bien difficile aux différentes Eglises de continuer à prétendre que le Père éternel se souciait des choses d'ici-bas. Oui, Schindler n'aurait pas aimé être prêtre dans ces temps où la vie d'un homme n'avait ni plus ni moins de valeur qu'un paquet de cigarettes. Stern acquiesça mais ne put s'empêcher de citer – dans l'intérêt de la discussion, bien sûr – le verset du Talmud annonçant que celui qui sauve un seul homme sauve le monde entier.

– Bien sûr, bien sûr, dit Oskar.

Itzhak, à tort ou à raison, a toujours pensé que c'est à ce moment précis qu'il avait placé sa mise exactement là où il le fallait.

3

Un autre juif de Cracovie a fait le récit de sa rencontre avec Oskar à cette même époque. Il fut même à deux doigts de le tuer. Leopold (Poldek) Pfefferberg, chef de compagnie dans l'armée polonaise, avait été blessé à la jambe au cours d'un engagement près de la rivière San. Il avait réussi à rejoindre en boitillant l'hôpital polonais de Przemysl où ses connaissances en anatomie – il était diplômé d'éducation physique d'une université de Cracovie – lui avaient permis de donner des soins à d'autres blessés. Pfefferberg, vingt-sept ans, solide comme un bœuf, n'était pas homme à se laisser aller.

Quand il se retrouva dans la salle d'attente de la gare de Cracovie avec quelques centaines d'autres officiers polonais transférés en Allemagne, il se dit que le moment était venu. Sa propre maison n'était pas loin de la gare. Il serait idiot de ne pas tenter quelque chose, d'autant que la sentinelle allemande affectée à leur garde n'avait pas l'air bien redoutable.

Pfefferberg avait en sa possession un document estampillé par les autorités allemandes de l'hôpital de Przemysl indiquant qu'il était libre de circuler avec des ambulanciers pour porter secours aux blessés des deux armées. Il s'avança vers la sentinelle et plaça le document sous son nez.

– Pouvez-vous lire l'allemand ? demanda Pfefferberg.

Il fallait jouer serré, se montrer persuasif et faire preuve de cette autorité naturelle qui, sous l'influence des aristocrates aux postes de commande, était devenue l'apanage du corps des officiers polonais, même quand ils étaient juifs.

– Evidemment, je lis l'allemand ! répondit le bonhomme en levant les yeux au ciel.

Mais la façon dont il tenait le document laissait entendre que s'il parlait l'allemand, il ne devait pas le lire très bien. Pfefferberg expliqua que ce laissez-passer l'autorisait à se rendre auprès des blessés pour leur prodiguer des soins. L'autre, fortement impressionné par toute une série de tampons et de signatures, hocha la tête et lui indiqua la sortie.

Pfefferberg se précipita dans le trolley n° 1, face à la gare. Il était à peine 6 heures du matin. Pas un autre passager en vue. Le conducteur prit son argent sans faire aucune remarque. A cette époque, de nombreux soldats polonais qui n'avaient pas encore été recensés par la Wehrmacht pouvaient circuler librement en ville. Les officiers devaient se faire enregistrer, mais c'était tout.

Après avoir franchi les portes de la vieille ville, le trolley fut en cinq minutes dans la rue Grodzka. Devant le n° 48, Pfefferberg sauta de l'engin en marche comme il l'avait toujours fait depuis son enfance.

Il vécut chez différents amis, rendant visite de temps à autre à ses parents au 48 de la rue Grodzka. Les écoles juives ayant été rouvertes – elles ne devaient l'être que pendant six semaines –, il reprit même son travail d'enseignant. Il était certain qu'il faudrait quelque temps à la Gestapo pour retrouver sa trace. Aussi fit-il la demande d'une carte de ravitaillement. Il se débrouillait assez bien pour survivre en vendant des bijoux – pour son propre compte ou en tant qu'intermédiaire – sous les arcades de Sukiennice ou sous le porche de l'église Sainte-Marie où fleurissait le marché noir. Le commerce allait bon train entre Polonais, et encore plus entre Juifs polonais. Leur carte de ravitaillement, amputée au départ, leur donnait droit seulement aux deux tiers des coupons de viande et à la moitié des coupons de beurre distribués aux Polonais non juifs. Et à aucun coupon de riz ou de chocolat. Le marché noir, nerf de la guerre de toutes les minorités affamées, devenait une fois de plus, parmi la communauté juive, le seul moyen de s'en sortir. Surtout pour ceux qui, comme Leopold Pfefferberg, avaient des dispositions.

Bientôt, pensait-il, il serait à skis sur les sentiers de grande randonnée qui le conduiraient en Hongrie ou en Roumanie après avoir franchi les Tatras et une petite bande de territoire tchécoslovaque. Il avait été membre de l'équipe nationale de ski, aussi envisageait-il cette expédition sans appréhension. Il gardait dans l'appartement de ses parents un petit pistolet d'apparat qu'il avait niché en haut de l'énorme poêle de faïence. L'arme lui serait sans doute utile au cours de son périple ou s'il venait à être coincé dans l'appartement par la Gestapo.

Avec son joujou nacré, Pfefferberg avait bien failli tuer Oskar Schindler un jour maussade de novembre. Schindler, costume croisé, insigne du parti au revers du veston, avait décidé de se rendre chez Mme Mina Pfefferberg, la mère de Poldek, pour lui demander un service. Le bureau du logement du Reich lui avait fourni un très joli appartement moderne dans la Straszewskiego qui avait appartenu aux Nussbaum, une famille juive. Ce type d'appartements était réquisitionné par les autorités allemandes sans aucune contrepartie. Mina Pfefferberg, elle aussi, s'attendait à voir son appartement réquisitionné d'un jour à l'autre.

Des amis d'Oskar ont dit plus tard – encore que la chose n'ait pu être vérifiée – qu'il avait fait des recherches pour retrouver les Nussbaum et qu'il leur avait remis une somme de cinquante mille zlotys en dédommagement. Cette somme aurait été utilisée par les Nussbaum pour trouver refuge en Yougoslavie. Cinquante mille zlotys, c'était à la fois généreux et culotté, mais tout à fait typique d'Oskar qui, d'ici peu, commettrait d'autres actes que les nazis pourraient tenir pour de la provocation. Quant à sa générosité, elle était proverbiale. Il ne pouvait s'empêcher de donner aux chauffeurs de taxi le double du tarif indiqué au compteur. Mais, surtout, il pensait que la politique menée par le bureau du logement était d'une injustice flagrante. Il l'avait dit à Stern à ce moment-là, quand tout semblait sourire aux nazis, c'est-à-dire bien avant leur déconfiture.

Quoi qu'il en soit, Mme Pfefferberg n'avait aucune idée de ce que ce grand Allemand bien mis venait faire chez elle. Peut-être était-il à la recherche de son fils qui, à ce moment précis, se trouvait dans la cuisine. Venait-il pour réquisitionner l'appartement ? sa modeste entreprise de décoration ? ses antiquités ? sa tapisserie française ?

De fait, avant même la fête de Hanukkah, en décembre, la police allemande mandatée par le bureau du logement viendrait chez les Pfefferberg et les ferait descendre, transis de froid, sur le trottoir de la rue Grodzka. On refusera à Mme Pfefferberg la permission d'aller rechercher un manteau dans son appartement. Quant à M. Pfefferberg qui voudra récupérer dans son bureau une montre en or ancienne, il recevra un coup de poing dans la mâchoire. « J'ai été témoin d'actes scandaleux, avait dit Hermann Göring. Des chauffeurs et des petits chefs s'en sont mis tellement plein les poches que certains disposent maintenant de plus d'un demi-million. » Les innombrables larcins commis par les Allemands étaient sans doute un manquement à la discipline et pouvaient affecter le moral des troupes. Göring en était conscient. Mais en Pologne, cette année-là, la Gestapo n'était pas tenue de faire l'inventaire de ce qui se trouvait dans les appartements réquisitionnés.

Quand Schindler se présenta chez les Pfefferberg, au second étage de l'immeuble, ils étaient encore les occupants précaires de leur appartement. Mme Pfefferberg et son fils étaient en train de bavarder dans une pièce pleine d'un fatras d'échantillons de tissus et de papiers muraux quand on frappa à la porte. Leopold ne s'inquiéta pas outre mesure car l'appartement comportait deux entrées en vis-à-vis, l'une donnant sur ce qui faisait office de bureau, l'autre sur la cuisine où il se réfugia. De là, il pouvait surveiller le visiteur à travers un interstice. Le grand bonhomme habillé avec soin qu'il apercevait serait-il membre de la Gestapo ? Il alla trouver sa mère pour lui confier son appréhension :

– Quand tu lui ouvriras la porte du bureau, je pourrai toujours filer par la cuisine.

Toute tremblante, Mme Pfefferberg ouvrit la porte. Son fils, qui s'était saisi entre-temps de son pistolet, attendait pour s'en aller de pouvoir synchroniser le bruit, si faible fût-il, que ne manquerait pas de provoquer sa sortie avec le bruit que ferait l'Allemand en entrant. Il lui semblait cependant absurde de partir avant de savoir exactement ce que voulait ce dernier. Peut-être faudrait-il le tuer, et, dans ce cas, c'est toute la famille qui devrait fuir en Roumanie.

Si Pfefferberg, poussé par cette fatalité qui semblait peser alors sur le moindre événement, avait tiré sur Schindler, ni la mort, ni la fuite, ni les représailles qui se seraient ensuivies n'auraient présenté un aspect exceptionnel dans cette période de l'Histoire. Herr Schindler aurait été pleuré brièvement et vengé sommairement. C'eût été la fin d'Oskar. Et à Zwittau, dans son village natal, quelques commères auraient épilogué : « Voyons, il était marié ou non ?... »

Les Pfefferberg furent surpris par la voix du visiteur. Le ton était calme, courtois, comme celui d'une personne qui viendrait pour affaires ou pour solliciter une faveur. Il tranchait singulièrement avec les ordres gutturaux qui, depuis quelques semaines, écorchaient les oreilles de la population. L'homme avait même l'air amical, ce qui paraissait bizarre, voire suspect.

Pfefferberg était sorti de la cuisine pour se dissimuler derrière la porte à double battant de la salle à manger. Il apercevait en partie le visiteur.

– Vous êtes bien madame Pfefferberg ? s'enquit l'Allemand. Vous m'avez été recommandée par Herr Nussbaum. Je viens d'emménager dans un appartement de la Straszewskiego, et je souhaiterais en refaire la décoration.

Mina Pfefferberg restait plantée devant la porte. Elle répondit d'une façon si incohérente que son fils, pris de pitié, vint la rejoindre en tenant son pistolet caché sous sa veste. Il pria le visiteur d'entrer tout en prodiguant en polonais quelques paroles de réconfort à sa mère.

– Je m'appelle Oskar Schindler.

Les deux hommes se regardèrent, tentant de se

jauger mutuellement. Oskar pensait bien que Pfefferberg était intervenu dans le dessein de protéger sa mère. Il respectait cette attitude et, pour le montrer, il s'adressa au fils comme si celui-ci allait pouvoir servir d'interprète.

– Ma femme va bientôt arriver de Tchécoslovaquie, dit-il, et j'aimerais que l'appartement soit refait dans le style qu'elle affectionne. Les Nussbaum ont pris grand soin des lieux, mais ils avaient un goût prononcé pour les meubles un peu lourds et les couleurs sombres. Ma femme préférerait quelque chose de plus gai, un peu français, un peu suédois peut-être...

Mme Pfefferberg avait recouvré suffisamment ses esprits pour répondre qu'elle ne savait pas si elle pourrait ; qu'avec Noël qui arrivait, elle avait déjà bien de l'ouvrage sur les bras. Leopold comprenait que sa mère répugnait à travailler pour une clientèle allemande. Mais les Allemands seraient sans doute les seuls à cette époque ayant assez confiance dans l'avenir pour solliciter les services de décorateurs d'appartement. Et Mme Pfefferberg n'avait guère le choix : son mari avait perdu son emploi et travaillait maintenant pour une bouchée de pain au bureau du logement de la Gemeinde, l'Office du secours juif.

Deux minutes ne s'étaient pas passées que les deux hommes échangeaient déjà des propos amicaux. Le pistolet caché dans le ceinturon de Leopold apparaissait désormais comme un objet incongru. Affaire conclue. Mme Pfefferberg se rendrait à l'appartement de Schindler. Peu importait le montant du devis. Schindler proposa même à Leopold de venir lui rendre visite pour discuter d'autres affaires.

– Vous pourriez peut-être m'indiquer les filières pour obtenir des produits locaux... Je vois par exemple que vous portez une chemise très élégante... Je ne sais même pas où commencer à chercher pour en trouver de semblables.

Le ton était volontairement espiègle. Pfefferberg appréciait en connaisseur, tandis qu'Oskar poursuivait son appel du pied :

– Les magasins, comme vous savez, sont vides...

Leopold Pfefferberg était le type même de l'homme qui arrivait à survivre en faisant monter haut la barre.

– Herr Schindler, ce type de chemise est très coûteux. Il faut compter vingt-cinq zlotys pièce.

Il avait multiplié le prix par cinq. Herr Schindler prit immédiatement l'œil amusé de celui qui sait, mais sans plus. Comme s'il ne voulait pas remettre en question la bonne entente qui semblait se dégager entre les deux hommes.

– Je pourrais sans doute vous en obtenir, dit Pfefferberg. Il faudrait que vous m'indiquiez vos mesures. Et je crains que mes fournisseurs ne demandent des arrhes.

Herr Schindler, le regard toujours un peu sarcastique, sortit deux cents Reichsmark de son portefeuille et les tendit à Pfefferberg. C'était une somme extravagante qui aurait suffi à fournir en chemises une douzaine de nababs, même au prix gonflé qu'avait donné le Polonais. Mais celui-ci savait jouer. Il ne battit pas un cil.

– Puis-je avoir vos mesures ?

Une semaine plus tard, Pfefferberg arriva à l'appartement de la Straszewskiego avec une douzaine de chemises en soie sous le bras. On lui présenta une très jolie Allemande qui semblait superviser une entreprise de quincaillerie de Cracovie. Un autre soir, Oskar s'afficha devant Pfefferberg en compagnie d'une jeune et pulpeuse Polonaise. S'il y avait une Frau Schindler, elle devait être bien cachée. En tout cas, personne n'aperçut cette dame, même quand l'appartement fut entièrement décoré. Pfefferberg, lui, entretenait des rapports constants avec Oskar. Il lui fournissait les objets de luxe – soieries, meubles, bijoux – qui servaient alors de monnaie d'échange dans les vieux quartiers de Cracovie.

4

Itzhak Stern devait rencontrer à nouveau Oskar Schindler au début du mois de décembre. La demande de Schindler auprès du tribunal de commerce de Cracovie avait été dûment enregistrée, et Oskar pouvait désormais passer son temps à prendre le pouls de la ville. Il s'était rendu ce matin-là chez Buchheister et, après une conversation avec Aue, était entré dans le bureau annexe où se trouvait Stern.

– Demain, ça démarre, avait-il annoncé d'une voix pâteuse après avoir frappé dans ses mains pour attirer l'attention. Ça va faire du bruit du côté des rues Jozefa et Isaaka.

Tous les ghettos avaient leurs rues Jozefa et Isaaka. Mais elles existaient aussi sur le site de l'ancien ghetto de Cracovie, Kazimierz, un quartier périphérique lové dans un coude de la Vistule, qui avait été cédé autrefois à la communauté juive par Casimir le Grand.

Stern sentait maintenant l'haleine chargée d'alcool de Schindler qui s'était penché vers lui. Il aurait voulu lui demander : Herr Schindler sait-il que quelque chose se prépare du côté des rues Jozefa et Isaaka ? Ou bien, à quoi joue-t-il ? Quoi qu'il en soit, Stern se sentait profondément déçu. Son interlocuteur, manifestement, faisait allusion à un pogrom, et il le clamait à haute voix, comme s'il avait voulu remettre Stern à sa place.

Oskar avait dit « demain ». Or on était le 3 décembre. Stern, malheureusement, prit « demain » dans le sens où l'entendent les prophètes ou les ivrognes, c'est-à-dire un avenir proche. Un tout petit nombre de ceux qui avaient entendu la mise en garde avinée de Schindler ou qui en avaient entendu parler firent en toute hâte quelques balluchons et franchirent la Vistule pour se réfugier à Podgorze avec leur famille.

Quant à Oskar, il estimait avoir pris suffisamment de risques pour faire passer une information qu'il avait recueillie de deux sources différentes parmi les nouveaux amis qu'il s'était faits. L'un était le sergent Herman Toffel, un policier rattaché au quartier général de la police SS. L'autre, Dieter Reeder, faisait partie de l'état-major du chef des SD, Czurda. Oskar savait, en toute occasion, renifler les hommes avec qui il pourrait suffisamment sympathiser pour obtenir quelques renseignements de valeur.

Pourquoi, cependant, avait-il refilé le tuyau à Stern ? Il racontera plus tard que la confiscation des biens juifs et tchèques, l'expulsion des juifs et des Tchèques des Sudètes après l'invasion allemande de la Bohême et de la Moravie l'avaient à jamais vacciné contre l'ordre nouveau. L'avertissement donné à Stern – plus encore que l'affaire Nussbaum, jamais vraiment prouvée – semble indiquer qu'il a dit vrai.

Oskar avait espéré, comme d'ailleurs la plupart des juifs de Cracovie, qu'après la période de folie initiale le régime se reprendrait et laisserait les gens respirer. S'il s'avérait que certains Allemands laissaient filtrer des informations sur les futurs pogroms et les expéditions punitives des SS pour en atténuer les effets, peut-être, après tout, que la raison reviendrait au plus grand nombre d'entre eux avant le printemps. L'Allemagne ne faisait-elle pas partie des nations civilisées ?

La descente des SS dans Kazimierz allait cependant marquer profondément Oskar. Certes, le dégoût qu'il éprouverait n'allait pas avoir de répercussions trop directes sur ses affaires, son train de vie ou ses aventures galantes, mais la nausée qu'il sentirait monter en lui finirait par l'obséder, le submerger et lui faire prendre de plus en plus de risques au fur et à mesure que les intentions du régime deviendraient de plus en plus claires.

Au départ, le raid SS était programmé en partie pour faire main basse sur les bijoux et les fourrures. Quelques évictions avaient déjà eu lieu dans les maisons et les appartements de la zone un peu plus huppée située entre Kazimierz et Cracovie. Mais la première véritable *Aktion*, outre le pillage, avait pour but de mettre au pas la population du vieux quartier juif. C'est poùr cette raison – d'après ce que lui avait raconté Reeder – qu'un petit détachement des groupes de forces spéciales, les Einsatzgruppen, devait se joindre aux SS locaux et à la police militaire pour l'expédition dans Kazimierz.

Ces Einsatzgruppen avaient participé à l'invasion de la Pologne en même temps que les autres forces armées. La traduction « groupes de forces spéciales » ne rend compte qu'imparfaitement de la signification exacte du terme. Le mot Einsatz a une connotation de défi, de chevalerie. Ces groupes étaient recrutés au sein du SD (Sicherheitsdienst), les services de sécurité de Heydrich. Ils savaient qu'ils disposaient de pouvoirs très étendus. Leur chef suprême n'avait-il pas dit six semaines auparavant au général Wilhelm Keitel que « le gouvernement général de Pologne devrait mener une lutte sans pitié et sans souci de la légalité pour qu'une existence nationale se développe » ? Les Einsatzgruppen savaient parfaitement que, dans la rhétorique de leurs chefs, la lutte pour une existence nationale signifiait lutte raciale, et que le mot Einsatz lui-même avait perdu désormais toute connotation chevaleresque pour signifier « feu à volonté ».

L'escouade retenue pour l'expédition à Kazimierz faisait partie de l'élite de l'Einsatz. Elle laisserait aux SS de Cracovie la tâche sordide de fouiller les appartements pour récolter bijoux et fourrures. Quant aux hommes de l'Einsatz, ils auraient pour mission de s'occuper des symboles mêmes de la culture juive – c'est-à-dire des anciennes synagogues de Cracovie.

Toutes les forces engagées dans la première *Aktion* sur Cracovie – Einsatz, Sonderkommandos SS (escouades spéciales) et les SD de Czurda – attendaient avec impatience depuis quelques semaines de pouvoir passer à l'action. L'armée s'était mise d'accord avec Heydrich et les différents services de police pour qu'aucune opération ne soit montée jusqu'à ce que la Pologne passe d'un régime militaire à un régime civil. Le transfert d'autorité était chose accomplie. Désormais, dans tout le pays, les chevaliers de l'Einsatz et les Sonderkommandos avaient le feu vert pour faire régner l'ordre nouveau dans tous les ghettos de Pologne.

Au bout de la rue où se trouvait l'appartement d'Oskar, on pouvait apercevoir le château de Wawel, une sorte de forteresse où siégeait Hans Frank. Si l'on veut comprendre le choix d'Oskar et l'action qu'il va mener en Pologne, il faut mesurer les rapports de forces en présence : d'une part, Frank et les jeunes officiers SS ou SD ; d'autre part, Oskar et les juifs de Cracovie.

En premier lieu, Frank n'avait pas d'autorité directe sur les forces spéciales qui allaient participer à l'opération Kazimierz. Où qu'elles se trouvent, les forces de police de Heinrich Himmler n'avaient de comptes à rendre qu'à leur chef. Frank tolérait mal qu'elles forment un Etat dans l'Etat et, de plus, il était en désaccord avec elles pour des raisons pratiques. Sans doute éprouvait-il la même haine à l'égard de la population juive que tous les membres du parti, et trouvait-il que Cracovie, si admirable que fût la ville, puait le juif. Il s'était d'ailleurs plaint récemment que certains fonctionnaires du parti eussent mis à profit les excellentes dessertes ferroviaires de Cracovie pour faire de la ville un dépotoir pour les juifs du Warthe-land, de Lodz ou de Poznan. Mais il était persuadé que les méthodes en vigueur chez les Einsatzgruppen ou les Sonderkommandos ne pourraient résoudre en quoi que ce soit le problème. Pour Frank – comme pour Himmler, d'ailleurs, qui avait été le premier à divaguer sur ce thème –, la solution consistait à parquer tous les juifs dans un immense camp de concentration qui pourrait être, par exemple, la ville de Lublin et ses environs ou, mieux encore, Madagascar.

Les Polonais eux-mêmes avaient à une époque caressé l'idée d'expédier leurs juifs à Madagascar. Le gouvernement de Varsovie avait même envoyé en 1937 une commission chargée d'étudier les possibilités offertes par cette île si commodément éloignée des rivages où s'exacerbaient les sensibilités européennes. A Paris, le ministère des Colonies se disait favorable à un accord sur ce point, estimant qu'un Madagascar peuplé de juifs européens engendrerait de superbes marchés à l'exportation. Oswald Pirow, le ministre de la Défense sud-africain, avait plus tard joué le « monsieur bons offices » entre Hitler et la France pour tenter d'aboutir à une solution semblable. On comprend que Hans Frank, fort de ces précédents, ait misé là-dessus plutôt que sur les méthodes des Einsatzgruppen. Ceux-ci pouvaient bien terroriser et massacrer, jamais ils ne viendraient à bout de la population de sous-hommes de l'Europe de l'Est. Au moment où se préparait l'offensive sur Varsovie, les Einsatzgruppen avaient saccagé les maisons des juifs, ils les avaient torturés, ils les avaient fusillés et pendus dans les synagogues de Silésie, ils avaient brûlé leurs instruments de prière. Une goutte d'eau, estimait Frank. L'Histoire lui avait appris que les races menacées survivent généralement aux génocides. Les géniteurs sont plus prolifiques que les tueurs.

Ce que tout le monde ignorait ce jour-là –, aussi bien les Einsatzgruppen que les grosses brutes SS ou les fidèles prosternés dans les synagogues –, oui, ce que tout le monde ignorait, ce que de nombreux planificateurs au sein du parti espéraient vaguement, sans trop y croire, c'était qu'une réponse technologique, le Zyklon B, apporterait une solution beaucoup plus efficace que Madagascar au problème juif.

Leni Riefenstahl, l'actrice préférée de Hitler qui était aussi réalisatrice de films, avait provoqué un incident après être arrivée à Lodz avec une équipe de tournage sitôt la ville tombée. Ayant assisté à l'exécution d'une colonne de juifs à la mitrailleuse, elle s'était immédiatement rendue près du Führer qui se trouvait alors au quartier général des armées du front sud et lui avait fait une véritable scène. Ainsi allaient les choses. Outre les problèmes de logistique et le poids du nombre, il fallait encore compter avec les criailleries de certaines personnes timorées. Les sbires des Einsatzgruppen ne seraient jamais à la hauteur. Mais Madagascar finirait aussi par apparaître absurde le jour où on aurait trouvé le moyen de parquer les sous-hommes de l'Europe centrale dans des endroits où les metteurs en scène bon chic bon genre ne risqueraient pas de s'aventurer.

L'avertissement donné par Oskar à Stern dans les bureaux de Buchheister n'avait pas servi à grand-chose. Les SS étaient passés à l'action et se livraient au pillage dans les rues Jakoba, Izaaka et Jozefa. Ils enfonçaient les portes, vidaient les armoires, forçaient les serrures des placards et des bureaux. Ils arrachaient les bagues et les colliers des femmes. Une jeune fille qui s'agrippait à son manteau de fourrure eut le bras cassé. Un garçon de la rue Ciemma qui refusait de donner ses skis fut tué sur-le-champ.

Quelques victimes du pillage – ignorant que les SS n'étaient pas soumis à la loi commune – iraient se plaindre le lendemain auprès des services de police. L'Histoire leur avait enseigné qu'il y avait toujours quelque part un vieil officier de police galonné et intègre qui serait bien embarrassé d'apprendre ce qui s'était passé. Peut-être même passerait-il à l'action pour discipliner ces soudards ? Il y aurait sans doute une enquête sur l'affaire de la rue Ciemma et sur la femme dont on avait cassé le nez à coups de matraque.

Pendant que les SS saccageaient les appartements, l'escouade des Einsatzgruppen fonçait en direction de la synagogue de Stara Boznica, datant du XIVe siècle. Comme prévu, ils trouvèrent à l'intérieur un groupe de juifs orthodoxes portant barbe, papillotes et châles de prière. Ils s'emparèrent dans la rue d'un autre groupe de juifs, non pratiquants ceux-là, et le menèrent dans la synagogue comme s'ils voulaient voir comment réagissaient les deux groupes l'un vis-à-vis de l'autre.

Parmi ceux qu'on avait poussés au travers du portail de Stara Boznica se trouvait le gangster Max

Redlicht, un homme qui n'aurait jamais pénétré dans le vieux temple et n'aurait d'ailleurs jamais été convié à le faire. Les deux groupes de la même tribu qui, en d'autres temps, ne se seraient pas adressé la parole, se trouvaient de part et d'autre de l'arche. Un sous-officier de l'Einsatz ouvrit l'arche et s'empara des Tables de la Loi. Tous les gens réunis dans la synagogue furent sommés de défiler devant les Tables et de cracher dessus. Et pas de faux-semblants : le crachat devait être bien visible.

Les juifs orthodoxes paraissaient avoir adopté une attitude plus rationnelle, peut-être, que les autres, les agnostiques, les libéraux, ceux qui se voulaient assimilés. Les hommes de l'Einsatz voyaient bien que les non-croyants hésitaient devant le parchemin. Du regard ils lançaient des appels aux soldats comme pour leur dire : « Allons, un peu de sérieux, vous voyez bien qu'on est des gens trop sérieux pour ce genre de foutaises ! » On avait appris aux SS, au cours de leur formation, que le pseudo-libéralisme des juifs non orthodoxes n'était que du flan. Dans cette synagogue de Stara Boznica, les réticences de ceux qui portaient les cheveux courts et les vêtements à la mode semblaient indiquer que ce n'était pas faux. Tout le monde finit par cracher, sauf Max Redlicht. Les hommes de l'Einsatz devaient savourer le spectacle : un incroyant notoire renonçant à cracher sur un objet religieux que sa raison tenait pour une calembredaine, mais que sa conscience considérait encore comme sacré. Pourrait-on jamais libérer un juif du fatras obscurantiste qui pesait sur sa conscience ? Un juif saurait-il jamais avoir des pensées claires ? Saurait-il raisonner comme Kant ? L'heure de vérité était venue.

Redlicht dit quelques mots :

– J'ai fait beaucoup de choses dans ma vie, mais ça, je ne le ferai pas.

Il fut tué le premier. Puis tous les autres y passèrent. Les sbires de l'Einsatz allumèrent alors quelques foyers d'incendie. Quelques heures plus tard, une des plus vieilles synagogues de Pologne n'était plus qu'une carcasse calcinée.

5

Victoria Klonowska, une très jolie secrétaire polonaise recrutée par Oskar, allait très rapidement devenir sa maîtresse. Ingrid, l'égérie allemande, devait être au courant (aussi certainement qu'Emilie Schindler devait connaître l'existence d'Ingrid). Oskar, c'est le moins qu'on puisse dire, n'était pas cachottier. Pour ce qui est du sexe, il avait la franchise d'un enfant. Non pas qu'il se vantât, mais il ne voyait pas l'utilité de mentir, de monter dans des chambres d'hôtel par des escaliers de service, ou de frapper discrètement à la porte d'une fille une fois la nuit bien avancée. Puisque Oskar ne se donnait même pas la peine de mentir, ses femmes avaient peu de prise sur lui et les querelles d'amoureux n'avaient aucune raison d'être.

Avec ses cheveux blonds haut dressés sur son ravissant minois peinturluré, Victoria Klonowska ressemblait à ces ingénues chez qui les dégâts provoqués par l'Histoire ne sauraient influer durablement sur les choses de la vie. En cet automne où la sobriété vestimentaire était de mise, la jupe moulante et les chemisiers voyants de la jeune fille pouvaient passer pour une provocation. Pourtant Victoria, comme la plupart des Polonais, avait la fibre patriotique. On la disait équilibrée et efficace. Elle le prouvera plus tard, quand elle devra faire des démarches auprès des gros bonnets allemands pour tirer son amant des pattes des SS. Mais, pour l'instant, Oskar avait un travail moins délicat à lui proposer.

Il aurait aimé connaître à Cracovie une boîte, bar ou cabaret, où il pourrait inviter des amis. Pas des « contacts » ou des huiles de l'Inspection des armements, mais de vrais amis. Bref, un endroit un peu gai où il serait exclu qu'il puisse tomber sur des pontes rasoirs et bedonnants.

Victoria saurait-elle trouver ça ? Elle découvrit une cave où l'on jouait du très bon jazz dans une des rues étroites situées au nord du Rynek, la grand-place de la ville. C'était un endroit très populaire où se retrouvaient étudiants et jeunes professeurs, mais où Victoria n'avait jamais mis les pieds auparavant. Les gens frisant la quarantaine qui la poursuivaient de leurs assiduités avant guerre se seraient crus déshonorés de fréquenter un bouge pour étudiants. On pouvait y louer des alcôves masquées par des rideaux sous couvert de participer en privé aux rythmes tribaux de l'orchestre. Pour avoir découvert cet endroit, Oskar surnomma la Klonowska « Colombe », en souvenir de Christophe Colomb. La ligne du parti sur le jazz était formelle : une musique décadente reflétant l'animalité des tribus africaines. Les SS et les dignitaires du parti n'avaient d'oreilles que pour les flonflons bavarois et les valses viennoises.

A l'approche de Noël 1939, Oskar réunit un petit groupe d'amis dans la cave. Comme tous les gens qui cherchent à se faire des relations, Oskar n'hésitait jamais à lever le coude avec des gens qu'il méprisait. Mais ce soir-là on était entre amis. Des amis qui, bien sûr, pourraient éventuellement se révéler utiles. Car ces fonctionnaires appartenant à des services divers des forces d'occupation en Pologne, sans être de gros bonnets, n'étaient pas sans influence. De plus, tous se sentaient exilés à double titre : loin de chez eux, et loin de partager les vues du régime.

Il y avait là, par exemple, un jeune géomètre allemand appartenant au Service des affaires intérieures du gouvernement général. C'est lui qui avait délimité le terrain de la fabrique d'ustensiles de cuisine de Zablocie. Derrière l'usine d'Oskar, la Deutsche Emailwaren Fabrik (DEF), il y avait un terrain vague contigu à deux autres usines ; l'une de cartonnages, l'autre de radiateurs. Schindler avait été ravi de découvrir que, d'après le géomètre, la majeure partie du terrain vague appartenait à la DEF. Du coup, il rêvait déjà de s'agrandir. Le géomètre avait été invité parce que c'était un type bien avec qui on pouvait discuter, bien sûr, mais aussi parce qu'il serait peut-être utile pour obtenir de futurs permis de construire.

Se trouvaient là également Herman Toffel, le policier, et Reeder, l'homme des SD, ainsi qu'un jeune officier, Steinhauser, de l'Inspection des armements. Oskar avait rencontré tous ces hommes au cours de ses démarches pour l'obtention des permis nécessaires au démarrage de son usine. Il avait déjà passé quelques soirées à boire en leur compagnie. Il était persuadé que pour desserrer l'étau de la bureaucratie, rien – sinon les cadeaux – ne valait une bonne beuverie.

Deux officiers de l'armée de terre complétaient le groupe. L'un, Eberhard Gebauer, était le lieutenant qui avait recruté Oskar au service de l'Abwehr l'année précédente. L'autre, Martin Plathe, travaillait au quartier général de Canaris à Breslau. Herr Oskar Schindler devait une fière chandelle à Gebauer. Grâce à la mission que celui-ci lui avait confiée, il avait découvert les mille et une ressources que Cracovie pouvait offrir à un homme entreprenant.

La présence de Gebauer et de Plathe ce soir-là aurait peut-être aussi des retombées. Oskar était toujours agent de l'Abwehr. Il pourrait donc au cours des mois ou des années à venir passer des informations au quartier général de Breslau sur les services SS rivaux de Canaris. Le fait qu'Oskar ait invité à sa soirée un officier de gendarmerie comme Toffel qui avait pris ses distances avec le régime ou un homme des SD comme Reeder pouvait apparaître comme un clin d'œil lancé en direction de Gebauer et de Plathe, un petit cadeau supplémentaire au plan du renseignement.

Bien qu'il soit impossible de reconstituer avec exactitude tous les propos échangés au cours de cette soirée, on peut, d'après ce qu'Oskar racontera plus tard sur chacun de ses hôtes, émettre des hypothèses tout à fait plausibles.

Gebauer le premier aurait proposé un toast : non pas à la santé du gouvernement ou des chefs militaires, mais à l'usine de leur excellent ami, Oskar Schindler. Car si l'usine prospérait, il y aurait d'autres soirées comme celle-là, des soirées du style Schindler, c'est-à-dire les meilleures qu'on puisse imaginer.

Après les toasts d'usage, on aurait tout naturellement engagé la conversation sur le sujet qui revenait constamment à tous les niveaux de l'administration : les juifs.

Toffel et Reeder avaient passé toute leur journée à la gare de Mogilska pour superviser l'arrivée des trains de Polonais et de juifs venant de l'Ouest. Ces gens avaient été expulsés des « territoires incorporés », les régions nouvellement conquises qui avaient appartenu autrefois à l'Allemagne. Bien qu'il eût fait remarquer que le temps était au froid, Toffel n'avait pas l'intention d'épiloguer sur le manque de confort des moyens de transport mis à la disposition des populations déplacées. Transporter des gens dans des wagons à bestiaux était cependant chose nouvelle, même si l'on n'empilait pas encore les déportés les uns sur les autres. Ce qui intriguait Toffel, c'étaient les raisons derrière tout cela.

C'est vrai, disait-il, nous sommes en guerre. Et les territoires incorporés se doivent, paraît-il, de montrer l'exemple. On ne peut pas y tolérer les Polonais et un demi-million de juifs.

– Tout le système de l'Ostbahn, ajouta-t-il, fonctionne maintenant pour nous expédier ces gens-là.

Les hommes de l'Abwehr écoutaient, un léger sourire aux lèvres. Pour les SS, que l'ennemi de l'intérieur soit le juif, d'accord. Mais pour les gens de Canaris, l'ennemi de l'intérieur, c'étaient les SS.

D'après Toffel, les SS avaient réquisitionné tout le système ferroviaire à partir du 15 novembre. Il avait vu dans son bureau de la rue Pomorska des doubles de mémorandums furibards expédiés par les SS aux différents commandements de l'armée, se plaignant que l'armée ne respectait pas ses engagements et avait dépassé de quinze jours les délais accordés pour l'utilisation des voies ferrées de l'Ouest.

– Mais, bon Dieu ! ajouta Toffel, l'armée ne devrait-elle pas avoir la priorité, aussi longtemps qu'elle le souhaite ? Comment peut-elle se déployer à l'est comme à l'ouest ? demandait-il, un peu excité par la boisson. A vélo ?

Oskar s'amusait de voir que les gens de l'Abwehr se dispensaient de commentaires. Peut-être soupçonnaient-ils Toffel d'être moins ivre qu'il ne le paraissait et de jouer les provocateurs.

Le géomètre et l'homme de l'Inspection des armements posèrent quelques questions sur ces fameux trains qui arrivaient à Mogilska. Bientôt ce genre de transports ne présenteraient plus aucun intérêt. Ils feraient partie de la routine. Mais à la veille de Noël, ils apparaissaient encore comme quelque chose de tout à fait nouveau.

– *Concentration,* dit Toffel. C'est comme ça qu'ils l'appellent. *Concentration.* Moi, j'appellerais ça plutôt une foutue obsession.

Le propriétaire du club apporta des harengs de la Baltique qui se mariaient très bien avec les alcools. Gebauer se mit à parler des Judenrats, ces conseils juifs mis en place dans chaque communauté sur ordre du gouverneur Frank. Dans des villes comme Varsovie et Cracovie, le Judenrat était composé de vingt-quatre membres élus, personnellement responsables de l'exécution des ordres donnés par le régime. A Cracovie, le Judenrat mis en place depuis à peine un mois avait pour président Marek Biberstein, une autorité municipale très respectée. D'après Gebauer, les gens du Judenrat auraient déjà soumis au château de Wawel un plan pour recenser les juifs aptes au travail. Et ils fourniraient les équipes de corvée pour creuser les tranchées et les latrines, et déblayer la neige. N'était-ce pas pousser le bouchon de la coopération un peu loin ?

– Vous n'y êtes pas, répliqua l'ingénieur Steinhauser de l'Inspection des armements. Ils pensent qu'en fournissant des volontaires ils éviteront le ramassage à l'aveuglette qui débouche toujours sur des brutalités et même parfois sur une balle dans la tête.

Martin Plathe était d'accord. Ils coopèrent dans l'espoir d'éviter le pire. C'est leur méthode – il faut bien le comprendre. Ils chercheraient toujours à amadouer les autorités civiles en leur proposant de coopérer d'abord. En cherchant à négocier ensuite.

Gebauer semblait décidé à poursuivre son analyse du problème juif devant Toffel et Reeder :

– Je vais vous dire ce que j'entends par coopération, dit-il. Frank promulgue un édit obligeant tous les juifs sous son autorité à porter une étoile. Cet édit remonte à peine à quelques semaines. Vous avez déjà à Varsovie un fabricant juif qui sort des étoiles en matière synthétique, garanties lavables, à trois zlotys pièce. On dirait qu'ils n'ont aucune idée de ce que ça signifie. Pour eux, c'est comme si c'était l'insigne d'un club de vélo.

Quelqu'un suggéra alors que l'usine de Schindler où l'on faisait des casseroles en émail devrait sortir une étoile émaillée, de luxe, qu'on pourrait mettre en vente par l'entremise d'Ingrid, l'amie d'Oskar, qui supervisait une chaîne de magasins de quincaillerie. Un autre remarqua que l'étoile était *leur* emblème national, l'emblème d'un Etat qui avait été détruit par Rome et qui n'existait plus maintenant que dans l'imagination des sionistes. Peut-être, après tout, ces gens étaient-ils fiers de porter cette étoile ?

– Le fait est, dit Gebauer, qu'ils n'ont aucun organisme qui pourrait les sauver. Ils ont eu autrefois un semblant d'organisation pour se protéger de la tempête. Mais cette fois-ci, ce sera différent. Cette tempête-là, ce sont les SS qui vont la faire souffler.

Une fois encore, Gebauer, sans pour autant lancer trop de fleurs, semblait approuver le professionnalisme des SS.

– Allons, dit Plathe, le pire qu'il puisse leur arriver, c'est d'être expédiés à Madagascar où les températures sont quand même plus clémentes qu'à Cracovie.

– Je ne pense pas qu'ils verront jamais Madagascar, répondit Gebauer.

Oskar demanda qu'on change un peu de sujet. Après tout, n'était-ce pas sa soirée ?

En fait, Oskar avait déjà vu Gebauer remettre un faux laissez-passer pour la Hongrie à un homme d'affaires juif dans le bar de l'hôtel Cracovie. Gebauer avait-il touché de l'argent ? Peut-être, mais peu probable. L'homme semblait avoir un sens trop élevé de la morale pour vendre une signature. Et l'on savait, malgré sa petite péroraison devant Toffel, qu'il n'avait rien contre les juifs. Aucun d'entre eux, d'ailleurs. A la veille de ce Noël 1939, Oskar voyait dans ce petit groupe une échappatoire à la grisaille officielle. Plus tard, il serait d'une autre utilité.

6

La descente du 4 décembre sur le quartier juif avait convaincu Stern qu'Oskar Schindler était cette perle rare : à la fois un goy et un juste. La légende talmudique de *Hasidei Ummot Ha-olam*, les *Justes des nations*, affirme qu'à chaque moment de l'Histoire, ils sont au nombre de trente-six. Stern savait bien que ce nombre mystique ne correspondait pas à la réalité, mais pour lui cette légende avait un accent de vérité. De toute façon il considérait déjà Schindler comme un protecteur, un véritable rempart vivant.

L'Allemand avait besoin de capitaux. L'usine Rekord avait été vidée de la plupart de ses machines à l'exception de quelques presses, cuves, tours et fours. Stern avait sans nul doute une certaine influence morale sur Oskar, mais ce fut Abraham Bankier, le directeur administratif de Rekord, dont Oskar s'était acquis la sympathie, qui lui permit d'entrer en contact avec les détenteurs de capitaux.

Les deux hommes – Oskar, immense et racé, et Bankier qui avait l'air d'un gnome – démarchèrent ensemble les bailleurs possibles. Par un décret du 23 novembre, les comptes et les contenus des coffres bancaires appartenant aux juifs avaient été confisqués par l'administration allemande et placés dans un compte spécial sur lequel les propriétaires légitimes n'avaient aucun droit. Quelques hommes d'affaires juifs parmi les plus riches – ceux qui savaient que l'Histoire se répète – avaient soigneusement caché quelques liasses de billets hâtivement retirés de leur compte en banque. Mais ils savaient que sous la férule du gouverneur Hans Frank, l'argent liquide n'était pas une panacée. Mieux valait disposer de valeurs plus sûres, diamants ou objets de troc.

Bankier connaissait un certain nombre de personnes aux environs de Cracovie qui seraient susceptibles d'investir dans telle ou telle entreprise en échange d'une certaine quantité de marchandises. Le marché pouvait porter, par exemple, sur un investissement de cinquante mille zlotys contre tant de kilos de cocottes et de casseroles à verser chaque mois à partir du 1er juillet pour une période d'un an. Pour un juif de Cracovie, quelques ustensiles de cuisine apparaissaient comme une valeur plus sûre qu'une liasse de zlotys.

Les parties prenantes – Oskar, l'investisseur, Bankier, l'intermédiaire, et les bailleurs de fonds – ne signaient évidemment aucun contrat. De toute façon, il n'y aurait eu aucun moyen légal d'en faire respecter les clauses. Tout reposait sur la parole donnée, c'est-à-dire, en fin de compte, sur la perspicacité de Bankier à avoir jaugé correctement le futur fabricant de casseroles.

Les rencontres pouvaient avoir lieu dans l'appartement d'un des investisseurs situé en plein cœur de la vieille ville et le marché se conclure sous l'œil bienveillant des portraits de famille encore accrochés au mur. Ou peut-être le bailleur aurait-il déjà été expulsé de son appartement et se serait-il réfugié dans un des bas quartiers de Podgorze. Le bonhomme, devenu employé dans sa propre affaire et dépossédé de son appartement, tout cela en quelques mois, serait complètement sonné.

Affirmer qu'Oskar n'exerça jamais de pressions pour obtenir ce qu'il voulait au cours de ces rendez-vous d'affaires contribuerait à alimenter la légende du personnage, mais serait contraire à la stricte vérité. Il eut ainsi un sérieux différend avec un détaillant juif sur les quantités de marchandises que celui-ci serait autorisé à prendre sur les quais de chargement de la DEF, rue Lipowa. Ce monsieur lui en a voulu jusqu'à la fin de sa vie. Mais personne ne s'est jamais aventuré à dire qu'Oskar avait un jour manqué à sa parole ou n'avait pas respecté les contrats verbaux.

Car il était d'un naturel beau joueur. Il a toujours donné l'impression de pouvoir rembourser sans compter grâce à des revenus qui paraissaient sans limites. De toute façon, Oskar et d'autres Allemands qui avaient le nez creux et le sens des affaires allaient brasser tellement d'argent au cours des quatre années suivantes que seuls des gens sacrifiant totalement au veau d'or auraient osé tricher sur ce que le père d'Oskar n'aurait pas hésité à appeler des dettes d'honneur.

Emilie Schindler vint pour la première fois retrouver son mari à Cracovie au début de l'année. Elle trouva que la ville était la plus belle de toutes celles qu'elle avait eu l'occasion de voir, beaucoup plus authentique et agréable en tout cas que Brno avec toutes ses fumées industrielles.

Le nouvel appartement de son mari lui fit une forte impression. La façade donnait sur le Planty, un parc élégant en forme d'anneau qui bordait la route construite à l'emplacement des anciens murs. Au bout de la rue on pouvait apercevoir la grande forteresse de Wawel. L'appartement d'Oskar, résolument moderne, était au cœur du quartier historique. Emilie admira les tissus et les rideaux de Mme Pfefferberg, qui témoignaient du succès de son mari.

– La Pologne semble vous avoir réussi, dit-elle.

Oskar savait qu'elle pensait à la dot que son père avait refusé de payer, il y avait de cela une douzaine d'années, quand des gens bien intentionnés de Zwittau, de passage à Alt-Molstein, l'avaient averti que son gendre vivait comme un célibataire. Le mariage de sa fille était devenu très exactement ce qu'il avait prédit et il en avait tiré les conséquences : pas de dot.

Le fait que ces quatre cent mille marks n'eussent jamais été versés avait quelque peu modifié les perspectives d'avenir d'Oskar. Ce qu'ignorait le beau-père, c'est que cette décision causerait beaucoup de peine à sa fille, et que, douze ans plus tard, cette affaire dont Okar se souciait désormais comme d'une guigne pèserait encore dans l'esprit d'Emilie.

– Ma chère, ne cessait de lui répéter Oskar, cet argent, je n'en ai jamais eu le moindre besoin.

Les relations intermittentes d'Emilie avec Oskar semblent avoir été celles d'une femme qui se sait trompée et sait qu'elle le sera, mais qui prend soin, néanmoins, d'en savoir le moins possible. Son séjour à Cracovie n'a sans doute pas été une partie de plaisir. Elle a dû se rendre à des soirées où les amis d'Oskar savaient la vérité, connaissaient les noms des autres femmes, ces noms qu'elle, Emilie ne voulait pas entendre prononcer.

Un jour, un jeune Polonais – il s'agissait de Poldek Pfefferberg qui avait failli tirer sur son mari – se présenta à l'appartement avec un tapis roulé sur son épaule. C'était un tapis turc vendu au marché noir après avoir transité par la Hongrie. Ingrid, qui avait quitté temporairement l'appartement pendant le séjour d'Emilie, avait chargé Pfefferberg de lui en procurer un.

– Frau Schindler est-elle là ? demanda-t-il.

Il estimait plus correct d'appeler Ingrid Frau Schindler.

– Je suis Frau Schindler, répliqua Emilie, sachant très bien de quoi il retournait.

Pfefferberg tenta très habilement de dissiper le malentendu. En fait, il n'avait pas véritablement besoin de voir Frau Schindler dont Herr Schindler lui avait si souvent parlé... Mais il fallait qu'il voie Herr Schindler pour une affaire pressante.

Herr Schindler était absent, dit Emilie qui offrit à boire au jeune homme. Celui-ci refusa. Il trouvait quelque peu indécent d'être assis et de boire avec la victime.

L'usine qu'avait louée Oskar se trouvait à Zablocie, de l'autre côté du fleuve, au n° 4 de la rue Lipowa. Les bureaux donnant sur la rue étaient résolument modernes, et Oskar pensait qu'il serait à la fois possible et commode pour lui d'aménager un appartement au troisième étage en dépit du fait que l'environnement industriel était loin de valoir la Straszewskiego.

Quand Oskar prit possession de Rekord, qu'il baptisa Deutsche Emailwaren Fabrik, l'usine employait quarante-cinq ouvriers qui assuraient une modeste production d'ustensiles. Les premières commandes militaires lui parvinrent au début de l'année. Oskar s'y attendait. Il s'était attiré les bonnes grâces de différents ingénieurs de la Wehrmacht qui faisaient partie du directoire de l'Inspection des armements du général Schindler. Il les rencontrait à l'occasion de diverses soirées et les avait invités à dîner plus d'une fois à l'hôtel Cracovie. On a retrouvé des photos où l'on voit Oskar et ses nouveaux amis assis autour de tables très joliment décorées, tout le monde souriant à l'objectif et paraissant aussi bien repu qu'abreuvé.

Certains d'entre eux mettaient les cachets adéquats sur ses offres de service et écrivaient au général

Schindler des lettres de recommandation. Par amitié bien sûr, mais aussi parce qu'ils pensaient qu'Oskar serait en mesure de respecter les contrats. D'autres monnayaient leur bon vouloir en échange de cadeaux – le type de cadeaux qu'Oskar saurait toujours mettre à la disposition des gens influents : cognac, tapis, bijoux, meubles et une quantité de produits alimentaires de luxe. En plus, le bruit circula que le général Schindler avait fait la connaissance de son homonyme et qu'il s'était pris d'affection pour lui.

Désormais, fort des commandes très lucratives passées par l'Inspection des armements, Oskar obtint l'autorisation d'agrandir son usine. Ce n'est pas l'espace qui manquait. Deux grands ateliers, dont l'un totalement inoccupé, jouxtaient le hall d'entrée et les bureaux de la DEF.

Oskar acheta de nouvelles machines à la fois sur place et en Allemagne. En dehors des contrats militaires, Oskar devait consacrer une partie de sa production au marché noir. Il flairait qu'il allait pouvoir devenir un grand capitaine d'industrie. Au cours de l'été 1940, il allait employer deux cent cinquante Polonais et faire travailler des équipes de nuit. L'usine de machines agricoles de Hans Schindler à Zwittau n'avait jamais employé au mieux que cinquante ouvriers. Quelle douce revanche que de battre sur son propre terrain un père à qui l'on n'avait pas tout à fait pardonné !

De temps à autre, Itzhak Stern solliciterait auprès de Schindler un emploi pour quelque juif méritant : un orphelin de Lodz, la fille d'un greffier d'une des sections du Judenrat. En quelques mois, Oskar engagea quelque cent cinquante ouvriers ou employés juifs. L'usine, aux yeux de certains, devenait un refuge.

Cette année-là, comme d'ailleurs les années suivantes tout au long de la guerre, les juifs allaient devoir chercher des emplois qui paraîtraient nécessaires à l'effort de guerre. En avril, le gouverneur général Frank avait décidé l'expulsion de tous les juifs de sa capitale, Cracovie. Cette décision pouvait paraître curieuse dans la mesure où les autorités du Reich déplaçaient encore les juifs et les Polonais vers les territoires sous contrôle du gouvernement général à raison de dix mille ou presque par jour. Frank avait déclaré aux membres de son cabinet que les conditions de vie à Cracovie étaient proprement scandaleuses. Il connaissait, par exemple, un général de division qui devait vivre dans un immeuble où certains appartements étaient encore occupés par des juifs. D'autres militaires ou fonctionnaires de haut rang étaient soumis à cette indignité particulièrement abjecte. D'ici à six mois, promettait-il, Cracovie serait totalement *judenfrei* (vidée de ses juifs). On garderait peut-être un noyau de cinq à six mille travailleurs juifs hautement qualifiés. Tous les autres seraient transférés dans d'autres villes du gouvernement général, Varsovie, Radom, Lublin, Czestochowa ou peu importe. Les juifs pourraient émigrer volontairement dans la ville de leur choix à condition de le faire avant le 15 août. Ceux qui seraient encore en ville à cette date seraient ramassés et expédiés par camion là où l'administration en aurait décidé. Ainsi, poursuivait Hans Frank, dès le 1er novembre, les Allemands de Cracovie pourront respirer un « bon air allemand » et se promener dans des rues « enfin débarrassées de la vermine juive ».

Frank ne parviendrait pas cette année-là à réduire à ce point la population juive, mais dès que ses plans furent connus, de nombreux juifs de Cracovie, notamment parmi les plus jeunes, cherchèrent par tous les moyens à acquérir une qualification. Des hommes comme Itzhak Stern ou des membres – officiels ou pas – du Judenrat avaient déjà établi une liste d'Allemands « sympathisants », ceux à qui ils pouvaient s'adresser. Schindler était sur la liste ; comme Julius Madritsch, un Viennois qui avait réussi à se faire démobiliser et qui administrait désormais une manufacture de vêtements militaires. Madritsch savait très bien les profits qu'on pouvait tirer des commandes de l'Inspection des armements. Aussi avait-il l'intention de se mettre à son propre compte en ouvrant une fabrique d'uniformes dans un des faubourgs de Podgorze. Plus tard, il réaliserait une fortune encore plus grande que celle de Schindler. Mais en cette année 1940, c'était un salarié. On le disait humain, mais on n'en savait guère plus sur son compte.

Au 1er novembre 1940, vingt-trois mille juifs « volontaires » avaient quitté Cracovie. Certains s'étaient réfugiés dans les nouveaux ghettos de Varsovie et de Lodz. On peut imaginer les vides autour des tables de famille, les larmes sur les quais de gare, mais la plupart des gens acceptaient cette situation sans révolte apparente, pensant sans doute : « Eh bien, acceptons encore cela, après ils ne pourront plus rien nous demander. » Ils espéraient que l'arbitraire n'aurait qu'un temps.

Oskar n'aura sans doute jamais travaillé aussi assidûment de toute sa vie que cette année-là – il allait devoir faire revivre une usine en faillite et lui donner une assise telle que les différentes agences gouvernementales le prendraient au sérieux. Quand tombèrent les premières neiges, Schindler remarqua que certains jours soixante ou plus de ses employés juifs manquaient à l'appel. Des SS les avaient retenus pour déblayer la neige alors qu'ils se rendaient au travail. Herr Schindler alla se plaindre auprès de son ami Toffel au quartier général SS de la rue Pomorska :

– Un jour, lui dit-il, j'ai eu cent vingt-cinq absents.

– Vous devez comprendre, lui confia Toffel, que certains de nos hommes se foutent pas mal de ce que vous pouvez produire. Pour eux, la priorité des priorités, c'est que les juifs déblaient la neige. Ça me dépasse... mais pour eux, ça doit être quelque chose de rituel... des juifs en train de pelleter. Et croyez-moi, Oskar, ça n'arrive pas qu'à vous...

Oskar voulut savoir si les autres se plaignaient aussi.

– Bien sûr, lui assura Toffel. Mais attention, un ponte du bureau SS des finances et des travaux publics qui a déjeuné récemment rue Pomorska a déclaré que c'était une trahison de croire qu'un ouvrier juif qualifié avait un rôle à jouer dans l'économie du Reich. Je crois qu'il va vous falloir prendre en compte la neige et les travaux de déblaiement, Oskar.

Oskar, pour l'instant, s'était drapé du manteau du patriote outragé, ou, peut-être, du profiteur outragé.

– S'ils veulent gagner la guerre, il leur faudra se débarrasser des SS de cet acabit.

– S'en débarrasser ? ironisa Toffel. Mais ce sont les salopards qui donnent le ton.

De cette conversation, Oskar conclut qu'un industriel devait toujours pouvoir être en contact avec ses propres ouvriers, que les ouvriers devraient pouvoir se rendre à l'usine en toute circonstance, et qu'ils ne devraient en aucune manière être retenus ou brutalisés sur le chemin de l'usine. C'était un impératif à la fois moral et commercial. La Deutsche Emailwaren Fabrik allait en faire son credo.

7

Certains juifs des grandes villes – Varsovie, Lodz ou Cracovie – s'éparpillèrent dans la campagne pour se diluer parmi les paysans. Les frères Rosner, des musiciens de Cracovie qui allaient bien connaître Oskar, se réfugièrent dans le vieux village de Tyniec, situé sur un coude de la Vistule et que dominait une abbaye bénédictine plantée sur un piton calcaire. L'endroit cependant, comme on dit aujourd'hui, ne mangeait pas de pain. On y trouvait quelques artisans, quelques commerçants juifs, bref, des gens avec qui des artistes de cabaret n'avaient pas grand-chose en commun. Mais les paysans qui travaillaient dur leurs champs étaient ravis d'avoir des musiciens pour les distraire.

En fait, les Rosner n'avaient connu ni les rafles de Cracovie ni l'aire de rassemblement de la rue Mogilska, proche du Jardin botanique, où des SS vous poussaient dans des camions en vous assurant que les bagages suivraient. Ils avaient été engagés dans une boîte de Varsovie et l'avaient quittée à l'expiration de leur contrat. Il était temps. Le lendemain du départ de Leopold, de Henry, de sa femme Manci et de son fils Olek, âgé de cinq ans, les Allemands bouclaient le ghetto de Varsovie.

L'idée de se réfugier dans un petit village comme

Tyniec, pas loin de leur Cracovie natale, leur semblait un choix judicieux. Si les choses devaient s'arranger, ils auraient toujours la possibilité de prendre un car pour Cracovie et de retrouver du travail. Manci Rosner, qui était d'origine autrichienne, avait apporté avec elle sa machine à coudre. Ce qui permit aux Rosner d'ouvrir un petit magasin de retouches à Tyniec. Le soir ils jouaient dans des tavernes locales à la grande joie des consommateurs qui n'étaient guère habitués à cette virtuosité. Les villages, même les plus renfermés, savent souvent reconnaître le talent, fût-il juif. Et de tous les instruments, le violon était celui que les Polonais vénéraient le plus.

Un Volksdeutscher, un de ces Polonais de langue allemande au nom desquels Hitler avait envahi la Pologne, fonctionnaire de la municipalité de Cracovie, avait entendu les frères Rosner jouer un soir dans la cour d'une auberge alors qu'il se promenait dans la région. Il avait dit à Henry que le maire de Cracovie, l'Obersturmbannführer Pavlu, et son adjoint, le fameux skieur Sepp Röhre, feraient une tournée dans la campagne au moment des moissons. Il aurait aimé que les Rosner puissent animer une soirée en l'honneur de ces prestigieuses personnalités.

Par un bel après-midi d'été, un convoi de voitures officielles traversa Tyniec pour se rendre dans le manoir d'un aristocrate polonais qui avait quitté les lieux. Les frères Rosner, tirés à quatre épingles, attendaient sur la terrasse. Quand tous les hôtes furent assis dans le grand salon de réception, on les pria de se tenir prêts. Henry et Leopold étaient fiers de constater le sérieux avec lequel l'Obersturmbannführer Pavlu et ses hôtes se préparaient à les écouter. Mais ils ne se sentaient pas à l'aise pour autant. Tout le monde était en tenue de soirée, les dames en robe blanche, les militaires en grand uniforme, les fonctionnaires en smoking. Il ne fallait surtout pas faire regretter à ces gens de s'être mis sur leur trente-et-un. De plus, qu'un juif eût pu décevoir des hôtes aussi distingués aurait été perçu comme une provocation.

Ils firent un tabac. L'audience, il est vrai, n'était pas particulièrement sophistiquée. Leur registre n'allait guère au-delà de Strauss, Offenbach, Lehar, André Messager et Leo Fall. Ils en redemandaient.

Pendant que Leopold et Henry exécutaient leur numéro, ces messieurs et dames de l'assistance lampaient le champagne à gogo. Une fois terminée la performance, on emmena les frères un peu plus loin, à un endroit où se trouvaient rassemblés les paysans du coin et les soldats de l'escorte. Si les racistes allaient devoir s'exprimer, ce serait là. Mais après s'être installés sur une estrade et avoir regardé la foule bien dans les yeux, ils surent que tout irait bien. Les villageois n'étaient pas peu fiers de compter parmi eux les Rosner qui étaient en quelque sorte issus de la tradition polonaise. Cette soirée ressemblait tellement au bon vieux temps que Henry, inconsciemment, se mit à sourire à Olek et à Manci, et à jouer pour eux, ignorant tous les autres. Pour quelques instants la musique semblait avoir rendu la paix au monde.

Quand les derniers accords se furent tus, un sous-officier SS d'un certain âge s'approcha de l'estrade où on les félicitait. Il les salua et leur dit sans sourire :

— J'espère que vous appréciez la fête des moissons.

Sur ce, il leur donna encore un petit salut et s'en alla. Les deux frères se regardèrent et tentèrent d'interpréter ses propos :

— Je suis sûr que c'est une menace, déclara Leopold.

Voilà qui indiquait assez bien les craintes qu'ils éprouvaient depuis que le Volksdeutscher de la municipalité de Cracovie leur avait adressé la parole :

en cette époque troublée, mieux valait rester dans l'anonymat.

Ainsi allait la vie à la campagne en cette année 1940 : une carrière interrompue, les menus travaux quotidiens, la peur du lendemain, et, malgré tout, l'espoir de revoir Cracovie où les Rosner savaient qu'ils retourneraient un jour ou l'autre.

Quand Stern revint dans l'appartement de Schindler au début de l'automne, ce fut Ingrid qui lui offrit le café. Emilie était repartie chez elle. Oskar, on le sait, ne faisait pas secret de ses faiblesses et n'imaginait pas une seconde qu'il dût s'excuser de la présence d'Ingrid devant l'ascétique Polonais. Quand le café fut pris, Oskar alla prendre dans le placard à liqueurs une bouteille de cognac qu'il plaça sur la table près de Stern, comme si le malheureux avait pour habitude de trinquer avec lui.

Stern était venu ce soir-là pour dire à Oskar qu'une famille que nous appellerons les C... répandait de vilaines rumeurs sur son compte. Le vieux David et le jeune Léon C... allaient jusqu'à proclamer en public qu'Oskar était rien de moins qu'un gangster. Stern n'alla pas jusqu'à répéter les termes exacts des accusations proférées, mais il laissa entendre que ce n'était pas très courtois.

Oskar savait que son interlocuteur n'attendait pas de réponse et qu'il était venu simplement pour donner l'information. Mais il sentit le besoin de se justifier :

– Je pourrais aussi en raconter pas mal sur eux, dit-il. Ils me volent tant qu'ils peuvent. Demandez à Ingrid si vous voulez des précisions.

Ingrid, qui gérait des entreprises mises sous séquestre pour le compte de l'Agence des contrôles de l'Est, avait les C... sous sa tutelle. N'ayant pas encore atteint la trentaine, elle n'avait pas une grande expérience du commerce. La rumeur voulait que ce fût Schindler qui eût obtenu ce poste pour elle afin de s'assurer un débouché pour son matériel de cuisine. Les C..., bien que placés sous le contrôle des autorités d'occupation, faisaient pratiquement ce qu'ils voulaient au sein de leur entreprise. Personne ne pouvait les en blâmer.

Stern fit un geste comme pour dire que la suggestion d'Oskar n'était pas sérieuse. Qui était-il pour se permettre de poser des questions à Ingrid ? Et, de toute façon, à quoi cela servirait-il d'en parler ?

– Ils ont joué des tours à Ingrid, poursuivit Oskar. Ils se sont présentés rue Lipowa pour prendre des marchandises et ils ont trafiqué les factures sur place pour embarquer plus que ce à quoi ils avaient droit.

Le jeune Léon C... s'était répandu en ville pour affirmer que les SS l'avaient battu sur ordre de Schindler. Mais les versions de l'affaire variaient suivant les circonstances : parfois, la raclée avait été administrée dans l'usine même de Schindler ou dans un magasin d'où le jeune C... était sorti avec un œil au beurre noir et quelques dents cassées. Parfois, elle avait été donnée dans la rue, devant témoins. Un employé d'Oskar, ami des C..., racontait qu'il avait entendu son patron pousser une colère terrible dans les bureaux de la rue Lipowa et menacer de tuer le vieux David C... Oskar se serait ensuite rendu en voiture à Stradom où il aurait mis tout le contenu de la caisse des C... dans sa poche après avoir battu le vieux David dans son bureau et proclamé qu'il y avait désormais un ordre nouveau en Europe.

Est-il vraisemblable qu'Oskar ait donné une correction au vieux David C... ? Qu'il ait fait appel à ses amis de la police pour donner une raclée à Léon ? Si l'on s'en tient à la morale stricte, on peut estimer qu'Oskar comme les C... étaient des filous, vendant illégalement des tonnes d'ustensiles et trafiquant leur comptabilité. Les tractations sur le marché noir donnaient lieu à de rudes empoignades. Oskar admettait qu'il s'était mis en rogne dans le bureau des C..., qu'il les avait traités de voleurs et qu'il avait pris dans la caisse le montant correspondant aux ustensiles que les C... avaient pris sans y être autorisés. Il reconnaissait avoir donné un coup de poing au jeune Léon. Mais c'était tout.

Stern, qui connaissait les C... depuis son enfance, savait que leur réputation n'était plus à faire. Ce n'étaient pas à proprement parler des gangsters, mais ils savaient être rudes en affaires, souvent à la limite de la malhonnêteté, et ils ne manquaient jamais de pousser les hauts cris quand ils se faisaient prendre.

Stern savait bien que Léon avait pris une raclée. Celui-ci exhibait ses bleus dans la rue et ne manquait pas de faire des commentaires. Il est certain que les SS lui avaient administré quelques coups sévères à un moment ou à un autre pour une raison quelconque. Mais Stern pensait qu'Oskar n'était pas homme à se compromettre avec les SS pour ce genre d'histoires. Et, de toute façon, il avait assez de sens commun pour estimer que croire ou ne pas croire à ces racontars ne devait en aucun cas influer sur le but qu'il s'était fixé. Peut-être faudrait-il en tenir compte si Herr Schindler se révélait être une brute. Mais Stern pensait qu'il était inutile de changer de programme pour quelques brutalités occasionnelles. Après tout, si Oskar n'avait pas été un pécheur, cet appartement n'aurait pas été tel qu'il était, et Ingrid ne l'aurait pas attendu à ce moment précis dans la chambre à coucher.

Mais une chose doit quand même être dite : Oskar les sauvera tous – M. et Mme C..., M. H..., Mlle M..., la secrétaire du vieux C... –, et tous l'admettront, mais aucun d'entre eux ne démordra jamais de cette histoire de raclée.

Au cours de cette même soirée, Stern donna des nouvelles de Marek Biberstein qui avait été président du Judenrat jusqu'à son arrestation. Il en avait pris pour deux ans, qu'il passerait sans doute dans la prison de la rue Montelupich. Dans la plupart des villes polonaises, la population pensait que le Judenrat était une association de salopards puisque sa fonction principale consistait à établir des listes de gens à envoyer aux travaux forcés ou dans les camps. Les autorités allemandes tenaient d'ailleurs les membres du Judenrat pour des potiches à leur botte. Mais pas à Cracovie, où Marek Biberstein et son cabinet se considéraient comme les tampons entre la population juive et les militaires. Dans le journal allemand de Cracovie en date du 13 mars 1940, un certain Dr Dietrich Redecker raconte qu'au cours d'une visite effectuée dans les locaux du Judenrat, il fut frappé par le luxe des tapis et du mobilier. Quel contraste avec la crasse du quartier juif de Kazimierz, ajoutait-il. Pourtant les survivants juifs de Cracovie ne se rappellent pas que les premiers membres du Judenrat aient été des gens qui se soient coupés du peuple. Il est vrai que, étant à court de fonds, ils avaient commis les mêmes erreurs que les Judenrats de Lodz ou de Varsovie en permettant aux membres les plus riches de la communauté d'échapper aux travaux forcés en échange d'une certaine somme... De même, ils avaient obligé de pauvres gens affamés à se porter volontaires sur leurs listes en échange de soupe et de pain. Mais, même plus tard, en 1941, les juifs de Varsovie continueraient à respecter Biberstein et son conseil.

Les premiers membres du Judenrat étaient au nombre de vingt-quatre. Tous des hommes, tous des intellectuels. En se rendant à Zablocie, Oskar passait chaque jour devant leurs bureaux de Podgorze, où toute une armada de secrétaires se tenaient au coude à coude. Chaque membre, comme dans un vrai cabinet, était en charge d'un certain secteur de l'administration. M. Schenker était chargé de la collecte des impôts, M. Steinberg du parc immobilier, poste essentiel, à une époque où la communauté juive était ballottée de tous côtés. Leon Salpeter, pharmacien de profession, s'occupait de l'aide sociale. Il y avait des secrétariats pour l'alimentation, les cimetières, la santé, les affaires économiques, les services administratifs, la culture et même – en dépit de la fermeture des écoles – l'éducation.

Biberstein et les membres de son conseil partaient du principe que les juifs expulsés de Cracovie se retrouveraient dans des conditions pires encore. Aussi avaient-ils décidé d'avoir recours à un vieux stratagème : les pots-de-vin. Ils avaient créé un fonds spécial de deux cent mille zlotys à cet effet. Biberstein et le secrétaire au logement, Chaim Goldfluss, s'étaient acquis les services d'un Volksdeutscher, appelé Reichert, qui était en contact avec les SS et l'administration militaire. Son rôle consistait à faire passer les pots-de-vin à toute une brochette de gens haut placés, à commencer par l'Obersturmführer Seibert, l'officier SS qui faisait la liaison entre le Judenrat et les autorités allemandes. Grâce à ces largesses, dix mille juifs supplémentaires purent rester à Cracovie en dépit du décret promulgué par Frank. Mais l'affaire finit par se savoir. Reichert avait-il été trop gourmand et s'était-il gardé une part de gâteau que les gens de l'administration trouvèrent indécente ? Certains fonctionnaires, devant la détermination de Frank, jugèrent-ils que le jeu n'en valait plus la chandelle ? Les minutes du procès ne nous renseignent guère là-dessus. Il n'en reste pas moins que Biberstein en prit pour deux ans à Montelupich, Goldfluss six mois à Auschwitz. Reichert lui-même fut condamné à huit années de prison. Chacun savait cependant qu'il s'en tirerait mieux que les deux autres.

Schindler hocha la tête à l'idée qu'on ait pu miser deux cent mille zlotys sur un espoir aussi fragile.

– Reichert est un escroc, déclara-t-il.

Dix minutes plus tôt, ils étaient en pleine discussion pour savoir si lui et les C... étaient des escrocs. La question n'avait pas reçu de réponse. Mais pour ce qui était de Reichert, il n'y avait aucun doute.

– J'aurais pu leur dire que Reichert était un escroc, insistait-il.

Stern, toujours philosophe, commenta judicieusement qu'à certaines périodes de l'Histoire les seules personnes avec qui l'on pouvait faire des affaires ne pouvaient être que des escrocs.

Schindler émit un rire quelque peu sardonique.

– Merci, merci beaucoup, mon ami ! conclut-il.

8

Finalement, ce ne fut pas un trop mauvais Noël. Il y avait, bien sûr, quelques regrets dans l'air. La neige qui recouvrait les parcs, les toits de Wawel, les rues et les allées de la ville donnait un certain reflet d'éternité à toute chose. Personne, pas plus les soldats que les Polonais ou les juifs des deux côtés du fleuve, ne s'attendait à une conclusion rapide de tous les bouleversements qui venaient de se produire.

Schindler avait offert comme cadeau de Noël à sa secrétaire polonaise Klonowska un caniche ridicule que Pfefferberg avait réussi à se procurer. Il avait acheté des bijoux pour Ingrid et en avait également envoyé à Emilie à Zwittau. Un caniche était une chose extrêmement rare, lui avait dit Leopold Pfefferberg. Mais pour les bijoux, pas de problème. L'époque favorisait leur circulation.

Oskar continuait à mener ses affaires de cœur avec trois femmes différentes – sans compter l'amitié qu'il portait à quelques autres –, et cela en toute bonne conscience et sans la moindre trace d'aigreur de la part de ses compagnes. Les amis qui venaient lui rendre visite dans son appartement ne se rappellent pas avoir vu Ingrid lui faire la tête une seule fois. Elle semblait être une femme à la fois généreuse et compréhensive. Emilie, qui avait des raisons plus sérieuses encore de se plaindre, avait trop de dignité pour faire à Oskar les scènes qu'il méritait. Et si Klonowska ressentait quelque humeur, cela ne semblait affecter en aucune manière son comportement dans les bureaux de la DEF, ni sa loyauté envers Herr Direktor. Considérant la vie de patachon qu'il menait, on aurait pu penser que des criailleries publiques entre femmes en colère eussent été chose courante. Mais personne parmi les amis ou les ouvriers d'Oskar – témoins privilégiés de ses faiblesses, et qui, parfois, en riaient sous cape – ne se rappelle avoir assisté à ces scènes auxquelles tant d'amoureux moins dissipés qu'Oskar sont si souvent confrontés.

Prétendre qu'une femme ait pu se contenter d'avoir Oskar à mi-temps serait lui porter tort. Le problème avec Oskar était ailleurs. Le concept de fidélité lui était totalement étranger, et aborder ce sujet provoquait chez lui un regard étonné, un peu comme si l'on avait voulu le convaincre du bien-fondé de la théorie de la relativité. Il aurait fallu des heures et des heures pour l'amener à comprendre. Oskar n'avait pas de temps à perdre et n'a jamais voulu comprendre.

Le cas de sa mère faisait exception. C'est en souvenir d'elle qu'il assista à la messe en l'église Sainte-Marie le jour de Noël. Il y avait un vide au-dessus de l'autel à l'endroit où le triptyque signé Wit Stwosz avait, depuis des siècles, diverti l'attention de tant de fidèles. Herr Schindler n'en revenait pas. Quelqu'un avait volé le triptyque. Quelqu'un l'avait même expédié à Nuremberg. Dans quel monde vivions-nous ?

En tout cas, cet hiver-là les affaires furent excellentes. Dans le cours de l'année, ses amis de l'Inspection des armements proposèrent à Oskar de se lancer dans la fabrication des obus antitanks. Les obus intéressaient beaucoup moins Oskar que les casseroles et les cocottes qui n'exigeaient pas un travail de grande précision. Il suffisait de couper le métal, de le passer dans des presses, de le tremper dans des bacs et de le cuire à température requise. Inutile de calibrer au millimètre près ; le travail n'était en rien comparable avec la fabrication des armes. Qui plus est, le commerce des obus ne se prêtait pas aux échanges sous le comptoir. Or, Oskar aimait ce type d'échanges, à la fois pour le risque, le petit côté filou, l'argent vite gagné et l'absence de paperasserie.

Mais parce qu'il l'estimait politiquement habile, il créa un secteur munitions qu'il installa dans une des ailes de son usine n° 2 où se dressèrent très vite les énormes presses Hilo, des machines de haute précision. L'usine de munitions resta un bon moment au stade expérimental ; il fallut plusieurs mois de travail préparatoire et de tests avant que ne sortent les premières douilles d'obus. Les énormes Hilo qui donnaient aux usines Schindler au moins l'apparence de contribuer à l'effort de guerre représentaient en tout cas une assurance sur l'avenir.

Avant même que la mise au point des Hilo eût été terminée, Oskar recueillit de ses contacts SS de la rue Pomorska quelques allusions concernant la création d'un ghetto pour les juifs. Il ne voulait pas paraître alarmiste, mais il crut devoir tenir Stern au courant. Celui-ci en avait entendu parler. Certains de ses coreligionnaires pensaient même que c'était une bonne chose. Ils seraient à l'intérieur. Et l'ennemi, à l'extérieur. Ils pourraient enfin s'occuper de leurs propres affaires sans exciter les convoitises et sans risquer de se faire lapider dans les rues. Les murs feraient barrière. Les murs, en fait, allaient devenir le symbole de la catastrophe finale.

L'édit « Gen. Gub 44/91 » fut placardé dans toute la ville le 3 mars. Tous les quotidiens parurent ce jour-là avec le texte complet. Des camions munis de haut-parleurs en diffusèrent les grandes lignes dans Kazimierz. Alors qu'il se rendait dans son annexe « munitions », Oskar entendit un de ses techniciens allemands commenter l'affaire :

– Ils seront sans doute mieux entre eux. Les Polonais ne peuvent pas les blairer, vous savez bien.

L'édit avait été promulgué sous ce même prétexte. Pour faire tomber la tension raciale dans les régions administrées par le gouvernement général, on allait réserver un quartier aux juifs. Tous devraient obligatoirement vivre dans ce ghetto. Les détenteurs de cartes de travail en bon ordre pourraient quitter le ghetto pour se rendre à leur travail et le réintégrer le soir. Le ghetto serait installé dans le faubourg de Podgorze, juste de l'autre côté du fleuve. La date limite pour s'y rendre était fixée au 20 mars. Le Judenrat aurait la charge de répartir les logements. Les Polonais habitant déjà à l'intérieur du périmètre devraient soumettre une demande pour un autre logement auprès de leurs propres autorités.

Une carte du nouveau ghetto avait été imprimée en dessous de l'édit. Les limites en étaient : au nord, le fleuve, à l'est, la ligne de chemin de fer de Lwow, au sud, les collines bordant Rekawka, à l'ouest, la place Podgorze. C'était un espace exigu si l'on considère le nombre de personnes qui allaient devoir s'y entasser.

Mais on se berçait de l'espoir que cette mesure serait la dernière, que les gens pourraient désormais tabler sur quelque chose de précis pour envisager l'avenir. Prenons le cas de Juda Dresner, un grossiste en tissus de la rue Stradom qui connaîtrait Oskar par la suite : pendant les dix-huit mois qui venaient de s'écouler, il n'avait connu qu'une suite ininterrompue de décrets, de brimades, de confiscations. Il avait été dépossédé de son affaire, de sa voiture, de son appartement. Son compte bancaire avait été gelé. Les écoles de ses enfants avaient été fermées, ou alors ses enfants avaient été expulsés de leur école. La radio et les bijoux de la famille avaient été confisqués. On lui avait interdit, comme d'ailleurs à sa famille, de se rendre au centre de Cracovie ou de prendre le train. Il ne pouvait voyager en trolleybus que dans la partie réservée aux juifs. Sa femme, sa fille et ses fils étaient sans arrêt requis pour pelleter la neige ou effectuer d'autres corvées. Quand on vous obligeait à monter à l'arrière d'un camion, vous ne saviez jamais combien de temps vous seriez parti ou si, parmi les gardes supervisant les travaux, il n'y avait pas quelque maniaque de la gâchette. Soumis à un tel régime, vous aviez l'impression de glisser inexorablement vers l'abîme. Peut-être que le ghetto serait le fond de l'abîme, le point d'appui sur lequel on pourrait tenter de reprendre une pensée cohérente.

De plus, l'idée de ghetto n'était pas totalement étrangère aux juifs de Cracovie. Le mot, maintenant qu'il avait été prononcé, avait une résonance familière, voire apaisante. Leurs grands-parents avaient bien été obligés de se tenir dans le ghetto de Kazimierz jusqu'en 1867, année où l'empereur François-Joseph signa un décret leur permettant de vivre n'importe où en ville. Quelques esprits forts avaient répandu à l'époque l'idée que les Autrichiens avaient ressenti le besoin d'ouvrir Kazimierz, lové dans un coude du fleuve contre Cracovie, pour que les ouvriers polonais puissent trouver des logements plus proches de leur travail. Il n'en reste pas moins que les vieilles gens de Kazimierz tenaient François-Joseph en grande estime.

Bien que la liberté leur eût été accordée si tard, il y avait comme une certaine nostalgie de l'ancien ghetto parmi les vieux juifs de Cracovie. Il est vrai qu'un ghetto implique une certaine misère, les salles de bains communes, les disputes pour s'approprier un coin où faire sécher le linge. Mais c'est aussi l'endroit où les juifs se sentent véritablement consacrés dans leur propre spécificité, où ils peuvent partager leur érudition, baigner dans leur propre culture, parler religion, coude à coude, dans des cafés où la richesse des propos échangés fait oublier la médiocrité des boissons consommées. De méchantes rumeurs avaient circulé à propos des ghettos de Lodz et de Varsovie, mais celui de Podgorze semblait avoir été tracé avec un peu plus de générosité. Si vous compariez sa superficie avec celle du centre de la ville, vous découvriez qu'il occupait un espace d'environ la moitié de celui de la vieille ville. Ce n'était pas assez, bien sûr, mais ce n'était quand même pas l'asphyxie.

L'édit contenait aussi une clause rassurante promettant de protéger les juifs contre les excès de leurs compatriotes polonais. Car, depuis le début des années 30, une tension raciale bien orchestrée avait prévalu en Pologne. Quand la grande dépression eut atteint la Pologne et que les prix agricoles se mirent à chuter, le gouvernement polonais encouragea les groupes antisémites qui faisaient des juifs leurs boucs émissaires. Sanacja, le parti de la pureté morale du maréchal Pilsudski, avait conclu une alliance après la mort du vieillard avec le camp de l'unité nationale, un groupe de droite résolument antijuif. Skladkowski, le Premier ministre, avait d'ailleurs déclaré en pleine séance du Parlement : « La guerre économique contre les juifs ? Eh bien, d'accord. » Plutôt que d'accorder aux paysans une réforme agraire, Sanacja leur conseillait d'aller regarder les étalages des juifs les jours de marché. Ils comprendraient alors pourquoi les campagnes étaient si pauvres. Le premier pogrom contre la population juive eut lieu à Grodno en 1935. D'autres suivirent. Des légistes se mirent au travail et de nouvelles lois furent promulguées, qui eurent pour effet d'étrangler les industries juives par le biais du crédit. Les corporations artisanales fermèrent leurs portes aux artisans juifs et les universités établirent un quota d'étudiants juifs. Les facultés cédèrent d'ailleurs à la pression du groupe de l'unité nationale qui exigeait qu'un coin spécial au fond des salles de lecture fût attribué aux juifs. Il n'était pas rare que, à la sortie des cours, les filles de juifs haut placés, aussi brillantes que belles, eussent le visage tailladé d'un coup de rasoir donné par un de ces jeunes aux cheveux et idées courts du camp de l'unité nationale.

Dans les premiers temps de l'Occupation allemande, les soldats du Reich avaient été surpris de voir que des Polonais n'hésitaient pas à leur indiquer les maisons juives ; qu'ils les aidaient parfois à maintenir un juif orthodoxe contre un mur pendant qu'un Allemand lui coupait la barbe à l'aide de ciseaux, ou lui piquait les joues avec une pointe de baïonnette. Du coup, en mars 1941, la promesse faite de protéger les juifs du ghetto contre les exactions des Polonais apparaissait tout à fait crédible.

C'est sans enthousiasme que les juifs de Cracovie rassemblèrent leurs affaires avant leur départ pour Podgorze, et pourtant, chez certains, on décelait une sorte de soulagement à l'idée de partir pour un endroit qui serait le leur. La plupart étaient arrivés à la limite de ce qu'ils pouvaient supporter, et, avec un peu de chance, c'en serait fini des expulsions et des exactions. Ce sentiment était assez communément partagé pour que des habitants des villages autour de Cracovie, Wieliczka, Niepolomice, Lipnica, Murowana ou Tyriec, se dépêchent de retourner en ville par crainte d'être abandonnés après le 20 mars dans un environnement hostile. Par sa nature, et même par définition, le ghetto était habitable, même s'il devait être l'objet d'attaques sporadiques. Le ghetto représentait la stabilité. Ailleurs, on était sur des sables mouvants.

La création du ghetto devait apporter un petit ennui dans la vie d'Oskar Schindler. Quand il quittait son appartement de la Straszewskiego, il avait pour habitude de passer devant le piton calcaire de Wawel, planté au milieu de la ville comme un bouchon sur une bouteille, puis de franchir le pont Kosciuszko et de prendre ensuite à gauche en direction de l'usine de Zablocie. Cet itinéraire allait être coupé par les murs du ghetto. Problème mineur, sans doute, mais qui confortait Oskar dans l'idée qu'il serait plus raisonnable d'aménager également un appartement au dernier étage de ses bureaux de la rue Lipowa. L'immeuble, construit dans le style de Walter Gropius, n'était pas si mal que ça. Il y avait beaucoup de verre, beaucoup de lumière et une entrée en brique tout à fait présentable.

Pendant les courtes semaines qui suivirent l'édit, Oskar, en se rendant à Zablocie, put voir les juifs de Kazimierz faire leurs bagages. Au début, pendant la période de grâce, il dépassait des familles entières poussant des brouettes ou des charrettes sur lesquelles était entassé tout un fatras de meubles et d'objets. Leurs familles avaient vécu là depuis l'époque où Kazimierz était une île séparée de la ville même par une rivière qu'on appelait Stara Wisla ; en fait, ils étaient là depuis le moment où Casimir le Grand les avait invités à venir s'installer à Cracovie alors que partout ailleurs en Europe on les rendait responsables de la peste. Oskar imaginait que cinq cents ans auparavant, leurs ancêtres avaient dû arriver à Cracovie de la même manière, en poussant des brouettes pleines de matelas et de couvertures. Et maintenant, ils repartaient. L'invitation de Casimir avait fait long feu.

Au cours de ses périples de l'appartement à l'usine, Oskar constata que le plan n'envisageait pas l'arrêt de la ligne de trolley de la rue Lwowska qui traverserait le ghetto. Des maçons polonais bouchaient à l'aide de briques toutes les ouvertures des maisons donnant sur la ligne. Ils érigeaient des murs de béton dans les espaces vides. Les portières des trolleys devraient être fermées pendant toute la traversée du ghetto. On pourrait les ouvrir à nouveau une fois rentrés dans le monde civilisé des Aryens au coin des rues Lwowska et Kingi. Oskar savait que, malgré toutes ces précautions, des gens arriveraient bien à prendre le trolley. Portières fermées, arrêts interdits, miradors le long des murs, rien n'y ferait. Les gens étaient ainsi faits. Certains voudraient descendre – une servante polonaise dévouée à ses anciens patrons peut-être, qui leur apporterait quelques provisions. D'autres, taillés en athlète comme Leopold Pfefferberg, voudraient monter avec leurs poches remplies de diamants ou de zlotys d'Occupation. Certains seraient porteurs d'un message en code destiné aux résistants. Les trolleys pourraient bien se glisser, toutes portes fermées, aussi vite que possible entre deux murs, des gens n'hésiteraient pas à tenter leur chance.

A partir du 20 mars, les juifs travaillant dans l'usine d'Oskar ne devraient plus percevoir aucun salaire. Ils devraient subsister entièrement sur les rations qui leur seraient allouées. Les industriels employant de la main-d'œuvre juive devraient en revanche verser une dîme au quartier général SS de Cracovie. Oskar, comme Madritsch d'ailleurs, n'aimait pas beaucoup ça. Les deux hommes savaient que la guerre n'aurait qu'un temps, et qu'un jour ou l'autre les esclavagistes devraient rendre des comptes comme ce fut le cas en Amérique où certains d'entre eux se retrouvèrent tout nus dans les rues. Les versements à effectuer aux chefs de la police correspondaient aux barèmes établis par l'Office central SS pour l'administration et l'économie : sept Reichsmark cinquante par jour pour un travailleur qualifié. Cinq Reichsmark pour un manœuvre ou une femme. Les salaires sur le marché libre du travail étaient sensiblement plus élevés. Mais, pour Oskar comme pour Madritsch, cet avantage était loin de compenser le malaise moral qu'ils ressentaient. D'autant que l'argent nécessaire à la paye de ses ouvriers n'était pas, cette année-là, un sujet de préoccupation pour Oskar. Il n'avait jamais été l'archétype du capitaliste. Son père l'avait accusé plus d'une fois de ne pas savoir compter, ce qu'il considérait plutôt comme un compliment. Quand il n'était que directeur des ventes, il avait déjà deux voitures. Il espérait bien que son père l'apprendrait et s'en formaliserait. Aujourd'hui, il avait toute une écurie : une Minerva belge, une Maybach, un cabriolet Adler, une BMW.

Pouvoir jeter l'argent par les fenêtres et être encore plus riche qu'un père qui, lui, savait compter, voilà le genre d'ironie qui faisait que la vie valait d'être vécue. En période faste, le coût des salaires horaires ne devait pas entrer en ligne de compte.

Madritsch était entièrement d'accord là-dessus. Sa manufacture d'uniformes bordait le côté ouest du ghetto, à un ou deux kilomètres de l'usine d'Oskar. Ses affaires marchaient si bien qu'il envisageait d'ouvrir une seconde manufacture à Tarnow. Lui aussi était un protégé de l'Inspection des armements, et son crédit était tellement irréprochable qu'il avait réussi à négocier un emprunt d'un million de zlotys auprès de la Banque Emisyjny, une banque d'émission.

Quelques scrupules moraux qu'ils aient pu avoir, Oskar et Julius ne se sentaient en aucune façon contraints de cesser de recruter des ouvriers juifs. D'ailleurs Itzhak Stern aussi bien que Roman Ginter, un homme d'affaires chargé de l'assistance publique au sein du Judenrat, avaient supplié Oskar et Julius d'employer autant de juifs qu'ils le pourraient. L'objectif était d'établir la réputation du ghetto comme réservoir de main-d'œuvre. Stern et Ginter estimaient qu'un juif qui représente un potentiel économique est un juif à l'abri. Oskar et Madritsch partageaient ce point de vue.

Donc, pendant ces deux semaines, les juifs poussèrent leurs charrettes au-dessus du pont qui séparait Kazimierz de Podgorze. Les domestiques des familles bourgeoises aidaient au déménagement. On avait caché ce qui restait de bijoux et de fourrures sous les matelas, les bouillottes et les poêles à frire. Des Polonais massés dans les rues Stradom et Starovislna conspuaient les juifs et leur jetaient ce qui leur tombait sous la main tout en chantant sur l'air des lampions : *Les juifs s'en vont. Les juifs s'en vont, adieu, adieu, les juifs.*

De l'autre côté du pont, un portail en bois peint en blanc, assez élégant, accueillait les nouveaux citoyens du ghetto. Deux immenses arches se découpaient au-dessus des deux lignes de tramway allant à Cracovie. Un signe en hébreu placé au-dessus des arches se voulait rassurant. « VILLE JUIVE », proclamait-il. Devant le ghetto, face au fleuve, on avait placé plusieurs réseaux de barbelés. Les espaces libres avaient été bouchés par des dalles en ciment de trois mètres de haut.

Les juifs qui se présentaient au ghetto étaient accueillis à la porte par un délégué du bureau du logement du Judenrat. Un homme marié avec plusieurs enfants pouvait avoir deux chambres dans un appartement, plus l'utilisation à temps partiel de la cuisine. Après la bonne vie des années 20 et même 30, les gens se sentaient humiliés de devoir partager leur vie privée avec des familles qui n'avaient ni les mêmes habitudes, ni les mêmes soucis, ni les mêmes odeurs. Les mères de famille se lamentaient. Les pères cherchaient à rassurer, prétendant que ça pouvait être pire. Quand des juifs orthodoxes se retrouvaient avec des non-croyants, la température montait parfois très rapidement.

Le 20 mars, tout était terminé. Tout juif en dehors du ghetto s'y trouvait désormais à ses risques et périls. Pour l'instant, il y avait encore de la place à l'intérieur. Edith Liebgold, une jeune femme de vingt-trois ans, partageait une chambre située au premier étage avec sa mère et son bébé. Son mari ne s'était jamais remis de la chute de Cracovie. Il avait quitté la maison pour essayer de voir à quoi il pourrait bien être utile. Il avait parlé de forêts, de refuges sûrs. Il n'était jamais rentré.

Edith, de la fenêtre de son appartement, pouvait voir la Vistule au-delà des barbelés. Pour se rendre à son travail dans la rue Wegierska, elle devait traverser le square de la Paix, le seul square du ghetto. Le deuxième jour de son arrivée, elle faillit se faire embarquer dans un camion SS pour aller pelleter la neige en ville. Elle savait, comme tout le monde, que quand on participait à ce genre de corvées, on pouvait revenir moins nombreux qu'au départ. Mais ce n'était pas cela qui la tracassait le plus. Elle imaginait qu'un jour ou l'autre, alors qu'elle se rendrait à la pharmacie et que son bébé devrait être nourri dans les vingt minutes suivantes, elle serait embarquée pour Dieu sait combien de temps. Elle alla trouver des amis au bureau de placement. Si elle pouvait obtenir un travail de nuit, sa mère surveillerait le bébé pendant son absence.

Pendant ces quelques premiers jours, on faisait la queue devant le bureau de placement. Le Judenrat avait désormais sa propre police, l'Ordnungsdienst (ou OD), chargée du maintien de l'ordre à l'intérieur du ghetto. Un jeune homme portant casquette et brassard veillait à ce que tout le monde prenne sagement sa place dans la queue.

Le groupe au milieu duquel se tenait Edith Liebgold, où les bavardages allaient bon train, venait juste de franchir la porte d'entrée quand un petit bonhomme dans les quarante ans, portant costume marron et cravate, s'approcha. Chacun pensait qu'il était là pour organiser une sorte de racket et, quand il vint vers Edith, tous se dirent qu'il allait l'embarquer.

– Ecoutez, dit-il, plutôt qu'attendre ici... il y a une fabrique de casseroles, tout près d'ici, à Zablocie...

Il attendit un petit moment pour que l'adresse fît son effet.

– Zablocie est juste de l'autre côté du ghetto, ajouta-t-il. On peut y faire des échanges avec les travailleurs polonais.

Il avait besoin de dix femmes en bonne santé pour le travail de nuit.

Les filles minaudaient, comme si elles avaient eu la possibilité de choisir leur propre travail ou même de refuser son offre. « Ce n'est pas dur, assurait-il. Et vous apprendrez sur le tas. » Il s'appelait Abraham Bankier et il était administrateur de l'usine. Le propriétaire était allemand, bien sûr.

– Quelle espèce d'Allemand ? demandèrent-elles.

Bankier sourit :

– Pas la pire espèce.

Ce même soir, Edith Liebgold se retrouva avec les autres membres de l'équipe de nuit et traversa le ghetto pour se rendre à Zablocie sous la garde d'un OD juif. En chemin, elle posait des questions sur cette Deutsche Emailwaren Fabrik. On lui dit qu'on y servait une soupe bien épaisse. Des brutalités ? Non, non, ce n'est pas le genre de l'endroit, lui répondit-on. Ce n'est pas comme l'usine de lames de rasoir de Beckmann ; plutôt comme chez Madritsch. Madritsch est correct, et Schindler aussi.

Bankier se tenait à l'entrée de l'usine et fit l'appel des nouveaux membres de l'équipe de nuit pour les emmener au premier étage devant une porte marquée *Herr Direktor*. Edith Liebgold entendit une voix bien timbrée leur dire d'entrer. Herr Direktor fumait, assis sur un coin de son bureau. Ses cheveux blond-châtain étaient parfaitement coiffés. Il portait un costume croisé et une cravate de soie. En fait, il avait exactement l'air de quelqu'un qui, ayant un dîner en ville, avait tenu à attendre leur arrivée pour leur souhaiter la bienvenue. Il était immense, encore jeune. Il ressemblait tellement au portrait-robot du nazi rêvé par Hitler qu'Edith s'attendit à une homélie sur l'effort de guerre et les quotas de production.

– Je voulais vous souhaiter la bienvenue, dit-il en polonais. Vous serez partie prenante de l'expansion de cette usine.

Il détourna les yeux. Il pensait sans doute à cet instant qu'il serait idiot de leur raconter des bobards. Que ces gens-là ne seraient jamais ni plus ni moins que des pions dans l'entreprise.

Et tout d'un coup, il alla droit au but :

– Vous serez à l'abri, ici. Si vous restez ici, vous verrez la fin de la guerre.

Il leur souhaita une bonne nuit et partit avec le petit groupe en direction des escaliers. Bankier dirigea les manœuvres de telle sorte que Herr Direktor puisse s'engager dans l'escalier avant les autres.

Les autres, précisément, n'en revenaient pas. On venait de leur promettre la lune. Et c'était un bonhomme, tout seul, qui la leur avait promise. Edith Liebgold n'avait pas douté une seconde que ce qu'il disait était la vérité. Pas seulement parce qu'il fallait bien croire à quelque chose, pas seulement parce que ce type de discours vous réveillait un peu : il n'y avait pas d'autre choix. Au moment où Herr Schindler faisait ses promesses, il fallait y croire ou ne plus croire à rien.

C'est avec la tête flottant dans un heureux brouillard que les nouvelles recrues de la DEF reçurent leurs consignes de travail. Elles étaient dans l'état d'esprit de la jeune paysanne à qui une vieille cartomancienne vient de prédire qu'elle épousera le prince charmant. La promesse qui venait d'être faite avait considérablement modifié le regard qu'Edith Liebgold portait sur la vie. Si, un jour, elle devait se trouver devant le peloton d'exécution, elle trouverait sans doute le moyen de dire : « Mais Herr Direktor avait promis que ça n'arriverait pas. »

Le travail n'exigeait aucun effort intellectuel. Edith transportait les casseroles sortant des cuves d'émail jusqu'aux fours, à l'aide d'une longue perche munie d'un crochet. Pendant tout le temps qu'elle travaillait, elle réfléchissait aux paroles de Herr Schindler. Il fallait qu'il soit fou pour faire des promesses aussi extravagantes. Et pourtant, elle avait bien vu qu'il n'était pas fou. C'était un homme d'affaires. Un homme d'affaires qui se rendait à un dîner en ville. Il *devait* donc savoir. Cet homme devinait-il l'avenir ? Avait-il des contacts avec l'au-delà ? Non, ça ne cadrait pas. Son allure, sa main avec la bague en or... Ce n'était pas la main d'un prophète. Plutôt la main de quelqu'un qui sait prendre les plaisirs de la vie là où ils se trouvent, qu'il s'agisse de femmes ou de vin. Elle envisagea à nouveau l'hypothèse de la folie, de l'ivresse ou alors d'un délire mystique. Tout cela pour revenir à la case départ : oui, Herr Direktor lui avait insufflé le virus. Désormais, elle y croyait.

La plupart des gens à qui Oskar Schindler allait tenir ce genre de promesses au cours des années à venir gambergeraient de la même manière qu'Edith. Mais certains tireraient d'autres conclusions qu'elle : si cet homme se trompait, s'il racontait des bobards, alors, tout s'effondrait. On ne pouvait plus croire en rien, ni en Dieu, ni en l'homme. Pourtant, il fallait bien continuer à vivre, il fallait bien parier sur quelque chose. Mais les cartes, à l'époque, étaient tellement truquées...

9

Au cours de ce printemps, Schindler quitta Cracovie au volant de sa BMW pour se rendre à Zwittau. Il avait beaucoup de monde à voir : Emilie, bien sûr, mais aussi sa sœur et ses tantes. Toutes s'étaient coalisées contre son père ; toutes avaient tressé la couronne du martyre à sa mère. Si quelqu'un devait établir un parallèle entre les malheurs de sa défunte mère et ceux de sa femme, Oskar Schindler – chaudement engoncé dans son manteau à col de fourrure, ses mains gantées de pécari reposant sur le volant de son cabriolet de luxe, allumant ses cigarettes turques sur les quelques lignes droites de la route tortueuse des Jesenik – aurait été le dernier à le faire. Oskar était encore trop jeune de caractère pour accepter de voir les choses en face. Son père, lui, c'était différent. Il l'avait placé autrefois sur un piédestal. Et il en était tombé.

Il se réjouissait de revoir ses tantes – la façon dont elles levaient les bras au ciel en signe d'admiration pour la coupe de ses costumes l'avait toujours ravi. Sa sœur avait épousé un directeur des chemins de fer et vivait dans un appartement de fonction très agréable. Son mari était un gros bonnet de la ville car Zwittau était un nœud ferroviaire important, notamment pour le trafic des marchandises. Oskar but le thé avec sa sœur et son mari, puis un peu de schnaps. On sentait que chacun appréciait ce que l'autre était devenu. Les enfants Schindler ne s'étaient pas trop mal débrouillés, après tout.

La sœur d'Oskar avait veillé sur sa mère et en avait pris soin jusqu'à la mort de la vieille dame, et maintenant c'était encore elle qui allait rendre visite à leur père en secret. Elle ne pouvait guère faire moins que tâter le terrain en vue d'une réconciliation future. Elle s'y essaya au moment du thé. Oskar répondit par quelques grognements.

Dans la soirée Oskar, dîna chez lui avec Emilie. Elle était tout émoustillée à l'idée de l'avoir avec elle pendant les fêtes de Pâques. Ils pourraient assister ensemble aux diverses cérémonies comme un vieux couple rangé. Ce furent, en effet, des cérémonies. Ils dansèrent ensemble cérémonieusement et se firent à table mille politesses. Oskar, comme Emilie, était profondément perturbé par cette étrange incapacité à vivre comme mari et femme.

Le vrai problème entre eux était de savoir si Emilie devrait venir le rejoindre à Cracovie. Si elle quittait l'appartement de Zwittau pour le louer, elle serait coincée à Cracovie. Elle estimait de son devoir d'être avec Oskar. La morale chrétienne lui avait appris que l'absence du foyer pouvait être occasion de pécher. Mais vivre avec lui dans une ville étrangère ne serait tolérable que s'il se montrait à la fois prudent et respectueux des sentiments de son épouse. L'ennui avec Oskar, c'est qu'il ne pouvait pas garder ses fredaines pour lui tout seul. Il fallait qu'il communique sa joie aux autres. Quand il était un peu parti, que tous ses soucis semblaient s'être évaporés, eh bien, s'il était tombé amoureux d'une nouvelle femme, il fallait que vous aussi vous l'aimiez.

Emilie irait-elle à Cracovie ou pas ? Le problème pesait tellement lourd sur les épaules de l'un comme de l'autre que sitôt le dîner terminé, Oskar pria sa femme de l'excuser et s'en alla dans le café de la place centrale. C'était un endroit que fréquentaient des ingénieurs, des commerçants, des représentants devenus officiers. Oskar fut heureux de retrouver certains de ses anciens amis, la plupart portant l'uniforme de la Wehrmacht. Il se mit à boire du cognac avec eux. Quelques-uns exprimèrent leur surprise de voir qu'un garçon taillé en athlète comme Oskar n'était pas en uniforme.

– Industrie nécessaire à l'effort de guerre, grogna-t-il.

Ils évoquèrent l'époque des motos, plaisantèrent à propos du ramdam qu'il faisait dans les rues avec ces engins... Et la grosse Galloni cinq cents centimètres cubes, le monstre... La conversation s'animait. Chacun y allait de sa tournée de cognac. D'autres vieux amis d'école sortirent de la salle du restaurant pour voir ce qui se passait :

– Mais c'est pas vrai...

Eh bien si, c'était ce vieil Oskar. L'un d'entre eux finit par retrouver son sérieux.

– Oskar, écoute ! Ton père est en train de dîner là, tout seul à sa table.

Oskar regarda son verre. Il avait accusé le coup, mais il finit par hausser les épaules.

– Tu devrais aller lui parler, dit quelqu'un. Ce n'est plus qu'une ombre, le pauvre vieux.

Oskar dit qu'il devait rentrer à la maison. Il commença à se lever, mais les autres le forcèrent à se rasseoir.

– Il sait que tu es là, dirent-ils.

Deux d'entre eux s'étaient rendus dans la salle du restaurant pour tenter de persuader Hans Schindler de faire un geste. Oskar, comme pris de panique, était déjà debout en train de demander l'addition quand son père, le visage grave, apparut sur le seuil de la porte, gentiment poussé par les deux hommes qui étaient allés le chercher. Oskar s'immobilisa. Malgré tout le ressentiment qu'il éprouvait, il avait toujours pensé que si quelqu'un devait faire le premier pas, ce serait lui. Le vieil homme était trop fier. Et pourtant, il s'était laissé entraîner vers son fils.

Comme on les poussait l'un vers l'autre, le vieillard ne put que hausser les sourcils et laisser apparaître un sourire mi-figue, mi-raisin, comme s'il voulait s'excuser. L'expression était si familière qu'Oskar se sentit mollir. « Je n'y pouvais rien, semblait dire Hans. Le mariage et tout, ta mère et moi, tout cela nous dépassait. » L'expression sur le visage de son père n'avait rien d'extraordinaire, sauf qu'elle rappelait quelque chose à Oskar – sa propre expression, ce jour même quand il s'était regardé dans la glace accrochée dans l'entrée de l'appartement d'Emilie. « Le mariage et tout, tout cela nous dépassait. » Cette mimique, la sienne, il la revoyait sur le visage de son père quelques heures plus tard.

– Comment vas-tu, Oskar ? demanda Hans Schindler.

Il y avait une sorte de râle dans sa voix. La santé de son père s'était considérablement altérée depuis leur dernière rencontre.

Oskar décida sur-le-champ que son père, après tout, n'était pas un monstre. Il posa ses mains sur les épaules du vieil homme et l'embrassa trois fois, sentant les larmes lui monter aux yeux tandis que ses anciens amis applaudissaient aux retrouvailles.

10

Les conseillers du Judenrat d'Arthur Rosenzweig, qui se considéraient encore comme les garants de la vie, de la santé et de l'alimentation des habitants du ghetto, usèrent de toute l'autorité dont ils disposaient pour convaincre les policiers du ghetto qu'ils étaient d'abord au service de la population. Ils essayèrent d'enrôler dans la police auxiliaire juive (OD) des jeunes gens de haute moralité et de bonne éducation. Au quartier général des SS, on considérait les OD comme des suppléants qui exécuteraient les ordres sans broncher et feraient le boulot que toute police est censée faire. Ce n'était pas l'image que donnaient la plupart des OD au cours de l'été 1941.

On ne peut pas nier cependant qu'au fur et à mesure que le temps s'écoulait, les OD devenaient de plus en plus suspects et furent même tenus pour des collaborateurs. Quelques-uns d'entre eux tentèrent de s'opposer au système et donnèrent des renseignements aux réseaux de Résistance, mais la plupart sentaient bien que leur existence et celle de leur famille reposaient sur la bonne volonté qu'ils mettaient à exécuter les ordres des SS. L'appartenance à l'OD allait très vite corrompre les gens honnêtes. Pour les escrocs, ça devint un filon.

Mais dans les premiers mois de la vie du ghetto, on

les considérait avec bienveillance. Au point que Leopold Pfefferberg lui-même put se permettre de devenir membre de l'OD. Quand toute forme d'éducation pour les juifs, même celle organisée par le Judenrat, fut interdite en décembre 1940, on offrit à Poldek un travail qui consistait à surveiller les files d'attente et à tenir le registre des rendez-vous de l'office du logement du Judenrat. C'était un travail à mi-temps qui lui permettait de se rendre en ville. En mars 1941, l'OD avait été créée dans le dessein de protéger les juifs du ghetto. Poldek avait accepté sans réticence de porter leur casquette. Il pensait comprendre le but de l'organisation : pas seulement veiller à ce que tout se passe bien à l'intérieur des murs, mais également faire en sorte que tous les juifs du ghetto, en tant que groupe, fonctionnent dans un système d'obéissance tribale, ce même système d'ailleurs qui, au cours de l'Histoire, avait permis aux juifs d'Europe de se faire tout petits, au point que leurs adversaires finissaient par les oublier.

Pendant qu'il portait sa casquette d'OD, Pfefferberg pouvait faire passer des denrées interdites – articles de cuir, bijoux, fourrures, argent liquide – à l'intérieur ou à l'extérieur du ghetto. Il connaissait bien le Wachtmeister à l'entrée, Oswald Bosko, un policier adversaire du régime qui laissait passer à l'intérieur du ghetto des matières premières qu'on transformait en vêtements, en matériel de cuisine ou même en vin, et que des passeurs allaient revendre à Cracovie. Bosko ne prélevait même pas un petit droit de passage sur ce trafic.

Une fois sorti du ghetto, Pfefferberg se planquait dans une allée déserte pour retirer son brassard avant de se rendre à Kazimierz ou au Centrum pour ses affaires.

Il pouvait lire sur les murs de la ville ou dans les trolleys les affiches de publicité ou de propagande :

une lame de rasoir miracle, le dernier décret du gouverneur concernant ceux qui abritaient des bandits juifs, les slogans « JUIFS - POUX - TYPHUS », ou encore un énorme panneau montrant une jeune et angélique Polonaise offrant un peu de nourriture à un juif au nez crochu dont l'ombre ressemblait au diable ; en dessous, un slogan : « QUICONQUE AIDE UN JUIF AIDE SATAN. » Sur les murs des magasins d'alimentation, on pouvait voir des photos de juifs décortiquant des rats pour en faire un ragoût, mettant de l'eau dans le lait, parsemant de poux la pâtisserie, ou encore pétrissant la pâte à pain avec des pieds crasseux. La naissance du ghetto était saluée par les forcenés de l'art mural et les valets de la plume au service du ministère de la Propagande sur tous les murs de Cracovie. Pfefferberg qui n'avait pas du tout le type juif restait calme devant cet amoncellement artistique. Ce qui importait, c'était sa valise pleine de vêtements, de bijoux ou de billets.

Pfefferberg avait réalisé son plus beau coup l'année précédente quand le gouverneur Frank avait décidé de retirer de la circulation tous les billets de cent et de cinq cents zlotys qui devaient être déposés à la Banque de crédit du Reich. Un juif n'avait le droit d'échanger que deux mille zlotys. Ce qui voulait dire que tous les billets cachés – au-dessus de deux mille zlotys et en infraction avec les règlements – n'auraient plus aucune valeur. A moins de connaître quelqu'un de type aryen et sans brassard qui voudrait bien faire la queue pour vous avec les Polonais non juifs devant les guichets de la Banque de crédit. Pfefferberg et un de ses jeunes amis juifs avaient récolté plusieurs centaines de milliers de zlotys en coupures désormais interdites au sein du ghetto. Ils s'étaient rendus à la banque avec une valise pleine de billets et étaient revenus avec l'équivalent en monnaie d'Occupation (moins, bien sûr, les pots-de-vin qu'ils avaient dû verser aux policiers polonais à l'entrée du ghetto).

Voilà le type de policier qu'était Pfefferberg : plein de talent selon les standards établis par le président Arthur Rosenzweig ; lamentable selon ceux des autorités d'Occupation.

Oskar se rendit dans le ghetto en avril, à la fois par curiosité et parce qu'il voulait voir un bijoutier à qui il avait confié la fabrication de deux bagues. Il trouva l'endroit surpeuplé au-delà de tout ce qu'il avait pu imaginer : deux familles par chambre à moins de connaître quelqu'un bien placé au Judenrat. Il traînait une odeur d'égout dans la plupart des appartements, et les femmes se prémunissaient contre le typhus en frottant vaillamment les parterres et en faisant bouillir les vêtements dans des lessiveuses.

– Les choses sont en train de bouger, confia le bijoutier à Oskar. On a distribué des matraques aux OD.

L'administration du ghetto, comme celle de tous les ghettos de Pologne, avait changé de tutelle. Le gouverneur Frank avait passé la main à la section 4B de la Gestapo. Désormais l'autorité suprême pour tout ce qui concernait les juifs de Cracovie était l'Oberführer SS Julian Scherner, un robuste gaillard proche de la cinquantaine, qui, avec sa calvitie et ses grosses lunettes de myope, avait le type même du fonctionnaire anodin. Oskar l'avait rencontré dans différentes réceptions. Scherner parlait beaucoup, non pas de la guerre mais des affaires et des investissements. C'était le genre de fonctionnaire qui proliférait dans le ventre mou de la hiérarchie SS : bon vivant avec un penchant pour les femmes, l'alcool et les biens confisqués. Un sourire en coin trahissait parfois son contentement à l'idée des miraculeux pouvoirs qui lui étaient conférés. Ce n'était pas un mauvais garçon, encore qu'il sût parfois se montrer cruel. Oskar pensait que Scherner était homme à préférer faire travailler les juifs plutôt que les tuer, à enfreindre le règlement chaque fois qu'il pouvait en tirer quelque bénéfice, mais qu'il suivrait toujours la ligne du parti, quelles que fussent les options choisies.

Oskar s'était rappelé au bon souvenir du chef de la police en lui envoyant une demi-douzaine de bouteilles de cognac pour Noël. Maintenant qu'il était monté en grade, il faudrait faire plus pour le Noël suivant.

Ce changement dans la hiérarchie des pouvoirs – les SS passant du rôle d'exécutants à celui de dirigeants – devait avoir des répercussions sur le fonctionnement des OD. A l'approche de l'été, Symche Spira, un ancien marchand de glaces, était devenu l'homme qui comptait au sein de l'OD. Spira, un juif orthodoxe, méprisait profondément les libéraux qui siégeaient encore au Judenrat. Il prenait ses ordres non pas d'Arthur Rosenzweig, mais de l'Untersturmführer Brandt et du quartier général SS de l'autre côté du fleuve. Les relations qu'il avait établies avec Brandt le mettaient en position de force. Brandt lui avait demandé de former une section politique pour laquelle il recruta quelques-uns de ses amis. Ils portèrent bientôt un uniforme complet : chemise grise, culotte de cheval, ceinturon et bottes.

La section politique de Spira, composée de recrues vénales, d'hommes bourrés de complexes qui avaient une revanche à prendre sur les bourgeois intellectuels qui les prenaient pour ce qu'ils étaient, alla bientôt au-delà de ce qu'on exigeait d'elle. Spira et ses amis, Szymon Spitz, Marcel Zellinger, Ignacy Diamond, David Gutter, Forster, Grüner et Landau se rendirent bientôt coupables de nombreuses exactions et dressèrent pour les SS des listes de juifs qu'ils jugeaient séditieux ou dont la tête ne leur revenait pas.

Poldek Pfefferberg voulait désormais démissionner. Une rumeur circulait comme quoi les OD devraient faire serment d'allégeance au Führer, après quoi ils seraient tenus à tout moment d'exécuter les ordres sans broncher. Poldek ne voulait surtout pas qu'on pût l'associer avec des canailles du type Spira, Spitz ou Zellinger. Il se rendit à l'hôpital au coin de la rue Wegierska pour s'entretenir avec le médecin attaché au Judenrat, le Dr Alexander Biberstein. Marek, le frère du médecin, qui avait été le premier président du conseil, moisissait à ce moment-là dans la prison de Montelupich pour violation des règlements sur les monnaies et tentative de corruption de fonctionnaire.

Pfefferberg supplia Biberstein de lui établir un certificat médical qui lui permettrait de quitter l'OD. Difficile, jugea le médecin, car Pfefferberg n'avait pas du tout l'air souffrant. Il lui serait pratiquement impossible de feindre une pression sanguine anormale. Le médecin lui décrivit en détail les symptômes du mal de dos. Le lendemain, Pfefferberg se présenta au travail à moitié cassé en deux et appuyé sur une canne.

Spira était furieux. Quand Pfefferberg lui avait demandé pour la première fois de quitter l'OD, le chef de la police avait pompeusement déclaré qu'on ne quittait ce corps d'élite que les pieds devant. A l'intérieur du ghetto, Spira et ses acolytes jouaient les prétoriens. Ils étaient la « Légion étrangère ».

– On va vous envoyer voir le médecin de la Gestapo, hurlait Spira.

Biberstein avait bien fait la leçon au jeune Pfefferberg. Poldek passa brillamment la visite devant le médecin de la Gestapo et fut révoqué de l'OD pour cause de troubles physiques incompatibles avec l'efficacité requise au cours d'opérations de contrôle de la foule. En disant au revoir à Spira, Pfefferberg lut sur le visage de son supérieur que celui-ci n'était pas près de lui pardonner.

Le jour suivant, l'Allemagne envahissait l'U.R.S.S. Oskar apprit la nouvelle sur les ondes interdites de la B.B.C. Il sut immédiatement que le projet Madagascar était à l'eau. Il faudrait des années avant qu'on puisse trouver les navires nécessaires pour ce type de solution. Oskar pressentait que cet événement allait modifier considérablement le comportement des SS. Partout, désormais, les économistes, les ingénieurs, les planificateurs, les policiers de tout acabit allaient devoir se faire à l'idée d'une guerre longue, mais aussi à l'édification d'un empire racialement pur.

11

« Usine allemande de fabrication de caisses », c'était le nom d'un petit établissement industriel dont l'arrière jouxtait l'usine de Schindler. Oskar, toujours friand de compagnie, allait de temps à autre rendre visite à son voisin, Ernst Kuhnpast, l'administrateur allemand, ou à Szymon Jereth, l'ancien propriétaire de l'usine, qui assumait encore les fonctions de directeur sans en avoir le titre. La fabrique de caisses Jereth était devenue l'Usine allemande de fabrication de caisses deux ans auparavant suivant le processus habituel : pas de compensations, aucun échange légal de titres.

L'injustice de cette mainmise ne préoccupait plus Jereth outre mesure. La plupart des gens qu'il connaissait avaient subi le même sort. Ce qu'il avait du mal à tolérer, c'était le ghetto : les bagarres dans les cuisines, la puanteur, les poux que vous attrapiez simplement en effleurant dans les escaliers le blouson crasseux de votre voisin de palier. Mme Jereth, avait-il dit à Oskar, était profondément déprimée. Originaire d'une famille aisée de Klepartz, au nord de Cracovie, elle avait toujours vécu dans une atmosphère bourgeoise. « Quand je pense, disait-il, qu'avec tous ces mètres cubes de sapin, je pourrais me construire là un gentil petit endroit... » Là, c'était le terrain vague derrière son usine. Les ouvriers jouaient au football sur cet immense espace vide, dont une bonne partie appartenait à Oskar et le reste à un couple polonais nommé Bielski. Oskar n'avait pas dit à Jereth que ce bout de terrain le préoccupait. Mais il avait immédiatement saisi la perche quand Jereth avait parlé de toutes ces planches en surplus :

– Vous pouvez écouler du bois en douce ? avait-il demandé.

– C'est uniquement un problème d'écritures comptables, avait répliqué Jereth.

Debout dans le bureau, ils contemplaient le terrain vague. Des bruits de marteaux et des chuintements de scies à ruban leur parvenaient des ateliers.

– Ça me ferait mal de partir d'ici, avoua Jereth. De me retrouver dans un camp de travail à me ronger les sangs en essayant de deviner ce que ces imbéciles sont en train de faire de l'usine. Vous devez sûrement me comprendre, n'est-ce pas, Herr Schindler ?

Jereth, comme ses semblables, ne pouvait pas envisager la fin du cauchemar. En Russie, les armées allemandes allaient de succès en succès. Même la B.B.C. avait du mal à expliquer les replis stratégiques. L'Inspection des armements réclamait du matériel de cuisine. Mais, désormais, les commandes adressées à la DEF étaient accompagnées de salutations bienveillantes écrites de la main même du général Julius Schindler. Des officiers subalternes ne manquaient pas de confirmer ces commandes au téléphone en adressant par la même occasion des messages d'amitié à Oskar.

Oskar acceptait commandes et compliments avec un plaisir évident, mais il ne pouvait s'empêcher d'éprouver une certaine délectation à la lecture des lettres assez téméraires que lui expédiait son père depuis leur réconciliation. Ça ne peut pas durer, disait-il. Le bonhomme (Hitler) n'a pas les reins assez solides. L'Amérique finira par entrer dans la danse. Et les Russes ? Bon Dieu ! ces barbares sans foi ni loi, est-ce que le dictateur sait combien ils sont ? La lecture de ces lettres faisait sourire Oskar. Bien sûr, le vieux avait raison. Mais, en attendant, pourquoi ne pas profiter des commandes de l'Inspection des armements ? Oskar expédiait désormais à Hans un chèque mensuel de mille Reichsmark par amour filial, d'abord, pour récompenser son père des propos subversifs qu'il tenait, ensuite, et, surtout, parce que ça lui faisait plaisir.

Cette année-là passa à toute allure et presque sans douleur. Des journées de travail épuisantes, des soirées en ville, des beuveries au club de jazz, des nuits dans le superbe appartement de Klonowska. Quand les premières feuilles de l'automne se mirent à tomber, Oskar eut l'impression que l'été s'était étiré sans qu'il s'en soit aperçu. Et voilà que les pluies d'automne étaient arrivées plus tôt que d'habitude. Ces perturbations dans le rythme des saisons seraient-elles favorables aux Russes ? Les répercussions s'étendraient-elles à l'Europe tout entière ? Pour Herr Oskar Schindler de la rue Lipowa, le temps, ce n'était encore ni plus ni moins que la météo.

Pourtant, à la fin de l'année 1941, Oskar se trouva en état d'arrestation. Quelqu'un – un manutentionnaire polonais peut-être, ou encore un des techniciens allemands de la fabrique d'obus – s'était rendu rue Pomorska pour le dénoncer. Deux hommes de la Gestapo en civil se rendirent à l'usine de la rue Lipowa un beau matin et en bloquèrent l'entrée avec leur Mercedes comme s'ils avaient l'intention de faire cesser toute activité à l'intérieur. Ils montèrent au premier étage et présentèrent à Oskar un mandat les autorisant à emporter toutes les archives commerciales. Ils semblaient cependant ne pas connaître grand-chose au mécanisme des affaires :

– Quels dossiers voulez-vous exactement ? demanda Oskar.

– Les livres comptables, répliqua l'un.

– Les registres commerciaux, dit l'autre.

C'était une arrestation en douceur. Ils bavardaient avec Klonowska pendant qu'Oskar allait chercher les registres et les livres comptables. Il eut l'autorisation de noter quelques noms sur un bloc, soi-disant les gens avec qui il avait rendez-vous ce jour-là, et qu'il faudrait décommander. Klonowska avait très bien compris de quoi il s'agissait : c'était la liste des personnes qu'il fallait avertir pour obtenir rapidement son élargissement.

Le premier nom sur la liste était celui de l'Oberführer Julian Scherner ; le deuxième, celui de Martin Plathe, membre de l'Abwehr à Breslau ; le troisième était celui de Franz Bosch, un ancien combattant porté sur la bouteille, directeur de l'Agence des textiles de l'Est qui avait écoulé illégalement pour Schindler quelques tonnes de marmites et de casseroles. Se penchant au-dessus de Klonowska, Oskar souligna le nom de Bosch : ce personnage influent connaissait et conseillait tous les gros bonnets de Cracovie qui s'approvisionnaient au marché noir. Oskar pensait bien que son arrestation avait quelque chose à voir avec le marché noir, un jeu dangereux dans la mesure où vous pouviez toujours trouver des personnes haut placées à qui refiler votre marchandise, mais qui vous mettait à la merci d'un employé jaloux.

Le quatrième nom sur la liste était celui du président de Ferrum AG de Sosnowiec, le fournisseur d'acier de Schindler. Pendant que la Mercedes de la Gestapo l'emmenait vers la rue Pomorska, à environ un kilomètre à l'ouest du Centrum, Oskar réfléchissait que ces noms étaient une sérieuse garantie et qu'il n'allait pas disparaître sans laisser de trace. C'était un réconfort que ne connaîtraient jamais les quelque mille habitants du ghetto que Symche Spira avait mis sur sa liste noire et qui avaient été embarqués dans ces wagons à bestiaux à la gare de Prokocim. Oskar, lui, connaissait quelques gros calibres.

Le quartier général SS de Cracovie était situé dans un énorme immeuble moderne assez tristounet, mais quand même pas aussi sinistre que la prison de Montelupich. Pourtant, même si vous n'aviez jamais attaché trop de crédit aux rumeurs de tortures qui circulaient sur cet endroit, l'intérieur de l'immeuble avec ses couloirs kafkaïens et les plaques apposées sur chacune des portes des bureaux vous faisaient froid dans le dos. C'est là que se trouvaient le Bureau central des SS, le quartier général de la police et de la Gestapo, les services économiques et administratifs des SS, les services du personnel, des affaires juives, des transferts de population, les services juridiques des SS et le Reichskommissariat pour le renforcement de la suprématie germanique.

C'est dans un bureau perdu au milieu de cette ruche qu'un gestapiste entre deux âges, qui semblait avoir, lui, quelques notions de comptabilité, commença à interroger Oskar. Le bonhomme paraissait à moitié amusé, un peu comme le douanier qui serait en train de fouiller un voyageur suspect et découvrirait que tout ce que l'autre rapportait en douce, c'étaient des oignons de tulipes pour une vieille tante. Il déclara à Oskar que toutes les entreprises qui contribuaient à l'effort de guerre étaient soumises à des vérifications comptables. Oskar n'en croyait pas un mot mais s'abstint de tout commentaire. Herr Schindler pouvait certainement comprendre, disait l'homme de la Gestapo, que les entreprises impliquées dans la fabrication de matériel de guerre avaient le devoir moral d'investir toutes leurs énergies dans ce noble effort et qu'elles ne devaient en aucun cas saper les ressources économiques du gouvernement général en se livrant à des opérations irrégulières.

Oskar murmura avec cette voix en sourdine si particulière qu'il savait prendre quand il voulait se montrer à la fois bonhomme et un peu menaçant :

– Etes-vous en train de suggérer, Herr Wachtmeister, qu'il existe des rapports établissant que mon usine ne remplit pas ses quotas ?

– Vous menez un grand train de vie, dit son interlocuteur avec un petit sourire de connivence comme si, après tout, il était normal qu'un industriel important menât grand train. Et pour quiconque vit bien (il insistait sur « bien »), nous devons nous assurer que ses moyens d'existence découlent uniquement d'affaires légales.

Oskar eut un large sourire à l'adresse du gestapiste.

– Quelle que soit la personne qui vous a donné mon nom, dit-il, c'est un imbécile et il vous fait perdre votre temps.

– Qui est le directeur de la fabrication à la DEF ? demanda l'homme de la Gestapo, ignorant la dernière remarque d'Oskar.

– Abraham Bankier.

– Un juif ?

– Bien sûr. L'affaire appartenait à des membres de sa famille.

L'homme lui dit que ses dossiers étaient peut-être en ordre, mais que s'il avait besoin de registres supplémentaires, il supposait que Herr Bankier pourrait les lui fournir.

– Vous voulez dire que vous n'allez pas me relâcher ? demanda Oskar en riant. Enfin, sachez que nous nous amuserons de cette affaire quand je dirai autour d'un verre à l'Oberführer Scherner que vous m'avez traité avec la plus grande courtoisie.

Les deux hommes qui l'avaient arrêté l'emmenèrent au deuxième étage où il fut soumis à une fouille en règle. On l'autorisa à garder ses cigarettes et une somme de cent zlotys, puis on l'enferma dans une chambre à coucher – sans doute une des meilleures de l'endroit, estima Oskar – équipée d'un lavabo, d'un W.-C., et de rideaux poussiéreux tendus devant des fenêtres munies de barreaux, bref, le type de chambre dans laquelle on devait garder des personnes importantes sur qui ne pesaient pas encore de trop graves soupçons. Si on vous relâchait, vous ne pouviez guère vous plaindre des conditions d'hébergement. Mais si vous étiez reconnu coupable de sédition ou de crimes économiques, vous vous retrouviez immédiatement au sous-sol, comme si le plancher avait basculé à la manière d'une trappe. Et vous vous retrouviez là, généralement pantelant et sanguinolent, dans une de ces cellules où l'on procédait aux interrogatoires musclés. Ensuite, c'était le transfert à Montelupich où l'on pendait les prisonniers dans leur cellule. Oskar contemplait la porte. « Si quelqu'un ose me toucher, se jura-t-il, je le ferai expédier en Russie. »

Oskar n'avait jamais été particulièrement patient. Au bout d'une heure il frappa à la porte et donna au SS qui ouvrit cinquante zlotys pour qu'il aille lui chercher une bouteille de vodka. C'était, bien sûr, trois fois le montant nécessaire, mais Oskar avait déjà eu l'occasion d'éprouver maintes fois cette méthode. Un peu plus tard, grâce à la diligence d'Ingrid et de Klonowska, on lui remit un pyjama, un nécessaire de toilette et des livres. On lui servit ensuite un excellent repas arrosé d'une demi-bouteille de vin de Hongrie. Personne ne vint le déranger ni même lui poser une question. Il supposa que le comptable était en train de suer sang et eau sur les registres d'Emalia. Il aurait aimé avoir une radio pour écouter les nouvelles de Russie, de l'Extrême-Orient et du nouveau pays en guerre, les Etats-Unis, sur les ondes de la B.B.C. Il avait le sentiment que s'il en demandait une à ses gardiens, ils la lui apporteraient. Il espérait que la Gestapo n'avait pas été fouiller dans son appartement de la Straszewskiego pour faire une évaluation de ses meubles et des bijoux d'Ingrid. Au moment où il sombra dans le sommeil, il en était arrivé au point où il avait envie de subir l'interrogatoire.

Au petit matin on lui apporta un excellent petit déjeuner – harengs marinés, fromage, œufs, petits pains, café – sans chercher à le déranger. Enfin le SS entre deux âges vint lui rendre visite avec une pile de dossiers comptables.

L'expert-comptable SS lui souhaita le bonjour. Il espérait qu'il avait passé une bonne nuit. Il n'avait eu le temps que de jeter un coup d'œil succinct sur les documents comptables de Herr Schindler, mais il apparaissait qu'un gentleman tenu en si grande estime par de très nombreuses personnes haut placées ne devrait certainement pas faire l'objet d'une enquête pour le moment. « Nous avons reçu, ajouta le SS, un certain nombre de coups de téléphone... » Oskar remercia son interlocuteur bien qu'il fût convaincu que son acquittement n'était que temporaire. On lui restitua ses registres et son argent de poche au bureau de la réception.

Klonowska, tout sourires, l'attendait en bas. Son travail avait porté ses fruits : Schindler sortait de cette maison de la mort dans son costume croisé impeccable et sans une égratignure. Elle le dirigea vers l'Adler qu'on lui avait permis de garer dans la cour intérieure. Son ridicule caniche attendait sagement sur la banquette arrière.

12

La petite fille arriva en fin d'après-midi chez les Dresner qui habitaient la partie est du ghetto. L'homme et la femme polonais qui l'hébergeaient à la campagne l'avaient ramenée à Cracovie. La police polonaise les avait laissés pénétrer à l'intérieur du ghetto sous prétexte d'un rendez-vous d'affaires. Ils avaient prétendu que la petite fille était la leur.

C'étaient de braves gens et ils se sentaient un peu honteux de lui avoir fait quitter la campagne pour l'amener à Cracovie, et, qui plus est, dans le ghetto. Mais il était devenu impossible de garder un enfant juif à la campagne. Les autorités municipales – sans parler des SS – offraient cinq cents zlotys et plus pour toute dénonciation de juifs. On ne pouvait plus faire confiance aux voisins. Et si vous étiez pris, ce n'était pas seulement le gosse qui avait les pires ennuis. On avait même vu dans certains coins des paysans faire la chasse aux juifs en brandissant des faux et des faucilles.

L'enfant ne semblait pas trop souffrir de ses nouvelles conditions misérables de vie. Elle était assise devant une petite table croulant sous un amas de linge mouillé et suçait avec ardeur le quignon de pain que Mme Dresner lui avait donné. Les marques d'affection que lui prodiguaient les femmes réunies dans la cuisine ne semblaient guère la toucher. Mme Dresner avait souvent remarqué sa réserve. Bien sûr, elle avait ses petits caprices et, comme la plupart des enfants de trois ans, une couleur préférée. C'était le rouge. Son bonnet, son manteau, ses bottillons, tout était rouge.

Mme Dresner était en train de parler des véritables parents de l'enfant. Eux aussi avaient vécu – en fait, s'étaient cachés – à la campagne. Mais ils allaient devoir bientôt retourner à Cracovie et rejoindre tout le monde dans le ghetto. L'enfant hochait la tête sans rien dire. Mais son silence ne semblait pas être la conséquence d'une quelconque timidité.

Ses parents avaient été mis en janvier sur une liste d'« indésirables », établie par Spira, et emmenés à la gare de Prokocim. Sur le chemin de la gare, alors que la colonne de juifs était entourée d'une foule de Polonais hurlant : « Adieu, les juifs ! Adieu ! » ils avaient réussi à s'esquiver et à se fondre dans la foule. Ils avaient même, eux aussi, par précaution, lancé quelques quolibets en direction de leurs coreligionnaires. Ils avaient réussi à s'enfuir.

Mais ils s'apercevaient maintenant qu'ils n'étaient plus en sécurité et ils avaient pris la décision de rentrer à Cracovie en catimini pendant l'été. La mère de Chaperon rouge, comme l'avaient surnommée les fils Dresner dès qu'ils l'eurent aperçue, était une cousine de Mme Dresner.

Danka, la fille de Mme Dresner, n'avait que quatorze ans, mais elle était suffisamment grande pour son âge et avait obtenu une carte de travail l'autorisant à quitter le ghetto. C'est en rentrant de la base de la Luftwaffe où elle faisait le ménage qu'elle aperçut la petite fille.

– Genia, je connais ta maman, Eva. Nous allions souvent acheter des robes ensemble. Et elle m'achetait toujours des gâteaux dans la pâtisserie de la rue Bracka.

L'enfant resta assise sur son siège, sans même esquisser un sourire.

– Vous vous trompez, madame. Maman ne s'appelle pas Eva mais Jasha.

Elle continua à égrener les noms fictifs de parents qu'on lui avait appris à dire au cas où la police polonaise ou les SS viendraient à l'interroger. Toute la famille se regardait, un peu désemparée. L'astuce de la gamine les fascinait. Bien sûr, il y avait quelque chose de déplaisant dans toute cette énumération de noms. Mais ils ne voulaient pas la contrarier. Après tout, qui sait si, dans les prochaines semaines, la leçon apprise n'allait pas lui permettre de survivre.

L'oncle de l'enfant, un jeune médecin qui exerçait à l'hôpital du ghetto dans la rue Wegierska, arriva à l'heure du dîner. Idek Schindel était exactement le type d'oncle farceur et tendre dont n'importe quelle nièce aurait rêvé. Dès qu'elle le vit, Genia retrouva ses gestes d'enfant. Elle descendit de sa chaise pour se précipiter vers lui. S'il était là, et s'il appelait tous ces gens « cousins », alors ce devaient être de vrais cousins. Tout redevenait possible, y compris le fait que votre maman s'appelait véritablement Eva et que vos grands-parents n'avaient jamais répondu aux noms de Ludwik et Sophia.

Le père, Juda Dresner, responsable des achats à l'usine Bosch, arriva à son tour. La famille était au complet.

L'anniversaire de Schindler tombait un 28 avril et, en cette année 1942, il le célébra avec un enthousiasme débordant. Ce fut un jour faste à la DEF. Herr Direktor avait commandé du pain blanc, denrée rare et très chère à l'époque, pour accompagner la soupe de midi. Bientôt la fête gagna tous les bureaux et les ateliers. Oskar Schindler, le célèbre industriel, semblait vouloir remercier le ciel de tous les bienfaits qui lui avaient été accordés.

Schindler commença la journée en sortant de son bureau avec trois bouteilles de cognac sous les bras pour trinquer avec les ingénieurs, les comptables et les dessinateurs. Les employés des services comptables et du personnel eurent droit à une distribution de cigarettes qui s'étendit bientôt aux ouvriers de l'usine. On découpa un gâteau, expédié d'une pâtisserie voisine, sur le bureau de Klonowska. Des délégations de travailleurs juifs et polonais vinrent le féliciter dans son bureau et il embrassa avec ferveur une jeune fille appelée Kucharska, dont le père avait été un membre honorable de la Chambre des députés polonaise avant la guerre. Il y eut bientôt un défilé ininterrompu dans le bureau : employées juives faisant la risette, travailleurs serrant la main du patron et même Stern, désormais employé aux Chantiers du progrès, qui était venu spécialement pour serrer la main d'Oskar et qui se retrouva dans ses bras.

Cet après-midi-là, un employé malintentionné – peut-être le même qui avait déjà dénoncé Schindler – prit contact avec la rue Pomorska pour dire que le patron faisait fi des lois raciales en vigueur. Ses livres de comptes pouvaient apparaître corrects, mais cela l'autorisait-il à embrasser des femmes juives ?

Il fut une seconde fois arrêté. Et cette fois-ci, d'une manière moins bon enfant que la précédente. Le matin du 29 avril, une Mercedes blanche bloqua l'entrée de l'usine et deux hommes de la Gestapo, l'air sévère, se portèrent à sa rencontre alors qu'il traversait la cour de l'usine. Il était accusé de violation des lois raciales en vigueur. Il devait les suivre. Et pas question de se rendre à son bureau d'abord.

– Vous avez un mandat d'arrêt ? demanda-t-il.

– Aucun besoin d'un mandat.

Schindler leur sourit. Ces messieurs devraient comprendre que s'ils l'emmenaient sans mandat, ils pourraient avoir à le regretter.

Il avait dit cela sans se départir de sa bonne humeur, mais il sentait bien dans leur attitude qu'il n'était plus question de jouer la même comédie qu'au cours de sa détention précédente. Il s'agissait la dernière fois de problèmes d'astuces comptables et rien de plus. Mais là Schindler devait répondre de violation de lois grotesques, de lois diaboliques élaborées dans un chaudron de sorcière.

– Eh bien, nous prenons ce risque, déclara un des deux hommes.

En tout cas, ces hommes semblaient sûrs d'eux. Schindler ne pouvait s'empêcher de constater l'indifférence totale qu'ils manifestaient à son égard, lui qui était pourtant un homme d'une certaine notoriété et dont on venait à peine de célébrer les trente-quatre ans.

– Par un si beau matin de printemps, dit-il, je peux toujours m'accorder quelques heures de balade en auto.

Il tentait de se rassurer en se disant qu'ils allaient le placer à nouveau dans une de ces cellules confortables de Pomorska. Mais quand il vit la voiture s'engager à droite sur Kolejowa, il sut que, cette fois-ci, il aurait droit à la prison de Montelupich.

– J'aimerais parler avec un avocat, dit-il.

– En temps voulu, répondit le conducteur.

Oskar s'était laissé dire par un de ses compagnons de virées nocturnes que des cadavres en provenance de Montelupich étaient envoyés régulièrement à l'Institut d'anatomie de l'université de Jagiellon.

Les murs de la prison s'étendaient sur tout un quartier, et il pouvait voir de l'arrière de la Mercedes la sinistre monotonie des fenêtres des troisième et quatrième étages. Après être passés sous l'arche de la porte d'enceinte, ils se retrouvèrent dans un bureau où un garde SS se mit à chuchoter comme si le bruit de sa voix risquait de se répercuter en écho le long des étroits corridors. Ils prirent son argent de poche en l'assurant toutefois qu'ils le lui rendraient à raison de cinquante zlotys par jour. Non, déclarèrent ses nouveaux geôliers, l'heure n'était pas encore venue d'appeler un avocat.

Ils quittèrent le bureau sous bonne escorte. Dans les couloirs, Schindler tendait l'oreille comme s'il s'attendait à entendre des cris filtrer à travers les judas des cellules. Il dut descendre un escalier et s'engager dans un étroit tunnel bordé des deux côtés de cellules bouclées, à l'exception d'une seule dont la grille était ouverte. Une demi-douzaine de prisonniers en bras de chemise étaient assis sur des tabourets, la tête tournée contre les murs de façon qu'on ne puisse pas voir leur visage. Oskar remarqua une oreille déchirée. Quelqu'un était en train de renifler sans oser s'essuyer le nez. « Klonowska, Klonowska, ma chérie, avez-vous pensé à donner un coup de fil à nos amis ? »

Ils ouvrirent une cellule dans laquelle ils lui dirent d'entrer. Il s'était fait quelque souci à l'idée qu'on allait peut-être le mettre dans un endroit surpeuplé. Mais il n'y avait qu'un autre prisonnier dans la cellule, un soldat emmitouflé dans sa capote grise assis sur une des deux paillasses. Il n'y avait pas de lavabo, bien sûr. Simplement un seau à eau et une tinette. L'autre prisonnier, un Waffen SS qui avait le grade de Standartenführer (équivalant à colonel), portait sous son manteau une chemise fripée dont la propreté laissait à désirer. Ses bottes avaient encore des traces de boue.

– Soyez le bienvenu, monsieur, dit-il en tendant la main au nouvel arrivant.

Son sourire était un peu tordu, mais il était plutôt

bel homme, peut-être un peu plus âgé qu'Oskar. Sans doute était-ce un mouton. Mais alors, pourquoi lui avoir fait endosser l'uniforme ? Et pourquoi un grade aussi élevé ? Oskar regarda sa montre, s'assit, se releva, examina les fenêtres situées très haut. Un peu de lumière filtrait de l'extérieur, mais ce n'était vraiment pas le genre de fenêtre contre laquelle on aurait pu s'appuyer pour éviter le face-à-face avec son voisin de cellule.

Ils finirent par entamer la conversation. Oskar, sans enthousiasme, mais le Standartenführer avec, semble-t-il, une certaine délectation.

– Et votre nom, monsieur ?

– Philip.

Oui, Philip, c'était tout. Pour un gentleman, donner son nom de famille dans une cellule de prison, voilà qui n'était pas correct. D'ailleurs, il était temps que les gens s'appellent par leur prénom. Si cette coutume était entrée dans les mœurs on n'en serait pas là aujourd'hui.

Oskar se dit que si l'homme n'était pas un mouton, il devait être encore sous le coup d'un traumatisme nerveux, un choc dû à une explosion d'obus peut-être. Il avait fait la campagne de Russie sur le front sud, et son bataillon faisait partie des troupes qui avaient tenu Novgorod pendant l'hiver. Il avait alors obtenu une permission pour aller voir son amie polonaise à Cracovie, et ils s'étaient, selon ses propres termes, « perdus l'un dans l'autre ». On l'avait arrêté dans l'appartement de son amie trois jours après l'expiration de sa permission.

– Je suppose, dit-il, que j'ai décidé de ne plus tellement me soucier de l'exactitude militaire après avoir vu la façon dont ces fumiers... (Philip accompagna ses paroles d'un grand geste de la main comme pour indiquer tout ce qui existait de l'autre côté de la cellule : les SS planqués à l'arrière, les comptables, les bureaucrates)... quand j'ai vu la façon dont ils vivaient. Ce n'était pas comme si j'avais décidé de prolonger ma permission d'une façon délibérée. Non, je pensais que moi aussi j'avais le droit de souffler un peu.

Oskar lui demanda s'il aurait préféré être emprisonné rue Pomorska. Non, Philip préférait être ici. Pomorska ressemblait peut-être plus à un hôtel, mais ces salauds avaient là-bas une cellule réservée aux assassinats, pleine de barreaux chromés bien astiqués. Mais, cela étant dit, de quoi était accusé Herr Oskar ?

– J'ai embrassé une fille juive, dit Oskar. Une de mes employées. C'est du moins ce qu'ils disent.

– Oh, oh ! En avez-vous perdu vos couilles ?

Pendant tout l'après-midi, le Standartenführer Philip continua de s'en prendre aux SS. « Des voleurs et des partousards », dit-il. Il n'en revenait pas. Le fric que certains de ces fumiers pouvaient amasser ! Et ils jouaient les incorruptibles. Ils tueraient sans vergogne un pauvre imbécile de Polonais pris avec un kilo de lard en provenance du marché noir, mais eux vivaient comme des seigneurs.

Oskar jouait les innocents. Comment cela se pouvait-il ? L'idée que des Reichsführers pussent être d'une pareille vénalité choquait cette naïveté provinciale dont il n'arrivait pas à se départir et qui lui avait fait oublier qu'on ne caresse pas une femme juive. Philip, fatigué par les mines outragées de son interlocuteur, finit par s'allonger sur sa paillasse.

Oskar voulait boire. Un petit peu de remontant aiderait à faire passer le temps. Si le Standartenführer n'était pas un mouton, sa compagnie n'en serait que plus agréable. Et si c'en était un, peut-être finirait-il par se couper. Oskar prit un billet de dix zlotys et y inscrivit plusieurs noms suivis de numéros de téléphone. Il y avait plus de noms que la dernière fois ; une douzaine, en fait. Il prit quatre autres billets, les plia soigneusement dans la paume de sa main, se dirigea vers la porte et frappa contre le judas. Le visage d'un sous-officier SS quadragénaire, l'allure grave, apparut derrière la lucarne. Il n'avait pas l'air du type à exécuter les corvées de bois ou à casser les reins d'un Polonais d'un coup de botte. Mais sait-on jamais, avec les tortionnaires ? Certains d'entre eux n'avaient-ils pas l'allure anodine d'un bon curé de campagne ?

– Serait-il possible de se faire apporter cinq bouteilles de vodka ? demanda Oskar.

– Cinq bouteilles, monsieur ? s'étonna le sous-officier.

Il avait pris le ton de celui qui s'adresse à un jeune homme manifestement peu habitué à commander des boissons. Il semblait également réfléchir à l'éventualité de devoir faire un rapport à ses supérieurs.

– Le général et moi-même aimerions avoir chacun une bouteille pour nous délier la langue, dit Oskar. Quant au reste, j'espère que vous et vos collègues l'accepterez avec mes compliments. Je suppose, ajouta Oskar, qu'un homme de votre rang est en mesure de pouvoir donner quelques coups de téléphone de routine pour le compte d'un prisonnier. Les numéros inscrits là... Oui, sur le billet. Ne vous donnez pas la peine de les appeler vous-même. Mais donnez-les à ma secrétaire, n'est-ce pas ? C'est la première sur la liste.

– Ce sont de gros bonnets, murmura le sous-officier.

– Vous êtes cinglé, dit Philip à Oskar. Ils vont vous fusiller pour tentative de corruption.

Oskar s'allongea, apparemment très à l'aise.

– C'est aussi stupide que d'embrasser une juive, dit Philip.

– On verra bien, répondit Oskar, moins tranquille qu'il n'apparaissait.

Le sous-officier réapparut enfin avec les deux bouteilles, une pile de chemises et de linge de corps, quelques livres et une bouteille de vin, le tout ficelé par Ingrid dans l'appartement de la Straszewskiego et déposé au portail de Montelupich. Philip et Oskar passèrent une bonne soirée, encore qu'un garde dût cogner de temps à autre sur la porte blindée pour faire cesser leurs chants. L'alcool semblait avoir ajouté une dimension supplémentaire à la cellule et un regain aux délires du Standartenführer. Schindler, malgré tout, ne pouvait s'empêcher de tendre l'oreille, à l'affût des gémissements qui pourraient provenir de l'étage supérieur ou des coups secs d'un message en morse frappés par le prisonnier de la cellule voisine. Une seule fois, la vraie nature de l'endroit parvint à dissiper les vapeurs d'alcool. Philip venait de découvrir près de son lit de camp, à demi cachés par la paillasse, quelques mots écrits à l'encre rouge. Son polonais laissait un peu à désirer. Aussi lui fallut-il un petit moment pour déchiffrer le message.

– « Mon Dieu, traduisit-il, pourquoi m'ont-ils autant frappé ? » Nous vivons une époque merveilleuse, n'est-ce pas, mon ami Oskar ?

Au petit matin, Schindler s'éveilla la tête claire. La gueule de bois, ce n'était pas son genre, et il se demandait toujours pourquoi certaines personnes en faisaient un tel cirque. Philip, en revanche, était blanc. Il se sentait déprimé. On vint le chercher au cours de la matinée et il ne reparut que pour reprendre ses affaires. Il devait passer en cour martiale cet après-midi même, mais comme il avait reçu une nouvelle affectation dans le camp d'entraînement du Stutthof, il pensait qu'on n'allait pas le fusiller pour désertion. Il ramassa sa capote et quitta la cellule, la tête farcie de ce qu'il allait bien pouvoir dire pour expliquer son escapade polonaise. Oskar, resté seul, passa sa journée avec un livre de Karl May qu'Ingrid lui avait envoyé. Lecture entrecoupée dans l'après-midi par la visite de son avocat, un Sudetendeutscher qui avait ouvert un cabinet à Cracovie deux ans auparavant. La conversation lui remonta le moral. La cause de sa détention était bien celle qu'on lui avait signifiée. Mais ils allaient prendre le prétexte de ses effusions interraciales pour le garder en prison le temps de mener une enquête sur ses affaires.

– Ça finira probablement au tribunal SS, lui dit l'avocat. Et ils vous demanderont pourquoi vous n'êtes pas dans l'armée.

– La raison est évidente, dit Oskar. Je produis dans un secteur industriel essentiel à l'effort de guerre. Le général Schindler pourra vous le dire.

Oskar était un lecteur appliqué. Le livre de Karl May – la complicité qui se développait peu à peu entre le chasseur et le vieil Indien sage sur fond de Far West – le réconfortait. Il avait tout son temps pour lire. Il lui faudrait peut-être attendre une semaine avant d'être traduit devant un tribunal. L'avocat pensait que le président du tribunal prononcerait un réquisitoire sur la conduite indécente d'un représentant de la race germanique et qu'il serait condamné à une forte amende. Qu'il en soit ainsi. Il ferait preuve d'un peu plus de discernement à l'avenir.

Le matin du cinquième jour, alors qu'il venait tout juste de terminer le demi-litre d'ersatz de café servi pour le petit déjeuner, un sous-officier accompagné de deux gardes vint le chercher. On le conduisit à l'étage au-dessus, dans un des bureaux de l'entrée. Il y trouva un homme qu'il avait déjà rencontré au cours de différents cocktails, Rolf Czurda, Obersturmbannführer, chef des SD de Cracovie. Czurda, costume strict, avait l'air d'un homme d'affaires.

– Oskar, Oskar ! dit-il avec la mine consternée du vieil ami à qui on vient de jouer un mauvais tour. Nous vous fournissons ces filles juives pour cinq marks par jour. C'est *nous* que vous devriez embrasser, pas elles.

Oskar expliqua que c'était son anniversaire. Qu'il se sentait en pleine euphorie. Qu'il avait bu.

Czurda hocha la tête :

– J'ignorais que vous fussiez un si gros bonnet, Oskar. On a même reçu des coups de téléphone de Breslau de vos amis de l'Abwehr. Il serait évidemment ridicule d'interférer dans votre travail simplement parce que vous avez peloté quelques juives.

– Vous êtes un homme qui comprend les choses, Herr Obersturmbannführer, dit Oskar en saisissant toutefois qu'il lui faudrait renvoyer la balle. S'il m'est donné un jour de pouvoir vous remercier...

– Vous tombez bien, répondit Czurda. J'ai justement une vieille tante dont l'appartement vient d'être détruit au cours d'un bombardement...

Sacrées vieilles tantes ! Schindler émit un murmure de compassion. Un représentant de Czurda serait toujours le bienvenu rue Lipowa. Il pourrait choisir un assortiment des produits qu'il fabriquait.

Oskar se dit toutefois qu'il serait peut-être maladroit de laisser Czurda penser qu'il lui accordait une faveur de droit divin et de le voir s'en tirer à si bon compte avec ses ustensiles de cuisine. Aussi, quand l'autre lui annonça qu'il pouvait partir, Oskar protesta :

– Je ne peux guère demander qu'on m'envoie ma voiture, Herr Obersturmbannführer. Après tout, on ne me donne de l'essence que parcimonieusement.

Czurda demanda si Herr Schindler espérait que les SD allaient le ramener chez lui.

Oskar haussa les épaules. Il habitait, dit-il, de l'autre côté de la ville. Une fameuse marche à pied.

Czurda éclata de rire.

– Oskar, je vais demander à un de mes chauffeurs de vous raccompagner.

Quand la voiture fut amenée, moteur ronflant, au bas de l'escalier principal, et que Schindler, jetant un dernier regard sur les fenêtres muettes de la prison, s'attarda à les contempler, comme s'il allait recevoir un signal de cet autre monde, ce monde de la torture, de l'emprisonnement à vie – l'enfer pour tous ceux qui ne pouvaient pas échanger leur liberté contre des casseroles –, Rolf Czurda lui saisit le coude :

– Plaisanterie mise à part, mon cher ami, vous seriez idiot de vous prendre de passion pour une paire de gambettes juives. Elles n'ont aucun avenir, Oskar. Et, croyez-moi, ce ne sont pas les propos d'un vieux bouffeur de juifs. Je vous assure. On sait désormais où l'on va.

13

Cet été-là, les habitants du ghetto s'accrochèrent à l'idée qu'ils avaient trouvé un havre, exigu peut-être, mais durable. Il est vrai que l'été 1941 avait accrédité cette notion. Le ghetto avait son bureau de poste et même ses timbres. Si le journal édité dans le ghetto ne publiait guère que les édits promulgués au château de Wawel ou au siège de la Gestapo, au moins existait-il. On avait ouvert un restaurant rue Lwowska, où les frères Rosner, revenus sains et saufs de la campagne, jouaient du violon et de l'accordéon. On avait même pensé un moment que des écoles allaient ouvrir, des orchestres se constituer, que les traditions juives allaient continuer à se transmettre sur les places publiques, dans les échoppes d'artisans ou dans les lieux de rencontre des vieux intellectuels. Les bureaucrates SS de la rue Pomorska n'avaient pas encore décidé que ce genre de ghetto n'était pas seulement une vue de l'esprit, mais une insulte au sens de l'Histoire.

Aussi, quand l'Untersturmführer Brandt administra une sévère correction à coups de cravache à Arthur Rosenzweig, président du Judenrat, c'était moins pour le punir d'un acte délictueux que pour le corriger de son optimisme incurable qui lui faisait envisager le ghetto comme un endroit où l'on pouvait s'installer d'une façon permanente. Il fallait désormais qu'on le sache : le ghetto, ce n'était guère plus qu'une gare de triage ceinte de murs. Tout ce qui aurait pu encourager une vision différente des choses avait été aboli en 1942.

La différence avec les ghettos que les vieilles gens se remémoraient avec un brin d'affection était maintenant tangible. Les musiciens professionnels *n*'avaient *plus* leur place en cet endroit. D'ailleurs, il n'y avait plus de professions. Henry Rosner avait dû trouver un travail au mess de la Luftwaffe, sur la base aérienne. Le chef des popotes, un garçon rigolard, prénommé Richard, qui avait trouvé dans la supervision des préparations culinaires et dans la confection des cocktails un refuge contre les maux du siècle, s'était pris d'amitié pour lui. Il s'entendait si bien avec Henry Rosner qu'il le chargeait d'aller chercher la paye des cuistots de l'autre côté de la ville – impossiblé de faire confiance à un Allemand, disait Richard. Le dernier avait filé en Hongrie avec le magot de la paye.

Richard, comme tout barman qui se respecte, savait prêter l'oreille et s'attirer les confidences de ses clients. Le 1er juin, il se rendit au ghetto accompagné de sa petite amie, une Volksdeutsche portant une cape très romantique censée sans doute la protéger des imprévibles orages de juin. Le travail de Richard lui avait donné l'occasion de se lier d'amitié avec des policiers, dont le Wachtmeister Oswald Bosko qui lui avait accordé la permission de pénétrer dans le ghetto bien que ce lui fût officiellement interdit. Une fois à l'intérieur, il n'eut guère de mal à trouver l'adresse de Henry Rosner qui fut tout surpris de le voir. Il l'avait quitté quelques heures auparavant, et voici qu'il le retrouvait ici, avec son amie, tous deux habillés de pied en cap. Henry ne put s'empêcher de penser que l'époque était vraiment bizarre.

Au cours des deux derniers jours, les habitants du ghetto avaient dû faire la queue rue Jozefinska, devant l'immeuble qui avait abrité la Banque polonaise des dépôts, pour y obtenir leurs cartes d'identité. Si vous aviez un peu de chance, les fonctionnaires allemands apposaient un macaron bleu près de votre photo en sépia sur la *Kennkarte* jaune barrée d'un gros « J ». Ceux qui avaient le *Blauschein* brandissaient leur carte à la sortie comme si ce macaron leur donnait le droit de respirer à nouveau. Les employés du mess de la Luftwaffe, du garage de la Wehrmacht, de l'entreprise Madritsch, de la DEF d'Oskar Schindler ou de l'usine du Progrès l'avaient obtenu sans difficulté. Pour les autres, la question se posait : étaient-ils encore citoyens de quelque chose, fût-ce du ghetto ?

Richard émit l'idée que le jeune Olek Rosner devrait venir s'installer dans l'appartement de son amie. Manifestement, il était au courant de certaines rumeurs qui avaient circulé dans le mess.

– Il ne peut quand même pas quitter le ghetto comme ça, simplement en franchissant le portail, s'inquiétait Henry.

– Aucun problème, c'est réglé avec Bosko, dit Richard.

Henry et Manci ne savaient trop que faire. Ils s'interrogeaient du regard pendant que l'amie de Richard leur promettait qu'Olek allait se refaire une bonne mine avec toutes les tasses de chocolat qu'elle lui donnerait.

– Une *Aktion* ? demanda Henry dans un murmure. Est-ce qu'ils sont en train de préparer une *Aktion* ?

Richard répondit par une question :

– Vous avez votre *Blauschein* ?

– Bien sûr.

– Et Manci ?

Oui, elle l'avait aussi. « Mais pas Olek », souligna Richard. Entre chien et loup, Olek Rosner, le fils unique, âge six ans, franchit la porte du ghetto sous la cape de la petite amie du chef des popotes de la Luftwaffe. Un policier aurait-il eu l'idée de soulever la cape que Richard et son amie se seraient probablement retrouvés devant un peloton d'exécution. Olek disparaîtrait lui aussi. Les Rosner, désormais seuls dans leur chambre, espéraient qu'ils avaient bien fait.

Poldek Pfefferberg, employé de courses d'Oskar Schindler, avait été commis quelques mois auparavant pour donner des cours privés aux enfants de Symche Spira, le marchand de glaces promu chef de l'OD. L'ordre avait été comminatoire et volontairement méprisant, comme si Spira avait voulu signifier que, l'autre étant incapable de faire un *vrai* travail d'homme, il pourrait au moins transmettre à ses enfants certains des bénéfices qu'il avait tirés de son éducation.

Pfefferberg amusait Oskar avec ses récits des leçons qu'il donnait chez Symche. Le chef de la police était un des rares juifs à disposer d'un étage à lui tout seul. Là, dans une salle décorée de portraits de rabbins, Symche faisait les cent pas, suivant attentivement la leçon de Pfefferberg, avec sans doute le fol espoir que la connaissance allait jaillir des oreilles de ses rejetons comme des pétunias d'une serre. Il se prenait pour un grand homme et pensait en adopter les attitudes en tenant à tout moment sa main droite repliée sous sa veste, façon Napoléon.

L'épouse de Symche, une femme effacée mise un peu à l'écart par ses anciens amis, n'était pas encore revenue des nouveaux pouvoirs de son mari. Les enfants, un garçon de douze ans et une fille de quatorze ans, faisaient de leur mieux mais ne semblaient pas devoir faire carrière dans les choses de l'esprit.

Quoi qu'il en soit, quand Pfefferberg se rendit à la Banque polonaise de dépôts, il comptait bien obtenir son *Blauschein* sans difficulté. Il était certain que son emploi de tuteur chez les Spira serait considéré comme une tâche essentielle. De plus, sa carte d'identité indiquait qu'il était professeur de lycée, ce qui, dans un monde raisonnable, même quelque peu chamboulé, devait constituer une casquette honorable.

Les préposés refusèrent de lui donner le macaron. Il tenta de discuter avec eux et finit par se demander s'il ne devrait pas faire appel à Oskar ou à Henri Szepessi, le fonctionnaire autrichien en charge du bureau allemand de l'emploi, situé un peu plus loin dans la même rue. Oskar lui avait demandé plusieurs fois au cours des douze derniers mois de venir travailler à Emalia, mais Pfefferberg avait jugé qu'un travail à plein temps l'empêcherait d'exercer ses petites activités marginales.

Au moment où il sortait de la banque, Pfefferberg aperçut les cordons de polices allemande et polonaise qui vérifiaient les nouvelles cartes d'identité. Tous ceux qui n'avaient pas obtenu le *Blauschein* avaient été rassemblés au milieu de la rue Jozefinska où ils formaient un misérable groupe de paumés s'attendant au pire. Pfefferberg, avec l'air de l'officier polonais qu'il avait été, tenta d'expliquer qu'il disposait de plusieurs cordes à son arc. Le Schupo auquel il s'adressait ne voulait rien entendre :

– Pas de salades avec moi. Tu n'as pas le *Blauschein*, tu rejoins les autres. Compris, juif ?

Pfefferberg rejoignit les autres. Sa femme Mila, la frêle et charmante jeune fille qu'il avait épousée un an et demi plus tôt, travaillait chez Madritsch. Elle avait obtenu son *Blauschein*. Ainsi allaient les choses.

Quand il y eut un peu plus de cent personnes dans le groupe, on les mit en colonne et « en avant, marche ! » dans la rue adjacente et le long de l'hôpital jusque dans la cour de la vieille fabrique de confiseries

Optima. Plusieurs centaines d'autres gens y étaient déjà rassemblés. Les premiers arrivés s'étaient approprié les coins à l'ombre à l'endroit où se dressait autrefois l'écurie et où on harnachait les chevaux entre les timons de charrettes remplies de liqueurs et de chocolats. Ces gens, la plupart ayant exercé une profession libérale, pharmaciens, dentistes ou banquiers comme les Holzer, faisaient le moins de bruit possible. Ils se tenaient en petits groupes où l'on chuchotait plus qu'on ne parlait. Bachner, le jeune pharmacien, s'entretenait avec les Wohl, un couple de vieilles personnes. Il y avait d'ailleurs beaucoup de vieillards dans cette foule. Les vieux et les pauvres qui vivaient des rations accordées par le Judenrat. Or, cet été, le Judenrat lui-même, pourvoyeur de nourriture et de logements, ne s'était pas montré aussi équitable que l'été précédent.

Des infirmières de l'hôpital du ghetto circulaient entre les groupes avec des seaux d'eau, un remède censé soulager à la fois l'hébétude et la tension. De toute façon, c'était, en dehors du cyanure obtenu au marché noir, à peu près le seul remède disponible à l'hôpital. Les gens buvaient en silence.

Tout au long de la journée, des hommes des trois polices – sécurité allemande, police polonaise en bleu, services politiques de l'OD – se relayèrent avec des listes de gens qu'on formait en colonnes et que les gardes SS conduisaient à la gare de Prokocim. Certaines personnes avaient été s'installer dans les coins les plus reculés, espérant peut-être ainsi échapper à l'appel. Ce n'était pas le style de Pfefferberg qui, lui, se tenait près du portail d'entrée dans l'espoir de voir un officiel quelconque qu'il pourrait interpeller. Peut-être Spira allait-il se montrer dans un de ses costumes criards et accepterait-il d'intercéder en sa faveur après avoir lâché quelque grosse plaisanterie. Il y avait devant la guérite d'entrée un jeune OD à la mine triste qui était en train de vérifier une liste. Pfefferberg se rappela qu'il avait non seulement fait un court séjour en même temps que lui chez les OD, mais qu'il avait eu sa sœur pour élève la première année où il avait enseigné au lycée Kosciuszko de Podgorze.

Le garçon jeta un œil sur lui.

– Panie Pfefferberg, murmura-t-il avec émotion en se remémorant le passé.

Il se demanda ce que Panie Pfefferberg pouvait bien faire là, comme si l'endroit était rempli de dangereux criminels.

– C'est absurde, dit Pfefferberg, mais je n'ai pas encore obtenu mon *Blauschein.*

Le garçon hocha la tête et lui demanda de le suivre. Il l'emmena près d'un Schupo galonné qui se tenait près du portail et à qui il adressa un salut impeccable. Avec sa casquette d'OD plantée de travers et son cou de poulet, le jeune homme n'avait pas du tout le physique du héros. Pfefferberg supposa qu'il l'avait pris pour un personnage plus important qu'il n'était en réalité.

– C'est Herr Pfefferberg, du Judenrat, dit-il en mentant d'une façon à la fois respectueuse et autoritaire. Il rendait visite à des parents.

Le Schupo commençait à en avoir plus que par-dessus la tête de toutes les vérifications en cours. Il fit signe négligemment à Pfefferberg de sortir. Celui-ci n'eut même pas le temps de dire au revoir au jeune homme, ni de s'approfondir sur la mystérieuse conduite d'un gringalet qui risquait la mort en mentant délibérément simplement parce que vous aviez enseigné à sa sœur, *rosa, rosa, rosam...*

Pfefferberg se précipita au bureau de l'emploi et alla en tête de la file d'attente. Les Fräuleins Skoda et Knosalla, deux braves Allemandes des Sudètes, se tenaient derrière les guichets.

– *Liebchen, Liebchen,* dit-il en direction de Skoda,

ils veulent m'embarquer parce que je n'ai pas le macaron. Mais regardez-moi, je suis un costaud !

C'est vrai qu'il était fort comme un taureau, qu'il avait joué dans l'équipe de hockey polonaise et qu'il appartenait à l'équipe de ski.

– Est-ce que je ne suis pas exactement le genre de type que vous aimeriez avoir par ici ?

Bien qu'elle fût sur les dents avec cette foule qui avait défilé toute la journée, Skoda ne put s'empêcher de sourire. Elle prit sa *Kennkarte*.

– Je ne peux rien faire, Herr Pfefferberg, dit-elle. S'ils ne vous l'ont pas donné, moi, je ne peux pas. C'est malheureux.

– Mais vous *pouvez* me le donner, *Liebchen* ! insista-t-il en prenant une voix mélodramatique. J'ai un métier, *Liebchen*, j'en ai même plusieurs.

Skoda répondit que la seule personne qui pouvait faire quelque chose, c'était Herr Szepessi. Mais il était impossible que Pfefferberg le voie maintenant. Il faudrait des jours.

– Mais *vous* m'obtiendrez un rendez-vous, *Liebchen* ! insista Pfefferberg.

De fait, elle lui en obtint un. Sa réputation de brave fille lui était venue ainsi. Elle savait, quand il fallait, faire abstraction de la routine et pouvait, même en plein milieu d'un jour surchargé, faire preuve d'humanité. Peut-être, il est vrai, qu'un vieil homme plein de verrues ne s'en serait pas tiré à si bon compte.

Herr Szepessi, bien qu'au service d'une monstrueuse machine, avait gardé des sentiments humains. Il jeta un œil rapide sur les papiers de Pfefferberg.

– Mais nous n'avons pas besoin de professeurs de gymnastique, murmura-t-il.

Pfefferberg avait toujours refusé les offres d'emploi d'Oskar parce qu'il préférait jouer les francs-tireurs. Il n'avait pas du tout envie d'aligner les heures de travail pour un salaire dérisoire dans cet endroit sinistre qu'était Zablocie. Il s'apercevait maintenant que le temps des francs-tireurs était révolu. Pour se cramponner à la vie, il fallait avoir un métier.

– Mais je suis polisseur sur métal, dit-il à Szepessi.

Il avait, c'est vrai, travaillé quelque temps avec un de ses oncles de Podgorze qui avait une petite usine de tôlerie à Rekawka.

Herr Szepessi examina Pfefferberg derrière ses lunettes.

– Ça, dit-il, c'est un métier !

Il prit son stylo, barra soigneusement ce « PROFESSEUR DE GYMNASTIQUE » dont Pfefferberg était si fier et écrivit au-dessus « POLISSEUR SUR MÉTAL ». Il alla chercher un ca chet et un pot de colle et prit dans son bureau le fameux macaron bleu.

– Maintenant, dit-il en rendant sa carte à Pfefferberg, vous pourrez dire aux Schupos que vous êtes un membre utile de la société.

Un peu plus tard cette année-là, Szepessi, coupable de trop grande complaisance, se retrouverait à Auschwitz.

14

Oskar Schindler avait entendu les rumeurs de plusieurs sources. Aussi bien de Toffel, le policier, que de Bosch, l'ivrogne de l'Ostfaser, la fabrique SS de textile : les « procédures » – comme ils disaient – se multipliaient dans le ghetto. Les SS avaient fait venir à Cracovie des unités d'élite – les « Sonderkommandos » –, en provenance de Lublin où elles s'étaient déjà particulièrement illustrées en matière de purification raciale. Toffel avait suggéré à Oskar que s'il voulait maintenir sa production, il aurait intérêt à mettre des lits de camp pour son équipe de nuit jusqu'au premier jour du sabbat de juin.

Oskar transforma donc en dortoirs quelques bureaux et un coin de l'étage réservé aux munitions. Certains membres de l'équipe de nuit étaient très contents de ne pas avoir à rentrer au ghetto, tandis que d'autres se désolaient de ne pas pouvoir aller embrasser leur femme et leurs enfants. Qui plus est, ils avaient leur *Blauschein*, le macaron sacré, sur leur *Kennkarte*.

Le 3 juin, Abraham Bankier, le directeur du personnel d'Oskar, ne se présenta pas rue Lipowa. Schindler était encore chez lui, sirotant son café dans l'appartement de la Straszewskiego, quand une secrétaire l'appela au téléphone. Elle avait vu Bankier et quelques autres travailleurs d'Emalia sortir du ghetto sous bonne garde. On les avait emmenés à la gare de Prokocim. Leser, Reich et une bonne douzaine d'autres faisaient partie du groupe.

Oskar demanda immédiatement sa voiture. Il traversa le fleuve en direction de Prokocim et présenta son laissez-passer aux gardes postés à l'entrée de la gare. Les voies étaient encombrées de wagons à bestiaux. Dans la gare elle-même, une foule de gens du ghetto jugés « non indispensables » étaient alignés sagement en colonne. Ils étaient convaincus – et peut-être n'avaient-ils pas tort – que la passivité était la seule réponse valable à ce genre d'exaction. Oskar n'avait encore jamais eu l'occasion de voir un tel spectacle, même s'il en avait entendu parler. Péniblement impressionné, il s'arrêta quelques instants le long d'un quai où il aperçut un bijoutier de ses connaissances.

– Vous avez vu Bankier ? demanda-t-il.

– Il est déjà dans un des wagons, Herr Schindler, répondit l'homme.

– Où vous emmènent-ils ?

– Dans un camp de travail, nous ont-ils dit. Près de Lublin. Probablement pas pire que...

De la main, il fit un geste en direction de Cracovie, au loin.

Schindler prit un paquet de cigarettes dans sa poche, quelques billets de dix zlotys et tendit le tout au bijoutier qui le remercia. Cette fois-ci, on ne leur avait même pas permis d'emporter une valise. On leur avait dit que les bagages suivraient.

A la fin de l'année précédente, Schindler avait vu dans le bulletin SS du budget et de la construction un appel d'offres pour la construction d'un crématoire dans un camp situé au sud-est de Lublin, Belzec. Schindler examina le bijoutier. Soixante-trois ou quatre ans. Un peu maigrichon. Il avait dû attraper une pneumonie l'hiver précédent. Il portait un costume à rayures, trop chaud pour la saison. On lisait dans son regard une infinie résignation à la souffrance. Mais même au début de cet été 1942, il était impossible d'établir une relation entre un homme comme celui-là et ces fours gigantesques dont on entendrait parler. Qu'est-ce qu'ils manigançaient ? Est-ce qu'ils allaient provoquer une épidémie parmi les prisonniers ?

Schindler, après être remonté jusqu'à la locomotive, fit le chemin en sens inverse, le long des quelque vingt wagons, lançant le nom de Bankier aux visages qui se pressaient contre les grillages. Pourquoi particulièrement Bankier ? Pourquoi celui-là et pas tous les autres qui le valaient bien et dont le destin s'arrêterait au bout de cette voie ferrée ? Un philosophe aurait peut-être mesuré la futilité de cette démarche. Il se serait empêtré sur l'égalité des chances que méritaient tous ces gens. Mais Schindler était un philosophe innocent. Il connaissait les gens qu'il connaissait. Il connaissait Bankier. Et il criait de plus en plus fort : « Bankier ! Bankier ! »

Un jeune Oberscharführer SS, expert en ce genre de convois, qui était venu spécialement de Lublin, lui fit signe d'arrêter et de présenter son laissez-passer. Le SS tenait dans sa main une liasse de feuillets portant des listes de noms.

– Mes travailleurs, dit Schindler. Essentiels pour l'industrie. Mon directeur du personnel. C'est complètement idiot. Je dois remplir des contrats pour l'Inspection des armements, et vous embarquez les travailleurs absolument indispensables.

– Impossible de vous les rendre, dit le jeune sous-officier. Ils sont sur la liste.

Le SS savait d'expérience que tous les gens sur la liste devaient arriver à la même destination.

Oskar baissa le ton pour prendre cette voix rauque

de l'homme raisonnable, bien en place, qui n'a pas encore dévoilé toutes ses batteries.

– Herr Oberscharführer sait-il combien de temps il me faudra pour remplacer tous ces ouvriers qualifiés ? Sait-il que dans mon usine, la Deutsche Emailwaren Fabrik, j'ai un atelier consacré à la fabrication d'obus, un atelier qui intéresse particulièrement le général Schindler, mon homonyme ? Herr Oberscharführer sait-il qu'un ralentissement de la production pourrait avoir des conséquences fâcheuses pour ses camarades sur le front russe, et que l'Inspection des armements pourrait bien demander quelques explications ?

Le jeune homme hocha la tête. Il avait des ordres.

– J'ai déjà entendu cette histoire quelque part, monsieur.

On sentait cependant qu'il était inquiet. Oskar lui adressa la parole d'une voix mesurée, mais sur un ton qui ne prêtait pas à équivoque :

– Ce n'est pas à moi de discuter la liste. Où est l'officier responsable ?

Le jeune homme indiqua un peu plus loin un SS qui fronçait les sourcils au-dessus de ses lunettes.

– Puis-je prendre votre nom, Herr Untersturmführer ? demanda Oskar tout en tirant un carnet de sa poche.

L'officier SS fit une déclaration sur le bien-fondé de la liste. Schindler devint alors plus tranchant. Oui, il avait entendu parler de cette liste. Ce qu'il demandait, c'était le nom de l'Untersturmführer. Il avait l'intention d'en appeler directement à l'Oberführer Scherner ou au général Schindler de l'Inspection des armements.

– Schindler ? demanda l'officier.

Pour la première fois, il examina attentivement Oskar. L'homme était d'une rare élégance. Il portait des insignes qui attiraient le respect. Il avait des généraux dans sa famille.

– Je crois pouvoir vous garantir, Herr Untersturmführer, dit Schindler de sa voix rauque, que vous serez sur le front russe avant la fin de la semaine.

Précédés par le sous-officier, Herr Schindler et l'officier SS avancèrent côte à côte entre les rangées de prisonniers et les wagons. La locomotive lançait déjà des jets de vapeur. Le conducteur, penché à l'extérieur pour bien mesurer la longueur du train, n'attendait plus que le signal du départ. Croisant un des adjoints du chef de gare, le SS lui demanda de retarder le convoi. Ils finirent par arriver à hauteur d'un des derniers wagons. C'est là qu'ils trouvèrent Bankier avec les autres employés d'Oskar. Ils s'étaient rassemblés dans le même wagon comme si leur seule chance de s'en sortir consistait à rester groupés. On les fit sauter sur le quai, Bankier et Frankel des bureaux, Reich, Leser et les autres des ateliers. Il n'y eut pas d'effusions, personne n'osant exprimer devant les autres la joie d'en être sorti. Ceux qui étaient restés à l'intérieur du wagon se mirent à bavarder joyeusement, tout contents d'avoir retrouvé un peu d'espace. D'un grand trait de crayon, l'officier raya de la liste tous les travailleurs d'Emalia et demanda à Oskar de parapher les pages raturées.

– Vous comprenez, monsieur, pour nous, ça ne fait aucune différence. Peu importe que ce soit cette douzaine-là ou une autre.

L'officier qui avait eu un mouvement d'humeur quand Oskar l'avait interpellé semblait désormais impavide, comme s'il avait découvert le théorème clé de la situation. Vous pensez que vos treize petits métallos sont importants ? Soit. Nous les remplacerons par treize autres petits métallos. Et toute votre sentimentalité ridicule n'aura servi à rien.

– Le seul problème, c'est qu'il faut modifier la liste, dit-il en guise d'explication.

Bankier dut admettre qu'ils avaient tous omis d'aller retirer leurs *Blauscheins* à la Banque polonaise. Schindler déclara d'un ton sec qu'il faudrait se mettre en règle. Il se sentait tout à coup irrité. Il ne pouvait s'empêcher de penser que tous ces gens alignés sur le quai de la gare, faute d'avoir obtenu leurs macarons bleus, n'étaient guère plus que du bétail qu'on allait emmener Dieu sait où. Les wagons à bestiaux devenaient le symbole de leur nouvelle condition.

15

Oskar pouvait lire sur le visage de ses employés les souffrances qui étaient désormais le lot commun des habitants du ghetto. Plus personne, là-bas, n'avait le temps de souffler, de bâtir un petit coin à soi, de poursuivre une quelconque marotte ou de recréer des rites familiaux. Certains se barricadaient sur eux-mêmes et tiraient une certaine satisfaction à se méfier de tous – son voisin de chambre aussi bien que le type de l'OD en train de patrouiller dans la rue. Même les plus sains d'esprit ne savaient plus à qui se fier. *Ici, chacun façonne son propre monde de secrets et de mystères,* avait écrit un jeune poète, Josef Bau, à propos des habitants d'un immeuble du ghetto. Les enfants s'arrêtaient soudain de bavarder en entendant un pas dans l'escalier. Les adultes rêvaient d'exil et d'expulsion pour se retrouver au petit matin exilés et expulsés dans une pièce surpeuplée de Podgorze ; les moutures de leurs rêves, les peurs dans leurs rêves, ils les retrouvaient dans la vie de tous les jours. Les rumeurs les plus folles circulaient dans les rues, pénétraient sur les lieux de travail et de repos. Spira avait établi une autre liste deux à trois fois plus longue que la précédente... Tous les enfants seraient envoyés à Tarnow pour y être fusillés, au Strutthof pour y être noyés, à Breslau pour les lavages de cerveau, l'endoctrinement, les expériences médicales... Vous avez un parent âgé ? Ils raflent tous les gens de plus de cinquante ans pour les expédier dans les mines de sel de Wieliczka... Pour y travailler ? Non, pour les murer dans des galeries désaffectées.

Toutes ces rumeurs dont la plupart étaient parvenues aux oreilles d'Oskar procédaient sans doute de l'instinct de survie : on éloignait le mal en y faisant allusion, on forçait le destin en tentant d'imaginer le pire. Mais, en ce mois de juin, les cauchemars les plus sinistres prirent une forme concrète et les rumeurs les plus folles devinrent réalité.

Un petit parc vallonné surplombait le côté sud du ghetto, face à la rue Rekawka. L'endroit était paisible, propice à la réflexion. On y pouvait contempler le ghetto comme on aurait contemplé un tableau représentant le siège d'une ville médiévale. En se promenant de colline en colline, la carte des lieux se déroulait devant vous. Rien de ce qui se passait là-bas n'échappait à un observateur averti.

Schindler avait repéré le coin en faisant une promenade à cheval avec Ingrid au printemps. Ecœuré par le spectacle de Prokocim, il décida de se remettre à l'équitation. Le lendemain de son intervention en faveur de Bankier, il loua deux chevaux aux écuries du parc Bednarskiego. Longues vestes de cavalier, culottes impeccables, bottes rutilantes, Ingrid et lui avaient vraiment fière allure. Tristan et Iseut chevauchant les nuages au-dessus d'un tas d'immondices...

Ils firent un petit galop dans la prairie après avoir traversé un endroit boisé. Bientôt, ils purent contempler en enfilade toute la rue Wegierska. Ils voyaient une foule assemblée au coin de l'hôpital, et, plus proche d'eux encore, une bande de SS accompagnés de chiens pénétrant dans les immeubles. Des familles entières étaient jetées à la rue. Chacun, malgré la chaleur, s'agrippait à son manteau comme s'il devait quitter les lieux pour un bon moment. Ingrid et Oskar immobilisèrent leurs chevaux dans un coin ombragé pour contempler le spectacle. Des miliciens de l'OD, armés de matraques, accompagnaient les SS. Parmi ces policiers juifs, certains s'en donnaient à cœur joie : ils matraquaient trois femmes qui, sans doute, n'allaient pas assez vite. Oskar sentit monter une bouffée de colère. Ainsi les SS utilisaient des juifs pour taper sur les juifs. Il lui apparut plus tard que certains OD jouaient de la matraque pour éviter le pire pour eux-mêmes. Un nouveau règlement avait été mis en vigueur : si un OD ne parvenait pas à faire sortir une famille entière dans la rue, sa propre famille en subirait les conséquences.

Dans la rue Wegierska, les gens s'alignaient sur deux rangs. L'un restait stable, mais l'autre était régulièrement tronçonné au fur et à mesure qu'il s'allongeait. Le surplus était expédié en colonne vers la rue Jozefinska pour disparaître ensuite. Il n'était pas très difficile de deviner ce que tout ce rassemblement et ces divers mouvements signifiaient. Schindler et Ingrid, à l'abri des sapins, pouvaient contempler l'*Aktion* à quelques centaines de mètres de distance.

Au fur et à mesure que les familles étaient expulsées de leurs appartements, on les séparait en deux groupes sans aucune considération pour les attaches familiales. Les jeunes filles possédant les papiers adéquats étaient rassemblées dans le groupe qui ne bougeait pas. Elles appelaient leurs mères dans l'autre groupe. Un travailleur des équipes de nuit, encore tout abruti de sommeil, fut expédié dans un groupe. Sa femme et son enfant dans l'autre. Le jeune homme, au milieu de la rue, tentait de discuter avec un OD.

« J'en ai rien à foutre, du *Blauschein*. Je veux aller avec Eva et le gosse. »

Un SS armé intervint. L'aspect du soldat, jeune et musclé dans son uniforme d'été fraîchement repassé, paraissait incongru au milieu de cette masse indescriptible de Ghettomenschen. On pouvait voir de la colline les reflets du pistolet bien huilé qu'il tenait en main.

Le SS frappa le juif en vociférant. Schindler, bien qu'il fût hors de portée de la voix, était certain d'avoir entendu à la gare de Prokocim le discours que l'autre tenait : « Je n'en ai rien à foutre. Si vous voulez rejoindre votre putain de juive, eh bien, en avant ! » L'homme alla rejoindre l'autre groupe. Schindler le vit s'approcher de sa femme et l'embrasser, tandis qu'une autre femme profitait de cette petite scène conjugale pour s'esquiver à l'intérieur d'une maison sans être vue du Sonderkommando SS.

Oskar et Ingrid firent tourner leurs chevaux, traversèrent une allée de verdure et se trouvèrent bientôt sur un petit monticule calcaire surplombant la rue Krakusa. Il y avait moins d'agitation que dans la rue Wegierska. Une colonne de femmes et d'enfants, encadrée par deux gardes, l'un en avant, l'autre en arrière, se dirigeait vers la rue Piwna. Il y avait quelque chose d'anormal dans cette foule : beaucoup plus d'enfants que les quelques femmes qui s'y trouvaient n'auraient pu mettre au monde. A la queue, on pouvait voir un enfant portant une casquette et un manteau rouges en train de lambiner. Pour Schindler, ce tableau voulait dire quelque chose : à l'évidence l'enfant avait une passion pour le rouge.

Il en dit quelques mots à Ingrid. « Je suis sûre que c'est une petite fille, dit-elle. Les filles se prennent souvent de passion pour une couleur, surtout une couleur comme celle-là. »

Ils pouvaient voir le Waffen SS à l'arrière de la

colonne remettre l'enfant dans le droit chemin quand elle s'écartait. Il s'y prenait sans brutalité, comme aurait pu le faire un grand frère. Ses supérieurs lui avaient appris à ne manifester aucun sentiment vis-à-vis des populations civiles. Il faisait de son mieux. Pendant quelques secondes nos cavaliers s'en trouvèrent réconfortés. Le réconfort fut de courte durée. Derrière la colonne de femmes et d'enfants où le Petit Chaperon rouge avait apporté un élément d'humanité, des commandos SS accompagnés de chiens faisaient le ménage.

Ils fonçaient comme des brutes dans les appartements sordides. Oskar et Ingrid aperçurent une valise, jetée du deuxième étage, s'écraser sur un trottoir. Les hommes, les femmes et les enfants qui avaient trouvé refuge dans les greniers ou les placards, ceux qui avaient échappé à la première équipe de forcenés, se retrouvaient catapultés dans la rue, hurlant de terreur et courant comme des fous pour éviter les morsures des dobermans qui avaient reniflé l'odeur du sang. Tout semblait se précipiter et les cavaliers sur la colline avaient du mal à suivre. Ceux qui sortaient des immeubles étaient désormais tués sur-le-champ. On les voyait s'agiter comme des pantins sous l'impact des balles. Le sang ruisselait sur les trottoirs. Une mère accompagnée de son enfant, un gamin de huit ou dix ans, s'était réfugiée sur l'appui d'une fenêtre dans la rue Krakusa. Schindler sentit la peur lui monter au ventre, une peur panique qu'il éprouvait pour ces deux êtres inconnus et qui faillit le désarçonner. Il jeta un œil à Ingrid et vit ses mains crispées sur les rênes. Il l'entendait haleter : « Non, non, pas ça... »

Il remonta la rue Krakusa du regard pour voir l'enfant en rouge. Ainsi, ils massacraient à moins de cent mètres d'elle. Ils n'avaient même pas attendu que la colonne disparaisse dans la rue Jozefinska.

Schindler n'arrivait pas à comprendre comment ils pouvaient se conduire comme des sauvages devant tant de témoins. Etait-ce pour bien montrer leur détermination ? La petite fille en rouge s'était retournée pour voir ce qui se passait. C'est à ce moment qu'ils tuèrent la femme d'une balle dans la nuque. Le gamin s'était affalé contre l'immeuble en gémissant. Un SS posa sa botte sur sa tête, comme pour le faire tenir tranquille. On lui avait appris tout cela à l'entraînement. Il plaça tranquillement le fusil sur son cou. Et tira.

Oskar regardait à nouveau la petite fille en rouge. Elle s'était immobilisée pour contempler la scène, et se trouvait désormais à l'arrière de la colonne. Le garde SS la remit gentiment en marche. Herr Schindler ne comprit pas pourquoi ils ne l'avaient pas assassinée, elle aussi, puisque, à quelques mètres de là, la pitié n'était plus de ce monde.

Schindler finit par sauter de son cheval. Il tomba sur les genoux et s'agrippa au tronc d'un sapin. Il sentait qu'il lui fallait vaincre l'envie de vomir son excellent petit déjeuner. C'était sans doute un tour que lui jouait son estomac pour lui permettre de digérer toutes les horreurs dont il venait d'être témoin. Ces hommes, ces hommes qui avaient été portés par une mère à qui ils devaient écrire – quoi donc ? allez savoir –, ces hommes-là faisaient ça sans sourciller. Mais ce n'était pas le pire. Schindler savait qu'ils avaient bonne conscience. Le garde, au bout de la colonne, n'avait pas empêché la petite fille en rouge de contempler l'horreur. C'est donc que tout concordait. La vieille culture germanique, l'immense culture germanique ne représentait plus rien. Il suffisait à n'importe qui désormais de regarder autour de soi pour comprendre que derrière le discours des dirigeants, il n'y avait rien que l'horreur. Oskar avait été témoin dans la rue Krakusa des conséquences d'une politique voulue qui n'avait rien à voir avec les « bavures » du temps de guerre. Il savait désormais que les SS obéissaient à des ordres spécifiques. Comment expliquer autrement qu'un des leurs eût pu laisser une enfant voir ce dont ils étaient capables ?

Un peu plus tard, quand Oskar fut remis d'aplomb avec quelques verres de cognac, il se résigna à comprendre. S'ils laissaient des témoins, des témoins comme le Petit Chaperon rouge, c'est parce que ces témoins, eux aussi, étaient appelés à disparaître.

Au coin de la Plac Zgody (la place de la Paix) se dressait l'*Apotheke*, tenue par Tadeus Pankiewicz. C'était une pharmacie à l'ancienne, pleine de bocaux en porcelaine affichant des noms latins et de quelques centaines de tiroirs renfermant les médicaments susceptibles de soulager les souffrances des citoyens de Podgorze. M. Pankiewicz avait obtenu de l'administration la permission de vivre au-dessus de sa pharmacie, et ceci à la demande des médecins du ghetto. Il était le seul Polonais non juif admis à vivre à l'intérieur. C'était un homme tranquille et cultivé, qui venait tout juste de dépasser la quarantaine. On voyait défiler chez lui l'élite de l'intelligentsia : Abraham Neumann, le peintre impressionniste, Leon Steinberg, le philosophe, le Dr Rappaport qui faisait autorité en matière de médecine. Mais, surtout, sa boutique servait de relais entre l'Organisation de combat juive (OBZ) et les partisans de l'armée polonaise du peuple. Dolek Liebeskind, Shimon et Gusta Dranger, qui avaient pris la tête de l'OBZ de Cracovie, utilisaient Tadeus Pankiewicz comme boîte aux lettres. L'important était de ne pas le compromettre dans leur action qui était aux antipodes de la politique préconisée par le Judenrat.

Le petit square qui donnait sur la pharmacie Pankiewicz devint, en ce début de juin, une sorte de centre de tri. « C'était à peine croyable, devait dire Pankiewicz plus tard. On ramassait les gens devant la pharmacie. On leur disait d'abandonner leurs valises : "Ne craignez rien, on les fera suivre..." Ceux qui résistaient, ceux qui se faisaient prendre avec de faux papiers attestant leur origine aryenne étaient fusillés sur-le-champ. Mais ceux qui étaient épargnés semblaient étrangement indifférents aux coups de feu, aux cris, aux gémissements et aux corps qui s'amoncelaient sur les trottoirs. Une fois les camions arrivés, une fois les cadavres empilés à l'intérieur par les juifs de corvée, les survivants se remettaient à espérer. »

Pankiewicz pouvait entendre les salades que les sous-officiers SS déblatéraient toute la journée : « Je vous assure, madame, on envoie les juifs dans un camp de travail. On a besoin de vous là-bas. » Le visage de ces femmes trahissait la folle espérance de croire en quelque chose. Les SS, leurs fusils encore chauds des meurtres qu'ils venaient de commettre, donnaient des instructions sur la façon d'étiqueter les bagages.

Au cours de sa promenade dans le parc Bednarskiego, Oskar Schindler n'avait pas pu voir ce qui se passait sur la Plac Zgody. Mais ni Schindler sur la colline ni Pankiewicz dans sa boutique n'avaient jamais été témoins d'une telle horreur méthodique. Comme Oskar, Pankiewicz sentait monter la nausée, ses oreilles bourdonnant comme s'il avait reçu un coup sur la tête. Dans toute cette confusion, il n'avait même pas remarqué les corps de ses deux amis — Gebirtig, compositeur de la célèbre chanson *Brûle, ma ville, brûle !* et Neumann, le peintre. Des médecins hors d'haleine, qui avaient fait au pas de course le trajet de l'hôpital à la pharmacie, demandaient maintenant des médicaments pour les blessés qu'ils avaient récupérés dans les rues. L'un d'entre eux réclama des émétiques pour tenter de faire vomir ceux qui avaient absorbé du cyanure. Un ingénieur, que Pankiewicz connaissait bien, avait pris une dose en cachette pendant que sa femme tournait le dos.

Le jeune Dr Idek Schindel, employé à l'hôpital du ghetto au coin de la rue Wegierska, vit arriver une femme à demi hystérique, hurlant qu'ils étaient en train d'embarquer les enfants. Elle les avait vus alignés en rang d'oignons dans la rue Krakusa. Genia était dans le lot. Schindel avait confié Genia le matin même à des voisins (c'était lui qui s'occupait d'elle dans le ghetto puisque ses parents, toujours à la campagne, n'étaient pas encore parvenus à revenir dans ce qu'ils croyaient être un havre plus sûr). Ce matin-là, Genia, toujours très petite bonne femme, avait quitté la gardienne pour retourner dans la maison où elle habitait avec son oncle. C'est là qu'elle avait été embarquée. Et c'est peu après qu'Oskar Schindler, du haut de sa colline, avait remarqué sa présence insolite en queue de la colonne.

Schindel retira précipitamment sa blouse et fila en direction du square où il l'aperçut tout de suite, assise dans l'herbe et paraissant sereine au milieu des gardes qui l'entouraient. Il n'était pas dupe. Il savait, après avoir dû se lever si souvent au milieu de la nuit pour tenter d'exorciser ses cauchemars, qu'elle devait être terrorisée.

Elle le vit. « Ne dis rien, voulait-il lui dire. Je vais me débrouiller. » Ne pas faire de vagues, tenter de passer inaperçu, c'est ce qu'il fallait faire pour éviter une tragédie qui pourrait coûter cher, à lui comme à l'enfant. La petite fille avait tout de suite compris. La voyant adopter une attitude tout indifférente, Schindel ne put s'empêcher d'admirer son étonnant sang-froid. Elle n'avait guère que trois ans et elle savait déjà qu'il ne fallait pas, à cet instant précis, attendre un quelconque réconfort de la présence d'un oncle. Elle savait qu'il ne fallait surtout pas attirer l'attention des SS sur l'oncle Idek.

Il était en train de réfléchir à ce qu'il allait pouvoir dire à l'Oberscharführer bedonnant qui se tenait près du mur où l'on venait de fusiller. Il pressentait qu'il valait mieux s'adresser à quelqu'un de haut rang et sans avoir l'air de trop quémander. Il lança à nouveau un regard sur l'enfant et crut apercevoir qu'elle lui lançait un clin d'œil. Et soudain, il la vit se faufiler entre deux gardes. Elle avançait avec d'infinies précautions à travers ce qui devait lui paraître une forêt de bottes rutilantes. L'oncle était tellement pétrifié par cette scène qu'il se la rappellerait toute sa vie. Personne, sur la place, ne semblait faire attention à elle. Elle continua à avancer de son pas à la fois cérémonieux et nonchalant jusqu'au coin de la boutique Pankiewicz, puis le long de la pharmacie, à l'abri des regards. Le Dr Schindel eut presque envie d'applaudir. Ce n'était pourtant pas le moment.

Il se dit qu'il valait mieux ne pas la suivre immédiatement pour ne pas attirer l'attention. Il pensait qu'après avoir réussi à s'échapper, l'enfant saurait trouver une cachette.

Genia retourna rue Krakusa dans la chambre qu'elle partageait avec son oncle. La rue semblait déserte à présent. Tous ceux qui s'y trouvaient encore n'avaient d'ailleurs pas intérêt à se faire voir. Elle pénétra dans la maison et se cacha sous le lit. En s'approchant, Idek aperçut un SS – procédant sans doute à d'ultimes vérifications – en train de frapper à la porte. Genia ne répondit pas. Elle ne répondit même pas quand ce fut l'oncle qui frappa. Mais il savait où la trouver : dans le renfoncement entre les rideaux et le rebord de la fenêtre. C'est là qu'il vit une chaussure rouge, à moitié cachée par les franges du dessus-de-lit. Elle donnait à cette chambre sordide un petit air de printemps.

Schindler, à ce moment-là, avait déjà rentré son cheval à l'écurie. Il n'avait pas été témoin de la victoire que Genia venait de remporter. Il avait déjà rejoint son bureau à la DEF où il s'était enfermé, incapable de travailler après les scènes auxquelles il venait d'assister. Beaucoup plus tard, le jovial Oskar, Oskar le flambeur, le play-boy, l'amant irrésistible, la coqueluche des maîtresses de maison de Cracovie, cet Oskar-là porterait un jugement sans équivoque : « Il aurait fallu être aveugle, ce jour-là, pour ne pas voir. C'est à partir de ce jour-là que j'ai décidé de tout mettre en œuvre pour qu'un tel régime s'effondre. »

16

Les SS continuèrent à ratisser le ghetto jusqu'au samedi soir. Ils accomplissaient leur tâche avec la même efficacité qu'Oskar avait pu observer au cours des exécutions de la rue Krakusa. Il était difficile de savoir à l'avance dans quel secteur ils allaient frapper, et certains habitants qui avaient pu s'échapper le vendredi étaient pris le samedi. Genia réussit à survivre à cette semaine de terreur grâce à cette faculté qu'elle avait de savoir se faire toute petite et se taire.

A Zablocie, Schindler n'osait pas croire que la petite enfant en rouge avait réussi à sortir de la nasse. Il avait appris de la bouche de Toffel et de quelques autres connaissances du quartier général de la police de la rue Pomorska que sept mille habitants du ghetto avaient été ramassés au cours de l'*Aktion*. Un fonctionnaire de la Gestapo attaché au bureau des affaires juives avait confirmé le chiffre en s'en félicitant. Parmi les sous-fifres de la rue Pomorska, cette *Aktion* était d'ailleurs considérée comme un immense triomphe.

Oskar avait commencé à tenter d'obtenir des précisions. Il savait par exemple que cette *Aktion* de juin avait été planifiée par un certain Wilhelm Kunde, mais qu'elle avait été menée sur le terrain par l'Obersturmführer SS Otto von Mallotke. Oskar ne constituait pas de dossiers, mais il se préparait néanmoins pour une époque où il pourrait rendre compte à Canaris et au monde. Ça arriverait plus tôt que prévu. Pour le moment, il cherchait à obtenir des précisions sur des événements passés qu'il avait pris pour des aberrations commises sous l'effet d'une folie passagère. Ses amis de la police lui fournissaient certaines informations, mais aussi des juifs lucides comme Stern. Des renseignements sur ce qui se passait dans le reste de la Pologne parvenaient au ghetto par l'intermédiaire des partisans de l'armée du peuple qui se servaient de la pharmacie Pankiewicz comme relais. Dolek Liebeskind, chef du groupe de résistance Akiva Halutz, glanait également des informations dans les autres ghettos grâce aux voyages qu'il effectuait en tant que représentant de l'Aide communautaire juive, une sorte de Croix-Rouge locale dont les Allemands toléraient encore l'existence.

Le conseil du Judenrat avait estimé qu'il serait inopportun de dire quoi que ce soit sur les camps aux habitants du ghetto. Ça ne servirait qu'à déprimer les gens un peu plus ; il y aurait des troubles dans la rue, et, bien évidemment, des représailles en retour. Mieux valait laisser les rumeurs circuler, laisser entendre qu'elles étaient grossièrement exagérées et continuer d'espérer. Cette attitude avait été celle de la plupart des conseillers juifs, même quand ils étaient sous la houlette de l'excellent Arthur Rosenzweig. Mais Rosenzweig n'était plus là. Un représentant de commerce, David Gutter, allait bientôt, grâce à son nom à consonance germanique, devenir le nouveau président du Judenrat. Les nouveaux conseillers, dont le tristement célèbre Symche Spira était devenu le bras séculier, trafiquaient désormais avec les rations alimentaires, soit à leur profit, soit en en reversant une partie aux SS. Le Judenrat n'avait donc aucun intérêt à informer les gens du ghetto sur ce qu'on leur mitonnait puisqu'ils étaient persuadés qu'eux, au moins, seraient à l'abri.

Le retour à Cracovie du jeune pharmacien Bachner – huit jours après qu'il eut été embarqué à la gare de Prokocim – permit aux habitants du ghetto, comme à Oskar, d'en savoir un peu plus. Il avait vu l'horreur absolue, racontait-il. Pendant sa brève absence, ses cheveux avaient blanchi et son regard était devenu celui d'un halluciné. Tous les gens de Cracovie qui avaient été raflés début juin avaient été expédiés au camp de Belzec, proche de la frontière russe. Une fois les trains arrivés en gare, des Ukrainiens armés de matraques avaient fait descendre tout le monde. Ils avaient été frappés tout de suite par une odeur pestilentielle que les SS avaient attribuée à l'usage d'un certain désinfectant. On avait aligné les gens devant deux entrepôts dont l'un portait une pancarte VESTIAIRE et l'autre OBJETS PRÉCIEUX. Les nouveaux arrivants devaient se déshabiller pendant qu'un enfant juif circulait parmi les groupes en distribuant des bouts de ficelle avec lesquels chacun devait attacher ses chaussures. Les lunettes et les bagues avaient été confisquées. Entièrement nus, les prisonniers étaient alors tondus par des coiffeurs d'occasion : leurs cheveux seraient utilisés – pour on ne sait trop quelle raison – par les équipages des sous-marins, avait dit un sous-officier SS. Mais ils repousseront, avait-il ajouté, laissant accréditer le mythe que ces gens pourraient encore servir à quelque chose. Les victimes étaient ensuite trimbalées vers des espèces de casemates portant l'inscription SALLES DE DOUCHES ET D'INHALATION sur lesquelles on avait apposé des étoiles de David en bronze. Les SS tentaient de les rassurer, indiquant que pour être entièrement désinfecté, il fallait respirer profondément. Bachner vit une petite fille laisser tomber son bracelet sur le sol. Un enfant d'environ trois ans le ramassa et se mit à jouer avec en se dirigeant vers une des casemates.

Ces casemates, c'étaient les chambres à gaz, racontait Bachner. Ils y sont tous passés. Après cela, des équipes circulaient à l'intérieur pour dégager les pyramides de corps et les emporter vers des fosses. En moins de deux jours, tout le monde était mort, sauf lui. En attendant son tour d'être gazé, il avait réussi à se planquer dans une des latrines et à se faufiler dans la fosse. Il était resté là pendant trois jours, avec de la merde jusqu'au cou et les essaims de mouches sur le visage. Il s'était tenu debout, dans le trou, pétrifié à l'idée de tomber dans le magma puant. Il avait réussi à s'échapper au cours de la troisième nuit et à filer le long de la voie ferrée. Tout le monde pensait qu'il avait réussi à s'en tirer parce qu'il était devenu à moitié fou. Une main secourable – une paysanne, peut-être – l'avait recueilli, nettoyé et lui avait donné des vêtements. C'est ainsi qu'il était revenu à son point de départ.

Certaines personnes n'arrivaient pas à y croire. Elles pensaient que Bachner était un peu fêlé. Des prisonniers d'Auschwitz n'avaient-ils pas envoyé des cartes postales à leurs parents ? Pourquoi Belzec aurait-il été différent d'Auschwitz ? Non, décidément, ces rumeurs n'étaient guère crédibles. Dans le climat émotionnel du ghetto, on s'accrochait à ce qu'on voulait croire.

Schindler apprit par ses informateurs que les chambres à gaz de Belzec avaient été construites au cours du printemps par des ingénieurs SS d'Oranienburg sous la supervision d'une firme d'ingénierie de Hambourg. Selon le témoignage de Bachner, on pouvait estimer leur capacité à trois mille mises à mort par jour. On était en train de construire également des fours crématoires par crainte de ne pouvoir disposer assez rapidement des cadavres selon les bonnes vieilles méthodes en vigueur. La firme qui avait construit les équipements de Belzec allait en installer d'autres à Sobibor, situé également dans le district de Lublin. Des appels d'offres avaient été lancés et acceptés pour Treblinka, près de Varsovie, où la construction était déjà en route. Les chambres à gaz et les fours crématoires étaient déjà en service dans le camp principal d'Auschwitz et à Auschwitz 2, l'immense camp annexe de Birkenau situé à quelques kilomètres. Les groupes de résistance affirmaient qu'on pouvait envoyer à la mort plus de dix mille personnes en une seule journée à Auschwitz 2. Le camp de Chelmno, dans la région de Lodz, avait lui aussi bénéficié des nouvelles technologies.

Cela fait désormais partie de l'Histoire. Mais découvrir cet univers en 1942, se l'entendre décrire par un beau jour de juin, quel choc ! Oui, il y avait de quoi traumatiser les têtes les mieux faites. Des millions de personnes à travers l'Europe, les habitants du ghetto de Cracovie, comme tant d'autres, comme Oskar lui-même, durent, à cette époque, rajuster leur vision du monde et se faire à l'idée que Belzec, et d'autres camps semblables, cachés au milieu des forêts polonaises, faisaient désormais partie de leur univers.

Ce fut au cours de cet été qu'Oskar obtint les titres de propriété des établissements Rekord au terme d'une mise en liquidation entérinée par le tribunal de commerce de Pologne. Après avoir été témoin de ce qui s'était passé rue Krakusa, Oskar était désormais persuadé que les armées allemandes – qui avaient pourtant franchi le Don et qui s'apprêtaient à envahir les régions pétrolifères du Caucase – ne pourraient pas gagner la guerre. Il pensait qu'il serait prudent, par conséquent, de légitimer au maximum ses droits acquis sur l'usine de la rue Lipowa. Il espérait encore, d'une façon un peu enfantine et contre le vent de l'Histoire, que la chute du nazisme ne remettrait pas en cause cette légitimité, et que dans l'ère nouvelle qui allait suivre il serait toujours le grand Oskar Schindler, l'enfant prodigue du vieux Hans de Zwittau.

Jereth, l'homme de la fabrique de caisses, lui avait demandé de construire une baraque – un refuge en fait – sur un bout de terrain vague adjacent à son usine. Oskar obtint les permis nécessaires sous prétexte qu'il avait besoin d'un local de repos pour ses équipes de nuit. Jereth avait lui-même fourni le bois pour la construction.

La baraque, minable et sans confort, fut terminée à l'automne. Le bois utilisé pour la construction était encore vert et chacun se demandait s'il n'allait pas rétrécir en séchant et former des interstices où la neige s'engouffrerait en hiver. Mais qu'importe ! La baraque allait bel et bien servir de refuge aux Jereth, aux ouvriers de la fabrique de caisses, à ceux de l'usine de radiateurs et aux équipes de nuit d'Oskar au cours d'une *Aktion* montée en octobre.

L'Oskar Schindler qui, au cours d'une *Aktion*, descend de son bureau confortable par un petit matin glacé pour dire deux mots aux SS, aux auxiliaires ukrainiens, à la police polonaise et aux supplétifs de l'OD ; l'Oskar Schindler qui n'hésite pas à accompagner ses équipes de nuit de Podgorze au ghetto ; l'Oskar Schindler qui s'empare du téléphone pour servir quelques salades à propos de son équipe de nuit qui doit rester impérativement sur place parce qu'il y a du retard dans les livraisons : cet Oskar Schindler-là s'est mis délibérément en marge de tout ce qui est véritablement nécessaire pour une saine gestion de son entreprise. Les hommes qui ont réussi à le faire sortir par deux fois de prison ne pourront pas renouveler indéfiniment leur geste, même si Oskar les arrose copieusement. Cette année-là, ils ont commencé à envoyer à Auschwitz des gens d'une certaine importance. S'ils meurent là-bas, leurs veuves reçoivent du commandant du camp un télégramme aussi sec qu'informatif : « VOTRE MARI EST MORT AU CAMP DE CONCENTRATION D'AUSCHWITZ. »

Bosko, plus mince qu'Oskar, originaire des Sudètes comme lui, avait l'allure d'une grande perche. Sa famille, traditionaliste, veillait à préserver les vieilles valeurs germaniques. Pendant un bref moment, après la prise de pouvoir de Hitler, il s'était laissé porter par le courant de pangermanisme qui déferlait sur l'Europe centrale, de la même manière que Beethoven s'était découvert la fibre européenne au début du règne de Napoléon. Etudiant en théologie à Vienne, il avait rejoint les SS, peut-être pour échapper au service militaire dans la Wehrmacht. Il regrettait maintenant – beaucoup plus qu'Oskar ne pouvait le deviner – cette erreur de jeunesse. Tout ce qu'Oskar savait de lui à l'époque, c'est qu'il était toujours prêt à mettre des bâtons dans les roues quand une *Aktion* se préparait. Il avait sous sa responsabilité directe le périmètre englobant le ghetto. Aussi était-il aux premières loges pour voir de son bureau installé à l'extérieur des murs tout ce qui se passait quand une *Aktion* était en cours. Comme Oskar, il en éprouvait la nausée. Et comme Oskar, il se considérait comme un témoin potentiel.

Oskar ignorait qu'au cours de l'*Aktion* d'octobre, Bosko était parvenu à faire sortir quelques dizaines d'enfants dissimulés dans des boîtes de carton. Oskar ignorait aussi que le Wachtmeister refilait à la Résistance des laissez-passer courants par paquets de dix. L'Organisation de combat juive était bien implantée à Cracovie. Ses membres se recrutaient surtout parmi les jeunes, notamment les adhérents d'Akiva, un club portant le nom d'une figure légendaire, le rabbin Akiva ben Joseph. L'OBZ avait pour chefs Dolek

Liebeskind et un couple dont les carnets deviendraient un grand classique de la Résistance, Shimon et Gusta Dranger. Les membres de l'organisation devaient pouvoir franchir sans problème les postes de garde à l'entrée du ghetto pour passer de l'argent frais, des faux papiers, des exemplaires du journal de la Résistance et pour recruter des volontaires. Ils étaient en contact avec l'armée polonaise du peuple, une organisation orientée à gauche, implantée dans les forêts autour de Cracovie, et dont les membres avaient un urgent besoin des documents fournis par Bosko. Les contacts qu'entretenait Bosko avec l'OBZ et l'armée du peuple auraient suffi à le faire pendre. Et pourtant, il se méprisait de s'être cantonné dans un rôle aussi mineur. Bosko, en fait, avait une vocation de rédempteur. Il ne tardera pas à l'exercer. Il en mourra.

La cousine de la petite Genia, Danka Dresner, avait quatorze ans. Ce n'était donc plus une enfant et elle n'aurait sans doute jamais eu les réflexes instinctifs qui avaient permis à sa jeune cousine de se faufiler à travers les cordons de police sur la Plac Zgody. Elle avait un emploi de femme de ménage à la base de la Luftwaffe. Mais, emploi ou pas, au cours de cet automne, toute femme âgée de moins de quinze ans et de plus de quarante était susceptible d'être embarquée dans un camp.

C'est la raison pour laquelle, le matin où les Sonderkommandos SS et les équipes des services de sécurité débarquèrent rue Lwowska, Mme Dresner et Danka se réfugièrent dans une maison voisine de la rue Dabrowski équipée d'un faux mur. La voisine était une femme d'une trentaine d'années, employée au mess de la Gestapo près de Wawel. Elle pouvait donc se croire relativement à l'abri. Mais elle avait des parents âgés qui, eux, avaient le profil des sujets à haut risque. Aussi avait-elle construit cette cachette de soixante centimètres de large qui lui avait coûté une petite fortune car les briques devaient être apportées dans le ghetto une par une, cachées au milieu d'un tas de marchandises autorisées, telles que du bois de chauffage, des chiffons ou encore des produits désinfectants. Dieu sait combien elle avait dépensé pour ce misérable réduit, cinq mille zlotys, dix mille peut-être ?

Elle en avait mentionné l'existence plusieurs fois à Mme Dresner. Si une *Aktion* se préparait, elle serait la bienvenue. Elle pourrait se cacher avec Danka. Aussi, le matin où Danka et Mme Dresner commencèrent à entendre le boucan en provenance de la rue Dabrowski, les aboiements des dobermans et des danois, les ordres des Oberscharführers amplifiés par les mégaphones, elles se précipitèrent chez la voisine.

Arrivées dans sa chambre, elles se rendirent compte tout de suite qu'elle avait une peur bleue :

– Ça a l'air pire que la dernière fois, dit-elle. Mes parents sont déjà dans le réduit. Je peux cacher votre fille, mais pas vous.

Danka regardait le fond de la pièce, le vieux papier mural tout taché. Elle paraissait fascinée : ainsi, les parents de la dame étaient derrière ça, coincés en sandwich dans l'obscurité, les nerfs tendus dans un réduit où peut-être des rats, sentant eux aussi le danger, couraient en tous sens. Mme Dresner pensait que sa voisine n'avait pas toute sa raison.

– Votre fille, mais pas vous, insistait-elle.

Peut-être se disait-elle que si les SS découvraient la cachette, ils feraient preuve d'un peu plus d'humanité en découvrant la fragilité de l'enfant ? Mme Dresner expliquait qu'elle non plus n'était pas grosse, que l'*Aktion* semblait se concentrer de ce côté-ci de la rue Lwowska, qu'elle n'avait aucun autre endroit où se rendre. Et que, de toute façon, elle tiendrait bien dans la cachette. Danka est une fille très raisonnable, plaidait-elle, mais elle se sentira plus en sécurité avec sa maman à ses côtés. De fait, on voyait bien en mesurant le mur du regard que quatre personnes y tiendraient à l'aise. Mais les coups de feu qui se succédaient désormais dans la rue semblaient avoir eu raison de la dernière parcelle de lucidité de la voisine.

– Je peux cacher votre fille ! hurlait-elle. Mais vous, partez !

Mme Dresner se tourna vers Danka et lui dit d'obéir. Danka se demandera plus tard pourquoi, pourquoi elle avait obéi à sa mère, pourquoi elle s'était résignée à se réfugier dans la cachette sans dire un mot. La voisine l'amena au-dessus, dans le grenier, tira un vieux tapis et souleva quelques lattes de plancher d'où l'on accédait au réduit. Il ne faisait pas noir à l'intérieur car les parents avaient allumé une bougie. Danka se retrouva coincée contre la vieille femme – c'était la maman de quelqu'un d'autre, mais de son vieux corps mal lavé se dégageaient des effluves protecteurs, sans doute ceux de toutes les autres mères. La femme lui fit un bref sourire. De l'autre côté, le mari restait les yeux fermés comme s'il voulait concentrer son attention sur les bruits venant de l'extérieur.

Au bout d'un petit moment, la femme lui fit signe qu'elle pouvait s'asseoir si elle le voulait. Danka s'accroupit en biais et trouva une position confortable. Heureusement il n'y avait pas de rats. Elle n'entendait aucun bruit, pas même le son de la voix de sa mère ou de la voisine de l'autre côté du mur. Elle éprouvait soudain un grand sentiment de sécurité. Et, du coup, elle se sentait coupable : pourquoi avait-elle obéi sans broncher à sa mère ? Maintenant, elle avait peur pour elle. Qu'allait-il lui arriver dans cet univers sauvage, de l'autre côté du mur ?

Mme Dresner n'avait toujours pas quitté la maison.

Les SS étaient maintenant dans la rue Dabrowski. Elle pensait que, désormais, elle pouvait aussi bien rester. Si on l'embarquait, peut-être que son amie s'en tirerait à meilleur compte. Peut-être que les SS, satisfaits d'avoir accompli leur mission, n'iraient pas fouiner plus avant dans l'appartement.

Mais la femme s'était désormais convaincue que personne ne survivrait à la fouille si Mme Dresner restait là. Et, dans l'état de panique où elle se trouvait, c'était probable. Mme Dresner s'en rendait compte. Aussi, tentant de calmer sa peur, elle se leva et quitta la pièce. Ils allaient la trouver dans les escaliers ou dans le hall. Alors, pourquoi pas dans la rue ? Les règles non écrites du ghetto voulaient que chacun se tienne coi dans sa chambre jusqu'à ce qu'il soit découvert : quelqu'un pris dans l'escalier était immédiatement considéré comme n'étant pas en règle.

En bas de l'escalier, une silhouette coiffée d'une casquette qui se dessinait en contre-jour l'empêcha de sortir. C'était une vieille connaissance de son fils aîné, mais cela ne voulait plus dire grand-chose. On savait les pressions exercées par les Allemands sur les auxiliaires de l'OD. L'homme traversa le hall d'entrée pour s'approcher d'elle.

– Pani Dresner, dit-il en pointant un doigt vers la cage d'escalier, ils seront partis dans dix minutes. Restez sous les escaliers. Allez, allez, cachez-vous là.

Elle obéit à l'OD sans même réfléchir, comme sa fille lui avait obéi. Elle s'accroupit sous les escaliers tout en sachant que ça clochait quelque part. La vive lumière d'automne qui baignait la cour révélait sa silhouette. Il était évident que s'ils jetaient un coup d'œil dans la cour ou dans l'entrée, ils ne manqueraient pas de la voir. Comme il n'importait guère qu'elle fût accroupie ou debout, elle décida de rester debout. L'OD, en faction près de la porte, lui faisait signe de rester là où elle était. Puis il s'en alla. Les hurlements, les ordres, les appels se rapprochaient. Ils n'étaient plus qu'à quelques mètres.

L'OD revint avec les autres. Elle entendait le martèlement des bottes à l'entrée, puis la voix de l'homme qui lui avait dit de se planquer. Il expliquait en allemand qu'il avait fouillé le rez-de-chaussée et qu'il n'y avait personne. Mais il y avait des chambres occupées au-dessus. C'était une conversation d'une telle banalité que Mme Dresner se demandait si l'OD se rendait bien compte de sa témérité. Il était en train de risquer sa vie en espérant qu'après avoir ratissé toute la rue Lwowska et une partie de la rue Dabrowski, les SS seraient maintenant trop fatigués pour se donner la peine de fouiller eux-mêmes ce rez-de-chaussée et qu'ils laisseraient en paix cette dame qu'il connaissait à peine.

Et ce fut exactement ce qui se passa. Elle les entendit monter les escaliers, ouvrir et claquer les portes du premier étage, leurs bottes martelant le sol dans la chambre où s'était réfugiée sa fille. Elle entendit la voix criarde de la voisine...

– Bien sûr, j'ai mon permis de travail, je travaille au mess de la Gestapo, je connais tous ces messieurs.

Elle les entendit redescendre du second avec quelqu'un. En fait, c'était toute une famille. « C'est grâce à eux que je vais m'en tirer », pensa-t-elle plus tard. La voix bronchiteuse d'un homme entre deux âges résonnait dans la cage d'escalier :

– Messieurs, s'il vous plaît, nous pouvons sûrement emporter quelques vêtements.

Un SS répondit sur le ton d'un employé de gare à qui on demanderait des horaires de train :

– Vous n'en avez pas besoin. Là où vous allez, on fournit tout.

Les bruits s'éloignèrent. Mme Dresner attendit encore un petit moment, mais il n'y eut pas de nouvelle fouille. Ce serait pour demain ou le jour suivant.

Car ils allaient revenir. Ils allaient ratisser le ghetto. Ce qu'en juin on avait considéré comme l'horreur absolue était devenu l'horreur quotidienne. En son for intérieur, elle remerciait le garçon de l'OD. Mais il devenait clair qu'à partir du moment où le meurtre était programmé sur une échelle industrielle comme c'était désormais le cas à Cracovie, aucun geste d'héroïsme ne pourrait plus jamais faire revenir les choses en arrière. Un slogan circulait désormais dans le ghetto : « UNE HEURE DE VIE, C'EST QUAND MÊME LA VIE. » L'OD lui avait donné cette heure-là. Elle savait que personne n'aurait pu lui donner plus.

Elle remonta les escaliers pour aller chercher Danka. La voisine se sentait un peu honteuse.

– Votre fille sera toujours la bienvenue, dit-elle.

Ce qui voulait dire en fait : ce n'est pas par peur que je ne vous ai pas gardée, mais parce que je pensais que ce serait plus raisonnable. Et je continuerai à le penser. Votre fille, soit, mais pas vous.

Mme Dresner ne répliqua pas. Elle pensait que le raisonnement de la voisine se fondait sur ce type même d'impondérables dont elle avait été aujourd'hui la bénéficiaire sous l'escalier. Elle remercia la femme. Danka devrait peut-être avoir recours à son hospitalité une autre fois.

A partir de ce jour, Mme Dresner, qui paraissait encore jeune pour ses quarante-deux ans et qui était en bonne santé, tenterait de survivre en ne comptant que sur sa force et sa santé : c'était le seul capital qui pouvait représenter une valeur économique quelconque aux yeux de l'Inspection des armements. Elle savait bien que ce n'était pas grand-chose. Tous les gens qui avaient encore un peu de sens commun pensaient qu'aux yeux des SS le potentiel de travail du peuple juif importait moins que la destruction de ce peuple. A cette époque, la seule question était de savoir : Qui sauvera Juda Dresner, cadre d'usine ?

Qui sauvera Janek Dresner, réparateur au parc automobile de la Wehrmacht ? Qui sauvera Danka Dresner, femme de ménage de la Luftwaffe, le jour où les SS décideront de mettre une croix sur leur valeur économique ?

Au même moment où l'OD prenait le risque de sauver la vie de Mme Dresner, des jeunes sionistes de Halutz et des hommes de l'OBZ s'apprêtaient à faire un acte de résistance moins anodin. Ils avaient revêtu des uniformes de Waffen SS et avaient pu ainsi pénétrer dans le restaurant Cyganeria sur la place Ducha, juste en face du théatre Slowacki. Ils y déposèrent une bombe qui fit sauter quelques tables à travers le toit, réduisit sept SS en charpie et en blessa quelque quarante autres.

Quand Oskar apprit la nouvelle, il se dit qu'il aurait bien pu se trouver là avec quelque officier SS de haut rang qu'il aurait invité à dîner.

Shimon et Gusta Dranger ainsi que leur petit noyau de résistants avaient décidé qu'il était impératif de secouer la torpeur du ghetto par une action d'éclat. Et que d'autres suivraient, qui ne manqueraient pas, espéraient-ils, de faire basculer leur peuple dans la Résistance. Ils plantèrent une autre bombe dans le cinéma Bagatella, rue Karmelicka, strictement réservé aux SS. Leni Riefenstahl dévoilait sur l'écran les promesses de l'éternel féminin germanique aux spectateurs SS – momentanément dispensés d'ajouter à la gloire de leur pays en croisant le fer contre les barbares du ghetto ou en patrouillant les rues de moins en moins sûres de Cracovie – quand un immense éclair rougeâtre interrompit le spectacle.

Au cours des quelques mois qui allaient suivre, les hommes de l'OBZ allaient couler quelques vedettes de gendarmerie sur la Vistule, faire sauter quelques garages militaires en ville, émettre des *Passierscheins* pour des gens démunis de laissez-passer, expédier des photographies d'identité chez des gens qui établissaient des faux papiers. Ils allaient faire dérailler le train militaire entre Cracovie et Bochnia et mettre en circulation le journal de la Résistance. Ils réussirent même à faire tomber Spitz et Forster – deux des lieutenants du chef des OD Spira, qui avaient établi des listes de déportation portant sur des milliers de noms – dans un guet-apens monté par les gens de la Gestapo. C'était une variante d'une vieille recette de carabins. Un des membres de la Résistance, jouant les informateurs, avait donné rendez-vous aux deux policiers dans un village proche de Cracovie. Un autre informateur bidon avait averti la Gestapo que deux membres de la Résistance juive seraient à tel point de rendez-vous. Spitz et Forster furent tirés comme des lapins en tentant d'échapper aux hommes de la Gestapo.

Malgré cela, le type de résistance dont s'accommodaient les gens du ghetto était encore calqué sur la démarche d'Arthur Rosenzweig. Quand on lui avait demandé en juin de dresser une liste de personnes pour la déportation, il avait placé, en premier, le sien, celui de sa femme et celui de sa fille.

Du côté de Zablocie, sur les terrains vagues qui entouraient l'usine d'Emalia, Oskar Schindler et M. Jereth poursuivaient leur petite résistance à eux. Ils avaient décidé de faire construire une deuxième baraque.

17

Sedlacek, un dentiste autrichien résidant à Vienne, était venu à Cracovie en train, via Budapest, pour s'informer sur Oskar Schindler. Dans sa valise à double fond, il trimbalait une liste de contacts possibles et une énorme liasse de zlotys d'Occupation qui prenait un espace considérable puisque le gouverneur général Frank avait décidé de supprimer toutes les grosses coupures.

Il prétendait voyager pour affaires. En fait, il faisait le courrier pour une organisation de secours juive établie à Budapest.

En cet automne 1942, les sionistes de Palestine pas plus que le reste du monde ne savaient exactement ce qui se passait alors en Europe. Ils avaient établi un bureau à Istanbul pour rassembler les diverses informations qui filtraient. De leur bureau installé dans le quartier de Beyoglu, trois agents avaient expédié des cartes postales à toutes les instances sionistes situées dans l'Europe nazie. Le texte était simple : *Faites-nous savoir où vous êtes.* Eretz *se fait du souci pour vous.* « Eretz », c'était la « terre », c'est-à-dire, pour tout sioniste, Israël. Toutes les cartes portaient la signature « Sarka Mandelblatt », un des trois agents qui avaient la nationalité turque.

Les cartes n'étaient jamais parvenues à leurs destinataires. Etaient-ils en prison, cachés dans les forêts, dans des camps de travail ou morts ? Ce silence n'était pas de bon augure.

A la fin de l'automne 1942, ils reçurent enfin une réponse. Sur la carte postale qui représentait une vue de Budapest, le message indiquait : *Merci de prendre de nos nouvelles.* Rahamim maher *(aide immédiate) semble nécessaire. S'il vous plaît, gardez le contact.*

La réponse avait été envoyée par un juif de Budapest, Samu Springmann, qui avait reçu et compris le message expédié par Sarka Mandelblatt. Samu, un petit bonhomme de la taille d'un jockey, était âgé de trente ans. C'était un homme d'une très grande probité, ce qui ne l'avait pas empêché, depuis son adolescence, de faire quelques courbettes pour être toujours du bon côté du manche. Il avait versé quelques pots-de-vin à l'omniprésente police secrète hongroise. Mais dans les milieux diplomatiques, il s'était fait une réputation d'homme sur qui on peut compter. Bref, il avait ses entrées. Les gens d'Istanbul l'avaient contacté pour leur servir de relais. Il devait faire transiter des sommes d'argent vers les organisations juives des territoires occupés par les Allemands et tenter de rassembler le plus d'informations possible.

Dans la Hongrie de Horthy, fidèle alliée de Hitler, Samu Springmann et ses amis sionistes n'en savaient guère plus que leurs contacts d'Istanbul sur ce qui se passait en Pologne. Il avait réussi à recruter certains agents qui, soit par appât du gain soit par conviction, s'étaient portés volontaires pour se rendre dans les territoires sous contrôle nazi. Une de ses recrues, Erich Popescu, était courtier en diamants et honorable correspondant de la police secrète hongroise. Un autre, Bandi Grosz, qui faisait de la contrebande de tapis et touchait également quelques enveloppes de la police secrète, avait accepté de travailler pour

Springmann afin que sa mère lui pardonnât ses erreurs passées. Un casseur de coffres autrichien, Rudi Schulz, qui faisait fonction d'agent pour le bureau de la Gestapo de Stuttgart, faisait partie de la joyeuse bande. Springmann avait le don de s'attirer les services des agents doubles tels que Popescu, Grosz ou Schulz, en jouant sur leurs sentiments, leur cupidité, ou, quand le cas se présentait, leurs principes.

Certains ne manquaient pas d'idéal et savaient ce dont il retournait. Sedlacek, qui était venu à Cracovie à la fin de 1942 pour en savoir plus sur Oskar Schindler, était de ceux-là. Son cabinet dentaire de Vienne était tout à fait florissant et il n'avait certes pas besoin de faire passer des valises à double fond à travers les frontières de Pologne. Mais il était là, avec sa liste. Une liste en provenance d'Istanbul et sur laquelle on pouvait lire en deuxième position : Oskar Schindler.

Quelqu'un – était-ce Itzhak Stern, Ginter, l'homme d'affaires, Alexander Biberstein, le médecin, ou un autre ? – avait donc envoyé le nom d'Oskar aux groupes sionistes de Palestine. Sans le savoir, Herr Schindler avait été promu au rang d'homme juste.

Le Dr Sedlacek avait un ami en garnison à Cracovie, un ancien client viennois, le commandant de la Wehrmacht Franz von Korab. Le soir de son arrivée à Cracovie, il rencontra von Korab au bar de l'hôtel Cracovia. Sedlacek avait passé une triste journée. Il s'était rendu au bord de la Vistule pour examiner Podgorze, le ghetto entouré de murs et de fils de fer barbelés situé sur l'autre rive. Les gros nuages et le petit crachin d'hiver qui n'avait cessé de tomber faisaient apparaître l'endroit encore plus sinistre. Il fut heureux de quitter son poste d'observation quand vint l'heure de son rendez-vous.

La rumeur voulait, à Vienne, que von Korab eût une grand-mère juive. C'est ce que l'on disait en tout cas dans la salle d'attente du Dr Sedlacek où les bavardages généalogiques avaient remplacé les considérations sur la météo. Ce genre de spéculations était devenu extrêmement banal sur tout le territoire allemand. Dans les bistrots, certains clients étaient prêts à parier que la grand-mère de Reinhard Heydrich avait épousé un juif nommé Suss. Par amitié pour Sedlacek et en dépit des risques que cela comportait, von Korab avait avoué que, dans son cas, la rumeur était vraie. Il fallait qu'aujourd'hui von Korab renouvelle ce geste de confiance. Sedlacek lui demanda ce qu'il pensait de certaines personnes inscrites sur la liste d'Istanbul. Quand il entendit le nom de Schindler, il eut un petit rire indulgent. Bien sûr, il connaissait Herr Schindler. Il avait dîné plusieurs fois avec lui. C'était un très bel homme et qui s'y connaissait en affaires. Il était beaucoup plus futé qu'il ne prétendait l'être. « Nous allons l'appeler pour fixer un rendez-vous », dit von Korab.

A 10 heures, le lendemain matin, ils étaient dans les bureaux d'Emalia. Schindler les reçut avec sa courtoisie habituelle mais en restant sur ses gardes. Au bout d'un petit moment, le courant passa entre lui et l'homme venu de Vienne. Le commandant le sentit et s'excusa. Non, non, il n'avait malheureusement pas le temps de prendre le café.

– Très bien, dit Sedlacek quand von Korab fut parti. Je vais vous dire pourquoi je suis venu.

Il ne dit rien de l'argent qu'il avait apporté, ni des sommes qui seraient distribuées aux différents comités juifs au fur et à mesure que les contacts seraient établis. Ce que voulait savoir le bon docteur, et ceci, hors de toute affaire financière, c'était ce que pensait Herr Schindler de la guerre menée contre les juifs en Europe.

Une fois la question posée, Schindler eut une hésitation. Sedlacek s'attendait à un refus. L'usine de Schindler était en pleine expansion. Elle employait cinq cent cinquante juifs au rabais, selon les normes salariales fixées par les SS. L'Inspection des armements garantissait à Schindler des contrats de plus en plus fructueux. Il avait à sa disposition un certain nombre d'esclaves dont les SS garantissaient le travail au taux de sept Reichsmark cinquante par jour et par personne. S'il décidait de rester calé sur son siège en affichant son ignorance, ce ne serait guère une surprise.

– Oui, il y a un problème, docteur Sedlacek, grogna-t-il. Un vrai problème. Ce qu'ils font ici, aux habitants de ce pays, dépasse tout ce qu'on peut imaginer.

– Vous voulez dire, répondit Sedlacek, que vous pensez que mes commanditaires ne vous croiront pas ?

– J'arrive à peine à y croire moi-même, dit Schindler.

Il se leva, se dirigea vers le placard à liqueurs, versa du cognac dans deux verres, et en déposa un devant le Dr Sedlacek. Il retourna derrière son bureau, but une gorgée, fronça les sourcils en apercevant une facture, puis se dirigea vers la porte sur la pointe des pieds pour la tirer grande ouverte comme s'il craignait les oreilles indiscrètes. Il se tint un moment dans l'encadrement. Sedlacek l'entendit parler calmement à sa secrétaire de la facture qu'il avait aperçue sur son bureau. Puis il ferma la porte, retourna à son bureau, prit une bonne lampée de cognac et commença à parler.

La petite cellule antinazie de Vienne dont Sedlacek faisait partie n'aurait jamais imaginé que l'offensive contre les juifs avait pris un tour aussi systématique. Ce que lui racontait Schindler défiait toute logique :

on lui demandait de croire qu'au plein milieu d'une bataille gigantesque, les nazis prélevaient des milliers d'hommes, encombraient les voies ferroviaires au détriment de la circulation du matériel de guerre, dévoyaient des ingénieurs qualifiés, des savants, des fonctionnaires, des armes, des munitions, dans le seul dessein d'exterminer un peuple pour des raisons purement psychologiques. Le Dr Sedlacek s'attendait qu'on lui brosse une fresque épouvantable de la vie de tous les jours : la faim, les restrictions de toutes sortes, les pogroms, les violations de domicile – bref, tous les relents de l'Histoire. Mais ça, non !

Les propos d'Oskar sur les événements de Pologne sonnaient vrai parce que c'était lui, Oskar, précisément, qui les rapportait. Cet homme avait bien profité de l'Occupation. Or il était là, assis, au cœur de son entreprise, un verre de cognac à la main, suprêmement calme en apparence, mais bouillonnant de colère rentrée. Il donnait l'impression d'un homme qui, à son grand regret, se trouvait dans l'impossibilité de mettre le pire en doute. Il relatait les faits dont il avait eu vent ou dont il avait été directement témoin, sans fioritures.

– Si je peux vous obtenir un visa, dit Sedlacek, accepteriez-vous de venir à Budapest pour raconter à mes supérieurs tout ce que vous venez de me dire ?

Schindler ne put s'empêcher d'exprimer sa surprise :

– Vous pouvez faire un rapport, non ? Et vous avez certainement eu l'occasion d'apprendre tout cela par d'autres sources ?

Sedlacek dit que non. Il avait bien recueilli quelques faits, quelques histoires personnelles, quelques détails sur tel ou tel incident, mais pas un tableau général de ce qui se passait réellement.

– Venez donc à Budapest, insistait Sedlacek. Il est

vrai que le voyage pourrait n'être pas des plus confortables.

– Vous voulez dire que je devrai franchir la frontière à pied ? demanda Schindler.

– Non, quand même pas ça. Mais il vous faudra peut-être voyager dans un train de marchandises.

– D'accord, dit Oskar.

Le Dr Sedlacek lui demanda ensuite quelques précisions sur la liste envoyée par Istanbul. En tête, par exemple, il y avait le nom d'un dentiste de Cracovie. Les dentistes étaient des gens particulièrement faciles à joindre dans la mesure où tout un chacun peut avoir ou faire semblant d'avoir une carie.

– N'allez pas voir cet homme, recommanda Schindler. Il est trop mouillé avec les SS.

Avant de retourner à Budapest pour faire son rapport à Springmann, le Dr Sedlacek eut un autre rendez-vous avec Schindler dans son bureau d'Emalia. Il lui remit la presque totalité des fonds qu'il avait transportés dans sa valise. Sachant la passion d'Oskar pour les objets précieux, cette démarche comportait peut-être quelques risques. Mais ni Istanbul, ni Springmann n'avaient demandé de garanties. D'ailleurs, ils n'avaient aucun moyen de jouer les experts-comptables. Disons tout de suite à la décharge d'Oskar que toutes les sommes reçues furent scrupuleusement réparties au sein de diverses organisations juives qui en firent ce que bon leur semblait.

Mordecai Wulkan, joaillier de profession, allait lui aussi devoir faire la connaissance d'Oskar. A la fin de 1942, il reçut la visite d'un des OD de Spira. « Ne vous inquiétez pas », lui avait dit l'homme. Mais sait-on jamais ? D'autant que Wulkan avait un casier. Il s'était fait prendre l'année précédente en flagrant délit de trafic de billets, et après avoir refusé de travailler comme agent au Bureau de contrôle de la monnaie, les SS lui avaient administré une sévère raclée. Mme Wulkan avait dû se rendre au poste de police du ghetto et verser un pot-de-vin important au Wachtmeister Beck pour obtenir qu'on le relâchât.

Plus tard, il avait été pris dans les rafles de juin et n'avait échappé aux convois pour Belzec que parce qu'un OD sioniste – il y en avait quelques-uns – de sa connaissance l'avait repêché en gare de Prokocim.

Mais l'OD qui était venu le voir ce jour-là n'avait rien d'un sioniste. « Les SS, dit-il à Wulkan, ont un besoin urgent de quatre joailliers. » Ils avaient donné trois heures à Symche Spira pour les leur fournir. C'est ainsi que tous les quatre – Herzog, Friedner, Grüner et Wulkan – se retrouvèrent bientôt au poste des OD pour quitter ensuite le ghetto sous bonne garde, en direction de l'ancien lycée technique devenu un entrepôt du Bureau de l'économie et de l'administration SS.

Wulkan découvrit immédiatement qu'en cet endroit la sécurité n'était pas un vain mot : il y avait des sentinelles à chaque porte. A l'entrée un gradé SS avertit les quatre hommes que s'ils venaient à parler à quiconque du travail qu'ils allaient devoir exécuter ici, ils seraient immédiatement expédiés dans un camp. Ils devaient apporter chaque jour avec eux tout leur matériel – plateaux, balances, instruments de calibrage – pour faire le tri des bijoux qui allaient leur passer entre les mains.

On les mena au sous-sol. Ils aperçurent le long des murs, bien alignées, des piles de valises, de serviettes et de sacs à main. Tous portaient une étiquette avec un nom méticuleusement écrit à la main : c'était celui de leur ancien propriétaire. Dans un coin s'alignaient toute une rangée de caisses en bois. Tandis que les quatre hommes s'asseyaient par terre au milieu de la salle, deux SS s'emparèrent d'une valise et en vidèrent le contenu devant Herzog. Ils repartirent au fond de la pièce et revinrent avec une autre valise qu'ils déposèrent devant Grüner. Puis ils placèrent devant Friedner et Wulkan tout un tas d'objets en or. C'était du sérieux : bagues, broches, bracelets, fume-cigarette, lunettes. Les joailliers avaient pour mission de jauger la valeur du métal, des diamants, des perles, de séparer les choses précieuses de leur support et de faire un tri de tous les objets précieux en fonction de la grosseur, de la valeur, de l'éclat, etc.

Les quatre hommes commencèrent par examiner les objets un par un, sans grand enthousiasme. Puis, pris sans doute par de vieux réflexes professionnels, ils se mirent à travailler plus vite. Au fur et à mesure que le tri s'opérait, les SS déversaient les piles dans des caisses à cet effet. Quand une caisse était pleine, on peignait l'adresse en grosses lettres noires : « SS REICHSFÜHRER BERLIN. » Le Reichsführer des SS n'était autre que Himmler au nom de qui on confisquait les bijoux de l'Europe entière pour les déposer dans les coffres de la Reichsbank. Il y avait dans le tas beaucoup de bagues d'enfants, et il fallait vraiment faire un effort pour garder son sang-froid quand on savait leur provenance. Une fois, cependant, les joailliers eurent un haut-le-cœur : quand des SS ouvrirent une valise d'où s'échappèrent quelques dents en or encore maculées de sang. Dans ce tas déposé devant ses genoux, c'étaient les bouches de milliers de morts qui étaient représentées et qui semblaient interpeller Wulkan pour qu'il se lève, qu'il jette ses poids et ses mesures, qu'il dénonce l'atroce origine de ces monceaux d'or. Après une brève hésitation, Herzog, Grüner, Wulkan et Friedner reprirent leurs évaluations, conscients désormais de la valeur que représentait leur propre bouche et craignant qu'il ne vienne à l'idée des SS de s'en préoccuper.

Il leur fallut six semaines pour venir à bout des trésors empilés dans le lycée technique. Quand ils eurent terminé, on les emmena dans un ancien garage reconverti en atelier de polissage pour l'argent. Les cuves de lubrification étaient remplies à ras bord d'objets en argent – bagues, boucles d'oreilles, broches, plateaux, couronnes, candélabres. Il fallait séparer l'argent massif du plaqué argent. Le tout était pesé au milligramme près. Le SS responsable bougonnait. Il ne voyait pas bien comment empaqueter tous ces objets hétéroclites. Mordecai Wulkan suggéra qu'on pourrait peut-être les faire fondre. Wulkan, qui n'était pas un homme religieux, pensait qu'il serait préférable, malgré tout, d'expédier en Allemagne des lingots plutôt que des objets témoins de la religion juive. Le SS, pour une raison qui lui échappait, n'était pas d'accord. Peut-être ces objets devaient-ils être expédiés quelque part dans le Reich au musée des Idiosyncrasies ? Peut-être l'officier SS s'était-il pris de passion pour ces symboles ?

Quand ce travail fut terminé, Wulkan se demanda ce qu'il pourrait bien faire à nouveau. Il lui fallait sortir du ghetto pour récolter suffisamment de nourriture pour sa famille, et notamment pour sa fille qui était asthmatique. Il finit par trouver un emploi à Kazirmierz dans l'usine de laminage, où il rencontra un SS pas mauvais garçon, l'Oberscharführer Gola, qui lui procura une planque d'homme à tout faire dans une caserne proche de Wawel. Wulkan, équipé de son trousseau de plombier, arriva devant le mess sur lequel était inscrit en gros : « FÜR JUDEN UND HUNDE EINTRITT VERBOTEN » (interdit aux juifs et aux chiens). Cette pancarte, après les milliers de dents en or qu'il avait dû trier au lycée technique, le convainquit que la faveur accordée par l'Oberscharführer Gola ne lui serait pas d'un grand secours. Gola n'avait sans doute jamais prêté attention à la pancarte ; pas plus qu'il ne prêterait attention à l'absence de la famille Wulkan le jour où celle-ci serait expédiée à Belzec ou dans un camp similaire. Wulkan, comme Mme Dresner, comme les quelque quinze mille autres habitants du ghetto, ne pouvait plus guère espérer en autre chose que dans une libération éclair. Un bien fragile espoir en cette fin d'année 1942.

18

Le Dr Sedlacek avait laissé entrevoir un voyage pénible. Il le fut. Oskar avait revêtu son pardessus le plus chaud, et, outre sa valise, il s'était muni d'un sac à provisions dont il aurait sérieusement besoin en cours de route. Bien qu'il fût en possession de tous les papiers nécessaires pour franchir les différents contrôles, il souhaitait ne pas avoir à les utiliser. S'il pouvait éviter de les présenter aux frontières, il pourrait toujours prétendre qu'il ne s'était jamais rendu en Hongrie en ce mois de décembre.

Il voyagea dans un wagon de marchandises bourré de paquets d'un journal du parti, le Völkischer Beobachter, en vente en Hongrie. Coincé entre les piles de journaux officiels imprimés en lettres gothiques, assailli par le remugle de l'encre d'imprimerie encore fraîche, Oskar se laissait cahoter en direction du sud, à travers les montagnes de Slovaquie, la frontière hongroise et le long de la vallée du Danube.

On lui avait réservé une chambre au Pannonia, proche de l'université, et c'est là que le petit Samu Springmann et son associé, le Dr Rezso Kastner, vinrent lui rendre visite le jour même de son arrivée. Les deux hommes avaient déjà obtenu quelques bribes d'informations colportées par les réfugiés. Mais les réfugiés ne pouvaient guère tracer que des fils conducteurs. Le fait qu'ils aient réussi à s'enfuir impliquait qu'ils ne connaissaient ni l'étendue, ni le poids, ni le contexte exact de la menace qui pesait sur tout un peuple. En prenant l'ascenseur, Kastner et Springmann espéraient qu'ils allaient entrer dans le concret des choses et que cet Allemand des Sudètes – si l'on devait en croire Sedlacek – leur ferait enfin un rapport exhaustif sur ce qui se passait en Pologne.

Les présentations furent brèves. Springmann et Kastner étaient venus pour écouter, et ils voyaient bien qu'Oskar avait hâte de parler. Personne ne prit la peine d'appeler le valet de chambre pour la traditionnelle tasse de café. Après avoir serré la main de l'Allemand, les deux hommes prirent un siège. Schindler, lui, marchait de long en large. Loin de Cracovie et de la réalité quotidienne du ghetto et des *Aktionen* diverses, le souvenir des événements semblait le troubler encore plus profondément que lorsqu'il en avait brièvement rendu compte à Sedlacek. Quelqu'un, dans la chambre au-dessous, aurait sans doute perçu le furieux martèlement de ses pas et n'aurait pas manqué de voir vibrer le candélabre quand il tapa du pied pour mimer la scène de la rue Krakusa, le jour où le SS avait coincé sous sa botte la tête de sa victime.

Il commença son récit en brossant une fresque de ce qu'il avait vu personnellement dans les quartiers sinistres de Cracovie. Il fit part des témoignages recueillis des deux côtés du mur, auprès des juifs et auprès des SS. Il avait sur lui des lettres écrites par des gens du ghetto, Itzhak Stern, les Drs Chaim Hilfstein et Leon Salpeter. Le Dr Hilfstein lui avait remis un rapport sur la pénurie alimentaire.

– Quand toute la graisse du corps a disparu, dit Oskar, c'est le cerveau qui commence à être affecté.

Le ghetto était systématiquement ratissé. C'était valable aussi bien pour Varsovie que Lodz ou Cracovie. A Varsovie la population du ghetto avait été réduite des quatre cinquièmes, à Lodz des deux tiers, à Cracovie de moitié. Où se trouvaient les déportés ? Certains dans des camps de travail. Mais il fallait se faire à l'idée qu'au moins les trois cinquièmes d'entre eux avaient disparu dans des camps équipés d'installations très efficaces. Ces camps n'étaient pas l'exception. Les SS leur avaient donné un nom : *Vernichtungslager* (camps d'extermination).

Au cours des dernières semaines, poursuivit Oskar, deux mille habitants du ghetto de Cracovie avaient été expédiés non pas à Belzec, mais dans des camps de travail proches de la ville, l'un à Wieliczka, l'autre à Prokocim, deux gares ferroviaires desservant le réseau de l'Est, c'est-à-dire le front russe. Chaque matin les prisonniers quittaient Wieliczka ou Prokocim pour se rendre au village de Plaszow, en bordure de la ville, où l'on était en train de viabiliser un immense terrain sur lequel devait être érigé un camp de travail. Leur situation dans ce camp ne serait pas enviable – les baraques de Wieliczka et de Prokocim étaient placées sous le commandement d'un sous-officier SS, Horst Pilarzik, qui s'était illustré en juin dernier au cours de l'*Aktion* où sept mille habitants du ghetto avaient été déportés. Les camps de travail avaient cette caractéristique fondamentale qu'ils ne disposaient pas des dernières innovations en matière de mise à mort. Ces camps devaient répondre à d'autres impératifs d'ordre économique. Déjà les prisonniers de Wieliczka et de Prokocim devaient se rendre chaque jour sur différents chantiers, comme lorsqu'ils vivaient dans le ghetto. Wieliczka, Prokocim et le futur camp de Plaszow étaient placés sous la direction des chefs de la police de Cracovie, Julian Scherner et Rolf Czurda, alors que les *Vernichtungslager* étaient directement contrôlés par la direction du bureau central SS de l'administration et de l'économie situé à Oranienburg, près de Berlin. Les *Vernichtungslager* utilisaient également les prisonniers comme main-d'œuvre pendant quelque temps, mais leur ultime raison d'être était l'industrie de la mort et de ses sous-produits : recyclage des vêtements, des bijoux, des jouets, et même des cheveux et de la peau des morts.

En plein milieu de ses explications sur les différences entre les camps d'extermination et les camps de travail, Schindler se plaça soudain près de la porte, l'ouvrit brusquement et jeta un œil sur les couloirs déserts.

– Je connais la réputation de cette ville pour les oreilles qui traînent, expliqua-t-il.

Le petit Springmann se leva de son siège et s'approcha d'Oskar en se dressant sur la pointe des pieds pour lui susurrer à l'oreille :

– Le Pannonia n'est pas trop mal. C'est au Victoria que la Gestapo a pris ses quartiers.

Schindler vérifia à nouveau les couloirs puis referma la porte. Debout dans l'encoignure d'une fenêtre, il poursuivit son rapport. Les camps de travail forcé seraient dirigés par des hommes qui s'étaient déjà distingués par leur sévérité et leur efficacité. Il y aurait des bastonnades et des assassinats, et un trafic de rations alimentaires dont les prisonniers seraient les premiers à faire les frais. Mais c'était encore préférable à l'extermination certaine dans les *Vernichtungslager*. Les prisonniers des camps de travail se débrouilleraient pour survivre et l'on pourrait aider certains d'entre eux à s'enfuir et à rejoindre la Hongrie.

– Les SS sont donc aussi corrompus que les autres éléments de la police ? demanda l'homme du comité de secours de Budapest.

– D'après ce que j'en sais, ils le sont tous, grogna Oskar.

Quand Oskar eut terminé, un grand silence s'établit. Kastner et Springmann n'étaient pas des enfants de chœur. Ils avaient passé toute leur vie sous l'œil vigilant de la police secrète. La police hongroise qui soupçonnait vaguement leurs activités avait baissé sa garde en raison des pots-de-vin que Samu lui versait. Mais les juifs « respectables » les tenaient à l'écart. Samuel Stern par exemple, membre du Sénat hongrois, président du Conseil juif, allait considérer le rapport d'Oskar comme un fatras de rumeurs pernicieuses, une insulte à la culture germanique, une mise en accusation du gouvernement hongrois. Springmann et Kastner connaissaient cette musique.

Ils se trouvaient placés devant un dilemme : faire savoir, mais comment faire savoir à des gens qui refusaient d'entendre ? Le soutien ou les ressources dont ils disposaient leur paraissaient tellement ridicules maintenant qu'ils avaient pris la mesure de l'ennemi ! Car l'ennemi, ce n'était plus Goliath, ce n'était plus un être dont on pouvait plus ou moins prévoir les réactions. Non, l'ennemi, c'était Belzébuth lui-même. Peut-être étaient-ils en train de calculer que les secours ponctuels qu'ils pouvaient programmer – des rations alimentaires pour tel ou tel camp, une fuite organisée pour tel ou tel intellectuel, quelques enveloppes distribuées parmi les SS bien placés – n'y suffiraient pas. Il fallait désormais planifier les secours sur une échelle que seuls les plus motivés parviendraient à gravir.

Schindler s'affala dans un fauteuil, complètement épuisé. Springmann lui dit toute sa reconnaissance. Ils enverraient, bien sûr, un rapport à Istanbul sur tout ce qu'ils venaient d'apprendre. Les sionistes de Palestine et l'intercomité d'entraide ne manqueraient pas de réagir. Le rapport serait également envoyé aux gouvernements de Churchill et de Roosevelt. Springmann ajouta qu'Oskar avait sans doute raison de craindre qu'on ne le crût pas tant tout cela était incroyable.

– C'est pourquoi, ajouta Springmann, je vous conjure d'aller à Istanbul, de raconter là-bas ce que vous avez vu.

Après une brève hésitation – allait-il une fois encore abandonner le confort des bureaux d'Emalia pour la fatigue et les dangers d'un voyage qui l'obligerait à traverser plusieurs frontières ? – Schindler donna son accord. Il fut convenu qu'il se rendrait là-bas vers la fin de l'année.

– Entre-temps, lui dit Springmann, vous verrez le Dr Sedlacek régulièrement à Cracovie.

Ils se levèrent et Oskar put lire sur leur visage qu'ils n'étaient plus les mêmes hommes. Ils le remercièrent et quittèrent la chambre. En descendant les étages, ils avaient seulement l'air de deux hommes d'affaires de Budapest à qui l'on vient d'apprendre qu'une de leurs succursales a des problèmes.

Le Dr Sedlacek vint chercher Oskar ce même soir pour l'emmener dîner à l'hôtel Gellert. De leur table, ils pouvaient contempler le Danube avec les bateaux-mouches illuminés comme des arbres de Noël ; ils pouvaient admirer la ville, étincelante de lumière, jusqu'aux plus lointains faubourgs. On ne sentait pas encore la guerre ici, et Oskar retrouva soudain une âme de touriste. Après ce long après-midi d'abstinence, il se mit à boire lentement mais assidûment ce vin rouge de Hongrie, épais et capiteux, que les Hongrois appellent le « sang du taureau », jusqu'à ce qu'une solide rangée de bouteilles vides s'aligne sur leur table.

Pendant qu'ils dînaient, un journaliste autrichien, le Dr Schmidt, accompagné de son exquise maîtresse hongroise, blonde comme les blés, vint les rejoindre. Schindler fit des compliments sur les bijoux de la jeune fille, précisant qu'il était lui-même grand amateur de pierres. Mais quand ils en furent à l'alcool d'abricot, son ton devint moins amical. Il fronçait légèrement les sourcils en écoutant Schmidt évoquer le marché de l'immobilier, de l'automobile d'occasion ou les courses de chevaux. La fille écoutait Schmidt avec d'autant plus d'admiration qu'elle portait au cou et aux poignets les retombées des petits trafics de son amant. Mais il était clair qu'Oskar désapprouvait. Sedlacek ne pouvait s'empêcher de trouver la situation cocasse : peut-être Oskar voyait-il en cet homme une sorte de pâle reflet de lui-même, un type à l'affût d'affaires juteuses, en marge de préférence.

Une fois le dîner terminé, Schmidt et son amie décidèrent de finir la soirée dans une boîte de nuit. Sedlacek prit soin d'emmener Schindler dans un autre endroit où ils consommèrent encore une bonne quantité de *barack*.

– Ce Schmidt, demanda Schindler qui voulait en avoir le cœur net pour pouvoir enfin profiter de sa soirée, vous l'utilisez ?

– Oui.

– Vous ne devriez pas. C'est un voleur.

Sedlacek continua de sourire mais détourna son regard.

– Comment pouvez-vous être certain de l'utilisation des fonds que vous lui remettez ? insista Schindler.

– On lui laisse un certain pourcentage.

Oskar réfléchit quelque trente secondes avant de prendre sa voix rauque.

– En tout cas, moi, je ne travaille pas au pourcentage. Ne m'en proposez jamais.

– Très bien, dit Sedlacek.

– Bon, allez, contentons-nous d'admirer les filles, maintenant.

19

Au moment même où Oskar Schindler, revenant de Budapest, pensait que le ghetto n'allait pas tarder à être liquidé, un Untersturmführer SS, Amon Goeth, quittait Lublin pour venir superviser personnellement cette liquidation et pour prendre le commandement du camp de travaux forcés *(Zwangsarbeitslager)* de Plaszow. Goeth avait huit mois de moins qu'Oskar, mais les deux hommes avaient plus en commun que leur simple année de naissance. Comme Oskar, il avait été élevé dans la religion catholique et n'avait cessé de pratiquer qu'en 1938, après s'être séparé de sa première femme. C'était un homme de terrain, pas un penseur, encore qu'il se piquât de philosophie.

Il avait rejoint le parti national-socialiste à Vienne au début des années 30. Il était déjà membre des forces de sécurité (SD) quand la République autrichienne interdit le parti en 1933. Après une longue période de clandestinité, il réapparut dans les rues de Vienne en grand uniforme de sous-officier SS après l'*Anschluss* de 1938. En 1940, il avait été promu au rang d'Oberscharführer SS et en 1941 il avait atteint le grade d'officier, beaucoup plus difficile à obtenir chez les SS que dans la Wehrmacht. Après avoir suivi un stage tactique dans l'infanterie, il avait dirigé les

Sonderkommandos responsables de la série d'*Aktionen* menées contre les ghettos surpeuplés de Lublin. Ses performances lui avaient valu d'être sélectionné pour liquider le ghetto de Cracovie.

L'Untersturmführer Amon Goeth qui filait, confortablement installé dans le train spécial de la Wehrmacht Lublin-Cracovie, pour prendre le commandement de Sonderkommandos triés sur le volet avait donc pas mal de points communs avec Oskar : outre son âge et sa religion, il était bâti en athlète et s'était fait une réputation de grand buveur. Son visage, ouvert et plaisant, était plus allongé que celui d'Oskar. Il éprouvait une immense affection pour ses enfants – ceux de son second mariage – qu'il n'avait pas eu beaucoup l'occasion de câliner au cours des trois dernières années. Il reportait parfois cette affection sur les enfants de ses compagnons d'armes. Il était, comme Oskar, très porté sur la bagatelle, mais il ne limitait pas ce penchant au beau sexe. Ses deux premières épouses auraient témoigné qu'une fois passée la lune de miel, l'homme savait se montrer brutal. Son grand-père et son père étaient imprimeurs et relieurs de livres spécialisés dans l'art militaire et les sciences économiques. Amon Goeth n'était pas peu fier du métier qu'exerçait la famille comme en témoignaient ses cartes de visite où il avait fait imprimer *Literat* (homme de lettres). Et, bien qu'à ce moment de sa vie il eût sans doute prétendu qu'il lui tardait d'aller superviser la liquidation du ghetto, que ce serait la plus belle occasion de sa carrière avec sans doute une promotion à la clé, les actions spéciales semblaient avoir émoussé quelque peu sa belle énergie. Il souffrait désormais d'insomnies, et cela depuis deux ans. S'il avait eu le choix, il se serait couché toutes les nuits vers 3 ou 4 heures pour se réveiller en fin de matinée. C'était désormais un buveur impénitent, mais qui savait tenir remarquablement le coup. Comme Oskar, il ignorait la gueule de bois et remerciait le ciel de lui avoir accordé des reins assez actifs pour lui éviter les petits lendemains qui déchantent.

Les ordres lui enjoignant de liquider le ghetto et de prendre le commandement du camp de Plaszow étaient datés du 12 février 1943. Après en avoir délibéré avec son adjudant-chef, avec Wilhelm Kunde, commandant des détachements SS affectés au maintien de l'ordre dans le ghetto, et avec Willi Haase, l'adjoint de Scherner, il estima qu'il serait possible de commencer l'opération dans un délai d'un mois.

Le commandant Goeth fut accueilli à la gare centrale de Cracovie par Kunde lui-même et par un jeune SS, Horst Pilarzik, qui dirigeait momentanément les camps de travail de Prokocim et de Wieliczka. Les trois hommes s'engouffrèrent dans une Mercedes et prirent la route du ghetto pour que Goeth puisse apprécier la situation. Ils iraient ensuite faire une reconnaissance du site du nouveau camp. Il faisait un sale temps, froid, chargé, et la neige se mit de la partie au moment où ils franchissaient la Vistule. Aussi l'Untersturmführer Goeth fut-il agréablement surpris quand Pilarzik lui offrit de prendre quelques gorgées d'une bouteille de schnaps qu'il avait sur lui. Ils franchirent le portail d'entrée et suivirent la ligne de trolley de la rue Lwowska qui séparait le ghetto en deux. Kunde, un ancien agent des douanes qui avait l'habitude des rapports, fit un topo à l'intention de Goeth. Sur la gauche, le ghetto B où demeuraient encore environ deux mille personnes, soit qu'elles eussent échappé aux différentes *Aktionen*, soit qu'elles fussent encore employées dans différents secteurs industriels. Mais on venait de distribuer de nouvelles cartes d'identité, chacune portant une lettre correspondant aux activités du porteur – *W* pour les gens employés par la Wehrmacht, *Z* pour ceux qui travaillaient dans les bureaux civils, *R* pour les travailleurs industriels. Les habitants du ghetto B n'avaient pas bénéficié de cette nouvelle distribution de cartes : ils étaient destinés au *Sonderbehandlung*. Il serait peut-être judicieux de commencer l'évacuation du ghetto de ce côté-là, mais cette décision, d'ordre tactique, relevait bien évidemment de Herr Kommandant.

Le gros morceau se trouvait de l'autre côté, à droite, où il y avait encore plus de dix mille personnes. Elles devaient en principe constituer la main-d'œuvre initiale qui ferait fonctionner les usines du camp de Plaszow. Les chefs d'entreprise allemands – Bosch, Madritsch, Beckmann et Oskar Schindler – seraient encouragés à transférer tout ou partie de leur activité dans le nouveau camp. De plus, il y avait une usine de câbles à moins d'un kilomètre du camp où l'on pourrait mener chaque jour des équipes de travail.

– Le commandant désire-t-il que l'on fasse encore quelques kilomètres pour jeter un œil sur le site du nouveau camp ? demanda Kunde.

– Oui, répondit Goeth. Allons-y.

Ils quittèrent la grand-route à l'endroit où l'usine de câbles entourée d'un fatras d'immenses bobines recouvertes de neige marquait le début de la rue Jerozolimska. Amon Goeth aperçut des groupes de femmes malingres, ployant le dos sous des matériaux de construction – panneaux de bois, éléments de gouttières – qui provenaient sans doute de la gare ferroviaire Cracovie-Plaszow. Pilarzik expliqua que ces femmes demeuraient pour le moment au camp de Prokocim, mais que dès que Plaszow serait prêt, leur camp serait fermé et elles seraient placées sous la responsabilité de Herr Kommandant.

Goeth estima que ces femmes devaient transporter leurs charges sur une distance d'environ trois quarts de kilomètre. « Et tout en montée », dit Kunde, en faisant pivoter sa tête sur une épaule, puis sur l'autre, comme pour laisser entendre que tout cela était bon pour la discipline, même si le rythme de la construction devait s'en ressentir.

– Il faudra construire un embranchement ferroviaire relié aux voies de l'Est, dit l'Untersturmführer Goeth.

Ils dépassèrent sur la droite une synagogue bordée de pierres tombales qui, plaquées en relief sur la neige, semblaient former une rangée de dents dans la bouche ricanante de l'hiver. Une partie du camp se trouvait sur le site de ce qui avait été, jusqu'au mois précédent, un cimetière juif.

– Bigrement vaste, dit Wilhelm Kunde.

Herr Kommandant se permit une petite plaisanterie qu'il resservirait souvent tout le temps qu'il serait à Plaszow :

– Comme ça, ils n'auront pas à aller loin pour être enterrés !

Il y avait sur la droite une maison qui ferait l'affaire comme résidence temporaire pour le commandant, et un immeuble neuf assez vaste qu'on réserverait à l'administration. La morgue attenante à la synagogue qui avait été partiellement dynamitée pourrait être transformée en écurie. Kunde indiqua de la main les deux carrières calcaires – l'une au fond d'un petit vallon, l'autre sur une colline derrière la synagogue – situées à l'intérieur du camp. Herr Kommandant pouvait d'ailleurs remarquer le tracé des voies desservant la carrière. La construction de la voie reprendrait dès que le temps se serait amélioré.

Ils se dirigèrent ensuite vers la partie sud du camp en empruntant une petite route sur les crêtes, tout juste praticable par temps de neige. La route se terminait par un vieux fortin autrichien, creusé à même la colline, dont un artilleur aurait tout de suite apprécié l'importance militaire pour peu qu'on y eût installé un canon qui eût dominé en enfilade la route menant vers l'est. L'Untersturmführer Goeth, lui, voyait les choses différemment : on en ferait un mitard.

Du surplomb où ils se trouvaient, on dominait la totalité du camp qui, avec ses deux collines descendant en pente douce, avait l'air d'un petit coin de campagne d'autant plus paisible que la neige recouvrait le tout. Vu du fortin, le site ressemblait aux deux pages vierges d'un immense livre pas tout à fait grand ouvert. Derrière une chaumière grise qui se dressait à l'entrée de la vallée, on pouvait voir des groupes de femmes dont les silhouettes noires se détachaient en contrepoint dans la lumière laiteuse de ce crépuscule hivernal. Elles émergaient des allées verglacées donnant sur Jerozolimska et remontaient la pente sous la garde d'auxiliaires ukrainiens. Arrivées au terme de leur parcours, elles laissaient choir leur morceau de poutrelle ou de panneau devant les baraques à moitié construites où des ingénieurs SS, en pardessus et hambourg, donnaient des ordres.

L'Untersturmführer Goeth fit remarquer que le rendement était, par la force des choses, limité. Les gens du ghetto ne pourraient évidemment pas être transplantés ici tant que les baraques ne seraient pas terminées, et les barbelés et les miradors installés. Il ajouta qu'il n'avait en fait rien à dire sur les cadences de travail de ces prisonniers. D'autant qu'il était favorablement impressionné de constater qu'aussi tard dans la soirée et par une journée aussi froide, les SS pas plus que les Ukrainiens ne montraient l'intention de laisser le souper interférer dans le déroulement des opérations.

Horst Pilarzik l'assura que les choses étaient plus avancées qu'il n'y paraissait : le terrain avait été viabilisé, les fondations creusées malgré le gel, et un nombre important de sections préfabriquées étaient déjà sur place. Herr Untersturmführer pourrait d'ailleurs s'entretenir avec les chefs d'entreprise dès le lendemain – rendez-vous avait été pris pour 10 heures. En combinant les méthodes de construction modernes et une nombreuse main-d'œuvre, on pourrait, à condition que le temps se mette de la partie, terminer la construction du site presque du jour au lendemain.

Pilarzik avait l'air de penser que Goeth était démoralisé. En fait, sans le laisser paraître, Amon se sentait tout ragaillardi. Il pouvait déjà imaginer à quoi ressemblerait l'endroit une fois terminé. Le problème des clôtures ne le préoccupait pas outre mesure. Après la liquidation du ghetto de Podgorze selon les méthodes SS en vigueur, les prisonniers apprécieraient les baraques de Plaszow. Même ceux qui auraient réussi à se procurer de faux papiers viendraient se réfugier ici pour se sentir plus en sécurité. Pour la plupart d'entre eux, les barbelés n'étaient là que pour les rassurer sur leur statut de prisonniers.

Le rendez-vous avec les chefs d'entreprise et les Treuhänders (gérants des entreprises sous séquestre) eut lieu le lendemain matin dans le bureau de Julian Scherner situé en plein centre de Cracovie. Amon Goeth, un sourire sur les lèvres et impeccablement sanglé dans un uniforme de la Waffen SS rutilant neuf, semblait dominer l'assistance. Il se sentait sûr de pouvoir convaincre les chefs d'entreprise indépendants, Bosch, Madritsch et Schindler, de transférer leur main-d'œuvre derrière les barbelés du camp. L'enquête qu'il avait fait mener sur les diverses professions exercées par les habitants du ghetto l'avait convaincu qu'on allait pouvoir monter quelques bonnes combines à Plaszow. Les talents de tous ces joailliers, tailleurs ou tapissiers pourraient être utilisés à bon escient – sous la direction du commandant, bien sûr – pour honorer certaines commandes d'ordre personnel que pourraient faire les SS, les officiers de la Wehrmacht ou certains hauts fonctionnaires. Il aurait plus ou moins à sa disposition les ateliers de vêtements de Madritsch, l'usine de matériel de cuisine de Schindler, peut-être un atelier de métallurgie, une fabrique de brosses, un entrepôt de recyclage des uniformes usagés ou endommagés sur le front russe, un autre atelier de tri pour les vêtements des juifs qu'on expédierait en Allemagne aux familles victimes des bombardements. Il avait déjà fait à Lublin l'expérience du recyclage et savait désormais quels profits on pouvait tirer des bijoux et fourrures confisqués aux juifs.

Voilà qu'aujourd'hui Amon en était arrivé à l'heureux point de sa carrière où le devoir irait de pair avec le profit. Julian Scherner, le chef de la police, avait assuré la veille au cours du dîner que Plaszow serait un endroit très bénéfique pour un jeune officier intelligent – pour lui et pour d'autres, avait finement lancé le policier.

Scherner ouvrit la séance. Il parla sur un ton solennel de la « concentration de la main-d'œuvre », comme s'il s'agissait d'une nouvelle doctrine économique récemment pondue par la bureaucratie SS. « Vos travailleurs seront à pied d'œuvre, expliquait-il. Il n'y aura pas de charges de loyers, pas de charges d'entretien des ateliers. » Ces messieurs étaient d'ailleurs invités à venir visiter les emplacements des futures usines de Plaszow l'après-midi.

On présenta alors le nouveau commandant qui fit savoir toute la satisfaction qu'il éprouvait de se trouver associé en quelque sorte avec des chefs d'entreprise dont la contribution à l'effort de guerre était connue de tous.

Amon indiqua sur une carte les endroits du camp où seraient montés les ateliers. Ils seraient adjacents aux baraquements des hommes. Les femmes devraient faire une petite marche d'à peine deux cents mètres en pente douce pour se rendre sur les lieux de travail. Sa principale occupation, assura-t-il, serait de veiller à ce que tout fonctionne sans accroc, mais il n'avait nullement l'intention d'interférer en quoi que ce soit dans la marche des usines, non plus que de limiter d'un iota l'autonomie de ces messieurs. Les ordres qu'il avait reçus, comme pourrait le vérifier l'Oberführer Scherner, lui interdisaient ce type d'intrusion. Mais l'Oberführer avait eu raison de signaler les avantages mutuels qu'il y aurait à transférer les usines dans le périmètre du camp. Les installations fournies aux industriels seraient gratuites. Le commandant n'aurait pas à fournir de gardes pour accompagner les prisonniers jusqu'à leur lieu de travail. Qui plus est, la fatigue des déplacements et l'hostilité que les Polonais ne manqueraient pas de témoigner en voyant une colonne de juifs finiraient par avoir une incidence sur le moral des ouvriers. Rien que des avantages.

Pendant toute sa péroraison, Goeth lorgnait en direction de Madritsch et de Schindler, les deux hommes qu'il voulait particulièrement gagner à ses thèses. Il savait déjà qu'il pouvait compter sur Bosch. Mais Herr Schindler, par exemple, qui avait un atelier de munitions, petit, certes, mais en développement... Si on le transférait dans le camp, cela ne manquerait pas de rehausser le prestige de Plaszow aux yeux de l'Inspection des armements.

Herr Madritsch gardait une mine renfrognée tandis que Herr Schindler écoutait avec un sourire de bon aloi. Mais avant même d'avoir fini de parler, le commandant Goeth savait d'instinct que Madritsch se montrerait raisonnable, tandis que Schindler refuserait. Il lui était difficile cependant de juger lequel des deux était le mieux disposé à l'égard de ses juifs –

Madritsch qui voulait se retrouver dans Plaszow avec eux, ou Schindler qui voulait les garder avec lui à Emalia.

Oskar Schindler, dont le visage reflétait toujours la même bonne volonté, partit avec le groupe pour une visite plus détaillée du site. Plaszow désormais ressemblait véritablement à un camp – le temps s'étant amélioré, on avait pu assembler les baraquements, et le dégel avait permis de creuser les latrines et les trous destinés aux poteaux. Une firme de construction polonaise avait installé quelques kilomètres de clôture. De solides miradors s'élevaient déjà sur la ligne d'horizon vers Cracovie, comme à l'entrée de la vallée en direction de la rue Wieliczka, à l'autre bout du camp. Oskar remarqua sur sa droite des groupes de femmes qui portaient de lourds panneaux en pataugeant dans la boue. Plus bas, du fond de la vallée jusqu'à l'autre extrémité du camp, des prisonniers équipés de marteaux, de tournevis ou de clés à molette assemblaient les baraquements avec une énergie qui, vue de loin, semblait témoigner de leur bonne volonté.

Les longues baraques en bois qui allaient servir d'ateliers avaient été érigées sur le meilleur emplacement, là où le terrain était le plus plat. On pourrait couler du ciment sur le sol pour l'installation des machines lourdes. Les SS s'occuperaient eux-mêmes du transfert de toutes les machines et des équipements. La route qui desservait le camp n'était guère plus qu'un chemin vicinal, mais la firme d'ingénierie Klug avait été contactée pour construire une vraie rue principale et l'Ostbahn avait promis d'amener un embranchement ferroviaire jusqu'à la carrière qu'on voyait en bas à droite. On pouvait utiliser le calcaire et les pierres tombales du cimetière préalablement concassées pour paver d'autres voies. Mais que ces messieurs ne se fassent pas de souci pour les routes, ajouta Goeth. Il veillerait à maintenir en permanence des équipes de carriers et de cantonniers.

Une petite voie ferrée desservant la carrière longeait déjà l'immeuble de l'administration et les baraques en dur qui devraient abriter les garnisons de SS et d'Ukrainiens. Les wagonnets chargés de pierre calcaire pesaient environ six tonnes. Des équipes de trente-cinq à quarante femmes tiraient chacun d'entre eux à l'aide de câbles fixés latéralement pour compenser les déformations de la voie. Les équipes formaient un tout solidement soudé, et, une fois le wagonnet en marche, il n'était plus question de s'arrêter. Ceux qui tombaient ou trébuchaient étaient piétinés par les suivants. En contemplant ce travail d'esclaves, Oskar sentit monter en lui cette espèce de nausée qu'il avait déjà ressentie dans le parc dominant la rue Krakusa. Goeth n'avait pas imaginé une seconde que ces industriels eussent pu avoir un autre point de vue que lui. N'étaient-ils pas du même bord ? Le spectacle de ces femmes tirant sur les câbles et se piétinant ne l'embarrassait nullement. Ici, comme dans la rue Krakusa, la question était de savoir : Qu'est-ce qui pouvait bien mettre les SS dans l'embarras ? Qu'est-ce qui pouvait bien embarrasser Amon Goeth ?

L'énergie déployée par les travailleurs était-elle compensée par le fait de savoir leur famille en sécurité ? Même pas. Bien qu'Oskar n'en eût pas encore entendu parler, Amon avait procédé ce matin-là à une exécution sommaire devant ces hommes, afin qu'ils sachent très exactement ce que travailler ici voulait dire. Amon, après la première prise de contact avec les industriels en début de matinée, s'était rendu rue Jerozolimska sur le chantier des futures baraques destinées aux SS, chantier dirigé par Albert Hujar, un excellent sous-officier qui allait d'ailleurs bientôt être promu au rang d'officier. Hujar s'était approché de lui pour faire son rapport. Rougissant, il lui avait annoncé qu'une section des fondations avait cédé. Amon avait remarqué à ce moment-là une jeune femme qui semblait donner des explications et des directives aux équipes de travailleurs. Qui était-elle ? demanda-t-il à Hujar. C'était une prisonnière, architecte, qui avait été recrutée pour la construction des baraquements. Elle prétendait que les fondations n'avaient pas été creusées correctement et voulait qu'on retirât toutes les pierres et le ciment afin de repartir de zéro.

Goeth pouvait lire sur le visage de Hujar qu'il venait d'avoir une sérieuse dispute avec la femme. Hujar, en fait, avait clos la discussion en hurlant :

– C'est des baraquements que vous construisez, pas un quatre étoiles !

Souriant à moitié, Amon décréta qu'il n'y avait pas à discuter avec ces gens.

– Qu'on m'amène la fille, dit-il.

Amon pouvait voir à la démarche de la jeune femme qu'elle avait été élevée dans un milieu bourgeois. Elle avait sans doute acquis cette élégance naturelle, typiquement européenne, dans les universités de Vienne ou de Milan où ses parents avaient dû l'envoyer pour acquérir à la fois un diplôme et un échelon social faute d'avoir eu accès aux universités polonaises. Elle s'approcha de lui, comme si le grade d'Amon et sa propre qualité d'architecte les mettaient en quelque sorte sur un pied d'égalité. Ils allaient devoir tous les deux faire front contre ces sous-officiers négligents et l'ingénieur SS qui avait bâclé la supervision de la mise en place des fondations. Elle ne pouvait pas savoir qu'il la méprisait d'autant plus que son visage ne trahissait nullement sa qualité de juive. Il aurait voulu qu'entre cette femme et le bel officier en uniforme SS, ce qui séparait les deux races fût l'évidence même.

– On me dit que vous vous êtes disputée avec l'Oberscharführer Hujar, dit Goeth comme s'il s'agissait d'une peccadille.

La fille fit oui de la tête, sans se démonter. Ce hochement semblait signifier que Herr Kommandant comprendrait, même si cet imbécile de Hujar en était incapable.

– Toutes les fondations à cet endroit devront être refaites entièrement, dit-elle avec une grande fermeté.

Bien sûr, Amon savait qu'*ils* étaient comme ça, qu'*ils* aimaient faire durer les choses en sachant que les équipes seraient saines et sauves pendant toute la durée des travaux.

– Si tout n'est pas repris entièrement, insista la fille, il y aura une faiblesse de structure dans le mur des baraques exposé au sud. Eventuellement, il pourrait s'effondrer.

Elle continua à plaider sa cause tandis qu'Amon hochait la tête tout en étant convaincu qu'elle mentait. Un de ses premiers principes était de ne jamais croire un juif doué d'un certain talent. Les juifs talentueux sortaient du même moule que Marx dont les théories avaient pour but de saper les fondations mêmes des gouvernements, ou de Freud qui avait porté atteinte à l'intégralité de la pensée aryenne.

Il appela Hujar. Le sous-officier revint, mal à l'aise. Il pensait qu'il allait devoir suivre les recommandations de la fille. Elle aussi le pensait.

– Tuez-la, dit Amon à Hujar.

Il y eut un moment d'hésitation pendant que Hujar assimilait l'ordre qui venait de lui être donné.

– Tuez-la, répéta Amon.

Hujar prit la fille par le coude pour l'emmener dans un endroit moins public.

– Ici ! hurla Amon. Tuez-la ici. C'est un ordre !

Hujar savait qu'il fallait l'exécuter. Il poussa la fille devant lui, dégaina son mauser et tira dans la nuque.

La détonation frappa tous les témoins de stupeur à l'exception – semble-t-il – des exécuteurs et de Mlle Diana Reiter, agonisante. Elle parvint à s'agenouiller en regardant ses bourreaux. « Il en faudra plus », semblait dire son regard. L'intensité de ce regard effraya d'abord Amon. Mais elle justifiait sa décision, elle l'enivrait. Il venait d'accomplir un acte de justice politique, raciale et morale. Et pourtant cet homme, dressé pour tuer, connaîtrait après ces moments d'intense exaltation un sentiment de vide tel qu'il lui faudrait meubler ses soirées en abusant copieusement des plaisirs de la table et du lit.

Mis à part ces considérations, le meurtre de Diana Reiter prit valeur d'avertissement : si Mlle Reiter avec tous ses diplômes et son talent professionnel n'avait pas réussi à sauver sa vie, aucun homme ou aucune femme affecté à la construction des baraques de Plaszow ne pourrait se considérer comme un rouage essentiel. Le mieux serait donc de se faire tout petit et de travailler dur. C'est ainsi que les équipes féminines employées au transport des panneaux arrivés en gare de Cracovie-Plaszow, les carriers, les maçons, les cantonniers redoublèrent d'énergie après avoir tiré la leçon de l'assassinat de Mlle Reiter.

Quant à Hujar et ses collègues, ils savaient désormais que les exécutions sommaires feraient partie de l'univers de Plaszow.

20

Deux jours après la visite de Plaszow, Schindler se rendit en ville dans les bureaux temporaires de Goeth avec une bouteille de cognac sous le bras. La nouvelle du meurtre de Diana Reiter avait circulé à Emalia. Elle avait renforcé la détermination d'Oskar de ne pas transférer son usine.

Les deux hommes s'assirent l'un en face de l'autre, s'observant. Ils se comprenaient. Chacun savait qu'il était venu à Cracovie en vue d'amasser une petite fortune ; que par conséquent Oskar devait verser des pots-de-vin en échange de certaines faveurs. Oskar avait ce don caractéristique des vendeurs de talent de traiter les gens qu'il abhorrait comme s'ils étaient des êtres chers. Son numéro était tellement au point que Herr Kommandant verrait toujours en Oskar un ami.

Mais d'après les témoignages de Stern et de bien d'autres, il apparaît évident que, dès les premiers contacts, Oskar détesta cet homme qui faisait dans l'assassinat comme d'autres dans la banque. Oskar pouvait s'entendre avec Amon l'administrateur, avec Amon le spéculateur, mais il savait que les neuf dixièmes de la personnalité du commandant dépassaient les normes généralement admises. En fait quiconque a connu Oskar à cette époque ou plus tard n'a pas eu le sentiment qu'il ait jamais succombé à ce type de fascination morbide. Oskar méprisait Goeth avec passion. Et ce mépris, comme on le verra, ne fera que s'amplifier. On ne peut s'empêcher malgré tout de penser qu'Amon était le Mister Hyde d'un Oskar-Docteur Jekyll, et que le commandant s'était mis dans le rôle de l'exécuteur fanatique et cinglé qu'Oskar aurait pu jouer si les circonstances avaient été autres.

Pendant qu'ils sirotaient leur cognac, Oskar expliqua à Amon les raisons qui rendaient impossible le transfert de son usine à Plaszow. Il y avait trop de lourdes machines à déplacer. Il croyait que son ami Madritsch était prêt à faire travailler ses ouvriers juifs dans le camp, mais l'usine de Madritsch ne comportait que du matériel léger, principalement des machines à coudre. Les presses, c'était autre chose. D'autant que chacune d'entre elles – comme d'ailleurs toutes les grosses machines de précision – avait développé sa petite particularité. Les travailleurs qualifiés s'étaient habitués à ces bizarreries. Si on déplaçait ces machines, d'autres bizarreries se manifesteraient. Il y aurait des délais. La période de mise en route serait beaucoup plus longue que pour son très cher ami Madritsch. L'Untersturmführer comprendrait qu'avec les contrats militaires très importants qu'il lui fallait exécuter, on ne pouvait pas se permettre une telle perte de temps. Herr Beckmann qui avait le même type de problèmes était en train de licencier tous ses travailleurs juifs à Corona. Il ne voulait pas se compliquer la vie en les faisant aller et venir, sous bonne garde, de Plaszow à l'usine. Mais, malheureusement pour lui, Schindler avait des centaines de travailleurs juifs qualifiés, ce que n'avait pas Beckmann. S'il devait s'en défaire, il faudrait former des Polonais pour les remplacer, ce qui entraînerait des délais de production encore plus considérables que s'il avait accepté l'aimable invitation de Goeth à venir s'installer à Plaszow.

Amon pensait en fait qu'un transfert à Plaszow pourrait interférer dans les petites combines qu'Oskar ne devait pas manquer de mettre sur pied à Cracovie. Aussi le commandant s'empressa-t-il de rassurer Oskar sur le fait qu'il serait libre de tous ses mouvements.

– C'est uniquement les problèmes de fabrication qui m'inquiètent, dit pieusement Oskar.

Il ne voulait surtout pas gêner le commandant, mais il serait reconnaissant, comme le serait aussi l'Inspection des armements, si l'on autorisait la DEF à rester sur place.

Pour des gens comme Goeth et Oskar, le mot « reconnaissance » n'était pas un terme abstrait. Cela voulait dire pots-de-vin, liqueurs, diamants...

– Je mesure vos problèmes, Herr Schindler, dit Amon. Une fois le ghetto liquidé, je veillerai à vous fournir une garde pour escorter vos travailleurs de Plaszow à Zablocie.

Quand Itzhak Stern vint un après-midi à Zablocie pour une affaire concernant l'usine du Progrès, il trouva Oskar déprimé. Après avoir bu le café – qu'il arrosait toujours d'une petite lampée de cognac apporté par Klonowska –, Herr Direktor annonça à Stern qu'il s'était rendu une nouvelle fois à Plaszow sous prétexte de voir les installations. Il voulait en fait savoir combien de Ghettomenschen allaient y tenir.

– J'ai fait le compte, dit-il.

Il avait en effet calculé que si l'on entassait deux cents femmes dans chaque baraquement dressé sur la colline, comme ça paraissait probable, il y aurait de la place pour six mille femmes dans le quartier du haut. Le secteur des hommes, en bas, était encore en chantier, mais au rythme où les choses allaient à

Plaszow, il pourrait être terminé dans les prochains jours.

– Tout le monde dans l'usine sait ce qui va se passer, expliqua Oskar. Inutile de garder les équipes de nuit sur place étant donné qu'il n'y aura plus de ghetto où aller. Tout ce que je peux leur dire, poursuivit Oskar en prenant une autre ration de cognac, c'est qu'elles ne doivent pas chercher à se cacher à moins d'être bien sûres de l'endroit.

Il avait entendu dire que le ghetto serait entièrement nivelé après l'expulsion des habitants. Toutes les cachettes, les caves, les galeries seraient fouillées et condamnées.

Ainsi, si bizarre que cela puisse paraître, Stern, une des cibles de la prochaine *Aktion*, était en train de réconforter Herr Direktor Schindler, qui ne serait qu'un simple témoin. Mais le souci que donnaient à Oskar ses travailleurs juifs était en quelque sorte dilué dans la plus vaste tragédie de la fin imminente du ghetto. Plaszow était un centre de main-d'œuvre, disait Stern. On pouvait très bien y survivre. Rien de commun avec Belzec où l'on fabriquait la mort de la même manière que Henry Ford fabriquait des voitures. Peut-être serait-il humiliant de devoir s'aligner chaque fois qu'on en recevrait l'ordre, mais Plaszow ne serait quand même pas la fin du monde. Quand Stern eut fini de parler, Oskar s'agrippa à son bureau et, pendant quelques secondes, sembla vouloir l'arracher de son socle.

– Foutaises, Stern, foutaises ! dit-il. Vous savez bien que ce n'est pas suffisant.

– Il le faudra bien, répondit Stern. C'est la seule façon de s'en tirer.

Et, bien que lui-même se sentît menacé, il poursuivit son argumentation, citant des rumeurs qui avaient couru, coupant les cheveux en quatre. Car Oskar était en pleine crise. Stern savait que si Oskar perdait tout espoir, tous les travailleurs juifs d'Emalia seraient expédiés Dieu sait où.

– Il arrivera un moment où l'on pourra agir d'une façon moins négative, dit Stern, mais plus tard.

Lâchant enfin son bureau, Oskar se renfonça dans son fauteuil pour expliquer ce qui lui valait d'être si déprimé.

– Vous connaissez Amon Goeth, dit-il. Il a du charme. Il pourrait venir ici et vous seriez sous le charme. Seulement, voilà, il est cinglé.

Le 13 mars, dernier jour du ghetto, était aussi un jour de sabbat. Amon Goeth arriva Plac Zgody, la place de la Paix, quelques instants avant le lever du jour. Les gros nuages qui filaient bas semblaient avoir effacé la frontière entre le jour et la nuit. Les hommes du Sonderkommando étaient déjà arrivés et s'étaient regroupés sur le petit parc du centre où ils étaient en train de fumer et de rire, pas trop fort cependant pour ne pas révéler leur présence aux habitants du ghetto dormant dans les immeubles proches de la pharmacie de Herr Pankiewicz. Les routes qu'ils avaient empruntées pour venir avaient été déblayées de la neige comme dans toute ville bien tenue. Il ne restait guère que quelques monticules bien tassés le long des murs et quelques plaques dans les caniveaux. On peut, sans grand risque de se tromper, penser que Goeth sentait vibrer en lui la fibre paternelle à la vue de ces jeunes gens, tous camarades, se tenant bien sagement au milieu de la place en attendant de passer à l'action.

Amon prit une lampée de cognac pour s'aider à attendre l'arrivée du Sturmbannführer Willi Haase qui, bien que n'ayant pas le contrôle tactique de l'*Aktion*, en avait néanmoins élaboré la stratégie. Aujourd'hui, on allait déblayer le ghetto A, de la Plac Zgody en poussant vers l'ouest. C'est là qu'habitaient tous les juifs aptes au travail, c'est-à-dire tous ceux qui avaient encore à la fois la santé et l'espoir. Le ghetto B, quelques pâtés de maisons situés à l'est du ghetto, ne contenait plus que les vieux et les derniers habitants sans emploi. Ceux-là, on s'en occuperait dans la soirée ou le lendemain. Ils étaient programmés pour le camp d'extermination d'Auschwitz, considérablement agrandi sous la direction du commandant Rudolf Höss. Le ghetto B, c'était du travail honnête, sans problème. Le ghetto A pourrait peut-être réserver des surprises.

Tout le monde voulait être dans le coup ce jour-là. Car, ce jour-là, on allait écrire l'Histoire avec un grand H. Il y avait eu un ghetto à Cracovie pendant plus de sept siècles, et voici qu'à la fin de la journée, ou au plus tard le lendemain, ces sept siècles ne seraient plus qu'une rumeur, et Cracovie serait enfin *judenfrei* (débarrassée des juifs). Le moindre rond-de-cuir SS voulait pouvoir dire plus tard : « J'y étais. » Même Unkelbach, le comptable de l'usine de coutellerie du Progrès qui avait un vague statut de réserviste, allait revêtir pour la circonstance son vieil uniforme de sous-officier et se diriger vers le ghetto à la tête d'une escouade. On comprend maintenant pourquoi le très distingué Willi Haase, officier supérieur ayant participé au programme du jour, avait toutes les raisons d'être là.

Outre son mal de tête matinal, Amon s'était senti quelque peu lessivé par l'insomnie qui l'avait tenu en éveil aux petites heures de la nuit. Mais maintenant qu'il était sur le terrain, il se sentait tout ragaillardi. Le parti national-socialiste avait fait un fameux cadeau à ces SS-là : ils pouvaient marcher au combat sans aucun risque physique, décrocher les honneurs sans avoir à entendre siffler les balles. L'impunité psychologique était plus difficile à atteindre. Tous les officiers SS avaient des camarades qui s'étaient suicidés. Le haut commandement avait pondu des circulaires pour dénoncer ces pertes futiles : il fallait être simple d'esprit pour croire que les juifs, parce qu'ils n'avaient pas de fusils, ne possédaient pas d'armes d'un autre calibre : des armes sociales, économiques et politiques. En fait, le juif était armé jusqu'aux dents. Trempez votre caractère dans l'acier, soulignaient les circulaires, car l'enfant juif est une bombe à retardement culturelle, la femme juive, le tissu biologique de toutes les trahisons, le mâle juif, un ennemi plus implacable encore qu'aucun Russe ne saurait l'être.

Amon Goeth, lui, était d'acier. Il n'éprouvait que du mépris pour le type d'officier qui prépare l'action et laisse ses subordonnés l'accomplir. Cela pouvait être plus dangereux dans un certain sens que d'y participer soi-même. Il donnerait l'exemple, comme il l'avait fait pour Diana Reiter. Il savait déjà que son euphorie allait croître au fur et à mesure de la journée, comme allait croître son besoin d'alcool quand arriverait midi et que les choses se précipiteraient. Il pressentait qu'en dépit de l'aspect sinistre du ciel, ce jour-là serait un des grands jours de sa vie, que, quand il serait vieux, et que la race aurait disparu, des jeunes gens émerveillés lui demanderaient ce que c'était de vivre des jours pareils.

A moins d'un kilomètre de là, le Dr H..., médecin à l'hôpital des convalescents du ghetto, était assis dans le noir au milieu de ses derniers malades. Il rendait grâce de les savoir bien isolés au dernier étage de l'hôpital et n'ayant d'autre souci que leur fièvre et leur souffrance.

Car tout le monde savait au rez-de-chaussée ce qui s'était passé à l'hôpital des maladies contagieuses près de la Plac Zgody. Un groupe de SS sous le commandement de l'Oberscharführer Albert Hujar s'était rendu à l'hôpital avec pour mission de le faire évacuer. Ils y avaient trouvé le Dr Rosalia Blau au milieu de ses malades atteints de rougeole ou de tuberculose qui, disait-elle, ne pouvaient en aucun cas être déplacés. Les enfants atteints de coqueluche avaient déjà été renvoyés chez eux. Mais il était trop dangereux, à la fois pour eux et pour la communauté, de relâcher les cas de rougeole. Quant aux tuberculeux, ils étaient simplement trop malades pour pouvoir se tenir debout.

La rougeole, comme on sait, est rarement une maladie d'adulte, et la plupart des malades placés sous la charge du Dr Blau étaient des filles de douze à seize ans. Pour appuyer ses dires et son jugement professionnels, le Dr Blau fit un geste du bras, indiquant par là à Hujar de se rendre compte lui-même de l'état dans lequel se trouvaient ces malheureux.

Hujar, fort de la leçon que lui avait donnée Amon Goeth la semaine prédécente, tira une balle dans la tête du Dr Blau. Les malades qui n'étaient pas prostrés dans un délire de fièvre tentèrent de sortir de leur lit. Tous furent exécutés dans un fracas d'armes automatiques. Quand l'équipe de Hujar en eut terminé, une corvée du ghetto fut envoyée pour sortir les morts, empiler les draps ensanglantés et laver les murs.

L'hôpital des convalescents avait été installé dans ce qui avait été, avant guerre, un commissariat de police polonais. Depuis la création du ghetto, on y avait entassé des malades sur ses trois étages. Son directeur, le Dr B..., était un médecin très réputé. Le matin du 13 mars, les Drs B... et H... avaient réussi à renvoyer la plupart des malades chez eux à l'exception de quatre, tous intransportables. L'un était un jeune travailleur atteint de phtisie galopante ; le deuxième, un musicien de talent souffrant d'une maladie de reins incurable. Le Dr H... voulait à tout prix leur éviter le traumatisme final d'une salve meurtrière. C'était peut-être encore plus important dans le cas de l'aveugle qui venait d'être frappé d'une congestion cérébrale ou du vieillard totalement épuisé qui avait été opéré d'une tumeur intestinale.

Tous les membres de cette équipe médicale étaient d'une rare compétence. Les premiers rapports établis en Pologne sur la maladie érythroblastique de Weil et sur le syndrome Wolff-Parkinson-White avaient été faits dans cet hôpital pourtant complètement démuni. Mais, ce matin-là, c'était le problème du cyanure qui préoccupait le Dr H...

Pensant qu'il devrait peut-être recourir au suicide, le Dr H... avait constitué une petite réserve de solution d'acide cyanhydrique. Il savait que d'autres médecins avaient fait la même chose. Il faut dire que l'état de dépression mentale qui s'était abattu sur les habitants du ghetto au cours de l'année écoulée avait fini par contaminer le Dr H..., un homme jeune et remarquablement vigoureux. Mais l'Histoire elle-même semblait atteinte de cancer. Savoir qu'il pouvait avoir accès au cyanure l'avait réconforté dans les moments les plus dramatiques. A cette période tardive de l'histoire du ghetto, c'était le seul produit pharmaceutique dont les médecins pouvaient encore disposer. Il n'y avait pratiquement jamais eu de sulfamides. Emétiques, éther, aspirine, tout cela avait disparu depuis un bon moment. Le cyanure était en fait le seul produit élaboré qui leur restât.

Ce matin-là, un peu avant 5 heures, le Dr H..., qui dormait dans sa chambre de la rue Wit-Stwosz, avait été réveillé par le bruit des camions qui s'alignaient le long des immeubles. En s'approchant de sa fenêtre, il avait vu les Sonderkommandos en train de se rassembler près de la rivière et avait immédiatement pensé qu'une action décisive était imminente. Se précipitant à l'hôpital, il avait trouvé le Dr B... et son équipe d'infirmiers en pleins préparatifs. Les malades qui pouvaient être transportés étaient descendus au rez-de-chaussée et confiés à la famille ou aux amis. Quand tous furent partis, hormis les quatre déjà mentionnés, le Dr B... demanda aux infirmières de quitter les lieux. Ce qu'elles firent à l'exception de l'infirmière en chef. Il ne restait plus désormais dans l'hôpital, presque désert, que les Drs B... et H..., cette infirmière et les quatre malades.

Les Drs B et H... n'échangèrent que quelques rares paroles pendant toute la période d'attente. Ils avaient tous deux accès à la réserve de cyanure et chacun savait que l'autre avait eu la même idée. Le suicide, bien sûr. Mais aussi l'euthanasie. Cette idée terrifiait le Dr H... dont le visage exprimait la finesse et la sensibilité. Pour lui, l'éthique médicale n'était pas un vain mot. Il savait que n'importe quel médecin doté d'un peu de bon sens, et muni d'une seringue, pouvait établir un diagnostic extrêmement rapide du moindre mal à envisager : le cyanure ou l'abandon des malades entre les mains du Sonderkommando. Quand on en arrivait à ce point, il n'était plus question de diagnostic mais de morale. Et la morale pouvait avoir parfois des côtés bien tordus.

De temps à autre, le Dr B... allait vers une fenêtre pour voir si l'*Aktion* avait débuté. Ses yeux ne reflétaient rien d'autre qu'un calme professionnel. H... devinait bien que son confrère était en train de ruminer les mêmes pensées, échafaudant les mêmes solutions et ne se résignant pas à choisir. Suicide. Euthanasie. Une solution : rester, se tenir debout au milieu des lits comme Rosalia Blau. Une autre : cyanure pour tous. B... penchait pour cette idée. Au moins, ils ne resteraient pas passifs. De plus, les trois nuits de veille qu'il venait de passer l'avaient conforté dans l'idée d'en finir.

Pour un homme aussi sérieux que le Dr H..., cet état dépressif était une raison supplémentaire pour ne pas prendre le poison. On ne joue pas avec le suicide. Il l'avait appris dans son enfance studieuse, quand son père lui avait lu le récit des zélotes de la mer Morte qui avaient décidé de tous se donner la mort plutôt que de se rendre aux Romains. On ne devait pas entrer dans la mort comme dans un havre. Les zélotes s'étaient donné la mort en vertu d'un principe : le refus absolu de se rendre. Les principes sont les principes, bien sûr, et la terreur qui frappe une ville au petit matin est tout autre. Mais H... était un homme de principes.

Et il avait une femme. Il savait qu'il restait une issue pour lui et sa femme : les égouts qui débouchaient au coin des rues Piwna et Krakusa. Les égouts et la fuite aléatoire en direction des forêts d'Ojcow. Il redoutait cette solution plus encore que la fin rapide avec le cyanure. Si, cependant, les Allemands ou la police polonaise lui mettaient la main dessus, il passerait « l'examen », grâce au Dr Lachs. Le Dr Lachs était un célèbre chirurgien esthétique qui avait appris à un certain nombre de jeunes juifs de Cracovie à se refaire un prépuce sans acte chirurgical en attachant à la verge un poids – une bouteille contenant un certain volume d'eau qu'on augmentait chaque jour – pendant leur sommeil. Cette recette, disait Lachs, avait déjà été utilisée par les juifs au moment des persécutions romaines et il avait cru bon de la remettre au goût du jour depuis que les SS faisaient la chasse aux juifs de Cracovie. Le Dr H... avait utilisé la méthode qui s'était révélée satisfaisante. Raison de plus pour ne pas se suicider.

L'infirmière, une femme pondérée qui pouvait avoir quarante ans, vint faire son rapport matinal au Dr H... Le jeune homme se reposait calmement, mais l'aveugle frappé de congestion semblait très agité. Quant au musicien et au vieillard souffrant d'une fistule anale, ils avaient eu une nuit éprouvante.

Pourtant, tout était calme à présent. On n'entendait que quelques chuintements des malades encore à demi endormis et quelques râles de douleur. Le Dr H... se rendit sur le balcon situé au-dessus de la cour pour fumer une cigarette et ressasser le problème.

L'année précédente, le Dr H... avait exercé dans l'ancien hôpital des maladies contagieuses, situé dans la rue Rekawka, quand les SS décidèrent de boucler cette partie du ghetto et de transférer l'hôpital. Ils avaient aligné le personnel contre un mur pendant qu'ils précipitaient les malades au rez-de-chaussée. H... avait vu la vieille Mme Reisman, une jambe coincée entre deux montants de l'escalier, tandis qu'un SS continuait à tirer sur l'autre jambe jusqu'à ce qu'on entendît le craquement sec de l'os qui cassait. C'était leur façon de déplacer les malades du ghetto. Mais, l'an dernier, personne ne songeait au suicide. Chacun espérait encore que les choses iraient en s'améliorant.

Aujourd'hui, même si lui et le Dr B... parvenaient à une décision, H... ne savait pas s'il aurait le courage d'administrer le cyanure aux malades. Son débat intérieur était aussi absurde que celui du jeune homme qui se demande s'il doit aller faire une proposition à la fille dont il est éperdument amoureux. Une fois qu'il a pris sa décision, il n'en est pas plus avancé pour autant. Il faut encore passer à l'acte.

C'est là, sur le balcon, qu'il entendit les premiers bruits, les *raus ! raus !* hurlés dans les mégaphones, les mensonges habituels à propos des bagages auxquels certains voulaient encore croire. Dans les rues désertes et même au plus profond des logements où chacun se tenait figé, on pouvait percevoir une rumeur sourde et terrifiante qui montait de la Plac Zgody jusqu'à la rue Nadwislanska, le long du fleuve. H... lui-même fut pris de frissons.

Puis il entendit la première salve. Ensuite quelques

cris stridents, des hurlements au mégaphone pour faire taire une voix de femme. Les gémissements furent interrompus par une nouvelle salve, remplacés par d'autres gémissements d'une nature différente, que laissait échapper le troupeau affolé poussé par les SS, par les auxiliaires OD anxieux de se faire bien voir, et par les retardataires qui voulaient échapper aux coups. Le bruit diminua peu à peu au fur et à mesure qu'on poussait le troupeau vers l'autre bout du ghetto, là où se trouvait le portail. Même le musicien plongé dans sa torpeur précomateuse ne pouvait pas ne pas avoir entendu.

Quand le Dr H... revint dans la salle, il vit que tous le regardaient, y compris le musicien. Il pouvait sentir plutôt que voir les corps tendus à l'extrême dans les lits. Le vieillard opéré des intestins se mit à haleter d'une voix faible : « Docteur, docteur ! » D'autres gémissaient. « Allons, s'il vous plaît », dit le médecin. Ce qui voulait dire : « Je suis là, et ils sont encore loin. » Il regarda le Dr B... qui fronça les sourcils au moment où le bruit reprit, plus rapproché cette fois-ci. Le Dr B... lui fit un signe de la tête, puis se dirigea vers le petit placard à pharmacie situé au fond de la salle pour revenir avec une bouteille de cyanure. Après un bref moment, H... s'approcha de son collègue. Il aurait pu rester là où il était et laisser à B... le soin de faire le sale boulot. Il devinait que l'homme avait suffisamment d'énergie pour agir seul sans avoir besoin de sa caution. Mais pouvait-il s'abstenir ?

– Bon, dit le Dr B... en montrant la bouteille à H...

Les cris et les ordres qui parvenaient maintenant de la rue Jozefinska avaient noyé cette simple parole. Le Dr B... appela l'infirmière.

– Donnez à chacun quarante gouttes diluées dans un peu d'eau.

– Quarante ? dit-elle.

Elle savait quel type de remède c'était.

– C'est cela, répondit le Dr B...

Le Dr H... lança un long regard à l'infirmière comme pour dire qu'il approuvait désormais, qu'il avait recouvré ses esprits, qu'il aurait pu administrer les doses lui-même. Mais s'il le faisait, les malades seraient sur leurs gardes. Ce sont les infirmières qui donnent les médicaments.

Pendant que l'infirmière préparait le mélange, H... traversa la salle pour aller réconforter le vieillard.

– J'ai quelque chose qui va vous soulager, Roman, dit-il en lui posant la main sur le bras.

Comment ce vieil homme a-t-il pu en arriver là ? s'étonnait-il au contact de sa peau ridée. Il s'imaginait le jeune Roman usant ses fonds de culotte sur les bancs d'école de la Galicie rattachée alors à l'empire austro-hongrois, puis l'adolescent roulant des mécaniques dans les rues de Cracovie, la petite Vienne de la Vistule, et encore la jeune recrue partant en manœuvres sous l'uniforme de François-Joseph. Sans doute avait-il ensuite emmené des jeunes filles dans les salons de thé de Kazimierz, la ville célèbre pour ses dentelles et ses pâtisseries ! Sans doute avait-il grimpé avec certaines d'entre elles sur la colline de Kosciuszko dans l'espoir de leur voler un baiser derrière les buissons ? Comment le monde avait-il pu basculer si vite en l'espace d'une vie ? Comment avait-on pu passer de François-Joseph au sous-officier qui avait la caution de ses chefs pour tuer Rosalia Blau et les petites filles atteintes de rougeole ?

– S'il vous plaît, Roman, dit le médecin pour que le vieil homme se décontracte.

Il pensait que le Sonderkommando serait là dans moins d'une heure. Le Dr H... fut un moment tenté de mettre Roman dans le secret, mais y renonça. Le Dr B... avait prescrit plus que la dose nécessaire. Le souffle coupé pendant quelques secondes, une stupeur passagère, tout cela ne devrait pas constituer des sensations bien nouvelles ou trop intolérables pour le vieux Roman.

Quand l'infirmière arriva avec ses quatre verres, aucun des malades ne lui demanda ce qu'ils contenaient. Le Dr H... ne saurait jamais si l'un d'entre eux avait compris. Il se retourna et regarda sa montre. Il craignait qu'au moment où ils allaient ingurgiter la dose, il n'y ait des bruits anormaux, différents de ceux que fait ordinairement un malade quand il absorbe un quelconque médicament. Il entendit l'infirmière mumurer : « Tenez, c'est pour vous », puis quelqu'un prendre une grande inspiration. Etait-ce l'infirmière ? Etait-ce un malade ? « Cette femme est vraiment l'héroïne du jour », pensait-il.

Quand il se retourna à nouveau, il vit l'infirmière en train de réveiller le musicien pour lui donner le verre. Le Dr B... qui avait enfilé une nouvelle blouse blanche regardait la scène à l'autre bout de la salle. Le Dr H... vint au chevet de Roman pour lui prendre son pouls. Il ne battait plus. Un peu plus loin le musicien s'efforçait d'ingurgiter cette curieuse mixture au goût d'amande.

Tout alla aussi simplement que H... l'avait espéré. Il les regarda – la bouche entrouverte mais pas de façon obscène, les yeux vitreux et désormais immunisés, les têtes en arrière et les mentons dressés vers le ciel – avec ce sentiment d'envie que tous les habitants du ghetto devaient ressentir pour ceux qui avaient réussi à s'échapper.

21

Poldek Pfefferberg partageait une chambre au dernier étage d'une maison du XIXᵉ siècle située au bout de la rue Jozefinska. Sa fenêtre plongeait sur la Vistule où des péniches polonaises, ignorant tout du dernier jour du ghetto, descendaient ou remontaient le courant tandis que les vedettes SS patrouillaient comme à l'habitude. Pfefferberg attendait avec sa femme, Mila, que le Sonderkommando pénètre dans la maison et lui ordonne de sortir dans la rue. Mila, une petite femme de vingt-deux ans, nerveuse, qui avait quitté Lodz pour se réfugier à Cracovie, avait épousé Poldek au cours des premiers jours qui suivirent la création du ghetto. Elle était née dans une famille où l'on était médecin de père en fils. Son père, chirurgien, était mort relativement jeune, en 1937. Sa mère, dermatologue, avait subi le même sort que Rosa Blau. Les SS l'avaient abattue, alors qu'elle se tenait au milieu de ses malades, au cours d'une *Aktion* lancée contre le ghetto de Tarnow l'année précédente.

Bien que la ville de Lodz ne fût pas particulièrement hospitalière pour les juifs, Mila avait eu une enfance heureuse. Elle avait commencé ses propres études médicales à Vienne l'année précédant la déclaration de guerre. Quand les habitants de Lodz furent évacués sur Cracovie en 1939, Mila se retrouva logée dans le même appartement que ce gai luron de Poldek Pfefferberg.

Maintenant il se trouvait être, comme Mila, le dernier membre de sa famille. Sa mère qui avait refait la décoration de l'appartement de Schindler de la Straszewskiego, avait été envoyée avec son père dans le ghetto de Tarnow. On saura plus tard qu'ils furent ensuite expédiés à Belzec et assassinés. Sa sœur et son beau-frère qui s'étaient procuré des papiers attestant leur origine aryenne avaient disparu dans la prison Pawiak de Varsovie. Désormais, ils n'étaient plus que tous les deux. Rarement deux êtres furent aussi dissemblables : Poldek était un chef-né, un organisateur, le type de garçon qui savait prendre ses responsabilités. Mila, peut-être à cause du destin qui avait frappé toute sa famille, était une femme très réservée. Ce mélange aurait sans doute donné d'excellents résultats en des jours meilleurs. Car Mila n'était pas seulement intelligente, c'était aussi une sage qui savait manier l'ironie nécessaire pour juguler parfois les torrents oratoires de son mari. Ce jour-là, ils n'étaient pas d'accord.

Encore que Mila ne fût pas contre l'idée de s'enfuir du ghetto si l'occasion se présentait pour rejoindre avec Poldek les partisans dans la forêt, elle ne voulait pas entendre parler des égouts. Poldek les avait empruntés plus d'une fois pour se rendre en ville, bien que la police en surveillât parfois les sorties. Son ami et ancien maître de conférences, le Dr H..., avait lui-même mentionné récemment les égouts comme voie d'évasion le jour où le Sonderkommando arriverait. Le tout serait d'attendre le crépuscule qui venait assez tôt en hiver. La porte de la maison du médecin n'était qu'à quelques mètres d'une bouche d'égout.

Une fois à l'intérieur, il suffisait de prendre le tunnel de gauche qui vous promenait sous les rues de Podgorze jusqu'au débouché dans la Vistule proche du canal de la rue Zatorska. Le Dr H... les avait avertis la veille : lui et sa femme tenteraient la fuite par les égouts et les Pfefferberg seraient les bienvenus s'ils décidaient de se joindre à eux. Poldek n'avait pas voulu alors prendre de décision. Mila craignait, non sans quelque raison, que les SS n'envoient des gaz dans les égouts ou qu'ils ne résolvent le dilemme en arrivant plus tôt que prévu chez les Pfefferberg.

La tension nerveuse montait dangereusement dans la petite chambre du dernier étage. Que faire ? Certains voisins devaient se poser la même question. D'autres, plutôt que de subir la pénible attente, étaient déjà descendus dans la rue avec les quelques bagages qu'ils espéraient conserver. Il est vrai que le contraste entre le vacarme qu'on entendait au loin et, là, le silence ponctué seulement du craquement familier des murs donnait envie de descendre dans la rue. Vers midi, Poldek et Mila mâchonnèrent les trois cents grammes de pain noir qu'ils avaient chacun en réserve. Les bruits de l'*Aktion* s'engouffraient maintenant par la rue Wegierska, à quelques centaines de mètres de là, puis ils s'estompèrent à nouveau dans le milieu de l'après-midi. Ensuite, un silence presque total. Quelqu'un tenta vainement de faire fonctionner une chasse d'eau récalcitrante sur le palier du premier étage. Etait-il possible qu'on les eût oubliés ?

Ce dernier après-midi de leur vie au n° 2 de la rue Jozefinska ne semblait pas devoir finir en dépit de l'obscurité qui commençait à tomber. En fait, bien que ce ne fût pas encore l'heure du crépuscule, il faisait assez sombre, pensait Poldek, pour essayer les égouts. Maintenant que le calme était un peu rétabli, il avait envie d'aller voir ce qu'en pensait le Dr H...

– Non, s'il te plaît, plaida Mila.

Il réussit à la réconforter. Il ne prendrait pas les rues mais passerait d'un immeuble à l'autre à travers les passages qui les reliaient. Il multiplia les assurances. Il ne semblait pas qu'il y eût de patrouilles dans les rues adjacentes. Il se planquerait s'il voyait un OD ou un SS aux croisements. Il serait de retour dans cinq minutes.

– Ma chérie, ma chérie, il faut absolument que je voie le Dr H...

Il descendit par les escaliers du fond, franchit la cour à travers une ouverture pratiquée dans le mur de l'écurie et ne sortit en pleine rue qu'une fois arrivé près du Bureau du travail. Il se risqua à traverser l'avenue pour se rendre dans le terrain vague que bordait un pâté de maisons triangulaire où des petits groupes de gens en plein désarroi discutaient de savoir s'il valait mieux se tenir dans les cuisines, les caves, les couloirs ou en plein air. Il sortit dans la rue Krakusa juste en face de la maison où habitait le médecin.

L'immeuble du Dr H... était vide, mais Poldek remarqua dans la cour un homme entre deux âges, complètement hébété, qui lui dit que le Sonderkommando était déjà passé et que le médecin et sa femme, après s'être cachés, avaient tenté de rejoindre les égouts. « Peut-être est-ce la meilleure solution, ajouta l'homme. Parce qu'ils vont revenir, les SS. » Poldek hocha la tête. Ayant survécu à pas mal d'*Aktionen*, il connaissait maintenant la tactique.

Il refit exactement le chemin inverse pour retourner chez lui, mais là il n'y avait plus personne. Toutes les portes étaient ouvertes, toutes les chambres vides et Mila avait disparu avec ses bagages. Il se demanda s'ils ne s'étaient pas tous réfugiés dans l'hôpital, le Dr H..., sa femme et Mila. Peut-être les H... étaient-ils venus la chercher ?

Poldek redescendit aussi vite qu'il pouvait, reprit le passage de l'écurie et finit par rejoindre la cour de l'hôpital. Des draps ensanglantés pendaient aux fenêtres des deux étages supérieurs. Les pavés étaient jonchés de cadavres, têtes fracassées, membres tordus, empilés les uns sur les autres. Il ne s'agissait bien évidemment pas des derniers malades des Drs B... et H... Ces gens avaient été rassemblés au cours de la journée et exécutés. Certains avaient dû être détenus dans les étages supérieurs, tués et jetés dans la cour par les fenêtres.

Bien que n'ayant pas eu le temps de faire une évaluation précise, Poldek affirmera toujours quand on l'interrogera sur ce massacre qu'il y avait entre soixante et soixante-dix victimes. Poldek qui avait vécu toute son enfance à Podgorze puis dans le Centrum avait souvent rendu visite avec sa mère aux personnes influentes de leur communauté, comme il était de bon ton dans la petite ville provinciale qu'était Cracovie. Aussi ne pouvait-il manquer de reconnaître quelques visages familiers : des vieux clients de sa mère, des gens qui lui avaient demandé comment ça allait à l'école, qui lui avaient donné des bonbons et des pâtisseries, des braves gens, quoi, dont les cadavres étaient honteusement exposés sur ces pavés gorgés de sang.

Il ne vint pas à l'idée de Pfefferberg de rechercher si les corps de sa femme et des H... se trouvaient là. Mais il sentait confusément qu'il était important qu'il eût vu cela, parce que d'autres années viendraient, des années meilleures, les années des tribunaux. Il était venu pour pouvoir témoigner. Schindler avait éprouvé le même sentiment quand il avait vu de sa colline ce qui s'était passé rue Rekawka.

De l'autre côté de la cour, dans la rue Wegierska, une foule se dirigeait lentement vers le portail de Rekawka. Elle semblait plus abattue que désespérée, un peu comme les groupes d'ouvriers qui se pressent aux portes des usines le lundi matin. Pfefferberg remarqua au milieu d'un groupe ses voisins de la rue Jozefinska. Il quitta la cour de l'hôpital après avoir jeté un dernier regard pour bien tout enregistrer. Qu'était-il arrivé à Mila ? Quelqu'un l'aurait-il vue ? « Elle est déjà partie », dit quelqu'un. Le Sonderkommando était passé. Elle devait déjà avoir franchi le portail pour se rendre à l'autre endroit. A Plaszow.

Mila et lui avaient échafaudé un plan d'urgence au cas où ils se trouveraient dans une impasse telle que celle-ci. Si l'un d'eux devait se retrouver à Plaszow, il vaudrait mieux que l'autre fasse tout pour rester en dehors. Il savait que Mila avait le don de savoir passer inaperçue, ce qui, pour un prisonnier, est une qualité primordiale. Il savait aussi qu'elle pouvait parfois être torturée par la faim. Il s'arrangerait pour lui faire passer des choses de l'extérieur. Il était sûr que ce genre de combine pourrait marcher. C'était quand même une décision difficile à prendre. Il pouvait voir tous ces groupes hébétés, pratiquement sans escorte maintenant, se dirigeant vers le portail sud en direction de Plaszow et de ses usines ceinturées de barbelés. Sans doute la plupart de ces gens considéraient-ils qu'ils seraient plus en sécurité là-bas qu'ailleurs. Peut-être n'avaient-ils pas tort.

Bien qu'il se fît tard maintenant, la lumière était encore vive, comme si la neige allait se mettre à tomber. Poldek parvint à franchir la rue et à pénétrer dans un immeuble. Il se demandait s'il était vide ou s'il abritait encore des habitants du ghetto qui se cachaient naïvement ou – dans le cas de ceux qui pensaient que les SS ne pouvaient vous emmener que dans les chambres à gaz – astucieusement peut-être.

Poldek était à la recherche d'une cachette sûre. Utilisant les passages intérieurs aux immeubles, il parvint jusqu'au dépôt de bois de la rue Jozefinska. Les planches y étaient rares. Il n'y avait pas de piles derrière lesquelles se cacher. Le meilleur endroit serait peut-être derrière les grilles de fer à l'entrée du dépôt. Leur taille et leur couleur sombre les rendraient presque invisibles quand la nuit tomberait. Il opta pour les grilles.

L'interstice entre le montant et la grille lui permettait d'observer une partie de la rue Jozefinska. Ramenant son pardessus sur ses oreilles, il se mit en observation. Un couple se dirigeant vers le portail passa rapidement en tentant d'éviter les balluchons et les valises abandonnés au milieu de la chaussée, tous soigneusement étiquetés pour rien. KLEINFELD. LEHRER. BAUME. WEINBERG. SMOLAR. STRUS. ROSENTHAL. BIRMAN. ZEITLIN. Des noms pour lesquels aucun reçu ne serait jamais donné. *Des marchandises chargées d'Histoire*, avait écrit le jeune poète Josef Bau. *Où sont tous mes trésors ?*

Au-delà de ce champ de bataille de balluchons épars, il pouvait entendre les aboiements coléreux des chiens. Il aperçut ensuite trois SS s'engageant dans la rue Jozefinska. L'un d'entre eux semblait s'agiter au milieu d'un tourbillon canin qui se révéla être deux gros chiens policiers. Poldek ne pouvait s'empêcher de penser que Cracovie avait été quand même une bien bonne ville, une ville amicale, et que des chiens comme ça avaient l'air d'étrangers ici. Même dans ce moment de panique, caché derrière une grille de fer au milieu d'un fatras de valises, il continuait d'aimer cette ville. Si quelque chose d'épouvantable devait arriver, ça ne pourrait être qu'ailleurs. Il revint très vite sur terre en observant de sa cachette la scène qui lui révéla que si le mal absolu existait quelque part, ce n'était pas à Tarnow, Czestochowa, Lwow ou Varsovie. C'était ici, dans la rue Jozefinska, à moins de quarante mètres de distance. Une femme accompagnée d'un enfant sortit en hurlant du 41. Un des chiens avait planté ses crocs dans la cuisse de la femme. Le SS qui faisait office de maître de chiens s'empara de l'enfant et le projeta contre le mur. Pfefferberg ferma les yeux. Il entendit le coup de feu qui mit fin aux hurlements de la femme.

Le témoignage de Pfefferberg ne variera jamais : il y avait soixante à soixante-dix cadavres dans la cour de l'hôpital. L'enfant de la rue Jozefinska devait avoir deux ou trois ans.

Peut-être avant même que la femme fût morte, et certainement bien avant qu'il s'en fût rendu compte, Pfefferberg réalisa qu'il s'était déplacé, comme si l'instinct avait précédé la réflexion. Abandonnant la grille qui ne l'aurait de toute façon pas protégé des chiens, il se retrouva dans la cour du dépôt. Il adopta immédiatement le port militaire de l'ancien officier de l'armée polonaise qu'il était et sortit de la cour avec l'air de l'homme à qui l'on vient de confier une tâche importante. Puis, s'emparant des bagages qui jonchaient la rue, il commença à les empiler le long des murs. Les trois SS s'avançaient ; il entendait les chiens haleter en tirant sur leurs laisses. Quand il les sentit à quelque dix pas de lui, il se redressa dans l'attitude du juif humble et obéissant afin que les autres puissent le voir. Leurs bottes et leurs culottes étaient maculées de sang. L'officier du milieu qui était le plus grand n'avait pas l'air d'un assassin. En fait, son visage assez large reflétait quelques sentiments humains.

Malgré ses vêtements de clochard, Pfefferberg

claqua ses talons de bois très militairement et salua le grand du milieu.

– Herr... commença-t-il.

Il n'avait aucune idée des grades chez les SS et ne savait trop comment appeler celui-là.

– Herr Kommandant...

Il avait lancé cela au hasard mais avec une énergie féroce. Et ça tombait juste. Car le grand officier n'était autre qu'Amon Goeth, débordant de vitalité, enivré par le succès qu'avait été cette journée, et porté à des accès d'autorité aussi intempestifs et instinctifs que Poldek l'était à imaginer des subterfuges.

– Herr Kommandant, j'ai l'honneur de vous rapporter respectueusement que j'ai reçu l'ordre de rassembler tous ces bagages et de les empiler sur un côté du trottoir afin de dégager la voie.

Les chiens tiraient sur leurs laisses pour tenter de s'approcher de lui et le seul problème était de savoir si le SS à la gauche de Herr Kommandant avait suffisamment de force pour les retenir. Pfefferberg s'attendait au pire : l'attaque des chiens, les morsures, le déchaînement et la délivrance sous forme d'une balle dans la tête. Si la femme n'avait pas réussi à s'en tirer avec son bébé dans les bras, quelles chances avait-il, lui, avec ses histoires de valises et de chaussée dégagée dans une rue où de toute façon toute circulation était interrompue ?

Mais si le sort de la jeune mère n'avait en rien ému le commandant, Pfefferberg, en revanche, l'amusait. Voici donc un Ghettomensch en train de jouer au petit soldat devant trois officiers SS et faisant son rapport avec ce qui convenait de servilité. Si, toutefois, ce qu'il disait était vrai. Car si ça ne l'était pas, il lui fallait un sacré toupet. Son attitude, en tout cas, rompait avec celle des victimes consentantes. Parmi tous ceux qui avaient été condamnés aujourd'hui, personne n'avait encore essayé de claquer les talons. Herr Kommandant pouvait dès lors exercer son droit régalien de paraître amusé, même si c'était irrationnel et tout à fait inattendu. Il redressa la tête ; sa lèvre supérieure dessina un demi-cercle. Il laissa échapper un grand rire sonore que ses collègues vinrent conforter en souriant à leur tour.

L'Untersturmführer Goeth lança de sa voix suave de baryton :

– On s'occupe de tout. Le dernier groupe est en train de quitter le ghetto. *Verschwinde !*

C'est-à-dire : allez, file, petit soldat polonais d'opérette !

Pfefferberg ne se le fit pas dire deux fois. Il partit d'un bon pas, sans se retourner, s'attendant que les chiens lui sautent dessus. Il arriva en courant au coin de la rue Wegierska et s'y engouffra, passant devant la cour de l'hôpital où quelques heures auparavant il avait vu les cadavres entassés. Les rues familières du ghetto s'estompaient dans la nuit tombante tandis qu'il s'approchait du portail. Un dernier petit groupe de prisonniers vaguement entouré de SS et d'Ukrainiens se tenait encore sur la place Podgorze.

– Je dois être le dernier survivant, leur dit-il.

Si ce n'était pas lui, ça pouvaient être Wulkan le joaillier ainsi que sa femme et son fils. Wulkan avait travaillé au cours des deux derniers mois à l'usine du Progrès, et, sachant ce qui se préparait, il avait fait une manœuvre d'approche en direction du *fiduciaire* Unkelbach avec un diamant de belle taille qu'il avait caché pendant deux ans dans la doublure de son pardessus. « Herr Unkelbach, avait-il dit au gérant, j'irai où l'on m'enverra, mais ma femme ne pourra jamais supporter tout ce tapage et cette violence. » Il exposa son plan : lui, sa femme et son fils se réfugieraient au commissariat de police des OD, sous la protection d'un policier juif de leur connaissance, et peut-être, dans le courant de la journée, Herr Unkelbach aurait-il la bonté de venir les prendre et de les conduire à Plaszow, leur permettant ainsi d'échapper au pire.

Depuis les premières heures de la matinée, ils étaient assis tous les trois dans un petit réduit du commissariat de police. L'attente avait été presque aussi éprouvante que s'ils étaient restés dans leur cuisine ; le gamin passait par des phases de terreur et d'ennui, et son épouse n'arrêtait pas de récriminer. « Où *est*-il ? *Viendra*-t-il seulement ? Ah ! ces gens, ces gens ! » Unkelbach apparut en fait au début de l'après-midi. Il était venu dans l'*Ordnungsdienst* pour aller aux toilettes et prendre une tasse de café. Emergeant du réduit dans lequel il avait attendu si longtemps, Wulkan vit un *fiduciaire* Unkelbach qui lui parut méconnaissable ; un homme en uniforme de sous-officier SS fumant et bavardant avec un autre SS, buvant d'une main sa tasse de café avant de la reposer pour tirer sur sa cigarette ou engloutir un morceau de pain bis, tandis que l'autre main, la gauche, tenait encore son pistolet posé sur le comptoir du commissariat. Des taches de sang marronnasses maculaient son uniforme. Son regard croisa celui de Wulkan sans toutefois paraître le voir. Wulkan sut tout de suite qu'Unkelbach ne tentait pas de se dérober mais simplement qu'il ne se rappelait plus le marché conclu. L'homme, manifestement, était ivre, mais pas de boisson. Si Wulkan lui avait adressé la parole, la réponse aurait été sans doute un regard ébahi. Suivi, très probablement, par quelque chose de pire.

Wulkan renonça et retourna voir sa femme.

– Pourquoi n'y vas-tu pas ? Essaie. Je lui parlerai, moi, s'il est toujours là, ne cessait-elle de répéter.

Voyant le regard vide de Wulkan, elle jeta un œil

par l'entrebâillement de la porte. Unkelbach s'apprêtait à partir. Elle vit l'uniforme maculé de sang. Elle poussa un gémissement et retourna s'asseoir.

Elle sombra dans le même désespoir que son mari, ce qui, d'une certaine manière, rendit l'attente plus facile. L'OD qu'ils connaissaient prit sur lui de leur remonter le moral. Il leur dit que mis à part les lascars de Spira, tous les OD devaient quitter le ghetto à 18 heures pour se rendre à Plaszow en empruntant la route de Wieliczka. Il essaierait de s'arranger pour mettre les Wulkan dans un des véhicules.

Il faisait presque nuit maintenant. Après le passage de Pfefferberg rue Wegierska, après que les derniers groupes de prisonniers se furent rassemblés près du portail dans le square Podgorze, tandis que le Dr H... et sa femme mêlés à un groupe de Polonais ivres et braillards se dirigeaient vers l'est, et tandis que les escouades du Sonderkommando faisaient la pause en fumant une cigarette avant de terminer la fouille des appartements, deux chariots tirés par des chevaux firent halte devant le commissariat. Les OD cachèrent la famille Wulkan sous des piles de cartons et de vêtements. Symche Spira et ses sbires étaient hors de vue. Probablement en train de ratisser les rues, ou peut-être buvant le café avec les sous-officiers en se félicitant de se trouver du bon côté du manche.

Pendant que les chariots se dirigeaient vers le portail du ghetto, les Wulkan, aplatis derrière leurs piles de cartons, entendaient le claquement ininterrompu des coups de feu dans les rues adjacentes. Cela signifiait qu'Amon Goeth, Willi Haase, Albert Hujar, Horst Pilarzik et quelques centaines d'autres fouillaient les greniers, les caves, les faux plafonds et les recoins pour dénicher tous ceux qui étaient restés prostrés en silence toute la journée en espérant échapper au pire.

Plus de quatre mille personnes furent ainsi découvertes dans la nuit et exécutées dans les rues. Au cours des deux journées suivantes, les cadavres furent transportés à Plaszow sur des camions découverts et enterrés dans deux fosses communes creusées dans les bois à la périphérie du camp.

22

Nous ignorons dans quel état d'âme Oskar Schindler passa cette journée du 13 mars, la dernière et la pire que le ghetto eût connue. Mais dès que ses ouvriers revinrent sous bonne garde de Plaszow, il était prêt à recueillir toutes les informations nécessaires pour les passer au Dr Sedlacek lors de sa prochaine visite. D'après le récit des prisonniers, il sut immédiatement que le *Zwangsarbeitslager* de Plaszow – comme on l'appelait dans le jargon bureaucratique des SS – serait le royaume de l'irrationnel. Goeth avait à nouveau assouvi sa haine contre les ingénieurs en laissant ses sbires assommer Zygmunt Grünberg. On le transporta si tard à l'infirmerie proche du camp des femmes que sa mort était pratiquement assurée.

Pendant que ses ouvriers dégustaient avec délectation la bonne soupe quotidienne servie à la DEF, Oskar apprit que Plaszow ne serait pas seulement un camp de travail mais aussi un lieu d'exécution. Tout le camp pouvait entendre les salves des pelotons. De plus certains prisonniers étaient témoins de ces exécutions.

M... (1), par exemple, qui travaillait avant guerre

(1) M... vit aujourd'hui à Vienne. Il ne veut pas que son véritable nom soit utilisé.

dans la décoration d'appartements. Dès les premiers jours de l'existence du camp, on sollicita ses services pour décorer les petites villas des SS qui bordaient l'allée située au nord de l'enceinte. Comme tout artisan de bonne facture, il disposait d'une certaine liberté de mouvement.

Au cours d'un après-midi de ce printemps, quittant la villa de l'Untersturmführer Leo John pour retourner dans les entrepôts de l'usine en remontant le sentier de la colline, appelée Chujowa Gorka, sur laquelle était planté l'ancien fort autrichien, il dut faire un écart pour laisser passer un camion. M... remarqua sous la bâche des femmes gardées par des Ukrainiens en treillis blancs. Planqué derrière un tas de planches, il n'avait eu qu'un aperçu de ces femmes qu'on fit descendre du camion pour les mener à l'intérieur du fort et qui, semblait-il, refusaient de se déshabiller. Un SS, Edmund Sdrojewski, dirigeait les opérations. Des sous-officiers ukrainiens faisaient avancer les femmes à coups de trique. M... pensa que c'étaient des juives prises avec de faux papiers attestant de leur origine aryenne qui devaient venir de la prison de Montelupich. Certaines d'entre elles hurlaient sous les coups de trique, mais les autres se refusaient à émettre le moindre cri, comme pour priver les Ukrainiens de cette dernière satisfaction. L'une d'entre elles se mit à entonner le *Shema Yisroel*, que tout le groupe reprit en chœur. Les versets montaient avec ferveur de la colline comme s'il était apparu à ces femmes – qui prétendaient hier encore être d'origine aryenne – que les faux-fuyants n'étaient plus de mise et qu'elles étaient désormais libres de clamer la différence ethnique qui les séparait de Sdrojewski et des Ukrainiens. C'est ainsi, en revendiquant bien fort leur identité religieuse et culturelle, qu'elles furent toutes passées par les armes. La nuit tombée, les Ukrainiens entassèrent les cadavres dans des brouettes et les enterrèrent dans les bois à l'extrémité de Chujowa Gorka.

Les gens du camp étaient au courant de cette première exécution sur la colline que certains appelaient désormais la « colline des couillons ». Ils pensaient qu'on fusillait là-bas les résistants, les marxistes inconditionnels ou encore les nationalistes débiles. Là-haut, c'était une autre planète. Si l'on s'en tenait aux instructions à l'intérieur du camp, on ne se retrouverait jamais sur la colline. Mais les ouvriers de Schindler les plus clairvoyants savaient que si les détenus de Montelupich étaient fusillés dans le petit fort autrichien sans que les SS se préoccupent des gens qui voyaient passer les camions ou entendaient la fusillade, c'était qu'ils pensaient que pas un seul des prisonniers de Plaszow ne pourrait jamais en témoigner. S'ils avaient pu imaginer qu'un jour ou l'autre des tribunaux trancheraient, que des témoins sortiraient de l'ombre, ils se seraient arrangés pour fusiller les femmes un peu plus loin dans la forêt. Oskar en tira cette conclusion : Chujowa Gorka n'était pas un monde à part de Plaszow. Tous ces gens, ceux qu'on emmenait en camion sur la colline comme ceux qui restaient en bas dans leur univers de barbelés, tous étaient condamnés.

Le premier jour où le commandant Goeth, sortant de sa villa, exécuta un prisonnier au hasard, on prit cela, ou, en tout cas, on fit semblant de prendre cela pour un événement hors du commun, un peu de la même manière qu'on avait considéré la première exécution de Chujowa Gorka, bref, une tragédie qui n'avait pas sa place dans la vie quotidienne du camp. En fait, on verrait bientôt que les meurtres feraient partie du décor et que les petits exercices matinaux du commandant Goeth deviendraient la routine.

Portant chemise, culotte de cheval et bottes brillant d'un vif éclat, il émergeait ainsi chaque matin de sa villa temporaire (on était en train de rénover pour lui une maison plus cossue à l'autre extrémité du camp). Quand les premières bouffées printanières se firent sentir, il sortit carrément sans chemise car c'était un fervent adepte de la bronzette. Mais à cette époque-là, il portait les mêmes vêtements qu'il avait endossés pour prendre son petit déjeuner, tenant d'une main des jumelles, de l'autre, un fusil à lunette. Il scrutait, comme à l'habitude, tout l'horizon du camp, les travaux dans la carrière, les prisonniers poussant et tirant les wagonnets chargés de pierres sur la voie qui passait devant sa porte. Ceux qui s'aventuraient à jeter un coup d'œil dans sa direction pouvaient voir sa cigarette bien coincée entre ses lèvres, à la manière dont fument les hommes qui ont les mains prises. Pendant les premiers jours de l'ouverture du camp, il apparut ainsi chaque matin devant sa porte, scrutant l'horizon et exécutant un prisonnier qui ne semblait pas mettre assez de cœur à l'ouvrage. Tout le monde ignorait la raison précise pour laquelle Amon avait choisi ce prisonnier-là – Amon, de toute façon, n'avait pas de comptes à rendre. Après qu'il eut été touché, l'homme fut extirpé du groupe de prisonniers qui tiraient et poussaient les wagons et placé sur le bas-côté de la voie. Les autres s'arrêtèrent, les nerfs tendus dans l'attente d'un massacre général. Mais Amon, l'air renfrogné, leur fit un petit signe de la main pour leur indiquer qu'il était satisfait pour le moment de la cadence de leur travail et qu'ils pouvaient continuer.

Mis à part ces actes de sauvagerie gratuits, Amon était en train de revenir sur une des promesses qu'il avait faites aux chefs d'entreprise. Oskar reçut un coup de téléphone de Madritsch l'incitant à faire une démarche commune. Amon avait juré de ne se mêler en aucun cas de la marche des entreprises. Il est vrai qu'il n'interférait pas de l'intérieur. Mais il retenait les équipes de travailleurs en leur faisant subir d'interminables appels sur l'Appellplatz. Madritsch mentionna l'incident – une pomme de terre trouvée dans un baraquement qui avait valu à tous les prisonniers de ce baraquement d'être flagellés en public pendant que tous les autres assistaient à la scène. Et Dieu sait qu'il fallait du temps pour que quelques centaines de prisonniers baissent leurs pantalons, relèvent leurs chemises et attendent leurs vingt-cinq coups de fouet. Goeth avait établi une règle : le prisonnier qu'on fouettait devait lui-même compter les coups à haute voix pour faciliter la tâche de l'auxiliaire ukrainien qui les administrait. Si la victime se trompait en comptant, on recommençait de zéro. Le commandant Goeth trouvait toujours une bonne raison pour que les appels fussent une entreprise de longue durée.

Les équipes de travailleurs se pointaient donc dans la fabrique de vêtements de Madritsch avec quelques heures de retard, et plus tard encore chez Oskar, rue Lipowa. De plus, ils arrivaient complètement traumatisés, incapables de se concentrer, ressassant ce qu'Amon ou John ou Scheidt ou d'autres avaient bien pu faire ce matin-là. Oskar en toucha un mot à un ingénieur de ses connaissances qui travaillait à l'Inspection des armements. « Inutile de se plaindre auprès des chefs de la police, lui dit celui-ci. Ils ne font pas la même guerre que nous. » « Ce qu'il faudrait, suggéra Oskar, c'est pouvoir garder mes gens dans l'enceinte même de l'usine. Avoir en quelque sorte mon propre camp. » L'idée parut amusante à l'ingénieur :

– Mais où les mettrez-vous, mon vieux ? demanda-t-il. Vous n'avez pas tellement de place.

– Si je peux acquérir le terrain, poursuivit Oskar, est-ce que vous ferez une lettre dans ce sens ?

Quand l'ingénieur eut accepté, Oskar téléphona aux Bielski, un couple de vieillards qui habitaient rue Stradom. Est-ce qu'ils accepteraient une offre d'achat pour le terrain jouxtant son usine ? Il traversa la Vistule pour aller leur rendre visite. Les bonnes manières d'Oskar charmèrent le vieux couple. Comme il avait horreur des discussions de marchand de tapis, il leur proposa un prix tout à fait extravagant pour l'époque. Très excités, les vieilles gens lui offrirent du thé tandis qu'ils appelaient leur notaire pour qu'il établisse immédiatement les documents nécessaires pendant qu'Oskar était encore là. Une fois sorti de leur appartement, Oskar crut bon d'aller rendre une visite de courtoisie à Goeth pour lui annoncer qu'il avait l'intention de créer un petit camp annexe de Plaszow contigu à son usine. Amon était ravi.

– Si les généraux SS sont d'accord, dit-il, vous pouvez compter sur moi. A tout le moins, tant que vous ne voudrez pas dévoyer mes musiciens et ma servante.

Le rendez-vous officiel fut pris pour le jour suivant avec l'Oberführer Scherner de la rue Pomorska. Amon, comme le général Scherner, pensait que d'une manière ou d'une autre Oskar pourrait être amené à payer pour les installations du nouveau camp. Ils en furent persuadés quand Oskar développa ses arguments sur la productivité.

– Si mes ouvriers sont sur place, les cadences de travail seront beaucoup plus rapides.

Ce n'était pas la seule raison, et Oskar poussait à la roue parce que sa conscience lui disait de le faire, quel qu'en soit le prix. Les autres voyaient en lui un homme très sympathique mais qui avait été atteint d'une sorte de tendresse projuive, comme on peut l'être d'un virus. Les théories SS avaient pour corollaire que l'influence juive avait à ce point contaminé le monde qu'elle avait partout laissé des traces. Ce bon Oskar devait être sujet de pitié, comme le prince qui redevient grenouille. Mais il devrait payer pour ça.

Bien que Plaszow ne fût pas placé sous l'autorité directe de l'Office central SS pour les affaires administratives et économiques du général Oswald Pohl dont dépendait la section des camps de concentration, les règlements qui s'appliquaient – sous la férule de l'Obergruppenführer Friedrich-Wilhelm Krüger, chef de la police du gouvernement général et supérieur de Scherner et Czurda – respectaient les mesures en vigueur. Les règles de base SS pour l'installation d'une annexe à un camp de travaux forcés exigeaient la construction de barrières ne mesurant pas moins de deux mètres soixante-dix, de miradors placés à intervalles irréguliers selon la topographie du camp, de latrines, de baraquements, d'un dispensaire, d'un cabinet de dentiste, de bains-douches et d'un lavoir, d'une échoppe de coiffeur, d'un magasin d'alimentation, d'un bureau de surveillance, d'habitations en dur pour les gardes, sans compter quelques autres bizarreries...

La proposition d'Oskar leur convenait d'autant plus qu'il était prêt à payer. Il y avait encore un ghetto à Tarnow, à quelque soixante-quinze kilomètres à l'est, et quand il serait supprimé, Plaszow hériterait de ces gens-là. Comme il héritait déjà des milliers de juifs arrivant des *shtetls* du sud de la Pologne. Une annexe dans la rue Lipowa absorberait le trop-plein.

Amon, bien qu'il ne le dît jamais aux chefs de la police, avait lui aussi très bien compris qu'il n'aurait pas besoin de fournir à l'annexe de Lipowa la ration alimentaire minimale prescrite dans les directives du général Pohl. Lui, qui pouvait impunément « tirailler » de sa maison sur tout ce qui bougeait et qui partageait l'idée communément admise en haut lieu qu'il fallait dégraisser les effectifs de Plaszow, vendait déjà au marché noir une partie des rations alimentaires du camp par l'intermédiaire d'un de ses agents, le juif Wilek Chilowicz, qui avait de bons contacts avec des directeurs d'usine, des boutiquiers et même des restaurateurs de Cracovie.

Le Dr Alexander Biberstein, lui aussi prisonnier à Plaszow, estimait que les rations alimentaires quotidiennes variaient entre sept cents et mille cent calories. Pour le petit déjeuner, un prisonnier touchait un demi-litre d'ersatz de café, quelques glands et une tranche de pain de seigle pesant cent soixante-quinze grammes minutieusement coupée par les cuistots qui allaient chercher les miches chaque matin à la boulangerie. La faim étant mauvaise conseillère, chaque cuistot coupait les tranches en tournant le dos aux groupes de prisonniers pour demander ensuite : « Qui veut celle-ci ? Qui veut celle-là ? » A midi, une soupe – carottes, betteraves, rutabagas. Certains jours elle était plus consistante que d'autres. Mais le meilleur venait avec les équipes de travail qui rentraient le soir. On pouvait cacher un petit poulet sous un manteau ou un morceau de pain dans une jambe de pantalon. Amon avait donné des instructions aux gardes pour qu'ils fouillent les équipes rentrant au crépuscule. Le trafic alimentaire était son domaine réservé. De plus, il ne voulait pas que la diète à laquelle il soumettait les prisonniers – et qui devrait peu à peu éliminer les moins aptes – pût être compensée de quelque manière que ce fût. Si Oskar choisissait de nourrir ses juifs, c'était son affaire. Mais qu'on ne compte pas sur lui pour dilapider les réserves de farine ou de betteraves détenues à Plaszow.

Au cours de ce printemps, Oskar dut non seulement s'acquérir les bonnes grâces des chefs de la police, mais aussi celles de ses voisins. L'usine de radiateurs de Kurt Hoderman, attenante aux misérables cabanes construites avec les planches de Jereth, employait une bonne quantité de Polonais et une centaine de prisonniers de Plaszow. De l'autre côté, il y avait la fabrique de caisses de Jereth dirigée par Kuhnpast, un ingénieur allemand. Les gens de Plaszow ne représentaient qu'une infime partie de leur personnel. Mais enfin, ils n'étaient pas contre l'idée dans la mesure où Oskar leur proposait d'abriter leurs juifs à cent mètres de leurs machines au lieu de cinq kilomètres.

Une autre démarche d'Oskar consista à aller voir l'ingénieur Schmilewski du bureau de la Wehrmacht situé à quelques rues de son usine. Un voisin, en quelque sorte. Il employait lui-même un petit groupe de prisonniers de Plaszow. Il ne fit aucune objection. Dans la demande qu'il soumit à la rue Pomorska, Schindler ne manqua pas de mentionner le nom de l'ingénieur Schmilewski au même titre que ceux de Kuhnpast et Hoderman.

Des inspecteurs SS se rendirent à Emalia et s'entretinrent avec l'inspecteur Steinhauser, un vieil ami d'Oskar qui appartenait à l'Inspection des armements. Ils examinèrent le site, fronçant les sourcils comme tout inspecteur qui se respecte se doit de le faire, soulevant des problèmes de terrassement et d'écoulement des eaux. Oskar les invita très amicalement à venir prendre une tasse de café arrosée de cognac dans son bureau. Tout le monde était enchanté. Il ne fallut que quelques jours pour que la demande d'Oskar fût acceptée.

Cette année-là, la DEF présenta un bénéfice de

quinze millions huit cent mille Reichsmark. On peut penser que les trois cent mille Reichsmark qu'Oskar dut dépenser pour aménager son camp constituèrent une somme importante, certes, mais pas fatale. En fait, il ne faisait que commencer de payer.

Oskar envoya une requête au Bauleitung, l'office des travaux publics de Plaszow, pour obtenir les services d'un jeune ingénieur répondant au nom d'Adam Garde. Garde, qui n'en avait pas terminé avec la construction des baraquements de Plaszow, laissa des instructions aux contremaîtres avant d'être emmené rue Lipowa, pour superviser la mise en chantier du camp d'Oskar. Une fois sur le terrain, il ne vit que deux baraques légères dans lesquelles s'entassaient près de quatre cents prisonniers qu'une patrouille de SS surveillait de l'autre côté des barbelés. Les prisonniers confièrent à Garde qu'Oskar ne permettait pas aux SS de franchir l'enceinte ou de pénétrer dans l'usine, à moins qu'il ne s'agisse d'une équipe d'inspection. Oskar, disaient-ils, abreuvait de cognac la petite garnison SS d'Emalia. Rien de tel pour maintenir le moral. Garde se rendit compte que les prisonniers d'Emalia, hommes et femmes séparés par un mur de carton-pâte érigé au milieu de leurs bicoques, étaient finalement assez satisfaits de leur sort. Déjà, ils s'appelaient entre eux les Schindlerjuden, comme s'il s'agissait d'un titre honorifique. Ils se sentaient dans la peau de condamnés à qui l'on vient d'accorder une remise de peine. L'ingénieur Garde, bien qu'approuvant les travaux déjà exécutés, ne resta pas insensible à l'odeur qui se dégageait des latrines. Il faudrait creuser de nouvelles fosses. Et créer un système pour l'écoulement des eaux de l'unique pompe qui servait à la toilette matinale.

Oskar lui demanda de venir dans son bureau pour vérifier les plans. Il y aurait six baraquements pour environ mille deux cents personnes. Les cuisines seraient à un bout. Les baraques des SS – Oskar avait accepté temporairement que des SS puissent être cantonnés à l'intérieur de l'usine – à l'opposé, derrière les barbelés. Il voulait une salle de douches efficace ainsi qu'un endroit fonctionnel pour laver le linge. Oskar dit à Garde qu'il avait des plombiers prêts à s'activer sous sa direction. « Pensez au typhus, ajoutait-il en grognant tout en laissant échapper un sourire. Le typhus, c'est la panique... Plaszow est déjà plein de poux. Ici, il faut pouvoir faire bouillir le linge. »

Adam Garde était très heureux de se rendre chaque jour rue Lipowa. Deux ingénieurs avaient déjà été punis à Plaszow pour leurs compétences, mais à la DEF les experts étaient encore des experts. Un matin où Garde prenait la rue Wiekiczka en direction de Zablocie, accompagné de son escorte, il vit une grosse voiture noire freiner des quatre fers juste devant lui. C'était l'Untersturmführer Goeth, avec son air des mauvais jours.

« Un prisonnier, un garde », commenta-t-il. Qu'est-ce que ça veut dire ? L'Ukrainien de service fit observer respectueusement à Herr Kommandant qu'il avait reçu l'ordre d'escorter chaque matin le prisonnier vers l'usine Emalia de Herr Oskar Schindler. L'Ukrainien, comme Garde, espérait que la mention du nom d'Oskar leur épargnerait une sanction. « Un garde, un prisonnier ! » répéta le commandant dubitativement. Mais apparemment sa colère était tombée. Il s'engouffra dans sa voiture sans avoir résolu le problème d'une façon péremptoire. Au cours de la même journée il fit mander Wilek Chilowicz qui lui servait d'intermédiaire mais qui était aussi chef de la police juive du camp – un « pompier » comme on les appelait. Symche Spira, le petit Napoléon du ghetto, vivait encore là-bas. Il dirigeait une équipe chargée de récupérer tous les trésors cachés –

diamants, bijoux, espèces – ayant appartenu à tous ces gens dont les cendres reposaient désormais sur un tapis d'aiguilles de pin dans les forêts qui bordaient Belzec. Spira cependant ne disposait d'aucun pouvoir à Plaszow. Là, c'était Chilowicz qui avait pris les choses en main. Tout le monde ignorait comment il y était parvenu. Peut-être Willi Kunde avait-il parlé de lui à Amon ; peut-être Amon avait-il remarqué et apprécié son style. Quoi qu'il en soit, voilà qu'il était devenu soudain le chef des « pompiers » de Plaszow, l'homme qui distribuait les casquettes et les brassards, symboles de l'autorité dans ce royaume pourri et qui, comme Symche, avait un esprit trop obtus pour s'empêcher de jouer les tsars.

Goeth dit à Chilowicz qu'il vaudrait mieux pour tout le monde qu'on expédiât Adam Garde chez Schindler vingt-quatre heures sur vingt-quatre et qu'on en fût débarrassé. « Des ingénieurs, on en a à revendre », ajouta-t-il, méprisant, rappelant par là que les juifs avaient accès aux diplômes d'ingénieur, mais que les écoles de médecine, par exemple, leur étaient interdites en Pologne. « Mais avant qu'il aille à Emalia, ajouta Amon, je veux que les travaux de la remise attenante à ma maison soient terminés. »

La nouvelle parvint à Adam Garde alors qu'il était dans sa baraque, la hutte 21, où s'alignaient les lits de camp superposés sur quatre étages. Il irait à Zablocie, mais après avoir subi une petite épreuve. Il faudrait qu'il s'occupe des travaux derrière la maison de Goeth où, comme auraient pu le lui dire Reiter et Grünberg, les règlements variaient suivant l'humeur du client.

Au moment où Garde prit en charge ce nouveau travail, on était en train de hisser les poutres de la charpente du toit. Pendant qu'il travaillait, il pouvait entendre les chiens du commandant, Rolf et Ralf, en train de renifler derrière lui. Amon les avait baptisés ainsi d'après une bande dessinée, ce qui ne les avait pas empêchés la semaine précédente d'arracher le sein d'une femme qu'Amon soupçonnait de tirer au flanc. Amon, qui se targuait d'avoir fait de brillantes études techniques, ne pouvait s'empêcher de venir de temps à autre jeter le coup d'œil du professionnel pour superviser la mise en place des poutres à l'aide d'un système de poulies. Il voulut poser une question au moment où l'on s'apprêtait à soulever la poutre maîtresse. C'était une poutre énorme taillée dans du sapin bien dur. Garde, qui se trouvait à l'autre extrémité de la poutre, ne parvenait pas à comprendre ce que lui voulait Goeth et mit sa main en cornet sur son oreille. Goeth répéta la question, et, pire que de n'avoir pas entendu, Garde ne la comprit pas. « Je ne comprends pas, Herr Kommandant », dit-il penaud. C'en était trop. Amon attrapa de ses deux grosses mains la poutre qu'on était en train de soulever, la balança et l'expédia en direction de l'ingénieur. S'apercevant que la poutre allait lui fracasser le crâne, Garde tenta de la retenir de sa main droite. C'est la main qui prit le choc, écrasée contre le mur, tandis que Garde tombait à terre. Quand il réussit à se relever, Amon avait disparu. Peut-être reviendrait-il le lendemain pour obtenir la réponse souhaitée.

Craignant de paraître handicapé, l'ingénieur Garde tenta de dissimuler sa main brisée en se rendant au dispensaire. Il cherchait à conserver une attitude normale, bien que sa main lui fît un mal atroce. Le Dr Hilfstein réussit à le convaincre qu'il fallait la plâtrer. Il continua à superviser la construction de la remise tout en se rendant chaque jour à Emalia en espérant que la manche de son pardessus dissimulerait son plâtre. Puis, un jour, craignant de se faire repérer, il retira le plâtre. Tant pis si sa main devait rester difforme. Ce qui importait, c'était de se faire transférer chez Schindler avec toutes les apparences de l'homme en bonne santé.

Dans la semaine qui suivit, transportant avec lui une chemise et quelques livres, il fut expédié rue Lipowa. Pour de bon.

23

Parmi les prisonniers un peu au courant des choses, on commençait à s'agiter ferme pour obtenir un transfert à Emalia. Dolek Horowitz, qui faisait office d'intendant à Plaszow, savait qu'il était exclu de pouvoir aller chez Schindler. Mais il avait une femme et deux enfants.

Richard, le plus jeune des enfants, qui dormait sur la même paillasse que sa mère dans le quartier réservé aux femmes, se levait très tôt chaque matin de ce printemps, où la terre semblait suinter toute l'humidité accumulée pendant l'hiver, pour se rendre dans le campement des hommes, en bas de la colline, avec une seule chose en tête : la tranche de pain matinale. Il devait être avec son père sur l'Appellplatz pour l'appel du matin. Son itinéraire le conduisait devant le poste de police de Chilowicz. Mais on le connaissait, et il se sentait en sécurité. C'était un enfant Horowitz après tout. Herr Bosch qui passait des soirées à boire avec le commandant appréciait beaucoup son père. La liberté de mouvement que s'accordait Richard avait d'ailleurs la bénédiction dè celuici. Le bambin trottinait, tout heureux, devant les miradors, s'engouffrait dans la baraque de son père, le secouait pour le réveiller et lui poser des questions.

Pourquoi y a-t-il du brouillard le matin et pas l'après-midi ? Est-ce que les camions vont venir ? Ça sera long aujourd'hui sur l'Appellplatz ? On va battre quelqu'un ?

En écoutant le gamin poser de telles questions, Dolek Horowitz réalisait que Plaszow n'était pas l'endroit idéal, même pour un enfant privilégié. Peut-être pourrait-il contacter Schindler – Schindler venait de temps en temps au camp sous prétexte d'affaires et se trimbalait autour des bureaux de l'administration et des ateliers pour laisser ici et là quelques victuailles et pour prendre des nouvelles de ses vieux amis comme Stern, Roman Ginter ou Poldek Pfefferberg. S'apercevant qu'il n'était pas facile d'entrer en contact de cette manière, Dolek se demanda s'il ne pouvait pas le faire par l'entremise de Bosch. Dolek savait que les deux hommes se voyaient souvent. Pas tellement ici, mais dans des bureaux en ville ou dans des soirées. On avait remarqué qu'ils n'étaient pas particulièrement amis, mais ils avaient des affaires en commun et devaient se faire mutuellement des faveurs.

Richard n'était pas le seul ni le principal souci de Dolek. Le gamin parvenait à dissiper ses craintes en posant toutes sortes de questions. Mais il y avait Niusia, sa petite fille de dix ans, qui, elle, ne posait plus de questions du tout. Qui était sortie du royaume de l'enfance et qui, chaque jour – de sa fenêtre de l'atelier de fabrication de brosses où elle fixait le crin sur le support –, voyait les camions chargés de prisonniers traînant derrière eux un sillage d'épouvante qu'elle ne parvenait pas à combler en s'épanchant auprès de ses parents. Pour calmer sa faim, Niusia s'était mise à fumer des pelures d'oignon roulées dans du papier journal. Les rumeurs en provenance d'Emalia indiquaient qu'il n'était pas nécessaire de recourir là-bas à de telles méthodes.

Dolek décida donc d'aller parler à Bosch au cours d'une de ses visites à la fabrique de vêtements. Il comptait sur la gentillesse dont avait fait preuve Bosch auparavant pour qu'il en touchât un mot à Schindler. Il répéta plusieurs fois sa supplique ainsi que les noms de ses enfants de telle sorte que Bosch, dont la mémoire flottait souvent dans les vapeurs d'alcool, pût s'en souvenir.

– Herr Schindler est sans doute mon meilleur ami, dit Bosch. Il fera tout ce que je lui demanderai.

Cette conversation avait laissé Dolek sur sa faim. Sa femme Regina n'avait aucune qualification dans le domaine de la fabrication de casseroles ou d'obus. Bosch d'ailleurs ne fit plus jamais allusion à cette conversation. Et pourtant, une semaine plus tard, ils étaient sur la liste des partants pour Emalia, dûment approuvée par le commandant Goeth qui n'était pas resté insensible au petit cadeau de bijoux qu'il venait de recevoir. Niusia qui, malgré ses dix ans, avait l'air d'une petite adulte maigrichonne, se retrouva donc dans les baraques des femmes d'Emalia. Quant à Richard, il continua à circuler comme il l'avait fait à Plaszow. Tout le monde le connaissait aussi bien dans l'usine de casseroles que dans l'atelier de munitions, et les gardes le traitaient avec une certaine familiarité. Regina espérait qu'Oskar viendrait un jour dans les ateliers et lui demanderait : « Ainsi, vous êtes la femme de Dolek Horowitz ? » Et là, le problème serait de savoir comment le remercier. Mais il ne vint pas. Elle se rassurait en se disant qu'elle, comme sa fille, passait assez inaperçue rue Lipowa. Elle pensait cependant qu'Oskar savait qui elles étaient, car il bavardait de temps en temps avec Richard. Les questions que leur posait désormais Richard leur faisaient apprécier l'étendue du cadeau qui leur avait été accordé.

Il n'y avait pas à Emalia un commandant de camp pour tyranniser les prisonniers, pas de gardes en permanence. La garnison qui assurait la surveillance du camp annexe – deux camions pleins de SS et d'Ukrainiens – était relevée toutes les quarante-huit heures. Les soldats de Plaszow avaient d'ailleurs Emalia à la bonne. Les popotes de Herr Direktor, plus primitives encore que celles de Plaszow, mitonnaient une meilleure cuisine. Chaque fois qu'un garde se permettait d'entrer dans l'enceinte du camp, Herr Direktor ne manquait pas de donner un coup de téléphone furibond à l'Oberführer Scherner. Aussi les soldats se le tenaient-ils pour dit et restaient à l'extérieur. Ils trouvaient leur tour de garde un peu ennuyeux, mais pas trop déplaisant.

A l'exception des journées d'inspection exécutées par les officiers SS, les prisonniers de la DEF avaient rarement l'occasion de voir leurs gardes de près. Deux passages clos de barbelés, l'un menant à l'atelier des casseroles, l'autre à celui des obus, reliaient les baraques aux lieux de travail. Les juifs d'Emalia qui travaillaient à la fabrique de caisses, à l'usine des radiateurs ou dans les bureaux de l'administration de la garnison étaient embrigadés par des Ukrainiens. Mais des Ukrainiens qui étaient soumis à une rotation toutes les quarante-huit heures, ce qui évitait qu'ils puissent prendre en grippe tel ou tel prisonnier.

On voit que si les SS avaient établi les règles concernant Emalia, c'est quand même Oskar qui donnait le ton. Un ton qui reposait sur un quiproquo fragile. Il n'y avait pas de chiens ; pas de brutalités. Le pain et la soupe étaient meilleurs et plus abondants qu'à Plaszow – environ deux mille calories par jour selon les dires d'un médecin qui travaillait comme manœuvre à Emalia. Mais les journées de travail étaient longues, atteignant parfois douze heures, car Oskar n'avait pas seulement des contrats à exécuter pour l'industrie des armements, il avait aussi le sens du profit. Il faut reconnaître, cependant, que les cadences de travail n'étaient pas pénibles et que la plupart des prisonniers savaient très bien que les efforts consentis en faveur de l'industrie allemande étaient leur seule chance de survie. D'après les rapports présentés après guerre par Oskar au comité de coordination des secours, il aurait fourni sur ses fonds propres un million huit cent mille zlotys (trois cent soixante mille dollars) pour nourrir les prisonniers d'Emalia. Les livres comptables de Farben et Krupp font état de ce type de dépenses – encore que par rapport aux bénéfices annoncés les sommes afférentes à la rubrique « alimentation des prisonniers » fussent là-bas sans commune mesure avec celles qui figuraient dans les livres de comptes d'Oskar. Sachons qu'à Emalia personne n'est jamais mort d'épuisement, de brutalités ou de malnutrition. Alors que dans la seule usine Bruna d'I.G. Farben, vingt-cinq mille des trente-cinq mille ouvriers allaient périr d'une manière ou d'une autre.

Plus tard, les prisonniers de Schindler se souviendraient d'Emalia comme d'un petit paradis. Tous étaient dispersés à l'époque. Il s'agit donc de recoupements et non pas d'une version de groupe corrigée après coup. Ils savaient, bien sûr, que l'idée du paradis qu'ils se faisaient alors était fonction de ce qui se passait ailleurs. Mais comparé à Plaszow, Emalia était véritablement un havre de paix. Ils se sentaient là dans un monde presque irréel sur lequel ils ne voulaient pas trop s'appesantir de peur que le mirage ne s'estompât. Les nouvelles recrues de la DEF ne connaissaient Oskar que par les on-dit. Elles ne voulaient pas prendre le risque de lui adresser la parole ou même de se trouver sur son chemin. Elles avaient besoin de s'adapter au système carcéral peu orthodoxe de Schindler. Il leur fallait le temps de réaliser.

Lusia, par exemple. Cette jeune femme avait vu récemment son mari sélectionné sur l'Appellplatz pour être expédié à Mauthausen avec quelques autres prisonniers. Anticipant ce qui ne manquerait pas de se réaliser, elle avait déjà pris le deuil. On l'avait envoyée à Emalia où son travail consistait à transborder pots et casseroles des cuves d'émail aux fours. Les prisonniers avaient l'autorisation de faire chauffer de l'eau sur les parois des fours. Les sols étaient chauds. Pour elle, la chaleur et l'eau chaude furent les premiers bienfaits d'Emalia.

Oskar lui apparut d'abord sous la forme d'une immense silhouette traversant d'un pas rapide les ateliers. Ce n'était pas une silhouette particulièrement menaçante. Mais elle avait le sentiment bizarre qu'il ne fallait surtout pas qu'on la remarquât. Elle avait l'impression qu'une fois sortie de l'anonymat le plus strict, tout ce qui constituait la nature même de cet endroit – l'absence de brutalités, la nourriture, les gardes tenus en dehors du camp – pourrait subitement changer. Tout ce qu'elle souhaitait, c'était de faire sa journée de travail aussi discrètement que possible et retourner dans sa baraque.

Après un moment, cependant, elle se prit à répondre d'un petit salut de la tête aux « bonsoirs » qu'Oskar lançait à la cantonade et même à lui répondre : Oui, merci, Herr Direktor, elle allait très bien. Un jour, il lui donna quelques cigarettes, ce qui valait de l'or à l'époque, qu'elles servissent de thérapeutique ou de monnaie d'échange. Elle craignait qu'il ne se montrât trop amical sachant à quel point l'amitié pouvait être éphémère. Tout ce qu'elle voulait, c'était sentir la magie de sa présence. Pour un paradis durable, il aurait fallu quelqu'un à la fois de plus autoritaire et de plus mystérieux que cet homme-là.

La plupart des prisonniers d'Emalia partageaient ces sentiments.

Regina Perlman vivait à Cracovie avec de faux papiers sud-américains au nom de Rodriguez à l'époque où le camp annexe d'Oskar commençait à fonctionner. Sa peau mate témoignait en faveur de sa fausse identité. Elle travaillait dans un bureau interdit aux juifs d'une usine de Podgorze. Elle aurait été mieux à l'abri du chantage si elle avait choisi de partir pour Varsovie, Lodz ou Dantzig. Mais ses parents se trouvaient à Plaszow et ses faux papiers lui étaient également bien utiles pour leur faire parvenir quelques colis de vivres et de médicaments. Elle savait, pour avoir vécu dans le ghetto, que la mythologie juive de Cracovie avait placé Herr Schindler sur un piédestal. Elle savait aussi ce qui se passait à Plaszow, ayant entendu parler des lubies du commandant et de la façon dont on traitait les prisonniers qui travaillaient dans la carrière. Même s'il lui fallait prendre des risques, elle estimait qu'elle devait absolument trouver le moyen de faire transférer ses parents dans le camp de Schindler.

Quand elle se rendit pour la première fois à la DEF, elle portait une petite robe imprimée qui avait vu de meilleurs jours. Ses jambes étaient nues. Le portier polonais fit appeler Herr Schindler dans son bureau qui, à en juger par ce qu'elle voyait à travers les vitres, ne semblait pas du tout intéressé. Probablement une emmerdeuse d'une usine voisine. Comme tous les gens porteurs de faux papiers, elle craignait qu'un Polonais malveillant ne la soupçonnât d'être juive. Et celui-ci n'avait pas l'air particulièrement amical.

– Ça n'a pas d'importance, lui dit-elle, quand il revint en hochant négativement la tête.

Le Polonais ne prit même pas la peine de mentir :

– Il ne veut pas vous recevoir.

Sans doute ne recevait-il pas les filles qui ne portaient pas de bas. Elle partit tremblante de peur. Elle avait échappé à la confession qu'elle s'apprêtait à faire à Herr Schindler, une confession que, même dans son sommeil, elle ne parvenait pas à imaginer qu'elle pût faire à quiconque.

Elle dut attendre une semaine avant de retrouver un autre moment pour s'absenter de son usine. Elle passa une bonne demi-journée en préparatifs, prit un bain, acheta des bas au marché noir. Elle emprunta un chemisier à l'une de ses rares amies – les gens vivant sous une fausse identité ne pouvaient pas se permettre d'en avoir beaucoup. Elle avait une veste tout à fait présentable et elle s'acheta un petit chapeau de paille muni d'une voilette pour compléter le tout. Après s'être maquillée, elle fut assez satisfaite du résultat : elle avait vraiment l'air radieux d'une femme qui n'a aucun souci à se faire. Elle se retrouva dans la glace telle qu'elle avait été quelques années plus tôt, avant guerre, une élégante Cracovienne teintée d'exotisme – fille d'homme d'affaires hongrois peut-être, et de mère sud-américaine.

Cette fois-ci, comme elle l'espérait, le Polonais de service ne la reconnut même pas. Il la fit entrer pendant qu'il appelait Mlle Klonowska, la secrétaire de Herr Direktor, qui lui passa Schindler immédiatement. « Herr Direktor, annonça le Polonais, il y a là une dame qui voudrait vous voir pour une affaire importante. » Herr Schindler voulait des détails. « Une très jolie jeune femme, dit le Polonais en s'inclinant sur le téléphone, et très bien habillée. » Comme s'il avait hâte de la voir, ou peut-être craignant que ce ne fût une ancienne amie dont il aurait eu du mal à se dépêtrer, Schindler vint à sa rencontre en haut de l'escalier. Il sourit quand il vit que c'était une inconnue. Très heureux de rencontrer cette Fräulein Rodriguez. Elle constata à son attitude à la fois un peu polissonne et très homme du monde qu'il appréciait les jolies femmes. Il lui fit signe, avec toute la courtoisie qu'on accorderait à une star, de le suivre dans l'escalier. Elle voulait lui parler en tête à tête ? Mais bien sûr. Il passa avec elle devant le bureau de Klonowska qui prit la chose très calmement : la fille était sans doute venue pour une combine de marché noir ou de trafic de billets. Peut-être faisait-elle partie d'un réseau de résistance ? Peut-être même y avait-il là-dessous quelque raison sentimentale ? Quoi qu'il en soit, une fille aussi délurée que Klonowska ne pouvait pas prétendre avoir Oskar pour elle toute seule. Et l'inverse était également vrai.

Arrivé dans son bureau, Schindler fit asseoir la jeune femme et alla s'installer dans son fauteuil, derrière lequel trônait le portrait rituel du Führer. Une cigarette ? Ou peut-être un cognac ou un Pernod ? Non, non, mais que cela ne l'empêche pas d'en prendre. Oskar alla se verser une rasade dans son placard à liqueurs. « Alors, quelle est donc cette affaire urgente ? » s'enquit-il en prenant soudain le ton de l'homme occupé. L'attitude de la jeune femme avait changé, elle aussi. Il lui paraissait absurde de tout lâcher – les faux papiers que son père s'était procurés contre cinquante mille zlotys, les parents à Plaszow – devant un Sudetendeutscher mi-ironique, mi-inquiet, qui tenait un verre à dégustation de cognac dans une main. Et pourtant, ce fut la chose la plus facile qu'elle eût jamais faite.

– Voilà, Herr Schindler. Je ne suis pas une Polonaise d'origine aryenne. En fait, je m'appelle Perlman. Mes parents sont à Plaszow. Ils disent, et je le crois, qu'être transféré à Emalia, c'est obtenir en quelque sorte une *Lebenskarte* – une assurance sur la vie. Je n'ai rien à vous donner en échange. J'ai dû emprunter les vêtements que je porte pour venir ici. Pouvez-vous faire quelque chose ?

Schindler posa son verre et se leva.

– Vous voulez que je m'arrange en douce, n'est-ce

pas ? Je ne mange pas de ce pain-là. Ce que vous proposez, Fräulein, est illégal. J'ai la charge d'une entreprise, ici à Zablocie, et la seule question qui m'intéresse est de savoir si telle ou telle personne est qualifiée ou non. Si vous voulez bien me laisser votre adresse, je pourrai éventuellement vous envoyer une lettre indiquant que j'ai besoin d'ouvriers qualifiés.

– Mais ils ne peuvent pas venir en tant qu'ouvriers qualifiés, dit Fräulein Perlman. Mon père est un importateur, pas un métallurgiste.

– Nous avons également des employés de bureau, répondit Schindler, mais ce dont j'ai le plus besoin, c'est d'ouvriers.

Elle ne pouvait plus rien. A moitié aveuglée par les larmes, elle écrivit son faux nom et son adresse. Il en ferait ce qu'il voudrait. Mais une fois dans la rue, elle commença à réfléchir. Peut-être Schindler avait-il pensé qu'elle jouait les moutons et qu'elle était venue pour le coincer. Pourtant, il s'était montré bien distant. Il ne lui avait même pas montré le moindre geste de sympathie en la priant de quitter son bureau.

Moins d'un mois après cette entrevue, M. et Mme Perlman furent transférés à Emalia. Ils n'étaient pas les seuls. En fait, ils faisaient partie d'un groupe de trente travailleurs. De temps à autre, Regina Perlman allait pouvoir se rendre rue Lipowa et pénétrer à l'intérieur de l'usine en distribuant quelques pots-de-vin. Son père servait d'homme à tout faire, plongeant les casseroles dans les cuves, pelletant le charbon, déblayant les rebuts autour des machines.

– Mais il parle à nouveau, dit Mme Perlman à sa fille. A Plaszow, il était devenu muet.

En fait, malgré les baraques ouvertes à tous les vents, la plomberie défectueuse, on respirait à Emalia un certain air de sérénité fragile, un sentiment de permanence qu'elle-même ne pourrait jamais connaître à Cracovie avec ses faux papiers.

Mlle Perlman-Rodriguez eut la délicatesse de ne pas compliquer la vie d'Oskar en forçant la porte de son bureau pour lui témoigner sa gratitude. Mais chaque fois qu'elle quittait la DEF par le grand portail jaune, elle ne pouvait s'empêcher de jalouser un peu ceux qui restaient à l'intérieur.

Il y eut ensuite toute une campagne pour tenter de faire transférer à Emalia le rabbin Menasha Levartov qui s'était reconverti à Plaszow en ouvrier métallurgiste. Levartov, un jeune et docte rabbin des villes portant une épaisse barbe noire, était plus libéral que les rabbins des *shtetls* de Pologne, ceux qui croyaient que le respect du sabbat était plus important que la vie et qui, aù cours des années 1942 et 1943, furent fusillés par centaines chaque vendredi soir parce qu'ils refusaient les travaux auxquels ils étaient astreints. C'était le type d'homme qui, même en temps de paix, aurait enseigné à ses fidèles que Dieu, pour autant qu'il se sentît honoré par le respect des traditions religieuses, acceptait aussi qu'il faille parfois les transgresser.

Itzhak Stern, qui travaillait au bureau de la construction dans les services administratifs d'Amon Goeth, était un fervent admirateur de Levartov. A la bonne époque, quand ils en avaient la possibilité, Stern et Levartov pouvaient discuter pendant des heures autour d'un verre d'*hebarta* à propos de l'influence de Zoroastre sur le judaïsme ou l'inverse, ou sur le concept de la nature dans le taoïsme. Quand il s'agissait de l'étude comparative des religions, Stern avait beaucoup plus de plaisir à discuter avec Levartov qu'avec Oskar Schindler qui se piquait de philosophie et avait la fâcheuse manie de vouloir discourir sur ces mêmes sujets.

Au cours d'une visite d'Oskar à Plaszow, Stern lui dit qu'il fallait absolument que Menasha Levartov aille à Emalia, faute de quoi Goeth finirait certainement par le tuer. Car Levartov ne passait pas inaperçu. Sa simple présence le faisait remarquer. Et Goeth n'appréciait pas tellement ce genre d'individus. C'était, au même titre que les tire-au-flanc, une des priorités sur sa liste noire. Stern raconta à Oskar que Goeth avait déjà tenté d'exécuter Levartov.

Il y avait déjà plus de trente mille personnes dans le camp d'Amon Goeth. A l'extrémité de l'Appellplatz, près de la chapelle mortuaire juive désormais transformée en écurie, un vieux hangar abritait à lui seul plus de mille deux cents prisonniers. L'Obergruppenführer Krüger fut si satisfait du camp au cours d'une tournée d'inspection qu'il nomma le commandant Hauptsturmführer. Goeth était monté de deux grades d'un seul coup.

Plaszow n'était pas réservé aux seuls Juifs polonais. Certains venant de l'Est ou de Tchécoslovaquie restaient là en transit en attendant que les installations d'Auschwitz-Birkenau et de Gröss-Rosen fussent terminées. Il y avait parfois plus de trente-cinq mille personnes sur l'Appellplatz. Amon était donc obligé d'opérer un tri parmi les prisonniers de la première vague pour faire place aux autres. Oskar connaissait les méthodes expéditives du commandant : il entrait dans un bureau ou dans un atelier, faisait former deux rangs et décidait de se débarrasser de l'un ou de l'autre. La colonne montait en rang par deux soit vers le fort autrichien pour exécution immédiate, soit vers la gare de Cracovie-Plaszow pour être embarquée dans des wagons à bestiaux, soit – quand l'embranchement fut terminé à l'automne 1943 – au départ de la ligne ferroviaire proche des baraques des SS.

Quelques jours auparavant, Amon s'était rendu

dans l'usine de métallurgie pour opérer un tri. Les chefs d'équipe s'étaient mis au garde-à-vous, anxieux de faire leur rapport et sachant qu'un mot de trop pouvait les envoyer au peloton d'exécution.

– J'ai besoin de vingt-cinq ouvriers, dit Amon après avoir écouté les rapports. Vingt-cinq et pas plus. Montrez-moi un peu ceux qui sont qualifiés.

Un des chefs d'équipe pointa son doigt vers Levartov qui rejoignait le groupe en cours de sélection tout en s'apercevant qu'Amon le regardait d'un air bizarre. Personne ne savait jamais quel rang allait être expédié ailleurs, ni où. Mais dans la plupart des cas, il valait mieux se trouver dans le groupe des ouvriers qualifiés.

Le tri se poursuivit. Levartov remarqua que les ateliers étaient étrangement vides ce matin-là. Il est vrai que ceux qui devaient se rendre à l'extérieur pour un travail quelconque ou qui se trouvaient près de la porte avaient eu vent de l'arrivée de Goeth et avaient filé vers l'usine de vêtements de Madritsch, soit pour se planquer derrière les piles d'uniformes, soit pour faire semblant de chercher une machine à coudre. Les quelque quarante autres, plus lents ou plus étourdis, qui étaient restés dans l'atelier étaient maintenant placés sur deux rangées entre les établis et les tours. Tout le monde avait peur, et particulièrement ceux qui se trouvaient dans la plus petite rangée.

Un garçon de ce petit groupe, qui aurait pu avoir seize ans comme dix-neuf, s'écria :

– Mais, Herr Kommandant, je suis aussi un ouvrier métallurgiste qualifié !

– Oui, *Liebchen,* murmura Amon qui s'approcha du garçon, prit son pistolet et lui tira une balle dans la tête.

L'énorme déflagration envoya le garçon contre un

mur. « Il était mort, dira Levartov, avant même d'avoir touché le plancher. »

Le petit groupe, réduit d'une unité, se mit en marche en direction de la voie ferrée. On emmena le cadavre dans une brouette, on lava le plancher et les tours se remirent à fonctionner. Mais Levartov, qui limait des charnières sur son établi, ne pouvait s'empêcher de penser au regard que lui avait jeté Amon. C'était le type de regard qui signifiait « en voilà un ». Le rabbin pensait que l'interpellation du garçon n'avait fait que distraire Goeth d'une cible plus évidente : lui-même.

Quelques jours passèrent, dit Stern à Schindler, avant qu'Amon ne retourne dans le même atelier et ne trouve qu'il y avait trop de monde. Il décida d'opérer un nouveau tri pour le fort ou la gare. Il s'arrêta près de l'établi de Levartov, comme Levartov savait qu'il allait le faire. Amon sentait bon l'eau de Cologne. Les poignets de sa chemise étaient amidonnés. Amon, décidément, avait une certaine classe quand il s'agissait de paraître en public.

– Qu'est-ce que vous êtes en train de faire ? demanda le commandant.

– Herr Kommandant, je fais des charnières, dit Levartov en montrant un petit tas sur le plancher.

– Faites-m'en une maintenant ! ordonna Amon.

Il tira une montre de sa poche et commença à compter. Levartov découpa le métal, le perça. Ses doigts s'agitaient frénétiquement. Il comptait en même temps dans sa tête et réussit à fabriquer, en ce qu'il croyait être cinquante-huit secondes, une charnière qu'il fit tomber à ses pieds.

– Une autre, dit Amon.

Après cette course contre la montre, le rabbin se sentait plus confiant. La deuxième charnière fut exécutée à peu près dans les mêmes temps.

Amon jeta un coup d'œil sur le tas qui gisait aux pieds de Levartov.

– Vous êtes à cet établi depuis six heures ce matin, dit-il sans lever les yeux du plancher. Vous pouvez travailler à la cadence que je viens de voir. Alors pourquoi ce tas de charnières est-il si petit ?

Levartov sut immédiatement qu'il venait de signer son arrêt de mort. Personne n'osa lever le nez de son établi pendant qu'Amon l'emmenait à un bout de l'atelier. D'ailleurs, qu'auraient-ils bien pu voir ? Les derniers pas d'un condamné ? La chose était assez fréquente à Plaszow.

Une fois à l'air libre, Amon plaqua Menasha Levartov contre un mur de l'atelier, le tenant d'une main par une épaule et tirant de son étui le pistolet avec lequel il avait tué le jeune garçon deux jours plus tôt.

Levartov clignait des paupières sous la lumière crue du printemps. Il voyait les autres prisonniers filer aussi vite que possible hors du champ d'Amon avec leurs brouettes ou leurs fardeaux sur l'épaule. Ceux de Cracovie se disaient en eux-mêmes : « Cette fois, c'est le tour de Levartov. Dieu le garde ! » Levartov récita dans un murmure le *Shema Yisroel* tandis qu'il entendait qu'on armait le pistolet. Mais au lieu du claquement attendu, il ne perçut qu'un petit « clic » comme ferait un briquet qui refuse de s'allumer. Amon, l'air pas plus ennuyé qu'un fumeur qui doit secouer deux ou trois fois son briquet avant que la flamme jaillisse, retira le chargeur, en mit un autre, visa et tira à nouveau. Tandis que la tête du rabbin se baissait dans l'attente de l'impact, tout ce qui se produisit fut un autre « clic ».

Goeth se mit à jurer méthodiquement :

– *Donnerwetter ! Zum Teufel !*

Levartov se voyait dans la situation où Amon, d'une seconde à l'autre, allait se mettre à discuter avec lui des tares des méthodes de fabrication modernes comme s'il se fût agi de problèmes de siphons ou de colonnes montantes. Amon replaça le pistolet défectueux dans son étui de cuir noir et prit dans sa poche un petit revolver à crosse de nacre qui semblait sorti tout droit des histoires de cow-boys que le rabbin Levartov avait lus dans sa jeunesse. « Cette fois, ça y est, pensa-t-il. Il n'y aura pas de rémission pour défaillance technique. Il ira jusqu'au bout. C'est ce revolver de cow-boy qui va provoquer ma mort, et même si le percuteur refuse de fonctionner, le Hauptsturmführer Goeth se rabattra sur des armes plus primitives. »

Alors que Goeth visait et tirait à nouveau, continuait à raconter Stern à Schindler, Levartov, tout ébahi d'être encore en vie après les deux ratés successifs du pistolet, regardait autour de lui pour voir s'il n'y aurait pas un objet qui pourrait servir de massue. Mais il n'y avait rien qu'un tas de charbon empilé au coin d'un mur.

– Herr Kommandant..., commença Levartov.

Mais il entendait déjà le bruit sinistre du pistolet d'opérette qu'Amon était en train d'armer. Et puis, un nouveau « clic ». Amon, furieux, semblait vouloir arracher le barillet de la crosse.

Levartov décida d'adopter la même attitude que les chefs d'équipe dans son atelier.

– Herr Kommandant, je voudrais très respectueusement vous signaler que mon tas de charnières n'était pas ce qu'il aurait dû être pour la raison suivante : les machines ont été recalibrées dans le courant de la matinée. C'est pourquoi on m'a ordonné d'abandonner mon établi pour pelleter du charbon.

Levartov ne venait-il pas de transgresser les règles d'un jeu qui devait se terminer par sa mise à mort ?

Une sorte de poker menteur où l'un des deux partenaires aurait cessé de mentir. C'était un peu comme si le rabbin avait subtilisé les dés et que la partie se terminait par un fiasco. De sa main gauche qui était libre, Amon lui envoya une claque magistrale. Levartov sentit le sang couler dans sa bouche : c'était donc qu'il était encore en vie.

Le Hauptsturmführer Goeth tourna les talons. Mais Levartov savait que ce n'était que partie remise.

Pendant qu'il racontait l'affaire à Oskar dans son bureau de l'administration, Stern en mimait toutes les péripéties. Tour à tour, il se baissait, joignait les mains, levait les yeux vers le ciel comme pour mieux essayer de convaincre son interlocuteur.

– Pas de problème, dit Oskar. (Puis, ne résistant pas à l'envie de taquiner Stern, il ajouta :) Mais pourquoi toute cette longue histoire ? Vous savez très bien qu'il y aura toujours de la place à Emalia pour quelqu'un qui sait fabriquer une charnière en moins d'une minute.

Quand, dans le courant de l'été 1943, Levartov et son épouse arrivèrent dans le camp annexe d'Emalia, le rabbin dut subir ce qu'il prit d'abord pour une petite plaisanterie anticléricale de la part de Schindler. Les vendredis après-midi, alors que Levartov s'affairait sur son tour dans l'atelier de munitions de la DEF, Schindler s'approchait derrière lui pour dire :

– Vous ne devriez pas être ici, rabbin. Vous devriez vous préparer pour le sabbat.

Mais quand Schindler lui remit une bouteille de vin pour la cérémonie religieuse, Levartov sut que Herr Direktor n'avait pas voulu plaisanter. Tous les vendredis, un peu avant le crépuscule, le rabbin allait être relevé de son travail pour se rendre dans sa baraque derrière les ateliers de la DEF. Là, sous des rangées de linge humide suspendu à des bouts de ficelle, au milieu des paillasses à quatre étages, et à l'ombre des miradors SS, il réciterait le *kiddush* en tenant son gobelet de vin.

24

L'Oskar Schindler qu'on pouvait voir à cette époque sauter de cheval dans la cour d'Emalia était encore le prototype du grand capitaine d'industrie. Il avait toujours cette allure de jeune homme mince qui le faisait ressembler aux George Sanders ou Curd Jürgens d'autrefois à qui on l'avait souvent comparé. Sa veste comme sa culotte de cheval sortaient du meilleur faiseur. Ses bottes brillaient comme un miroir. C'était véritablement un homme dans le vent.

Mais quand il rentrait de ses balades équestres pour se rendre dans son bureau, il devait se colleter avec toutes sortes de factures qui, même pour une entreprise aussi excentrique que la DEF, pouvaient paraître bizarres.

Chargements de pain en provenance de la boulangerie de Plaszow à raison de quelques centaines de miches délivrées deux fois par semaine ; parfois, un camion à moitié rempli de navets ou de rutabagas... Les quelques marchandises en provenance de Plaszow étaient multipliées plusieurs fois dans les livres de comptes de Goeth. Des intermédiaires comme Chilowicz se chargeaient d'écouler au marché noir, pour le compte de Herr Hauptsturmführer, le surplus ainsi dégagé. Si Oskar n'avait dépendu que d'Amon pour l'alimentation de ses prisonniers, ses neuf cents ouvriers n'auraient guère touché que sept cent cinquante grammes de pain par semaine et une soupe tous les trois jours. Il dépensait environ cinquante mille zlotys par mois pour acheter au marché noir un supplément de rations. Parfois, il lui fallait trouver trois mille miches de pain supplémentaires pour une seule semaine. Pour ce faire, il se rendait en ville avec une sacoche bourrée de Reichsmark et quelques bonnes bouteilles qui emportaient le marché auprès des intendants allemands chargés de faire tourner les boulangeries.

Oskar ne semblait pas réaliser qu'au cours de cet été 1943 il passait pour un héros du marché noir alimentaire destiné à ses prisonniers ; et que la politique du Reich – qui voulait que dans les grandes usines de mort ou dans chacun des petits camps de travaux forcés les sous-hommes soient délibérément sous-alimentés – était mise en échec d'une façon un peu trop évidente rue Lipowa.

Une série d'incidents vint conforter au cours de l'été la « mythologie Schindler », cette idée qui prenait force aussi bien à Plaszow qu'à Emalia : Schindler pouvait vous faire échapper à la mort.

Chaque fois qu'un nouveau camp annexe était constitué, des officiers supérieurs du camp principal se rendaient à l'annexe pour vérifier qu'on tirait un maximum du potentiel physique des nouveaux arrivants. On ne sait pas avec exactitude quels furent ceux qui, parmi les officiers supérieurs de Plaszow, se rendirent à Emalia. En tout cas, certains prisonniers et Oskar lui-même savent que Goeth fut l'un d'eux. Et peut-être aussi Leo John, ou Scheidt, ou encore Josef Neuschel, le protégé de Goeth. Je cite leurs noms en connaissance de cause. Ces hommes savaient très exactement « tirer le maximum du potentiel physique » des nouveaux prisonniers. Quels qu'ils soient, ils avaient déjà pris rang dans la sinistre histoire de Plaszow. En faisant leur tournée d'inspection à Emalia, ils remarquèrent un prisonnier qui s'appelait Lamus en train de pousser une brouette trop lentement à leur gré. Goeth, furieux de constater que Lamus en prenait à son aise, fit signe à un autre de ses protégés, un sous-officier nommé Grün, ancien lutteur devenu garde du corps. Ce fut sans doute Grün qui reçut l'ordre d'exécuter Lamus.

En tout cas, ce fut Grün qui procéda à l'arrestation tandis que les autres continuaient leur tournée d'inspection. Un des ouvriers de l'atelier de métallurgie se précipita dans le bureau de Schindler pour l'avertir. Herr Direktor bondit de son bureau encore plus vite que le jour où Mlle Regina Perlman était venue lui rendre visite, descendit les escaliers quatre à quatre et arriva dans la cour de l'usine juste au moment où Grün était en train de coller Lamus contre le mur.

– Vous ne pouvez pas faire ça ! hurla Oskar. Mes gens vont baisser les bras si on commence à fusiller ici. J'ai des contrats d'armement prioritaires, etc.

C'étaient des arguments standard avec, en sous-entendu, qu'Oskar pourrait très bien dénoncer Grün auprès d'amis haut placés pour avoir fait entrave à la productivité d'Emalia.

Grün n'était pas né de la dernière pluie. Il savait que le petit groupe d'inspection était maintenant dans les ateliers où le fracas des presses et le ronronnement des tours couvriraient le bruit qu'il choisirait ou s'abstiendrait de faire. Lamus était de toute façon moins que rien pour des hommes comme Goeth ou John et il était évident qu'il n'y aurait aucune enquête plus tard.

– Qu'est-ce que vous me proposez ? demanda le SS à Oskar.

– Vodka ? Ça vous irait ?

C'était une bonne récompense. Au cours des *Aktionen*, quand il fallait passer toute une journée derrière une mitrailleuse pour procéder aux exécutions de masse qui devenaient routine à l'Est, on touchait un demi-litre de vodka. Les garçons se battaient pour faire partie des commandos punitifs afin de rapporter leur précieuse vodka au mess le soir. Et voilà que Herr Direktor lui offrait le double simplement pour ne rien faire.

– Je ne vois pas la bouteille, dit-il tandis que Schindler attrapait Lamus et le poussait hors de portée. (Puis, en direction du porteur de brouette :) Barre-toi.

– Vous pourrez prendre la bouteille dans mon bureau à la fin de la tournée d'inspection, dit Oskar.

Oskar se livra une nouvelle fois à ce petit jeu quand la Gestapo fit une descente dans l'appartement d'un faussaire et découvrit, parmi les documents falsifiés déjà prêts ou en voie de l'être, une série de papiers attestant l'origine aryenne de toute une famille, les Wohlfeiler – le père, la mère et trois enfants adolescents qui travaillaient dans le camp de Schindler. Deux hommes de la Gestapo vinrent donc rue Lipowa afin d'embarquer toute la famille pour un interrogatoire qui les mènerait sans doute, après la prison de Montelupich, vers Chujowa Gorka. Trois heures après qu'ils furent entrés dans le bureau d'Oskar, les deux hommes le quittèrent puant le cognac, l'air béat, titubant dans les escaliers, les poches sans doute bourrées de cadeaux. Les faux papiers confisqués étaient désormais sur le bureau d'Oskar qui les jeta au feu.

Puis ce fut au tour des frères Danziger qui déglinguèrent une des presses un vendredi. Les deux hommes, honnêtes travailleurs, mais à moitié qualifiés seulement pour accomplir le travail qu'on leur demandait de faire, contemplaient avec l'œil consterné de petits juifs des *shtetls* la machine qui venait de s'arrêter dans un tintamarre effroyable. Herr Direktor était en tournée d'affaires ce jour-là, et quelqu'un – un espion placé dans l'usine, pensera toujours Oskar – dénonça les Danziger aux services administratifs de Plaszow. La condamnation à la pendaison des deux frères qu'on avait été chercher à Emalia fut annoncée au cours de l'appel du matin à Plaszow. « Cette nuit, les habitants de Plaszow assisteront à l'exécution de deux saboteurs. » Mais ce qui qualifiait le plus les Danziger pour être exécutés, c'était leur réputation d'orthodoxie.

Oskar revint de son voyage d'affaires le samedi après-midi vers trois heures, c'est-à-dire trois heures avant l'exécution annoncée. Une copie du compte rendu de la condamnation avait été placée sur son bureau. Il fonça en voiture vers Plaszow sans oublier de prendre quelques bouteilles de cognac et une provision de saucisses très réputées qu'on appelait *kielbasa*. Il se gara devant l'immeuble de l'administration et se rendit immédiatement au bureau de Goeth. Il fut heureux de ne pas avoir à réveiller le commandant pendant sa sieste. Personne n'a jamais su les conditions du marché qui fut conclu cet après-midi-là dans le bureau – un bureau semblable à celui de Torquemada, où Goeth avait fait sceller des anneaux dans le mur afin de pouvoir pendre les coupables. Il est difficile de croire, cependant, qu'Amon se contenta de cognac et de saucisses. Quoi qu'il en soit, le souci qu'il avait manifesté pour la pérennité des biens du Reich semblait s'être quelque peu dissipé au cours de cette conversation. A 6 heures – l'heure fixée pour l'exécution –, les frères Danziger se retrouvaient dans la splendide voiture d'Oskar, en route pour la crasse sympathique d'Emalia.

Ces victoires ne représentaient qu'une goutte d'eau par rapport à tout ce qui se passait à l'époque, mais c'étaient quand même des victoires sur des petits

Césars qui – Oskar le savait bien – pouvaient aussi bien pardonner que condamner selon leur humeur.

Emil Krautwirt, un ingénieur qui travaillait à l'usine des radiateurs derrière les baraques d'Emalia, logeait dans le camp annexe d'Oskar. C'était un jeune homme qui avait obtenu son diplôme à la fin des années 30. Krautwirt, comme la plupart des gens d'Emalia, appelait l'endroit « le camp de Schindler », mais les SS savaient montrer de temps à autre – comme le jour où ils emmenèrent Krautwirt à Plaszow pour une pendaison qui devait servir d'exemple – qui était véritablement le maître des lieux.

Pour le petit nombre de prisonniers de Plaszow qui réussiraient à survivre, la pendaison de l'ingénieur Krautwirt a toujours été, mis à part le récit de leurs propres souffrances et de leurs humiliations, l'histoire qu'ils voulaient raconter en premier. Les SS avaient l'habitude de dresser leurs potences à l'économie. Elles n'étaient guère plus épaisses que les poteaux d'un terrain de football et n'avaient rien de la sinistre grandeur des gibets de l'histoire – échafauds de la Révolution, potences élisabéthaines ou solides machines à pendre érigées derrière les bureaux des shérifs. Mais les mères de Plaszow découvriraient bientôt que ces poteaux ridicules marqueraient parfois à vie leurs enfants de cinq ou six ans noyés dans la masse des prisonniers réunis sur l'Appellplatz. Un nommé Haubenstock, âgé de seize ans, devait être pendu en même temps que Krautwirt. Krautwirt avait été condamné pour avoir expédié des lettres à des gens de Cracovie soupçonnés d'avoir mauvais esprit. Haubenstock l'avait été pour une raison encore moins probante. Il aurait, d'après l'acte d'accusation, chanté *Volga, Volga, Kalinka Maya* et autres chants folkloriques russes dans l'espoir de faire virer au bolchevisme les gardes ukrainiens.

Les exécutions de Plaszow se déroulaient selon un

rite immuable qui exigeait le silence absolu. Finie l'époque où les pendaisons se faisaient dans une atmosphère de fête. Les prisonniers étaient alignés en carré par des gens qui avaient conscience de leur pouvoir : Hujar et John ; Scheidt et Grün ; les sous-officiers Landsdorfer, Amthor, Grimm, Ritschek et Schreiber ; et par des femmes SS récemment affectées à Plaszow, Alice Orlowski et Luise Danz, toutes deux expertes de la matraque. On accordait aux prisonniers le droit de prononcer quelques dernières paroles.

L'ingénieur Krautwirt, abasourdi, ne trouvait rien à dire. Le garçon, en revanche, voulait plaider sa cause et tentait de faire entendre raison au Hauptsturmführer qui se tenait près de la potence.

– Je ne suis pas un communiste, Herr Kommandant. Je hais le communisme. C'étaient des chansons, des chansons toutes bêtes.

Le bourreau, un boucher juif de Cracovie, condamné pour un crime quelconque et amnistié sous condition qu'il prenne cet emploi, fit monter Haubenstock sur un tabouret et lui plaça la corde autour du cou. Il sentait bien qu'Amon, las des jérémiades, voulait qu'on se débarrasse du garçon d'abord. Quand le boucher eut retiré le tabouret, la corde cassa et le garçon, toussant et tremblant, le nœud toujours autour du cou, se précipita à quatre pattes vers Goeth, s'agrippant à ses jambes et les embrassant presque, tout en continuant à plaider sa cause. C'était atroce. Goeth se voyait confirmé dans son rôle de potentat de droit divin. Dans le silence de l'Appellplatz, troublé seulement par le bruit rauque qui s'échappait de quelques milliers de poitrines, il se dégagea du garçon d'un coup de pied, tira son pistolet et lui envoya une balle dans la tête.

Krautwirt, écœuré par le spectacle, prit une lame de rasoir qu'il avait cachée dans une poche et se taillada les poignets. Tous ceux du premier rang surent immédiatement qu'il s'était mutilé à mort. Mais Goeth n'en donna pas moins l'ordre au bourreau de faire son office. Deux Ukrainiens, maculés du sang qui jaillissait des blessures de Krautwirt, le hissèrent sur le tabouret.

Les gens ne pouvaient s'empêcher de penser dans un petit recoin de leur tête que ce type d'exhibition barbare pourrait être la dernière, qu'un jour ou l'autre *ils* finiraient par faire marche arrière, sinon Amon, du moins ces messieurs galonnés qui, de leurs superbes bureaux plongeant sur des petites places chargées d'histoire où l'on voyait toujours une vieille marchande de fleurs, devaient programmer la moitié des événements qui se déroulaient à Plaszow et donner leur aval à tout ce qui n'avait pas été programmé.

Au cours de la deuxième visite du Dr Sedlacek à Cracovie, Oskar et le dentiste de Budapest dressèrent un projet qui, aux yeux d'une personne moins perspicace que Schindler, aurait pu paraître naïf. Oskar suggéra à Sedlacek que la bestialité d'Amon Goeth pouvait être provoquée en partie par les quantités invraisemblables d'alcool frelaté qu'il ingurgitait, ce prétendu cognac d'origine incontrôlée qui finissait par oblitérer complètement la perception des conséquences de ses actes. Peut-être pourrait-on prélever sur la liasse de Reichsmark que Sedlacek venait d'apporter à Oskar quelques billets pour acheter une caisse de vrai cognac, un véritable trois étoiles et pas le râpe-gosier que l'on se procurait habituellement dans la Pologne d'après Stalingrad. Oskar irait solennellement en faire cadeau à Amon et, dans le courant de la conversation qui suivrait, lui suggérerait qu'un jour ou l'autre la guerre prendrait fin, qu'on mènerait des enquêtes sur ce que tel ou tel individu avait fait. Que, peut-être, même les meilleurs amis d'Amon se rappelleraient les moments où il avait fait preuve d'un peu trop de zèle.

C'était dans la nature d'Oskar de croire qu'on pouvait trinquer avec le diable et modifier ses desseins autour d'un verre de cognac. Ce n'était pas que les méthodes plus radicales lui fissent peur. Elles ne lui venaient simplement pas à l'esprit. Oskar serait toujours un homme de compromis. Le Wachtmeister Oswald Bosko, qui avait eu le ghetto sous sa juridiction, était en revanche un homme de principes. Il lui était devenu impossible de travailler suivant les normes SS. Il n'en pouvait plus de distribuer des pots-de-vin par-ci, de placer une douzaine d'enfants sous sa sauvegarde par-là pendant que des centaines d'autres étaient expulsés du ghetto pour aller Dieu sait où. Bosko avait abandonné son commissariat de police de Podgorze pour disparaître dans les forêts de Niepolomice truffées de résistants. Il tenterait de se faire pardonner dans l'armée du peuple l'enthousiasme juvénile qui l'avait fait rejoindre le clan des nazis au cours de l'été 1938. Habillé en paysan polonais, il fut démasqué dans un village situé à l'ouest de Cracovie et fusillé comme traître. Il devint une figure de légende.

Bosko avait décidé de rompre avec son passé parce qu'il n'avait plus d'autre choix. Il ne disposait pas des mêmes ressources financières qu'Oskar pour mettre de l'huile dans les rouages. La personnalité des deux hommes avait sans doute tracé leur destin : l'un n'aurait rien que son grade et son uniforme, l'autre pourrait jouer sur son assise financière et le pouvoir qu'il en tirait. On peut dire, sans vouloir mettre Bosko sur un piédestal ni traîner Oskar dans la boue, que si le sort avait fait de Schindler un martyr, ç'aurait été pour une raison fortuite, sans doute une combine qui aurait mal tourné. Mais il existait certaines personnes – les Wohlfeiler, les frères Danziger, les Lamus –

qui respiraient encore parce que Oskar savait monter ce type de combines. Et c'est parce que Schindler était ce qu'il était qu'un millier de personnes se trouvaient un peu plus libres à Emalia qu'ailleurs et que les SS n'osaient pas trop s'aventurer à l'intérieur du camp. On pouvait, dans cet enclos, éviter les brimades, la schlague, et on y mangeait une soupe assez épaisse pour vous maintenir en vie. Si l'on met en balance leurs deux personnalités et quand on sait le dégoût que ces deux membres du parti éprouvaient pour celui-ci, on ne peut guère trancher. Bosko avait sans doute eu raison de reléguer son uniforme dans un placard de Podgorze. Mais Schindler n'avait pas tort d'afficher son macaron du parti et de refiler des caisses de cognac trois étoiles à un fou comme Amon Goeth.

C'est en fin d'après-midi qu'Oskar et Goeth se retrouvèrent en tête à tête dans un salon de la villa toute blanche d'Amon. Majola, la petite amie de Goeth, une femme d'aspect fragile qui avait un poste de secrétaire dans l'usine Wagner de Cracovie, assistait au début de l'entrevue. Elle ne se sentait pas très à l'aise à Plaszow. C'était une femme impressionnable et la rumeur voulait qu'elle eût menacé Goeth de ne plus partager son lit s'il continuait à exécuter des prisonniers de façon arbitraire. Personne n'a jamais su si c'était la vérité ou le fruit des élucubrations de prisonniers voulant s'accrocher encore à quelques étincelles d'espoir dans ce monde de ténèbres.

Majola ne resta pas longtemps avec Amon et Oskar. Voyant Helena Hirsch, la servante d'Amon, toute pâle dans sa robe noire, en train d'apporter, l'air exténué, les petits sandwiches et les saucisses, elle pressentait que l'après-midi serait rude et bien arrosé. La veille au soir, Amon avait brutalisé Helena parce qu'elle avait préparé quelques sandwiches pour Majola sans qu'il lui en eût donné l'autorisation. Ce matin même, il lui avait fait monter et descendre cinquante fois au pas de course les trois étages parce qu'il avait remarqué une crotte de mouche sur un tableau accroché dans l'entrée. Elle avait entendu parler de Herr Schindler mais n'avait jamais eu encore l'occasion de le rencontrer. Il est vrai que cet après-midi-là, la vue de ces deux hommes manifestement sur la même longueur d'onde, assis fraternellement de part et d'autre d'une table basse, ne pouvait lui être d'aucun réconfort. Il n'y avait rien là qui puisse l'intéresser. D'autant que maintenant, elle s'était faite à l'idée qu'elle serait bientôt morte. Elle ne pensait qu'à sa plus jeune sœur qui travaillait à la popote du camp. Elle avait caché une certaine somme d'argent dans l'espoir qu'elle pourrait un jour l'utiliser pour tirer sa sœur d'affaire. Quant à son propre avenir, aucun marchandage ne pourrait désormais plus en modifier le cours.

Les deux hommes se mirent à boire tout au long de l'après-midi et bien au-delà. Ils continuaient à carburer bien après que Tosia Lieberman eut chanté la *Berceuse* de Brahms comme elle le faisait chaque soir pour apporter un peu de calme dans le dortoir des femmes, bien après qu'elle se fut introduite dans les baraques des hommes pour leur donner cette même note d'apaisement. Leurs foies prodigieux travaillaient comme des alambics. Au moment opportun, Oskar se pencha par-dessus la table, et, offrant le visage de l'amitié – ce qui, malgré l'invraisemblable quantité de cognac qu'il avait bue, ne signifiait pas grand-chose –, Oskar donc, jouant de tout son charme, commença à entreprendre Amon sur les excès qu'il commettait.

Amon ne le prit pas mal du tout. Il semblait même à Oskar que l'idée de tempérer ses ardeurs – une tentation que devaient avoir éprouvée les empereurs –

faisait vibrer quelque corde sensible. Caligula avait dû rêver à un moment ou à un autre de passer à la postérité sous le titre de « Caligula le Bon », « Amon le Bon » était en train de titiller l'imagination avinée du commandant.

Cette nuit-là, avec un taux d'alcoolémie dépassant l'entendement, Amon se sentait plus porté à l'indulgence par bonté d'âme que par crainte de représailles. Mais au petit matin, il se rappellerait quand même les avertissements d'Oskar qui, combinés avec les dernières nouvelles de l'offensive russe sur le saillant de Kiev, lui donneraient à réfléchir. Stalingrad, c'était à l'autre bout du monde. Mais Kiev, ce n'était quand même pas tellement, tellement loin de Plaszow.

Pendant quelques jours après cette nuit de beuverie, les nouvelles parvenant à Emalia indiquaient qu'Amon semblait tenir compte de sa conversation avec Oskar. Retournant à Budapest, le Dr Sedlacek allait aviser Samu Springmann que pour le moment, Amon avait cessé d'assassiner les gens de façon arbitraire. Le pauvre Samu qui se débattait avec toutes ses listes de lieux de la mort, de Drancy, à l'ouest, à Belzec, à l'est, se mettait à espérer que, pour quelque temps au moins, Plaszow n'était plus un grave sujet de préoccupation.

Mais le temps de la clémence ne dura guère. S'il y eut un répit, il fut si bref que ceux qui survécurent à Plaszow n'en firent aucune mention dans leurs témoignages. Pour eux, les exécutions sommaires n'ont jamais cessé. Si Amon n'était pas apparu sur son balcon ce matin-là ou le suivant, rien ne prouvait qu'il ne serait pas là le lendemain. Il en fallait plus pour que le prisonnier le plus naïf imaginât une seconde que la vraie nature du commandant eût pu changer aussi radicalement du jour au lendemain. On le reverrait bientôt sur ces marches, coiffé de cette casquette autrichienne qu'il aimait à porter pour la chasse à l'homme, cherchant au travers des lentilles de ses jumelles un coupable à exécuter.

Le Dr Sedlacek n'était pas retourné à Budapest seulement porteur de bonnes nouvelles sur Amon, mais avec toute une série de documents sur le camp de Plaszow. Un garde d'Emalia était venu un après-midi à Plaszow pour conduire Stern à Zablocie. Une fois arrivé il fut immédiatement mené dans le nouvel appartement d'Oskar où il fut présenté à deux hommes élégamment vêtus. L'un n'était autre que Sedlacek ; l'autre, un juif muni d'un passeport suisse qui se présenta comme un M. Babar.

– Mon cher ami, dit Oskar à Stern, je veux que vous écriviez un rapport sur Plaszow aussi complet que vous pourrez le faire en un après-midi.

Stern, qui n'avait jamais vu Sedlacek ni Babar, pensait que c'était peut-être un peu risqué. Il croisa les mains et murmura qu'avant d'entreprendre une pareille tâche, il aimerait dire un mot en privé à Herr Direktor.

Oskar avait l'habitude de dire que Stern ne pouvait pas faire une demande ou un rapport sans l'enrober de toute sorte de considérations tirées de l'enseignement talmudique. Cette fois-ci, pourtant, il n'y alla pas par quatre chemins :

– Dites-moi, Herr Schindler, protestait Stern, vous ne croyez pas qu'on est en train de prendre un risque énorme ?

Oskar piqua une terrible rogne :

– Vous croyez que je vous aurais demandé cela s'il y avait un risque quelconque ? (Puis, reprenant son aplomb :) Il y a toujours un risque. Vous le savez mieux que quiconque. Mais pas avec ces deux-là. Ce sont des gens sûrs.

Stern passa tout l'après-midi à faire son rapport.

C'était un homme cultivé et intelligent, et il savait comment rédiger ce genre de document. Les organisations de secours de Budapest comme les sionistes d'Istanbul recevraient un rapport détaillé. Il suffirait de multiplier le document de Stern par mille sept cents, c'est-à-dire le nombre de camps de travaux forcés petits et grands installés sur le territoire polonais, et on aurait un canevas qui stupéfierait le monde.

Sedlacek et Oskar voulaient encore quelque chose de Stern. Le matin qui suivit la nuit de ripailles, Oskar, portant héroïquement son foie en bandoulière, retourna à Plaszow avant l'heure d'ouverture des bureaux. La veille, il avait entrecoupé son prêche sur la tolérance de diverses suggestions. Pourrait-il avoir la permission d'Amon d'emmener deux industriels amis faire un tour de cette petite communauté industrielle exemplaire ? Pas de problème. Oskar arriva donc ce matin-là avec les deux hommes devant l'immeuble de l'administration et demanda les services du prisonnier Itzhak Stern pour faire un tour du camp. Babar avait une sorte d'appareil photo miniature, mais il le trimbalait ouvertement dans une main. Si un SS lui avait posé une question, il est probable qu'il se serait empressé de décrire avec force détails le fonctionnement de cette petite merveille qu'il avait acquise récemment au cours d'un voyage d'affaires à Bruxelles ou à Stockholm.

Quand Oskar sortit des bureaux de l'administration en compagnie des deux hommes venus de Budapest, il prit familièrement le petit Stern par l'épaule. Ses amis aimeraient visiter les ateliers et les dortoirs, dit Oskar. Mais si quelque chose paraissait leur échapper, Stern n'aurait qu'à faire semblant de renouer un lacet de ses souliers.

Empruntant la voie royale de Goeth pavée de fragments de pierres tombales, ils passèrent devant les baraques des SS. Les lacets de Stern venaient justement de se défaire.

– Veuillez m'excuser, messieurs, dit-il, pendant que l'associé de Sedlacek photographiait les équipes poussant les wagonnets chargés de pierres.

Il fit des nœuds assez compliqués pour permettre aux trois hommes de lire les inscriptions qui pavaient la route : Bluma Gemeinerowa (1859-1927) ; Matylde Liebeskind, décédée en 1912 à l'âge de quatre-vingt-dix ans ; Helena Wachsberg, morte en couches en 1911 ; Rozia Groder, décédée en 1931 à l'âge de treize ans ; Sofia Rosner, Adolf Gottlieb, morts sous le règne de l'empereur François-Joseph et tant d'autres... Stern voulait absolument qu'ils voient ce qu'on avait fait de la mémoire de ces gens honorables.

Ils passèrent devant le *Puffhaus*, le bordel réservé aux SS et aux Ukrainiens dont les pensionnaires étaient polonaises, avant d'atteindre la carrière qui s'enfonçait profondément au flanc de la colline. Les lacets de Stern semblaient lui poser d'énormes problèmes. Il voulait que la pellicule témoignât : la plupart des hommes équipés de marteaux et de piques laissaient leur santé sur ce morceau de falaise. Ils étaient d'ailleurs trop épuisés ce matin-là pour porter une attention quelconque au petit groupe de visiteurs. Ivan, le chauffeur ukrainien d'Amon Goeth, était là, comme le contremaître, un ancien droit-commun allemand à tête de pioche nommé Erik qui s'était déjà fait la main en tuant son père, sa mère et sa sœur. Il aurait été pendu ou se serait retrouvé en prison à vie si les SS n'avaient pas décidé qu'il existait des criminels encore plus dangereux que les parricides et qu'Erik serait le type d'homme à les mater. Stern avait mentionné dans son rapport qu'un médecin de Cracovie, le Dr Edward Goldblatt, avait été muté de son hôpital à Plaszow par les soins d'un SS, le Dr Blancke. Erik n'était jamais aussi ravi que quand il voyait arriver à la carrière des hommes de savoir et de talent peu habitués aux travaux manuels. Les brutalités commencèrent sitôt qu'Erik remarqua les premiers gestes maladroits du médecin. Jour après jour, SS et Ukrainiens de garde se relayèrent pour le brutaliser. Goldblatt devait continuer à travailler avec la tête enflée comme un ballon et une paupière complètement fermée. Personne ne sut quelle nouvelle faute dans le maniement du marteau ou de la pique valut au médecin sa dernière raclée. Longtemps après qu'il eut perdu connaissance, Erik autorisa qu'on le conduisît à la *Krankenstube* où le médecin de service refusa de l'admettre. Forts de ce diagnostic, Erik et quelques hommes de troupe SS continuèrent à le frapper devant la porte de l'hôpital jusqu'à ce que mort s'ensuive.

Stern poursuivit sa petite séance de lacets devant la carrière parce qu'il croyait, comme Oskar et quelques autres, que des juges de futurs tribunaux viendraient demander aux témoins : « Dites-nous en un mot : où cela s'est-il passé ? »

Oskar put faire faire à ses amis une visite approfondie du camp. Il les emmena à Chujowa Gorka et au petit fort autrichien où les brouettes maculées de sang qui servaient à transporter les cadavres étaient alignées sans vergogne à l'entrée du fort. Déjà plusieurs milliers de cadavres avaient été enterrés là, dans des fosses communes ou à la lisière de la forêt de pins située à l'est. Quand les armées russes arriveraient de l'est, elles découvriraient d'abord ce lieu de massacres avant de libérer les quelques victimes à demi mortes de faim qui seraient encore à Plaszow.

Quant aux prétendues industries miracles de Plaszow, elles ne pouvaient que décevoir tout observateur un peu qualifié. Amon, Bosch, Leo John ou Joseph Neuschel pensaient tous qu'ils dirigeaient une cité modèle dans la mesure où ils en tiraient de solides profits. Ils auraient sans doute été profondément choqués d'apprendre que s'ils pouvaient continuer à se la couler douce, ce n'était pas du tout en vertu du miracle économique qu'ils pensaient avoir accompli.

En fait les fortunes personnelles amassées par Amon et sa clique constituèrent le seul miracle économique un peu tangible jamais réalisé là-bas. C'était toujours un sujet d'étonnement pour les observateurs avertis de voir que Plaszow bénéficiait encore de contrats pour l'industrie de guerre alors que les ateliers étaient si misérables et les machines si démodées. Mais les prisonniers les mieux informés faisaient pression sur des gens de l'extérieur dont ils avaient mesuré la sympathie, des gens comme Oskar ou Madritsch, pour qu'ils convainquent l'Inspection des armements de l'utilité de Plaszow. Car après tout, la faim et les assassinats sporadiques valaient encore mieux que la mort certaine à Auschwitz ou Belzec. Oskar pouvait passer des heures à discuter avec les officiers des services d'achat et les ingénieurs du général Schindler qui dirigeait l'Inspection des armements. Bien sûr, ils faisaient la grimace. Bien sûr, ils s'esclaffaient de temps à autre : « Allons, Oskar, êtes-vous vraiment sérieux ? » Mais en fin de compte, Goeth aurait ses contrats, qu'il s'agisse de pelles fabriquées avec les résidus de tôle collectés dans l'usine d'Oskar, rue Lipowa, ou encore d'entonnoirs emboutis à partir des déchets d'étain recueillis dans une conserverie de Podgorze. Les chances étaient assez minces que les commandes de pelles munies de leurs manches destinées à la Wehrmacht fussent correctement honorées. De nombreux amis d'Oskar à l'Inspection des armements savaient de quoi il retournait : prolonger la vie de Plaszow, c'était prolonger la vie d'un certain nombre d'esclaves. Pour certains d'entre eux, c'était dur à avaler. Ils connaissaient la réputation d'escroc de Goeth. Et la vie de patachon que menait Amon dans son petit coin de campagne choquait profondément leur sens du devoir.

Le cas de Roman Ginter illustre assez bien la suprême ironie du camp de travaux forcés de Plaszow, un camp où les esclaves eux-mêmes conspiraient pour la pérennité du royaume d'Amon. Ginter, un ancien chef d'entreprise devenu l'un des contremaîtres de l'atelier de métallurgie d'où Oskar avait réussi à tirer le rabbin Levartov, fut averti un matin de devoir se rendre immédiatement dans le bureau de Goeth, où, avant même qu'il n'eût fermé la porte, il reçut une raclée mémorable. Amon, tout en tabassant Ginter, poussait des grognements d'animal fou de rage. Il tira le prisonnier en bas des marches et le colla contre le mur de la porte d'entrée.

– Puis-je me permettre de vous poser une question ? demanda Ginter en prenant soin de cracher deux dents pour bien montrer qu'il n'était pas en train de jouer la comédie.

– Petit fumier, petit trou-du-cul, hurla Goeth, tu ne m'as pas livré les menottes que j'avais commandées ! Je viens de vérifier dans mon carnet.

– Mais, Herr Kommandant, dit Ginter, permettez-moi de vous faire savoir respectueusement que vos ordres ont été fidèlement exécutés. J'ai demandé à Herr Oberscharführer Neuschel ce que je devais faire des menottes, et il m'a indiqué que je devais les livrer dans votre bureau. C'est ce que j'ai fait.

Amon ramena dans son bureau un Ginter tout sanguinolent et fit appeler Neuschel.

– Mais bien sûr, Herr Kommandant, dit le jeune SS. Regardez dans votre deuxième tiroir de gauche.

Goeth ouvrit le tiroir et y trouva les menottes.

– Et voilà, je l'ai presque tué, dit Goeth à son jeune imbécile de protégé avec une nuance de regret dans la voix.

Ce même Roman Ginter qui crachait ses dents

contre le mur des bureaux administratifs d'Amon, ce sous-homme dont Amon aurait mis l'assassinat sur le compte de cet idiot de Neuschel, c'est l'homme qui de temps à autre, grâce à un laissez-passer spécial, se rend à l'usine DEF de Herr Schindler pour discuter avec Oskar des stocks nécessaires pour faire tourner Plaszow, des chutes de métal sans lesquelles les équipes de métallurgistes seraient immédiatement programmées pour Auschwitz. Amon Goeth peut donc bien jouer les cow-boys et croire que Plaszow tourne rond grâce à ses talents d'administrateur. En fait, si Plaszow tourne, c'est parce que des prisonniers qui crachent leurs dents ont décidé qu'il le fallait.

25

Oskar, à cette époque, semblait jeter l'argent par les fenêtres. Bien qu'ils ne sussent pas exactement qui était cet homme, les prisonniers de la DEF avaient l'impression qu'il était prêt à se ruiner pour eux si c'était le prix à payer. Plus tard, beaucoup plus tard – car pour le moment ils prenaient ce qu'Oskar leur donnait avec la même innocence que les enfants qui acceptent les cadeaux de Noël de leurs parents –, ils diraient : « Grâce à Dieu, il nous était plus fidèle qu'à sa femme. » Sa réputation de flambeur n'avait évidemment échappé à personne.

Le Dr Sopp, médecin officiel des prisons SS de Cracovie et expert auprès du tribunal SS de Pomorska (1), avertit Schindler par l'intermédiaire d'un employé polonais qu'il avait une proposition à lui faire. Frau Helen Schindler était détenue dans la prison de Montelupich. Le Dr Sopp savait qu'elle n'avait aucun lien de famille avec Oskar, mais son mari avait investi quelques-unes de ses économies dans Emalia. Ses papiers indiquant une origine aryenne étaient sujets à caution. Le Dr Sopp n'avait pas besoin d'ajouter que ce genre de facétie se terminait la plupart du temps par un aller sans retour vers Chujowa Gorka. Mais si

(1) Les SS avaient leurs propres tribunaux.

Oskar se sentait enclin à verser une somme, disons importante, le bon docteur était prêt, vu l'état alarmant de la patiente, à lui ordonner une cure de durée indéfinie à Marienbad en Bohême.

Arrivé chez Sopp, Oskar découvrit que celui-ci voulait cinquante mille zlotys en échange du certificat. Inutile de discuter. Après trois années de pratique, Sopp savait très exactement le prix de ses bontés à un zloty près. Oskar rassembla la somme dans le courant de l'après-midi. Sopp savait qu'Oskar était le type d'homme à disposer de fonds secrets pour ses combines de marché noir et que, par conséquent, l'affaire ne devrait pas poser trop de problèmes.

Avant de verser l'argent, Oskar tint à préciser quelques conditions : il irait lui-même avec le Dr Sopp à Montelupich pour assister à la levée d'écrou. Et il remettrait lui-même la femme aux mains d'amis qu'il avait en ville. Sopp ne fit aucune objection. Et c'est à la lueur d'une faible ampoule toute nue dans une cellule glacée de Montelupich que Frau Schindler reçut son cher, très cher certificat.

Un homme un peu plus calculateur ou simplement doué d'un esprit comptable aurait pu se faire rembourser cette somme sur les fonds mis à sa disposition par Sedlacek. Oskar finirait par recevoir en tout cent cinquante mille Reichsmark en provenance de Budapest, dissimulés dans des valises à double fond ou à l'intérieur d'une couture. Mais on sait qu'Oskar n'avait pas le sens de l'argent, aussi bien celui qu'il devait, d'ailleurs, que celui qu'on lui devait. Et surtout il avait un sens de l'honneur qui lui interdisait de prélever quoi que ce soit sur les sommes destinées à ses contacts juifs. A l'exception toutefois de ce qu'il dut dépenser pour le cognac d'Amon.

L'écoulement de ces fonds secrets était d'ailleurs parfois une affaire délicate. Quand Sedlacek arriva à Cracovie avec cinquante mille Reichsmark au cours de l'été 1943, les sionistes de Plaszow à qui Oskar offrit cette somme craignirent la provocation.

Oskar prit d'abord contact avec Henry Mandel, soudeur dans l'atelier de métallurgie de Plaszow, qui était membre du Hitach Dut, un mouvement sioniste de jeunes travailleurs. Mandel ne voulait pas toucher à l'argent. Schindler avait beau lui répéter :

– Regardez, j'ai une lettre d'explication en hébreu, une lettre en provenance de Palestine.

Mais naturellement, si c'était un coup monté, Oskar aurait une lettre de Palestine. Et quand vous n'avez qu'une mince tartine de pain pour tout petit déjeuner, vous y réfléchissez à deux fois avant d'empocher une somme aussi considérable que cinquante mille Reichsmark, soit cent mille zlotys. A utiliser comme bon vous semble. Non, ce n'était tout simplement pas possible.

Schindler essaya ensuite de remettre cette somme qu'il fit passer à Plaszow dans le coffre de sa voiture à un autre membre du Hitach Dut, une femme nommée Alta Rubner. Elle avait des contacts avec le mouvement de résistance de Sosnowiec par l'intermédiaire de prisonniers qui travaillaient à l'usine de câbles et par quelques Polonais de la prison polonaise. Elle dit à Mandel qu'il serait peut-être préférable d'en référer à la Résistance, et de les laisser décider de savoir si cet argent sentait le soufre.

Oskar tenta de la persuader, élevant la voix que couvrait le claquement saccadé des machines à coudre.

– Je vous jure que ce n'est pas un piège, insistait-il. Je puis vous assurer de mon entière bonne foi.

La bonne foi... Exactement ce qu'on pourrait attendre d'un agent provocateur.

Quand Oskar fut parti, que Mandel eut parlé de l'affaire à Stern qui confirma le dire d'Oskar, quand il se fut entretenu à nouveau avec la fille, décision fut prise d'accepter l'argent. Ils savaient pourtant qu'Oskar, désormais échaudé, ne reviendrait pas le leur proposer. Mandel se rendit au bureau de l'administration pour voir Marcel Goldberg, un ancien membre du Hitach Dut, qui, après avoir été nommé secrétaire en charge des listes – listes de travail, de personnes déplacées, de morts, de vivants, etc. –, s'était mis à accepter des pots-de-vin. Mandel savait cependant comment le prendre. Une des listes que Goldberg pouvait établir – ou, à tout le moins, sur laquelle il pouvait ajouter ou retrancher des noms – était celle des gens qui devaient se rendre à Emalia récupérer les chutes de métal pour les ateliers de Plaszow. Eu égard au bon vieux temps, Mandel se retrouva sur cette liste sans avoir eu toutefois à révéler la raison qui le poussait à se rendre à Emalia.

Mais une fois arrivé à Zablocie, après avoir séché la corvée de récupération des chutes et s'être rendu au bureau d'Oskar, il fut bloqué par Bankier. Herr Schindler était trop occupé pour le voir.

Une semaine plus tard, Mandel était de retour. Bankier, à nouveau, lui barra l'entrée. La troisième fois, Bankier fut plus explicite : « Vous voulez cet argent sioniste ? Mais vous n'en vouliez pas avant. Et maintenant, vous le voulez. Eh bien, vous ne pouvez plus l'avoir. C'est la vie, monsieur Mandel. »

Mandel secoua la tête et partit. Il supposait à tort que Bankier s'était déjà approprié une partie de cet argent. En fait, Bankier se montrait prudent. L'argent fut finalement remis aux sionistes de Plaszow comme en témoignera le reçu signé d'Alta Rubner que Sedlacek remettra à Springmann. Une partie de cette somme fut utilisée pour porter secours aux juifs venus de tous les coins de Pologne et qui ne pouvaient pas compter sur des amis de Cracovie pour leur venir en aide.

Oskar ne sut jamais l'ultime destination des sommes ainsi remises. Servaient-elles principalement à acheter de la nourriture au marché noir, comme le souhaitait Stern ? Etaient-elles utilisées par la Résistance intérieure pour fabriquer de faux papiers et acheter des armes ? Quoi qu'il en soit, pas un centime de cet argent ne servit à faire sortir Frau Schindler de la prison de Montelupich ou à sauver des vies, comme celle des frères Danziger. Pas un centime ne fut retenu par Oskar en compensation des quelque trente mille kilogrammes en cocottes et casseroles dont il fit cadeau en 1943 aux officiers SS comme aux sous-fifres pour qu'ils s'abstiennent de recommander en haut lieu la fermeture de son camp annexe.

Quand Oskar sortit seize mille zlotys pour l'achat au marché noir d'instruments de gynécologie afin que l'accouchement d'une fille d'Emalia se déroule d'une façon à peu près normale – toute femme enceinte étant immédiatement expédiée à Auschwitz –, ce fut de sa poche. Quand l'Untersturmführer John voulut vendre sa vieille Mercedes complètement hors course, Oskar l'acheta sur ses propres deniers à condition que trente prisonniers de Plaszow fussent transférés à Emalia. La voiture, achetée douze mille zlotys, fut réquisitionnée le lendemain par l'Untersturmführer Scheidt, officier SS ami de John, qui en avait besoin pour ses équipes chargées de déblayer le terrain autour de l'enceinte du camp.

– Sans doute vont-ils transporter la terre dans le coffre, fulminait Oskar au cours du dîner qu'il eut le soir même avec Ingrid.

Commentant l'incident, il devait dire plus tard qu'il avait été ravi d'avoir pu rendre service à ces deux messieurs.

26

Raimund Titsch payait lui aussi, mais d'une autre manière. Titsch était un petit catholique autrichien toujours très strict qui boitillait légèrement, ce que d'aucuns attribuaient à un accident dans son enfance, d'autres à une blessure de la Première Guerre mondiale. Il avait dix bonnes années de plus qu'Amon ou Oskar. Il dirigeait à l'intérieur du camp de Plaszow la fabrique d'uniformes de Madritsch qui employait quelque trois mille couturières et préposés à l'entretien des machines.

Raimund Titsch payait d'abord de sa personne en jouant aux échecs avec Amon Goeth. Amon, dont les bureaux étaient reliés directement à l'usine de Madritsch, appelait régulièrement Titsch pour une petite partie. La première faillit se terminer en drame. A peine une demi-heure après le début de la partie, Titsch annonça aussi timidement que possible « échec et mat ». Le commandant poussa un grognement de rage, s'empara de sa veste et de sa casquette et se mit à boutonner fébrilement son ceinturon garni de l'étui à pistolet. Titsch crut un moment qu'Amon allait se venger de sa défaite sur le dos d'un malheureux prisonnier occupé à pousser les wagonnets. Il en tira les conclusions qui s'imposaient. Désormais il s'arrangeait pour qu'au bout de trois heures de jeu le Hauptsturmführer pût annoncer triomphalement « échec et mat ». Quand les prisonniers employés dans les bureaux de l'administration voyaient Titsch remonter la rue Jerozolimska en boitillant pour aller se mesurer à Goeth, ils savaient qu'ils pouvaient compter sur un après-midi tranquille. Cette atmosphère de sécurité, si modeste fût-elle, s'étendait jusqu'aux ateliers et même au long de la petite voie ferrée.

Raimund Titsch ne se contentait pas de faire de la thérapie par échecs interposés. Indépendamment du Dr Sedlacek et de son ami muni d'un appareil de poche, il avait commencé à prendre des photographies. Tapi derrière la fenêtre de son bureau ou dans un coin des ateliers, il fixait sur sa pellicule les prisonniers en pyjamas rayés poussant les wagonnets, la cérémonie de la soupe ou encore les travaux de terrassement. Certains de ces clichés montrent probablement les distributions illégales de pain effectuées dans les ateliers de Madritsch. C'était Raimund qui achetait ce pain au marché noir avec la bénédiction et l'argent de Madritsch et qui le faisait venir à Plaszow dissimulé dans des camions, sous des piles de torchons et de vieux papiers. Titsch photographiait les prisonniers formant une chaîne et se passant à toute allure les miches de main en main pour les entasser dans le placard à provisions. La cérémonie s'effectuait dans un coin reculé des ateliers caché des miradors et à l'abri des regards indiscrets des patrouilles qui circulaient sur la voie principale.

Il prit des photos des SS et des Ukrainiens à l'exercice, au travail, au repos. Il photographia une équipe de travailleurs dirigée par l'ingénieur Karp qui serait bientôt atrocement mutilé – cuisses déchiquetées et appareil génital sectionné – par les chiens de garde. Il prit une photo générale de Plaszow qui faisait bien sentir l'odeur de mort qui régnait sur le camp. Il réussit même à prendre des photos d'Amon en train de se faire dorer au soleil sur sa terrasse, un Amon dont l'aspect bovin se précisait de jour en jour. Il approchait les cent vingt kilos et le Dr Blancke, un SS nouvellement arrivé, avait dû le mettre en garde :

– Amon, ça va comme ça : vous devez vous mettre au régime.

Titsch prit des photos de Rolf et de Ralf s'ébrouant ou ahanant dans un coin d'ombre, de Majola tenant un des chiens en laisse et faisant semblant d'y prendre plaisir. Et même d'Amon dans toute sa majesté sur son grand cheval blanc.

Titsch ne faisait pas développer les pellicules. Ces photos d'archives tiendraient moins de place en rouleaux. Il les cachait dans une petite boîte métallique planquée dans son appartement de Cracovie. C'est là qu'il gardait aussi les derniers objets de valeur que lui avaient confiés les prisonniers travaillant chez Madritsch. Il y avait encore pas mal de personnes à Plaszow qui gardaient, bien caché dans un repli de leurs vêtements, ce qu'elles considéraient comme leur dernier trésor, quelque chose qu'elles pourraient encore offrir au moment décisif au type qui établissait les listes des départs, à celui qui ouvrait ou refermait la portière des wagons à bestiaux. Titsch avait compris que ceux qui lui remettaient leur ultime objet de valeur avaient perdu tout espoir. La petite minorité des prisonniers qui avaient réussi à planquer quelques bijoux, montres, bagues, colliers ou bracelets qu'ils utilisaient comme monnaie d'échange n'avaient pas besoin de lui. Mais le coffret à photos de Titsch contenait l'ultime possession d'une douzaine de familles – la broche de tante Yanka, la montre de l'oncle Mordche.

En fait, quand Scherner et Czurda se furent enfuis, que Plaszow fut libéré de la peur, que tous les dossiers des SS furent déposés à l'usage des tribunaux,

Titsch n'avait plus besoin de développer ses photos et avait même toutes les raisons de ne pas le faire. Les listes établies par Odessa, la société secrète d'anciens SS reconstituée après la guerre, l'avaient désigné comme traître. La presse avait fait état de l'histoire de Titsch, des trente mille miches de pain, des quelques centaines de poulets et des quelques dizaines de kilogrammes de beurre qu'il avait réussi à faire entrer clandestinement chez Madritsch. Le gouvernement d'Israël lui avait témoigné sa reconnaissance. Mais quand il se promenait dans les rues de Vienne, certains nostalgiques le sifflaient ou le traitaient de « lèche-youpin ». Du coup les pellicules de Plaszow allaient rester pendant quelque vingt années dans un coin d'un petit parc des faubourgs de Vienne où Titsch les avait enterrées. Elles pourraient y être encore, les émulsions du film cédant peu à peu sous les assauts du temps et faisant disparaître à tout jamais les photos témoignant de l'amour d'Amon pour Majola, ses deux chiens féroces, ses esclaves sans nom. Tous les anciens de Plaszow tiendront donc certainement à marquer d'une pierre blanche ce jour de novembre 1963 où un survivant des gens de Schindler (Leopold Pfefferberg) acheta secrètement pour cinq cents dollars la boîte et son contenu à un Raimund Titsch qui se mourait lentement d'une maladie de cœur. Mais même dans cet état, Raimund exigea qu'on attende sa mort pour développer les pellicules. L'ombre d'Odessa l'effrayait plus encore que les noms d'Amon Goeth, de Scherner ou d'Auschwitz à l'époque de Plaszow.

Après son enterrement, les pellicules furent développées. Presque toutes étaient bonnes.

Personne parmi le petit groupe des prisonniers de Plaszow qui survivraient à Amon et au camp n'aura jamais une remarque désobligeante à faire sur le compte de Titsch. Mais ce n'était pas le type d'homme à figurer dans la mythologie. Oskar l'était. A partir de la fin de l'année 1943, les survivants de Plaszow feront entrer Schindler dans la légende. L'important, dans toute légende, ce n'est pas tellement qu'elle soit vraie ou fausse, que les faits rapportés soient exacts, c'est que l'histoire ait pu basculer à un moment pour devenir plus vraie que la vérité elle-même. En écoutant les anciens de Plaszow revivre ces années-là, on se rend compte que pour eux, si Titsch pouvait passer pour le bon Samaritain, Oskar avait pris l'aspect du dieu de la délivrance, un dieu à double face selon la mythologie grecque, un dieu perclus de vices, débrouillard, subtilement puissant, et capable de vous sauver la vie d'une façon aussi gratuite qu'efficace.

Une des histoires se rapporte à l'époque où des pressions étaient exercées sur les chefs de la police SS pour qu'ils ferment Plaszow dont l'utilité industrielle n'était rien moins que manifeste aux yeux de l'Inspection des armements. Helena Hirsch, la servante de Goeth, voyait souvent des officiers invités à dîner qui, de temps à autre, quittaient le salon et déambulaient dans les couloirs et jusqu'à la cuisine pour prendre un peu l'air et murmurer quelques remarques désobligeantes sur leur hôte. Un de ces officiers SS, Tibritsch, avait dit un jour à Helena :

– Ne sait-il pas qu'il y a en ce moment des hommes qui sont en train de donner leur vie ?

Il faisait référence à ceux du front de l'Est, bien sûr, pas aux prisonniers de Plaszow. Les officiers qui menaient une vie plus monacale qu'Amon étaient révoltés par l'atmosphère de satrape qui régnait dans la villa. D'autres, ce qui était encore plus dangereux, étaient tout simplement jaloux.

Comme le veut la légende, ce fut un dimanche en fin d'après-midi que le général Julius Schindler se rendit lui-même à Plaszow pour décider si l'existence du camp contribuait d'une manière quelconque à l'effort de guerre. Qu'un officier aussi galonné que Schindler se déplaçât un dimanche soir pour une visite d'inspection peut paraître bizarre. Peut-être que devant la menace qui se précisait à l'Est les gens de l'Inspection des armements devaient faire des heures supplémentaires. La visite du camp avait été précédée d'un dîner à Emalia où Oskar – à qui il ne déplaisait pas d'assumer de temps à autre le rôle de Bacchus – fit couler à flots les vins et les liqueurs.

C'est dans un état d'esprit rien moins que professionnel que les convives s'embarquèrent à la fin du repas dans les Mercedes officielles pour la tournée d'inspection. L'histoire ne dit pas cependant que Julius Schindler et ses subordonnés étaient de vrais professionnels avec, à leur actif, quatre années de service dans l'intendance. Mais Oskar, lui, savait très bien à qui il avait affaire.

L'inspection commença par la fabrique d'uniformes de Madritsch, la vitrine de Plaszow. Au cours de l'année 1943, elle avait produit plus de vingt mille uniformes par mois. Mais le problème était de savoir si Madritsch ne ferait pas mieux d'oublier Plaszow et de concentrer son capital et sa production dans les usines polonaises de Podgorze et de Tarnow, beaucoup mieux équipées et plus efficaces. Les ateliers délabrés de Plaszow n'incitaient guère Madritsch ou tout autre financier à investir dans des machines que toute usine moderne se devait d'avoir.

La tournée d'inspection venait à peine de commencer que toutes les lumières s'éteignirent dans tous les ateliers, les amis d'Itzhak Stern ayant réussi à couper l'alimentation des générateurs. Les pauvres gens de l'Inspection des armements, déjà plongés dans une torpeur postdînatoire, étaient maintenant frappés de cécité. L'inspection se poursuivit à l'aide de lampes électriques devant des machines qui, ne tournant pas, ne faisaient plus l'effet d'une provocation à des professionnels aussi compétents.

Pendant que le général Schindler écarquillait les yeux à examiner les presses et les tours à la lumière des lampes électriques, trente mille Plaszoviens nerveux attendaient son verdict. Même si les voies de communication qui menaient vers l'Est étaient embouteillées, ils savaient qu'Auschwitz et sa technologie hautement opérationnelle n'étaient qu'à quelques heures de voyage. Ils savaient qu'ils ne devaient pas compter sur les bons sentiments du général Schindler. Il n'avait qu'une devise : « Produire ». Pour lui, la productivité était une fin en soi.

La légende veut que Plaszow fût sauvé du néant grâce au dîner d'Oskar et à une panne d'électricité. La légende est généreuse car, en fait, un dixième seulement de la population de Plaszow réussirait à s'en tirer. Mais Stern et les autres n'en finiraient jamais de ressasser ce petit point d'histoire qui, à quelques détails près, collait à la vérité. Oskar a toujours cru que l'alcool pouvait faire des merveilles. Chaque fois qu'il se demandait comment gagner à sa cause des personnages haut placés, il aurait aimé les plonger dans le cirage.

– Il faut se rappeler, dira plus tard un garçon dont il avait sauvé la vie, qu'Oskar avait un côté allemand, mais aussi un côté tchèque. C'était le brave soldat Svejk. Il avait toujours en réserve quelques torpilles pointées sur le système.

On n'a jamais su les réactions du très pointilleux Amon Goeth au moment de l'interruption de courant. Peut-être était-il ivre. Peut-être avait-il dîné ailleurs. On ne saura jamais non plus si Plaszow dut sa survie aux vapeurs d'alcool amplifiées par les ténèbres qui environnaient le général Julius Schindler. Peut-être, après tout, le camp avait-il encore une utilité quelconque dans la mesure où le grand terminal d'Auschwitz-Birkenau ne parvenait pas à éliminer son trop-plein aussi vite que souhaité. Mais la légende en dit plus sur les espoirs que les prisonniers plaçaient en Oskar que sur la mort de la plupart d'entre eux.

Pendant que les SS et l'Inspection des armements s'interrogeaient sur l'avenir de Plaszow, Josef Bau – un jeune artiste de Cracovie qu'Oskar finirait par bien connaître – était en train de tomber irrémédiablement amoureux de la jeune Rebecca Tannenbaum. Bau, un jeune homme un peu solennel qui, comme tous les artistes, croyait à son destin, travaillait comme dessinateur au bureau de la construction. Il s'était retrouvé par inadvertance à Plaszow, faute d'avoir jamais eu en sa possession une carte d'identité valide du ghetto. Comme il n'avait aucune qualification professionnelle qui lui eût valu d'être admis dans une des usines du ghetto, il avait réussi à se cacher avec l'aide de sa mère et de quelques amis. Au cours de la liquidation de mars 1943, il s'était échappé en sautant par-dessus les murs et s'était joint à la queue d'une équipe de travail se rendant à Plaszow. Car à Plaszow une industrie nouvelle, celle de la construction, qui n'avait pas sa raison d'être dans le ghetto, allait avoir besoin de main-d'œuvre. Josef Bau planchait dans le même immeuble de deux étages où se trouvait le bureau d'Amon. Itzhak Stern qui l'avait pris sous sa protection en avait fait des compliments à Oskar. « Un remarquable dessinateur, avait-il dit, et qui pourrait peut-être un jour acquérir des talents de faussaire. »

Il eut la chance de ne pas souvent tomber sur Amon qui avait une fâcheuse tendance à sortir son pistolet chaque fois qu'il voyait un prisonnier doté d'une personnalité un peu forte. Certains prisonniers travaillaient au rez-de-chaussée dans des bureaux contigus à celui du commandant, mais le bureau de Bau se trouvait à l'autre extrémité de l'immeuble. Les employés du bureau d'achat, intendants, secrétaires, ou encore sténodactylos comme Mietek Pemper, étaient chaque jour à la merci d'une balle vengeresse et faisaient surtout office de têtes de Turc quand Amon piquait une colère. Mundek Korn par exemple, qui avant la guerre dirigeait un service d'achats pour plusieurs succursales de la maison Rothschild et qui désormais devait se procurer les matières premières, les tissus, le bois de construction et les tôles nécessaires aux ateliers, devait travailler non seulement dans le bureau de l'administration mais dans l'aile même où se trouvait Amon. Un matin que Korn levait les yeux de son bureau, il vit par la fenêtre un jeune homme de Cracovie qu'il connaissait bien, âgé d'environ vingt ans, en train d'uriner sur une pile de planches de l'autre côté de la rue Jerozolimska, près des baraques des SS. Il aperçut au même moment les manches d'une chemise blanche d'où émergeaient deux énormes mains qui sortaient de la fenêtre des toilettes à l'autre extrémité de l'immeuble. La main droite tenait un pistolet. Il y eut deux coups de feu rapides. Une balle au moins avait fracassé le crâne du garçon qui s'était affalé contre le tas de planches. Quand Korn dirigea à nouveau son regard vers les toilettes, il ne vit plus qu'une main en train de refermer la fenêtre.

Le bureau de Korn était encombré ce matin-là de bons de réquisition portant la signature d'Amon dont l'écriture ne paraissait pas être celle d'un homme dérangé du cerveau. Son regard horrifié allait des signatures au cadavre débraguetté en bas du tas de planches. Il se demandait s'il avait bien vu ce qu'il avait vu. Il essayait de réfléchir. Peut-être, après tout, les méthodes d'Amon découlaient-elles d'une conception différente des choses ? Si la mort n'était rien de plus qu'une visite aux toilettes, une petite récréation pour rompre la monotonie du travail de bureau, alors peut-être, même si cela faisait mal, devait-on prendre la mort comme une chose banale et routinière !

Il ne semble pas que Josef Bau eût été soumis à ce type de pression. Il échappa à la purge des services administratifs logés au centre et dans l'aile droite de l'immeuble. Elle commença par un rapport de Josef Neuschel, le protégé de Goeth, qui se plaignit auprès du commandant qu'une fille eût apporté une tranche de lard dans son bureau. Goeth sortit en trombe dans le corridor.

– Vous devenez tous trop gras ! se mit-il à hurler.

Il fit alors mettre les employés sur deux rangées. Korn pensait revivre une scène de son enfance, quand il était au lycée de Podgorze. Les jeunes femmes alignées dans l'autre rang, c'étaient les filles des gens avec qui il avait usé ses culottes sur les bancs de l'école. Peut-être le professeur allait-il enfin se décider à leur dire quel groupe se rendrait au monument de Kosciuszko et quel groupe au musée de Wawel. En fait, les filles de l'autre rangée furent immédiatement emmenées à Chujowa Gorka et fusillées par les pelotons de Pilarzik pour un malheureux morceau de lard.

Bien que Bau ne fût pas impliqué dans cette affaire, personne ne pouvait dire qu'il se sentait à l'abri. Mais la vie qu'il menait n'avait pas encore été aussi périlleuse que celle de l'élue de son cœur. Rebecca Tannenbaum était une orpheline, encore qu'elle n'eût pas manqué d'un certain nombre d'oncles et de tantes pour s'occuper d'elle, comme cela se pratiquait au sein de la communauté juive extrêmement solidaire de Cracovie. Elle avait dix-neuf ans. Elle était jolie, bien faite, intelligente, parlait très bien l'allemand et savait mener une conversation avec tout l'à-propos nécessaire. Elle travaillait depuis quelque temps dans le bureau de Stern situé derrière les bureaux de l'administration, un peu à l'écart de la zone d'influence d'Amon. Mais elle ne travaillait qu'à mi-temps dans le bureau de la construction. En fait, Rebecca était manucure et devait accorder une séance hebdomadaire à Amon. Elle comptait parmi ses clients l'Untersturmführer Leo John, le Dr Blancke et sa maîtresse, Alice Orlowski, de sinistre renommée. Les mains d'Amon lui avaient fait bonne impression : fortes mais effilées, pas les mains en tout cas d'un bonhomme suant le lard ou d'un sauvage.

Quand un prisonnier lui avait dit pour la première fois que le commandant voulait la voir, elle s'était affolée et s'était enfuie vers la sortie. Le prisonnier l'avait suivie au pas de course.

– Reviens, reviens, je t'en supplie ! C'est moi qui vais payer si je ne te ramène pas.

Elle l'avait donc suivi jusqu'à la villa de Goeth. Mais avant de se rendre au salon, elle était entrée dans l'office qui dégageait une odeur nauséabonde – c'était la première maison temporaire de Goeth et l'office avait été creusé à la limite d'un ancien cimetière juif. Helena Hirsch, qui était amie de Rebecca, était, une fois de plus, en train de soigner ses plaies.

– C'est vrai que ça pose un problème, reconnut Helena. Mais fais le travail et attends de voir. C'est tout ce que tu peux faire. Parfois il souhaite que les gens se conduisent avec lui comme de vrais professionnels, parfois c'est le contraire. On ne sait jamais. En tout cas, je te donnerai de la saucisse et une tranche de gâteau chaque fois que tu viendras. Mais ne prends pas la nourriture toi-même. Demande-moi d'abord. Il y a des gens qui prennent parfois des choses sans rien dire, et après je me trouve coincée pour justifier mes réserves.

La façon toute professionnelle dont Rebecca se comporta avec Amon sembla convenir à celui-ci qui tendit une main et se mit à bavarder en allemand tandis que la jeune fille curait et polissait ses ongles. Ça aurait pu être l'hôtel Cracovie à nouveau, avec Amon dans le rôle du jeune chef d'entreprise allemand aux dents longues et aux kilos superflus venu à Cracovie pour vendre ses textiles, son acier ou ses produits chimiques. Il y avait cependant deux points qui cadraient mal avec l'aspect débonnaire de ces séances de manucure : le commandant avait toujours son pistolet de service à portée de la main, et, de temps à autre, un de ses chiens venait s'assoupir à ses pieds. Elle les avait vus sur l'Appellplatz déchirer les chairs de l'ingénieur Karp. Parfois pourtant, quand les chiens reniflaient paisiblement dans leur sommeil et qu'Amon évoquait avec elle les visites que l'un et l'autre avaient faites avant la guerre à la station thermale de Carlsbad, l'horreur des appels au petit matin semblait appartenir au monde des cauchemars. Un jour elle se sentit assez confiante pour lui demander la raison pour laquelle il gardait toujours son pistolet à ses côtés. La réponse lui fit froid dans le dos :

– C'est au cas où vous m'écorcheriez.

Si elle avait eu besoin de preuves que, pour Amon, évoquer paisiblement les stations thermales de l'avant-guerre ne lui faisait ni plus chaud ni plus froid que de se conduire comme une brute, elle aurait pu l'avoir le jour où, entrant dans le vestibule, elle vit son amie Helena Hirsch traînée par les cheveux hors du salon ; la jeune fille tentait de conserver son équilibre tandis qu'Amon décollait des mèches entières de sa chevelure auburn. Une autre preuve lui fut donnée le soir même quand, entrant dans le salon, un des deux énormes chiens, Rolf ou Ralf, lui sauta dessus, posa ses deux pattes sur ses épaules et ouvrit une gueule menaçante sur sa poitrine. Elle jeta un coup d'œil désespéré et aperçut Amon allongé sur un sofa en train de sourire.

– Cesse de trembler, bougre d'imbécile, dit-il, ou je ne pourrai pas retenir le chien.

Pendant la période où elle dut s'occuper des mains du commandant, celui-ci logea une balle dans le crâne de son cireur de bottes pour travail négligé ; il fit pendre aux anneaux de son bureau Poldek Deresiewicz, son ordonnance, âgé de quinze ans, parce qu'on avait trouvé une puce sur un de ses chiens ; il exécuta son homme à tout faire, Lisiek, parce que celui-ci avait prêté un cheval et une *drozka* à Bosch sans en référer au préalable. Et pourtant, deux fois par semaine, la jeune et jolie orpheline entrait dans le salon et curait avec philosophie les mains de la bête.

La première fois qu'elle rencontra Josef Bau, celui-ci était en train de tenir à l'extérieur du Bauleitung un énorme plan dans un cadre de bois qu'il essayait d'examiner sous le ciel gris de l'automne. Son corps très mince semblait ployer sous la charge.

– Puis-je vous aider ? lui demanda-t-elle.

– Non, merci, répondit-il. J'attends juste que le soleil montre le bout de son nez.

– Pourquoi ?

Il expliqua qu'il avait tiré en transparence les plans d'un immeuble sur un plan général dont le papier bleu était sensible à certains éléments, et que, si le soleil pouvait se mettre à briller, un mystérieux transfert chimique ferait apparaître le croquis en transparence sur le papier bleu. Puis il déclara soudain :

– Pourquoi ne seriez-vous pas mon soleil magique ?

Les jolies filles de Plaszow ne connaissaient guère les bonnes manières de l'amour courtois. Le crépitement des mitrailleuses sur Chujowa Gorka et les exécutions sommaires sur l'Appellplatz créaient un climat de bestialité qui colorait les rapports entre sexes. Supposez par exemple qu'un jour un garde découvre un poulet rapporté par une équipe de travail revenant de l'usine de câbles rue Wieliczka. Amon braille comme un putois sur l'Appellplatz parce que ce poulet a été découvert dans un sac à l'entrée du camp. A qui le sac ? veut savoir Amon. A qui le poulet ? Comme personne ne va admettre quoi que ce soit sur l'Appellplatz, Amon s'empare du fusil d'un SS et tire sur le premier du rang. La balle traverse le premier homme et va se loger dans la poitrine du second. Personne ne bronche.

– Je vois que vous vous aimez bien les uns les autres, triomphe Amon qui se prépare à exécuter quelqu'un d'autre.

Un garçon de quatorze ans sort du rang. Il sait qui a apporté le poulet, dit-il au commandant.

– Eh bien, qui ?

Le garçon pointe un doigt sur un des deux cadavres.

– C'est lui ! hurle-t-il.

Amon étonne tout le monde en prenant les dires du garçon pour argent comptant. Il lève la tête en arrière et se met à rire avec cette sorte d'incrédulité qu'on voit parfois sur le visage d'un professeur quand un élève a fait une bonne blague. « Ces gens, quand même, est-ce qu'ils ne vont pas finir par comprendre qu'ils sont tous en sursis ? »

Après une soirée comme celle-là, pendant les quelques heures de liberté qui leur étaient accordées entre 19 et 21 heures, la plupart des prisonniers estimaient que faire la cour selon les canons traditionnels serait du temps perdu. De toute façon, les poux qui couraient dans les aisselles et sur les poils du pubis ne portaient pas aux grands sentiments. Aussi était-ce sans retenue aucune que les gens s'accouplaient. Dans les baraques des femmes, on chantait une chanson de corps de garde qui s'adressait aux vierges et qui demandait pour qui donc elles croyaient préserver leur virginité.

L'ambiance à Emalia n'était pas aussi pénible. Des réduits où les amoureux pouvaient se rencontrer plus tranquillement avaient été aménagés dans les ateliers. Dans les baraques surpeuplées, la ségrégation imposée entre sexes n'était guère respectée. L'absence de brutalités et la nourriture plus abondante avaient un effet apaisant sur le comportement des prisonniers. De plus Oskar maintenait sa décision de ne pas laisser la garnison SS pénétrer dans le camp sans sa permission.

Un prisonnier raconte qu'Oskar avait fait installer dans son bureau un système d'alarme au cas où un gradé SS aurait demandé à visiter les baraques. Pendant que le SS descendait les escaliers, Oskar appuyait sur un bouton qui déclenchait une sonnerie. Les prisonniers savaient immédiatement qu'ils devaient faire disparaître les cigarettes qu'Oskar leur donnait quotidiennement. (Presque chaque jour, il se rendait dans les ateliers et disait à un prisonnier d'aller dans son appartement pour lui chercher une petite boîte de cigarettes en lui faisant un gros clin d'œil.) La sonnerie avertissait également les hommes et les femmes de se rendre auprès de leurs lits respectifs.

Rebecca n'en revenait pas d'avoir trouvé à Plaszow un garçon qui lui faisait la cour comme s'il l'avait rencontrée dans un salon de thé de Rynek.

Un matin, tandis qu'elle descendait du bureau de Stern, Josef lui montra sa planche à dessin. Il était en train de tirer des plans d'autres baraques. « Et à propos, lui demanda-t-il, quel est votre numéro de baraque, et qui est votre Alteste ? » Elle répondit avec une certaine réserve embarrassée. Ce qui pourrait paraître curieux de la part d'une jeune fille qui avait vu Helena Hirsch traînée par les cheveux dans le corridor ; qui savait que s'il lui arrivait d'enfoncer un peu trop fort la cuticule du pouce d'Amon, elle serait probablement tuée sur place. Mais ce garçon lui avait fait retrouver la pudeur de son enfance.

– J'irai dans votre baraque et je parlerai à votre mère, promit-il.

– Mais je n'ai plus de mère.

– Eh bien, j'irai parler à votre Alteste.

C'est ainsi qu'il commença à lui faire la cour – avec la permission des anciens, comme s'ils avaient l'éternité devant eux. Le garçon était à ce point cérémonieux qu'il mit longtemps avant de lui donner son premier baiser. Cela se passa sous le toit d'Amon après une séance de manucure. Rebecca, à qui Helena avait donné un pot d'eau chaude et un peu de savon, était montée en catimini au dernier étage, inhabité parce que en cours de rénovation, pour laver sa blouse et ses sous-vêtements. Sa gamelle dont elle aurait besoin pour la soupe du lendemain faisait fonction de cuvette.

Elle était en train de frotter ses vêtements quand Josef apparut.

– Pourquoi êtes-vous ici ? demanda-t-elle.

Il devait prendre quelques mesures pour les plans de rénovation.

– Et vous, qu'est-ce que vous faites ?

– Vous voyez bien. Et, s'il vous plaît, ne parlez pas trop fort.

Il se mit à mesurer allégrement les hauteurs du plafond et des plinthes.

– Ne vous trompez pas dans vos mesures, lui conseilla-t-elle, sachant qu'Amon ne tolérait pas l'à-peu-près.

– Pendant que je suis ici, je pourrais également prendre vos mesures.

Il fit courir son mètre d'arpenteur le long de ses bras, puis de sa nuque jusqu'au bas de sa colonne vertébrale. Elle fondait en sentant les doigts qui s'enhardissaient autour du mètre. Après qu'ils se furent longuement embrassés, elle lui demanda de partir. Ce n'était pas l'endroit pour un après-midi lascif.

Plaszow connut d'autres folles histoires d'amour, même parmi les SS, mais aucune ne fut à ce point empreinte d'innocence et de tendresse. L'Oberscharführer Albert Hujar, par exemple, responsable de la mort du Dr Rosalia Blau dans le ghetto, et de celle de Diana Reiter après l'affaissement des fondations d'une baraque, était tombé amoureux d'une prisonnière juive. La fille de Madritsch, elle, avait été subjuguée par un garçon juif du ghetto de Tarnow – il avait, bien sûr, travaillé dans l'usine de Madritsch à Tarnow jusqu'au jour où Amon, le grand sabreur de ghettos, fit évacuer Tarnow comme il avait fait évacuer le ghetto de Cracovie. Le garçon travaillait désormais dans l'atelier de Madritsch à Plaszow où la jeune fille pouvait lui rendre visite. Mais l'affaire en resta là. Les prisonniers avaient bien sûr aménagé quelques recoins où les époux et les amants pouvaient se retrouver en relative sécurité. Mais tout – aussi bien les lois raciales en vigueur que l'étrange code de conduite des prisonniers – semblait faire obstacle à la passion qu'éprouvait Fräulein Madritsch pour son jeune homme. Raimund Titsch lui-même était tombé amoureux d'une machiniste. Ce fut, là aussi, une affaire très platonique qui ne déboucha sur rien. Quant à l'Oberscharführer Hujar, Amon lui-même lui ordonna de cesser de faire l'imbécile. Albert emmena donc sa bien-aimée pour une petite promenade dans les bois et lui colla une balle dans la nuque tout en lui présentant ses profonds regrets.

La mort semblait d'ailleurs planer au-dessus des passions qu'éprouvaient les SS. Les frères Rosner, Henry le violoniste et Leopold l'accordéoniste, en avaient été plusieurs fois témoins pendant qu'ils jouaient leurs mélodies viennoises autour de la table de Goeth. Au cours d'une soirée, un des hôtes d'Amon, un grand officier SS mince aux cheveux gris, ne cessait de demander aux Rosner de jouer *Sombre Dimanche*, une chanson hongroise sirupeuse qui raconte les envies suicidaires d'un jeune amoureux éconduit. Henry avait remarqué que les SS raffolaient de ce genre de guimauves. La chanson, il est vrai, avait connu un certain succès dans les années 30, au point que les gouvernements de Hongrie, de Pologne et de Tchécoslovaquie avaient envisagé son interdiction devant la vague de suicides d'amoureux transis. Avant de se flanquer une balle dans la tête, des jeunes gens éplorés laissaient un message citant quelques vers de la chanson. L'Office de propagande du Reich l'avait évidemment bannie. Et voici que ce vieil homme élégant, qui aurait pu être le grand-père d'adolescents en proie aux tumultes du premier amour, ne cessait de marcher de long en large en demandant aux Rosner :

– Allez, une fois encore, *Sombre Dimanche*.

Le Dr Goebbels n'aurait pas apprécié la chose. Mais personne, ici, au fin fond de la Pologne, n'allait faire une quelconque remarque à cet officier supérieur échauffé.

Après qu'il eut réclamé la chanson une dizaine de fois, Henry Rosner se mit à gamberger. La musique, pour lui, avait toujours été quelque chose de magique. Aucun musicien, d'où qu'il vînt, ne pouvait être aussi sensible à quelques accords musicaux qu'un juif de Cracovie né dans une famille où les gammes sont moins apprises qu'héritées. Dans ce milieu un peu fermé, on était génétiquement musicien comme on pouvait être génétiquement rabbin. Henry se mit à penser, comme il le dira plus tard : « Mon Dieu, si j'ai quelque pouvoir magique, peut-être que ce salopard va finir par se suicider ! »

La musique proscrite de *Sombre Dimanche* avait, à force d'être serinée, acquis droit de cité dans la maison d'Amon. Et maintenant, Henry avait décidé d'en faire son instrument de guerre, en duo avec Leopold qui se sentait rassuré par le regard pâmé et reconnaissant du bel officier.

Henry, en revanche, avait quelques sueurs froides. Les sanglots qu'il tirait de son violon étaient si manifestement destinés à une mise à mort qu'il craignait qu'Amon ne finisse par s'en apercevoir. Les connaisseurs pourront épiloguer sur la façon dont Henry exécutait son morceau. L'important, c'était l'envoûtement qu'il créait. Un seul homme, l'officier, en avait pleinement conscience et continuait à regarder fixement Henry, insensible au brouhaha que faisaient les autres convives, les Bosch, Scherner, Czurda ou Amon, déjà bien partis. On le sentait prêt à bondir de sa chaise et à déclamer en direction de l'assistance : « Bien sûr, messieurs, c'est lui, c'est le violoniste qui a raison. Survivre à un tel chagrin aurait-il quelque sens ? »

Les Rosner continuèrent à jouer le morceau encore et encore, bien au-delà des limites qu'Amon aurait normalement tolérées. Finalement le bel officier se leva pour se rendre sur le balcon. Henry savait que tout ce qu'il pouvait donner l'avait été. Désormais, soucieux d'effacer les indices, il se lança avec son frère dans les opérettes moins compromettantes de von Suppé ou de Lehar. L'officier resta sur le balcon pendant presque une demi-heure. Une excellente soirée fut interrompue quand il se logea une balle dans la tête.

Ainsi allait le sexe à Plaszow : l'urgence, les poux et les morpions à l'intérieur des barbelés ; la démence et le meurtre sur les bords. Et au milieu de tout cela, un Josef Bau et une Rebecca Tannenbaum poursuivant, impavides, leur grand roman d'amour.

Les premières neiges étaient déjà tombées depuis longtemps quand Plaszow fut soumis à un changement de statut bien regrettable pour tous les amoureux. Dans les premiers jours de janvier, Plaszow devint un *Konzentrationslager* (camp de concentration) dépendant du Bureau central SS des affaires économiques et administratives situé à Oranienburg, près de Berlin, sous la haute autorité du général Oswald Pohl. Les camps annexes, tels Plaszow ou Emalia, dépendraient directement d'Oranienburg. Les chefs de la police, Scherner et Czurda, n'en auraient donc plus le contrôle direct. Ce qui signifiait que les sommes versées par Oskar ou Madritsch pour l'emploi de leurs prisonniers ne tomberaient plus dans les caisses de la rue Pomorska mais seraient versées au général Richard Glücks, chef de la section D (camps de concentration) qui dépendait de Pohl. Pour obtenir quelques passe-droits, Oskar devrait désormais se rendre à Plaszow pour amadouer Amon, continuer à inviter à dîner Julian Scherner, mais aussi contacter certains personnages haut placés dans l'immense machine bureaucratique d'Oranienburg.

Oskar profita très vite d'un voyage d'affaires à Berlin pour tenter de rencontrer les gens qui allaient désormais s'occuper de ses dossiers. Oranienburg, qui était à l'origine un camp de concentration, apparaissait à cette époque comme un vaste complexe parsemé d'innombrables baraques. Tout ce qui touchait à la vie ou à la mort dans les camps dépendait des bureaux de la section D. Son directeur, Richard Glücks, avait en charge l'établissement des listes de prisonniers « bons pour le travail » ou « bons pour les chambres à gaz », après toutefois en avoir référé à Pohl. Il veillait à ce que l'équation XY (où X représentait les prisonniers astreints aux travaux forcés et Y ceux qui étaient voués à la mort) atteigne toujours le point d'équilibre optimal.

Glücks avait établi des règles très strictes pour tout ce qui concernait la vie dans les camps. Des dizaines de mémos libellés dans le plus pur jargon administratif sortaient chaque jour de ses services.

Bureau central SS pour les affaires
économiques et administratives
Section principale D
(Camps de concentration)
D1-AZ : 14fl-Ot-S-
GEG TGB NO 453-44

A l'adresse des :
Commandants des camps de concentration
Da, Sach, Bu, Mau, Slo, Neu, Au i-lll
Gr-Ro, Natz, Stu, Rav, Herz, A-L Bels
Gruppenl. D. Riga, Gruppenl. D. Cracow (Plaszow).

Les demandes de punition par le fouet en cas de sabotage de la production de guerre par les prisonniers sont en augmentation.

J'exige qu'à l'avenir, dans tous les cas de sabotage prouvés *(un rapport de la direction doit être joint), une demande d'exécution par pendaison soit soumise. L'exécution devra avoir lieu devant tous les membres de l'équipe de travailleurs concernée. Le motif de l'exécution devra être annoncé pour exercer un effet préventif.*

(signé)
SS Obersturmführer.

On s'occupait de tout dans ce royaume d'Ubu. Certains dossiers traitaient de la longueur optimale des cheveux des prisonniers avant la tonte réglementaire et la récupération des cheveux « pour la fabrication de chaussettes en cheveux destinées aux équipages des sous-marins et de chaussons pour les employés des chemins de fer du Reich ». Parfois il s'agissait de recommandations et de contre-recommandations pour l'enregistrement des décès. Devait-on les enregistrer dans les dossiers des huit services concernés, ou simplement dans le service du personnel, en mettant à jour la carte figurant dans l'index ? Des choses capitales, en somme. Et voilà qu'un Herr Oskar Schindler de Cracovie venait pour s'entretenir de sa petite entreprise industrielle de Zablocie. On lui délégua un sous-fifre avec rang de commandant dans les services du personnel.

Oskar n'en fut pas mortifié. Il y avait après tout des gens qui utilisaient la main-d'œuvre juive sur une plus grande échelle que lui. Les énormes boîtes : Krupp, bien sûr, et I. G. Farben. Même l'usine de câbles de Plaszow, dirigée par Walter C. Toebbens, l'industriel qui avait failli se retrouver dans l'armée sur décision de Himmler, employait plus de travailleurs que Herr Schindler. Sans compter les aciéries de Stalowa Wola, les usines d'aviation de Budzyn et de Zakopane, ou le complexe industriel Steyr-Daimler-Puch de Radom.

L'officier du personnel avait les plans d'Emalia sur son bureau.

– J'espère que vous ne voulez pas augmenter le nombre de vos prisonniers, commença-t-il par dire sur un ton assez froid. C'est impossible étant donné le risque de typhus que cela ferait courir.

Oskar le rassura aussitôt. Ce qui l'intéressait, c'était de pouvoir compter sur une certaine stabilité de la main-d'œuvre. Il avait déjà évoqué ce problème avec un de ses amis, le colonel Erich Lange. Oskar sut immédiatement que ce nom disait quelque chose à l'officier. Il tira de sa poche une lettre du colonel que l'autre se mit à lire. Le bureau était plongé dans le silence. On n'entendait que les bruissements étouffés par les cloisons des bureaux adjacents : crissements de plumes, dossiers feuilletés, questions posées à voix basse... la routine, quoi ! Comme si ces gens ne savaient pas qu'ils travaillaient pour l'industrie de la mort.

Le colonel Lange, chef d'état-major de l'Inspection des armements du quartier général, avait le bras long. Oskar l'avait connu au cours d'une réception donnée par le général Schindler à Cracovie. Ils s'étaient tout de suite trouvés sur un terrain d'entente. Il n'était pas rare que, au cours d'une soirée comme celle-là, certains invités se sentent des atomes crochus, parce qu'ils éprouvaient le même dégoût pour le régime, et qu'ils se retirent dans un coin pour se jauger mutuellement. Parfois, ils devenaient amis. Erich Lange avait été profondément marqué par les camps de travail qu'il avait pu voir en Pologne – le complexe industriel d'I. G. Farben à Buna, par exemple, où les chefs d'équipe avaient adopté les cadences requises par les SS et exigeaient des prisonniers qu'ils déchargent leurs sacs remplis de ciment au pas de course ; où les travailleurs avaient pris l'aspect de squelettes ; où l'on jetait ceux qui n'en pouvaient plus dans des tranchées creusées pour le passage des câbles et qu'on enterrait sous le béton en même temps que ces câbles. « On ne vient pas ici pour vivre, mais pour y mourir dans un bloc de ciment », avait annoncé un directeur d'usine à des prisonniers nouvellement arrivés. Lange, qui avait entendu le discours de bienvenue, en aurait vomi.

La lettre qu'il avait envoyée à Oskar pour être remise à qui de droit à Oranienburg avait été précédée de quelques coups de téléphone. Lettre et appels allaient dans le même sens : Herr Schindler, avec son matériel de cuisine et ses obus antitanks de quarante-cinq millimètres, était considéré par l'Inspection des armements comme un collaborateur exemplaire dans la lutte pour la survie de la nation. Il avait réussi à former une équipe de travailleurs hautement spécialisés, et l'on devrait faire le maximum pour permettre à cette équipe de poursuivre ce travail essentiel sous la supervision de Herr Direktor Schindler.

L'officier, dûment impressionné, dit à Herr Schindler qu'il allait lui parler très franchement. Rien n'indiquait que l'on dût modifier le statut ou le nombre des prisonniers du camp de Zablocie. Mais Herr Direktor devait comprendre que la situation des juifs, même s'il s'agissait de travailleurs qualifiés, était toujours aléatoire. Prenez le cas d'Ostindustrie, l'agence SS chargée de recruter des travailleurs, par exemple. Elle emploie des prisonniers dans des tourbières, dans une usine de brosses et dans une fonderie à Lublin, dans des usines d'appareillage à Radom, dans des tanneries à Trawniki. Mais dans d'autres camps de travail, certains SS n'arrêtent pas de fusiller les gens, à tel point qu'Ostindustrie n'a pratiquement plus de raison d'être. Dans ces camps de la mort, les responsables ne gardent jamais un pourcentage suffisant de prisonniers pour la main-d'œuvre industrielle. Cela a donné lieu à de nombreux échanges de correspondance, mais ces messieurs sur le terrain ne veulent rien entendre.

– Toutefois, ajouta l'officier en tapotant la lettre de Lange, je ferai tout mon possible.

– Je comprends très bien votre problème, dit Oskar avec un sourire radieux. Si je puis vous exprimer ma reconnaissance d'une manière ou d'une autre...

En fin de compte, Oskar quitta Oranienburg avec au moins quelques garanties sur la pérennité de son entreprise.

Le nouveau statut de Plaszow eut pour conséquence immédiate de contrarier les affaires de cœur, dans la mesure où l'on se mit à appliquer la ségrégation des sexes comme l'exigeait une des nombreuses circulaires mitonnées par l'Office principal SS pour les affaires économiques et administratives. Les barrières entre les lieux d'hébergement des hommes et des femmes, celles qui entouraient les ateliers, celles qui entouraient les camps furent toutes électrifiées. Les instructions de l'Office principal spécifiaient le voltage requis, la densité des fils conducteurs et le nombre d'isolateurs nécessaires. Amon et ses collaborateurs imaginèrent tout de suite quelle pourrait être la contribution de ces nouvelles mesures au renforcement de la discipline. Ils pourraient désormais obliger des prisonniers à se tenir debout vingt-quatre heures d'affilée dans l'espace qui séparait la clôture d'origine de la nouvelle clôture électrifiée. S'ils s'écroulaient de fatigue, ils savaient qu'ils recevraient une décharge de quelques centaines de volts. Mundek Korn, par exemple, qui revint un soir avec une équipe où un prisonnier manquait à l'appel, dut se tenir debout dans cet étroit corridor pendant toute une nuit et un jour.

Mais plus encore que le risque d'être soumis à cette nouvelle forme de torture, l'impact psychologique de cette mesure qui, de l'appel du soir jusqu'au réveil, séparait les hommes des femmes par un courant électrique, fut ressenti durement par les prisonniers. Les contacts étaient désormais réduits à la petite phase préparatoire au rassemblement sur l'Appellplatz, en attendant que l'ordre de former les rangs fût donné. Les couples essayaient de se retrouver quelques instants en sifflant le même air, chacun tendant l'oreille pour percevoir le sifflet ami. Les instructions provenant de l'Office principal SS du général Pohl obligeaient ainsi les prisonniers à recourir aux stratagèmes des oiseaux. Rebecca et Josef purent poursuivre leur roman d'amour grâce au code qu'ils avaient adopté d'un commun accord.

Josef réussit un peu plus tard à se procurer la robe d'une prisonnière décédée. Une fois l'appel terminé chez les hommes, il se rendait aux latrines pour s'affubler de la robe, se plaçait sur la tête le bonnet réglementaire et allait rejoindre les rangs des femmes. Ses cheveux courts ne détonnaient pas au milieu d'un groupe de prisonnières qui, pour la plupart, avaient été tondues par crainte des poux. Il pouvait ainsi se rendre de temps à autre dans le quartier des femmes, et passer la nuit en compagnie de Rebecca dans la baraque n° 57.

Les prisonnières les plus âgées de cette baraque avaient pris Josef au mot. Puisqu'il voulait faire sa cour à la manière traditionnelle, elles feraient office de chaperons. Quelle aubaine c'était pour elles que de pouvoir reconstituer les petits jeux cérémonieux de l'avant-guerre. Elles contemplaient avec émotion les deux grands enfants, surveillant leurs moindres gestes jusqu'à ce que tout le monde tombe de sommeil. Si l'une ou l'autre pensait : « Ne soyons pas trop tatillons dans une pareille époque sur ce que ces deux enfants pourraient bien faire au milieu de la nuit », personne ne le dit jamais à voix haute. En fait, deux des femmes parmi les plus âgées partageaient une étroite paillasse pour laisser à Josef un endroit pour dormir. L'inconfort, l'odeur du corps de l'autre, le risque d'échanger des poux, rien de tout cela n'était aussi important que le respect de certaines traditions qui exigeaient qu'un jeune homme fasse sa cour suivant des règles bien établies.

A la fin de l'hiver Josef, portant le brassard du bureau de la construction, se rendit dans l'étroit corridor recouvert d'une neige immaculée entre la clôture intérieure et la ligne électrifiée et, sous les yeux des sentinelles perchées dans les miradors, prétendit, mètre d'arpenteur en main, devoir prendre des mesures dans ce *no man's land* pour quelque obscure raison architecturale.

Autour des étais porteurs des isolateurs en porcelaine, les premières fleurs de la saison avaient percé la neige. Il cueillit les fleurs tout en continuant à prendre ses mesures, les glissa dans sa veste et reprit le chemin du camp. Il passa devant la villa d'Amon rue Jerozolimska, la poitrine gonflée de fleurs, quand il aperçut la gigantesque silhouette du commandant descendant lentement les marches de son perron. Josef Bau s'arrêta. Il savait que rester bêtement immobile devant Amon était la chose à ne pas faire. Mais s'étant arrêté, il restait là, pétrifié. Le cœur qu'il avait donné si spontanément et si passionnément à Rebecca allait-il devoir éclater dans quelques instants sous l'impact d'une balle ?

Josef en était plus ou moins persuadé. Mais quand il vit le commandant passer devant lui sans faire la moindre remarque sur sa présence insolite, et même l'ignorant complètement, il y vit un signe du destin. Un prisonnier, quel qu'il fût, ne pouvait se tirer des pattes d'Amon à moins qu'il ne fût marqué par le destin. Un jour qu'Amon, revêtu de son uniforme de tueur, était revenu dans le camp par une entrée annexe, il avait découvert dans le garage une fille installée dans une voiture en train d'examiner son visage dans le rétroviseur. Les vitres qu'elle était censée avoir nettoyées portaient encore des traces de boue. Il l'avait tuée sur-le-champ. Un autre jour, c'étaient une mère et sa fille qu'il avait aperçues à travers la fenêtre de la cuisine, en train de peler des pommes de terre trop lentement à son gré. Il avait sorti son revolver, s'était penché sur l'appui de la fenêtre et les avait tuées toutes les deux. Or voilà qu'aujourd'hui, devant sa propre villa, se trouvait quelqu'un qu'il avait toutes les raisons de haïr : un juif en train de ne rien faire, amoureux de surcroît, figé comme un imbécile avec son mètre pendouillant dans la main. Et Amon n'avait pas bronché. Bau pensa qu'il fallait forcer cette chance inouïe en faisant quelque chose d'insensé. Qu'y aurait-il de plus insensé que de proposer, ici, à une jeune fille de l'épouser ?

Il retourna au bureau de l'administration, monta quatre à quatre les escaliers qui menaient au bureau de Stern, et demanda à Rebecca si elle acceptait de devenir sa femme. Rebecca fut heureuse de constater que, désormais, il y avait urgence.

Revêtu de ses oripeaux féminins, il alla le soir même trouver Mme Bau et les dames qui avaient fait office de chaperons dans la baraque n° 57. Il fallait dénicher un rabbin. Mais quand un rabbin débarquait dans le camp, c'était en transit pour Auschwitz. Ils ne restaient là que quelques jours, pas assez longtemps en tout cas pour être présents pendant toute la durée des cérémonies religieuses de *Hiddushin* et de *Nissuin*. On les expédiait rapidement vers les fours crématoires où ils accompliraient le dernier acte de leur sacerdoce.

Josef épousa Rebecca au cours de la soirée d'un dimanche de février où il faisait particulièrement froid. Il n'y avait pas de rabbin. L'officiante fut la mère de Josef, Mme Bau. En tant que juifs réformés, ils pouvaient se dispenser de certains rites exigés par les orthodoxes. Mme Bau avait dissimulé sous une poutre deux bagues réalisées dans l'atelier de Wulkan, le joaillier, à partir d'une cuiller d'argent. Rebecca tourna sept fois autour de Josef, et Josef écrasa le verre symbolique – une ampoule hors d'usage récupérée dans les bureaux de la construction – sous son talon.

On avait libéré une des paillasses supérieures pour les jeunes mariés. Pour qu'ils se sentent plus à l'aise, on l'avait entourée de couvertures. Les vieilles plaisanteries d'usage circulaient à la ronde pendant que Josef et Rebecca grimpaient dans leur nid d'amour. La tradition polonaise voulait que chaque noce fût un événement où l'on puisse, à un moment ou à un autre, donner libre cours aux péroraisons salaces. Si les invités de la noce se sentaient trop timorés pour jouer sur le registre gaillard, on louait un bouffon professionnel. Des dames qui dans les années 20 ou 30 auraient pris l'air pincé aux facéties du bouffon – s'accordant de temps à autre un sourire pour montrer qu'elles n'étaient quand même pas nées d'hier tandis que leurs bonshommes s'esclaffaient bruyamment – se firent un honneur de remplacer ce soir-là tous les bouffons de Pologne que la guerre et la mort leur interdisaient d'avoir parmi elles.

Josef et Rebecca avaient à peine passé dix minutes ensemble sur la paillasse du haut que les lumières s'allumèrent dans la baraque. Josef, écartant les couvertures, vit l'Untersturmführer Scheidt en train d'examiner soigneusement les rangées de paillasses. La chance l'aurait-elle abandonné ? Ils devaient s'être aperçus qu'il manquait et, bien évidemment, ils avaient envoyé un des sbires les plus odieux à sa recherche. Amon avait été aveugle, l'autre jour devant sa villa, uniquement parce qu'il fallait que ce soit ce salaud de Scheidt qui vienne le tuer pendant sa nuit de noces !

Et toutes ces femmes – sa mère, son épouse, les témoins, celles qui avaient lancé les plaisanteries les plus gentiment embarrassantes –, toutes étaient dans le coup. Il se mit à murmurer des excuses, à demander pardon.

– Chut ! fit Rebecca.

Elle défit l'écran formé par les couvertures, estimant qu'à cette heure tardive Scheidt n'allait pas grimper sur une paillasse d'en haut, à moins de trouver quelque bonne raison de le faire. Quelques femmes se mirent à passer à Rebecca leurs minces oreillers bourrés de paille. Josef était peut-être responsable de toute cette affaire, mais maintenant, il devenait l'enfant à protéger. Rebecca étala les oreillers sur lui. Scheidt passa devant elle et sortit par la porte de derrière. On éteignit les lumières. Quelques plaisanteries bien terre à terre fusèrent encore. Les jeunes mariés étaient seuls à nouveau.

Quelques minutes plus tard, les sirènes se mirent à mugir. Tout le monde se redressa dans l'obscurité. Pour Bau, cela signifiait qu'ils avaient bien l'intention de mettre son mariage à la trappe. Ils avaient trouvé sa paillasse vide dans le quartier des hommes et voilà qu'ils étaient partis à la chasse.

Les femmes se rassemblaient dans l'obscurité. Elles aussi savaient de quoi il était question. De sa paillasse, Josef entendait leurs commentaires. Elles allaient mourir parce qu'il avait choisi d'aimer comme on le faisait autrefois. L'Alteste, la responsable de la baraque qui s'était montrée si généreuse, serait fusillée la première quand reviendraient les lumières et qu'ils découvriraient le jeune marié dans ses oripeaux féminins.

Il se vêtit, donna un rapide baiser à sa femme, descendit de la paillasse, et se mit à courir. La neige était sale, le mugissement des sirènes lui perçait les oreilles. Quand les lumières s'allumeraient, qui empêcherait les gardes à l'affût sur les miradors de l'apercevoir en train de courir avec une vieille robe sous le bras ? Il caressait quand même une idée dingue : arriver à sauter par-dessus la barrière électrifiée avant que le courant ne soit revenu ou, à la limite, profiter d'une baisse de courant pour le faire. Après avoir rejoint le camp des hommes, il pourrait toujours prétexter une diarrhée féroce.

Mais même s'il recevait la décharge électrique,

même s'ils le prenaient, il ne pourrait jamais leur avouer l'objet de sa visite. Il ne pouvait pas imaginer qu'il y aurait sur l'Appellplatz une scène qu'il avait souvent vécue à l'école : Rebecca serait-elle obligée de sortir du rang comme l'élève à qui on demande d'avouer sa culpabilité ?

La barrière électrique était composée de neuf fils. Josef Bau prit son élan pour tenter de mettre un pied sur le troisième fil à partir du bas et d'attraper avec une main le deuxième fil à partir du haut. Ensuite, il tenterait de se projeter de l'autre côté. En fait, il se retrouva coincé entre les fils. Au contact du métal glacé, il pensa immédiatement qu'il devait s'agir du premier choc électrique. Mais il n'y avait pas de courant. Il n'y avait pas de lumières. Josef Bau ne voulut même pas tenter d'approfondir ce nouveau miracle. Il bascula par-dessus la barrière et se retrouva dans le camp des hommes. « Tu es un homme marié maintenant », se disait-il. Il pénétra furtivement dans les latrines. « Une diarrhée terrible, Herr Oberscharführer. » Il haletait dans la puanteur ambiante. Il récapitulait : l'indifférence d'Amon le jour où il avait trouvé les fleurs... l'amour enfin consommé qu'il avait attendu avec tant d'impatience, deux fois interrompu... Scheidt et les sirènes... l'électricité qui ne fonctionnait pas. Il titubait en revivant ces scènes. Il se demandait s'il pourrait supporter encore longtemps cette vie si pleine de contrastes. Comme tous ses semblables, il aspirait à la délivrance.

Il fut l'un des derniers à rejoindre les rangs devant sa baraque. Il tremblait encore, mais il était certain que son Alteste le couvrirait. « Oui, Herr Untersturmführer, j'ai accordé au Häftling Bau la permission de se rendre aux latrines. »

Mais ils se fichaient bien de Bau. Ils recherchaient trois jeunes sionistes qui s'étaient échappés dans un camion chargé de garnitures de matelas.

27

Le 28 avril 1944, Oskar, s'examinant de profil devant une glace, s'aperçut à l'occasion de son trente-septième anniversaire qu'il avait pris un peu de ventre. Mais au moins, à cette époque, quand il lui arrivait de donner quelques marques d'affection à une fille, personne ne se préoccupait plus d'aller le dénoncer. Les informateurs placés parmi les techniciens allemands avaient dû se sentir démoralisés par le fait qu'il était sorti indemne de la rue Pomorska et de Montelupich, deux nids de SS que l'on disait imperméables à toute influence extérieure.

Cette journée d'anniversaire lui avait valu de recevoir de Tchécoslovaquie les bons vœux d'Emilie, et des cadeaux de la part d'Ingrid et de Klonowska. Sa vie privée ne s'était pas modifiée sensiblement depuis les quatre années et demie qu'il était à Cracovie. Ingrid tenait toujours le rôle de concubine, Klonowska, de petite amie, et Emilie, d'épouse absente et compréhensive. L'histoire ne dit pas ce que ces trois femmes avaient dû avaler comme couleuvres, mais il apparaît qu'à cette époque, ses relations avec Ingrid étaient empreintes d'un certain froid ; que Klonowska, toujours une amie loyale, se contentait de relations épisodiques ; et qu'Emilie considérait toujours leur mariage comme indissoluble. Pour le moment, elles envoyaient leurs cadeaux et se réservaient de penser à l'avenir.

D'autres voulurent se manifester à l'occasion de cet anniversaire. Amon permit à Henry Rosner de se rendre avec son violon rue Lipowa, sous la garde du meilleur baryton de la garnison ukrainienne. Amon était à ce moment-là particulièrement satisfait de sa bonne entente avec Schindler. Il avait récemment demandé à Oskar de lui prêter sa Mercedes – la voiture la plus élégante d'Emalia – comme une faveur en échange de ses bons offices. Oskar, bon prince, lui en avait donné l'usage permanent.

Le petit récital eut lieu dans le bureau d'Oskar, et pour lui seul. Manifestement, il ne se sentait pas d'humeur à se trouver en compagnie. Quand l'Ukrainien se retira un moment pour aller aux toilettes, Oskar fit part de sa morosité à Henry. Les nouvelles du front, en ce jour d'anniversaire, lui semblaient de mauvais augure. Les armées russes s'étaient arrêtées devant Lwow et derrière les marais du Pripet en Biélorussie. Henry ne parvenait pas à comprendre : Oskar ne se rend-il pas compte que si les Russes ne sont pas contenus, c'en est fini de ses affaires ici ?

– J'ai souvent demandé à Amon de vous laisser venir ici en permanence, dit Oskar à Rosner. Vous, votre femme et votre enfant. Il ne veut rien savoir. Il vous apprécie trop. Mais sait-on jamais ?...

Henry était reconnaissant. Il crut bon d'ajouter toutefois que sa famille comptait sans doute parmi celles qui étaient le plus en sécurité à Plaszow. Il cita l'exemple de sa belle-sœur que Goeth avait surprise un jour en train de fumer au travail et dont il avait ordonné l'exécution immédiate. Un des sous-officiers s'était permis d'attirer l'attention du commandant sur le fait que cette femme était Mme Rosner, l'épouse de Rosner l'accordéoniste. Amon avait aussitôt pardonné ce manque de discipline, en ajoutant :

– Rappelez-vous bien, jeune fille, qu'ici on ne fume pas au travail.

L'attitude d'Amon vis-à-vis des Rosner – il semblait les couvrir parce qu'il appréciait leur musique – avait incité Henry et Manci à faire venir Olek, leur garçon de huit ans. Jusque-là, il avait été caché par des amis de Cracovie, mais ce type de situation paraissait chaque jour plus aléatoire. Une fois dans le camp, Olek pourrait se fondre dans le petit groupe d'enfants dont la plupart n'étaient même pas enregistrés sur les listes d'état civil du camp et qui survivaient à Plaszow grâce à la complicité des prisonniers et à la tolérance de certains sous-fifres. Faire venir Olek avait cependant comporté certains risques. Poldek Pfefferberg, qui avait dû se rendre en ville au volant d'un camion pour charger une cargaison de boîtes à outils, l'avait dissimulé dans une boîte placée sous ses jambes. Les gardes ukrainiens à l'entrée avaient failli découvrir le passager clandestin, qui non seulement était étranger au camp, mais qui vivait en infraction avec tous les statuts raciaux édictés par le gouvernement général du Reich. Ses pieds, trop longtemps contenus, avaient brusquement crevé le fond de la boîte au moment où les Ukrainiens étaient en train de fouiller l'arrière du camion. Poldek avait entendu le gosse murmurer :

– Monsieur Pfefferberg, monsieur Pfefferberg, mes pieds sortent !

Henry, ce soir-là, pouvait rire de cette histoire, mais sans excès toutefois, car il restait encore pas mal de chemin à faire. Schindler, lui, ne riait pas du tout. La mélancolie qui s'était emparée de lui au cours de cette soirée semblait s'être muée brusquement en colère, sans doute sous l'effet – anniversaire oblige – d'amples libations. Il saisit le fauteuil de son bureau par le dossier et le dressa face au portrait du Führer. Henry, pendant quelques secondes, craignit qu'il ne commît le geste iconoclaste. Mais il se retourna brusquement et projeta le fauteuil sur le tapis avec une telle vigueur que les murs en résonnèrent.

– Ils brûlent les corps, là-bas ? demanda-t-il.

Henry fit une grimace comme si la puanteur avait pénétré dans le bureau.

– Ils ont commencé, admit-il.

Maintenant que Plaszow était devenu – dans le vocabulaire des fonctionnaires – un camp de concentration, les prisonniers se sentaient moins mal à l'aise quand ils rencontraient Amon. Les chefs d'Oranienburg ne toléraient pas les exécutions sommaires. Les temps où une équipe de corvée de patates alanguie pouvait être fusillée sur-le-champ étaient donc révolus. Il fallait maintenant un semblant de procédure, c'est-à-dire une audience, et un compte rendu expédié en triple exemplaire à Oranienburg. La sentence devait être approuvée non seulement par le bureau du général Glücks, mais par la section W (affaires économiques) du général Pohl. Car si un commandant de camp exécutait de son propre chef des travailleurs jugés essentiels, des demandes en dédommagement pouvaient être déposées auprès de la section W. D'autres raisons pouvaient même être évoquées. Allach-Munich Ltd., une fabrique de porcelaine qui utilisait la main-d'œuvre de Dachau, avait récemment déposé une demande en dédommagement d'un montant de trente et un mille huit cents Reichsmark sous prétexte que, « en raison de l'épidémie de typhoïde qui s'est déclenchée en janvier 1943, le personnel astreint aux travaux forcés a manqué au travail du 26 janvier 1943 au 3 mars 1943. Selon notre opinion, nous sommes en droit d'obtenir compensation en vertu de la clause 2 du règlement commercial afférent au fonds de compensation »...

La section W était encore plus passible de dédommagements s'il s'agissait de pertes de travailleurs qualifiés dues aux excès de zèle d'un officier SS.

Aussi, afin d'éviter la paperasserie et les complications, Amon, la plupart du temps, essayait de se contenir. C'est ce qu'observèrent en tout cas, au cours de ce printemps et de cet été 1943, les prisonniers qui se trouvèrent à sa portée, bien qu'ils aient tout ignoré de la section W ou des généraux Pohl et Glücks. Cette nouvelle attitude leur apparaissait d'ailleurs tout aussi inexplicable que la folie meurtrière d'autrefois.

Et pourtant, comme Henry Rosner venait de le dire à Oskar, ils brûlaient les corps maintenant à Plaszow. Dans l'attente de la prochaine offensive russe, les SS faisaient table rase. Treblinka, Sobidor et Belzec avaient été évacués au cours de l'automne. Les Waffen SS en charge de ces camps avaient reçu l'ordre de dynamiter les chambres à gaz et les fours crématoires, et de faire place nette au maximum avant d'être expédiés en Italie pour combattre les groupes de résistants. L'immense complexe d'Auschwitz en haute Silésie, une région encore relativement à l'abri, devrait à lui tout seul poursuivre la politique d'extermination pour les régions de l'Est, et, une fois l'affaire conclue, raser ses installations. Car s'il n'y avait plus de fours crématoires, qui allait bien pouvoir témoigner ? Les morts, relégués à l'état de poussière au milieu des feuilles de tremble, ne murmureraient guère plus fort que le vent.

Le cas de Plaszow n'était pas simple, car les cadavres étaient éparpillés un peu partout sur le pourtour du camp. Au printemps 1943, alors que l'enthousiasme était encore de rigueur, on avait jeté les corps – notamment ceux qui avaient été ramassés après la destruction du ghetto – dans des fosses communes creusées à la va-vite à la lisière des forêts. La section D avait demandé à Amon de récupérer tout cela.

Les estimations sur le nombre des victimes varient considérablement. Des ouvrages polonais fondés sur les travaux de la Commission principale d'enquête sur les crimes nazis en Pologne et sur d'autres sources estiment à cent cinquante mille le nombre des prisonniers – la plupart en transit – qui se trouvèrent à un moment ou à un autre à Plaszow ou dans ses cinq camps annexes. Les Polonais estiment à quatre-vingt mille le nombre de ceux qui périrent, la plupart au cours d'exécutions massives à Chujowa Gorka ou par suite d'épidémies.

Ces chiffres paraissent sujets à caution aux survivants de Plaszow qui firent partie des équipes chargées de brûler les cadavres. Ils pensent qu'ils ont dû déterrer entre huit et dix mille corps – un nombre déjà effrayant en soi que les survivants n'avaient aucun désir d'exagérer. La différence entre les deux estimations peut être attribuée au fait que les exécutions de Polonais, de gitans et de juifs se poursuivirent à Chujowa Gorka et dans d'autres endroits du camp pendant toute l'année 1944 ; et que les SS prirent l'habitude de brûler eux-mêmes les cadavres sur la colline du fort autrichien après les exécutions de masse. De plus, Amon ne parviendrait jamais à faire disparaître toutes les fosses communes. Les exhumations faites après la guerre ont permis de retrouver plusieurs milliers de cadavres, et aujourd'hui encore, quand on creuse des fondations dans les faubourgs de Cracovie proches de Plaszow, on découvre des tas d'ossements.

Peu de temps avant son anniversaire, Oskar avait remarqué une floraison de bûchers sur la petite crête dominant les ateliers au cours d'une visite qu'il effectuait à Plaszow. Quand il revint une semaine plus tard, la crête était animée d'une activité débordante. Les cadavres apportés par des prisonniers mâles qui semblaient suffoquer en dépit de leurs masques étaient alignés sur une rangée de bûches. On empilait les corps et les bûches jusqu'à la formation d'un tas qui arrivait à hauteur d'épaule. On arrosait le tas d'essence et on l'allumait. Pfefferberg se rappelle avec horreur la façon dont les flammes semblaient redonner vie aux morts. Les corps se redressaient, projetant les bûches plus loin, les membres se rétractaient, les bouches s'ouvraient dans un dernier râle de souffrance. Un jeune SS des services sanitaires courait comme un diable au milieu des bûchers et lançait frénétiquement des ordres ponctués par les agitations d'une main garnie d'un revolver.

Portées par le vent, les cendres des cadavres retombaient en partie sur les villas des officiers subalternes. Leurs cheveux en étaient imprégnés, comme le linge qui séchait dans leurs cours. Oskar était stupéfait de voir la façon dont tous ces gens prenaient la chose, comme s'il s'était agi de la pollution industrielle inévitable au cœur des grands complexes. Amon continuait à faire ses promenades à cheval avec Majola à travers cet épais brouillard. Leo John emmenait son garçon âgé de douze ans à la pêche aux grenouilles dans une mare au milieu des bois. Les flammes et l'odeur n'avaient en rien affecté le train-train de leur vie quotidienne.

Au volant de sa BMW toutes vitres fermées, un mouchoir appuyé contre sa bouche et son nez, Oskar réfléchissait au fait que les Spira étaient, eux aussi, en train de brûler avec tous les autres. Il avait été surpris que les SS aient exécuté tous les policiers du ghetto et leurs familles aux environs de Noël, en fait, dès que Symche Spira eut fini de superviser la destruction du ghetto. Ils les avaient tous amenés ici, les petits flics, leurs femmes, leurs enfants, par un après-midi lugubre. Tous avaient été fusillés au coucher du soleil. Tous, les plus fidèles (Spira et Zellinger) comme les plus réticents. Spira, son épouse insipide, ses enfants manifestement peu doués comme l'avait remarqué Pfefferberg à l'époque où il leur donnait des leçons particulières, ils étaient tous là, nus, en rond, les fusils pointés sur eux tandis qu'ils tremblaient de froid les uns contre les autres. L'uniforme napoléonien de Spira, jeté en tas à l'entrée du camp, était désormais bon pour le recyclage. Et Spira qui, hier encore, proclamait que rien de tout cela ne pouvait lui arriver...

Oskar avait été choqué par cette exécution. Elle prouvait qu'un juif, quelles que soient son obédience ou son obéissance, n'aurait jamais aucune garantie contre la mort. Et maintenant, après avoir exécuté les Spira, ils étaient en train de les faire brûler d'une façon aussi anonyme et aussi ingrate.

Et les Gutter. Oui, les Gutter eux-mêmes ! C'était arrivé après un dîner chez Amon l'année précédente. Oskar s'était éclipsé assez tôt, mais avait eu vent de l'histoire. John et Neuschel avaient commencé à taquiner Bosch. « Un timoré », disaient-ils. Il faisait tout un plat à propos de sa guerre des tranchées, mais personne ne l'avait jamais vu procéder à une exécution. Ce fut le grand sujet de plaisanterie de la soirée. A la fin, Bosch donna l'ordre d'aller tirer David Gutter et son fils de sa baraque, et Mme Gutter et sa fille de la leur. David Gutter était un béni-oui-oui. En tant que dernier président du Judenrat il avait donné sa bénédiction à tout ce qu'on lui demandait. Il ne s'était jamais rendu rue Pomorska pour tenter de discuter des *Aktionen* menées par les SS ou des convois expédiés à Belzec. Il avait tout signé, tout accordé. De plus, Bosch avait fait jouer à Gutter le rôle d'intermédiaire pour qu'il lui vende au marché noir des bijoux et des camions entiers de meubles remis à neuf. Gutter l'avait fait. Parce que c'était un lâche, sans doute. Et parce qu'il pensait pouvoir protéger ainsi sa femme et ses enfants.

Un policier juif, Zauder, ami de Pfefferberg et de Stern – qui devait être tué plus tard par Pilarzik à l'occasion d'une des cuites mémorables que prenait cet officier –, était de garde cette nuit-là à l'entrée du camp des femmes. Il était peut-être 2 heures du matin et il faisait un froid de gueux. Zauder entendit Bosch donner l'ordre aux Gutter de s'aligner dans un petit creux de terrain proche du camp des femmes. Les enfants suppliaient qu'on les épargne. M. et Mme Gutter, sachant bien qu'il n'y avait aucun recours, restèrent très calmes. Et voilà qu'aujourd'hui, on se débarrassait de toutes ces preuves accablantes. Les Gutter, les Spira, les révoltés, les pasteurs, les enfants, les jolies filles prises avec de faux papiers, tout ce qui restait de ces gens retournait sur cette colline d'infamie pour y être annihilé au cas où les Russes arriveraient à Plaszow et voudraient utiliser ces témoignages macabres.

Une lettre d'Oranienburg adressée à Amon précisait qu'il allait falloir disposer des cadavres avec un soin tout particulier ; que pour ce faire, on lui expédiait un représentant d'une firme de construction de Hambourg qui évaluerait les sites susceptibles d'être utilisés pour la crémation. Entre-temps, les cadavres devaient être maintenus dans les fosses, signalées avec soin, avant l'exhumation.

Au cours de cette deuxième visite, quand Oskar vit les pyramides de flammes sur Chujowa Gorka, sa première impulsion fut de rester dans sa voiture – une des rares choses allemandes qui, au moins, avait un sens – et de s'en retourner chez lui. Mais il décida d'aller voir quelques-uns de ses amis dans les ateliers et de faire une visite au bureau de Stern. Il pensait que toute cette suie qui tombait sur ses vitres pourrait donner l'idée du suicide à certains prisonniers de Plaszow. Et pourtant, c'était lui qui se sentait le plus déprimé. Il ne posa aucune des questions usuelles du genre : « Eh bien, Herr Stern, si Dieu a fait l'homme à Son image, quelle race Lui ressemble le plus ? Un Polonais est-il plus proche de Lui qu'un Tchèque ? » Le moment ne se prêtait guère aux facéties théologiques. Il se contenta de grogner :

– Qu'est-ce qu'ils en pensent, tous ?

Stern lui répondit que les prisonniers étaient des prisonniers. Ils faisaient leur travail et priaient pour qu'ils s'en tirassent.

– Je vais vous tirer de là, dit Oskar en tapant du poing sur le bureau. Je vais tous vous tirer de là.

– Tous ? dit Stern.

Stern n'avait pas pu s'empêcher de poser la question. Ce genre de délivrance biblique ne cadrait pas avec l'époque.

– En tout cas, vous, dit Oskar. *Vous.*

28

Deux dactylos avaient été affectés au service d'Amon dans les bureaux de l'administration. L'une, Frau Kochmann, était une jeune Allemande ; l'autre, Mietek Pemper, un jeune prisonnier de tempérament studieux. Pemper deviendrait un jour le secrétaire d'Oskar, mais en cet été 1944, il travaillait encore pour Amon, et, comme quiconque dans cette situation, il calculait ses chances sans optimisme exagéré.

Il était entré au service d'Amon pour des raisons aussi obscures que Helena Hirsch, la servante. Quelqu'un en avait dit beaucoup de bien au commandant : le jeune prisonnier avait fait des études comptables ; c'était un dactylo hors classe, et il pouvait prendre en sténo l'allemand et le polonais. En plus, il était doué d'une remarquable mémoire. Accablé de tous ces talents, Pemper s'était retrouvé dans le bureau du commandant, et parfois dans sa villa, quand l'envie prenait à Amon de dicter quelques textes.

L'ironie du sort voulut que la mémoire éléphantesque de Pemper valût à Amon, plus que tout autre témoignage, d'être pendu à Cracovie. Mais Pemper avait relégué ses illusions au placard. Si on lui avait demandé en 1944 quelle serait la prochaine victime exemplaire sur la liste noire d'Amon, il aurait dit : Mietek Pemper.

Pemper ne s'occupait que de la routine. Tout ce qui relevait des documents confidentiels passait entre les mains de Frau Kochmann, beaucoup moins efficace que Mietek et un peu lente en sténo. Parfois Amon dictait des documents confidentiels à Pemper en dépit des règlements. Quand Mietek s'asseyait en face d'Amon avec son bloc sur ses genoux, il ne pouvait s'empêcher d'éprouver des sentiments contradictoires. Tous ces rapports et mémos internes dont il garderait en tête l'essentiel feraient de lui un témoin clé le jour encore très éloigné où Amon se retrouverait devant une cour de justice. Mais avant que cela n'arrive, Amon ne devrait-il pas le supprimer comme d'autres supprimeront plus tard quelques bandes magnétiques ?

Quoi qu'il en soit, Mietek préparait soigneusement chaque matin des ensembles de feuillets, carbones et doubles, dont il remettait une douzaine à sa collègue allemande. Quand la fille avait fini de taper ses mémos, Pemper lui prenait les carbones sous prétexte de les détruire. En fait, il les lisait et tentait d'en mémoriser le plus possible. Il pensait que si, un jour ou l'autre, Amon devait se retrouver devant un tribunal, la précision de son témoignage stupéfierait le commandant.

Des documents confidentiels tout à fait étonnants lui passèrent ainsi entre les mains. L'un, par exemple, traitait de la flagellation des femmes. On rappelait aux commandants de camp qu'ils devaient l'exercer avec le maximum d'efficacité. Dans la mesure où il aurait été dégradant d'impliquer un SS dans ce type de punition, les femmes slovaques devraient être flagellées par des femmes tchèques et vice versa. Même chose pour les Polonaises et les Russes. Les commandants devaient faire preuve d'imagination pour exploiter au maximum les rancœurs patriotiques et les différences culturelles.

Une autre circulaire leur rappelait qu'ils ne détenaient pas le pouvoir d'imposer la peine de mort. Les commandants devraient obtenir au préalable l'autorisation, soit par télégramme, soit par lettre au Bureau principal de la sûreté du Reich. Amon avait sollicité cette autorisation après que deux juifs du camp annexe de Wieliczka se furent échappés. Il se proposait de les pendre. Comme le remarqua Pemper, un télégramme signé du Dr Ernst Kaltenbrunner, chef du Bureau principal de la sûreté du Reich, l'y autorisa aussitôt.

En avril, Pemper eut sous les yeux un mémorandum du général Gerhard Maurer, patron du service de répartition de la main-d'œuvre au sein de la section D du général Glücks. Maurer voulait savoir combien de Hongrois Plaszow pourrait éventuellement héberger. La Hongrie n'étant devenue que récemment un protectorat allemand, les juifs et les dissidents hongrois étaient en meilleure condition que ceux qui avaient derrière eux quelques années de prison ou de ghetto. Ils étaient destinés à Auschwitz. Malheureusement l'hébergement prévu là-bas n'était pas encore prêt. Si le commandant de Plaszow pouvait en accommoder sept mille en transit, la section D lui en serait très obligée.

Selon Pemper, Goeth répondit que Plaszow était à la limite de ses capacités, et qu'il n'y avait plus de terrains disponibles, à l'intérieur de la zone électrifiée, pour construire des baraquements. Amon pourrait cependant accepter jusqu'à dix mille prisonniers en transit aux deux conditions suivantes : *a.* autorisation de liquider les éléments improductifs à l'intérieur du camp ; *b.* faire coucher les prisonniers à deux par paillasse. Maurer répliqua que le doublement des capacités des dortoirs ne pouvait pas être autorisé en été par crainte du typhus ; les règlements stipulaient qu'il fallait en principe un minimum de trois mètres cubes d'air par personne. En revanche, il était prêt à accorder suite à la première demande. La section D aviserait Auschwitz-Birkenau ou, à tout le moins, les services d'extermination de l'entreprise de se tenir prêts à accueillir un convoi de prisonniers inopérationnels en provenance de Plaszow. Les services ferroviaires de l'Ostbahn organiseraient le transport par wagons à bestiaux, y compris sur le petit embranchement menant à Plaszow.

Amon, du coup, allait devoir opérer un tri à l'intérieur du camp.

Avec la bénédiction de Maurer et de la section D, il allait supprimer quotidiennement autant de vies qu'Oskar Schindler s'efforçait d'en protéger à Emalia à force d'astuce et d'argent. *Die Gesundheitaktion* (action sanitaire), c'est le nom que donna Amon au nouveau service créé pour opérer la sélection.

Il organisa l'affaire comme il l'aurait fait pour une foire campagnarde. Le dimanche 7 mai, des banderoles avaient été tendues sur l'Appellplatz :

« POUR CHAQUE PRISONNIER, UN TRAVAIL APPROPRIÉ ! »

Les haut-parleurs diffusaient de la musique folklorique, du Strauss, de la chansonnette. Une table avait été dressée derrière laquelle se trouvaient le Dr Blancke, le médecin SS, le Dr Leon Gross, et quelques employés de bureau. Les critères de santé, tels que les envisageait le Dr Blancke, n'étaient ni plus ni moins tordus que chez la plupart de ses collègues SS. Il avait débarrassé l'infirmerie de la prison des malades chroniques en leur injectant de l'essence dans les veines. Euthanasie, certes, mais pas mort douce. Les malades étaient pris de convulsions qui duraient un quart d'heure avant d'étouffer. Marek Biberstein, l'ancien président du Judenrat qui avait passé deux années dans la prison de Montelupich avant d'être envoyé à Plaszow, avait été transporté à la *Krankenstube* à la suite d'un infarctus. Le Dr Idek Schindel, l'oncle de la petite Genia qui avait tellement ému Schindler deux années plus tôt, était venu au chevet de Biberstein avec plusieurs de ses collègues. Une dose de cyanure lui avait permis de mourir sans souffrance.

Ce jour-là, Blancke avait près de lui tous les registres du personnel du camp. Il allait faire le tri baraque par baraque. Quand une pile de fiches serait terminée, on passerait à une autre.

Une fois alignés sur l'Appellplatz, les prisonniers reçurent l'ordre de se déshabiller. A l'appel de leur nom, ils devaient se présenter devant le comité de sélection et courir tout nus de long en large. Blancke et Leon Gross, le médecin juif collaborateur, examinaient les hommes, prenaient des notes, rappelaient parfois l'un ou l'autre pour bien vérifier son identité. Les prisonniers devaient courir en arrière pour que les médecins puissent déceler quelque anomalie ou quelque faiblesse musculaire. C'était un exercice à la fois bizarre et humiliant. Des gens affligés de mal au dos chronique (Pfefferberg, par exemple, dont la colonne vertébrale avait été disloquée par un coup de matraque donné par Hujar) ; des femmes souffrant de coliques permanentes et qui avaient tenté de dissimuler leur pâleur en se frottant les joues avec du chou rouge – tous couraient pour leur vie. La jeune Mme Kinstlinger, qui avait été sélectionnée pour représenter l'équipe de Pologne aux jeux Olympiques de Berlin, savait qu'autrefois c'était pour rire qu'elle avait couru. Maintenant, il s'agissait de gagner l'épreuve définitive. C'est l'estomac noué et la respiration sifflante que tous les prisonniers durent courir ce jour-là sous les flonflons des haut-parleurs. A l'arrivée, la vie. Ou la mort.

Les résultats ne furent pas donnés avant le dimanche suivant. Les prisonniers furent rassemblés pour la seconde fois sous les mêmes banderoles et soumis à la même musique. Au fur et à mesure qu'on appelait les noms, et que les rebuts de la *Gesundheitaktion* étaient rassemblés à l'extrémité est de la place, des cris de colère s'élevaient dans la foule. Amon, s'attendant à quelque tumulte, avait fait appel à la garnison de la Wehrmacht de Cracovie qui se tenait en alerte en cas de coup dur. Près de trois cents enfants qui ne se trouvaient pas sur les registres avaient été découverts le dimanche précédent. Ils faisaient désormais partie des rebuts. Les parents hurlaient de douleur et de haine. La plupart des gardes de Plaszow et les forces de police de Cracovie appelées en renfort tentaient de former un cordon pour séparer les enfants des parents. Le face-à-face dura plusieurs heures. Les gardes repoussaient des parents à demi fous et tentaient de les apaiser en leur racontant les sornettes habituelles. Rien n'avait été annoncé, mais tout le monde savait que ceux qui étaient regroupés dans ce coin-là avaient échoué à l'examen et qu'il ne leur restait plus qu'à prier. D'un groupe à l'autre, on s'envoyait des messages, des conseils, des adieux que la musique déversée par les haut-parleurs rendait aléatoires. Henry Rosner était comme fou. Qu'était-il advenu d'Olek ? En fait, le garçon, caché dans le camp, se retrouva devant un jeune SS qui, les larmes aux yeux, lui dit son dégoût de ce qui se passait. Il allait se porter volontaire pour le front de l'Est. Mais un peu plus loin, les officiers vociféraient :

– Un peu de discipline, sinon nous ouvrons le feu.

Amon pensait peut-être qu'une fusillade justifiée résoudrait en partie son problème d'hébergement.

Quand le calme fut rétabli, mille quatre cents adultes et deux cent soixante-huit enfants se retrouvèrent entourés de gardes dans un coin de l'Appellplatz en attendant d'être expédiés à Auschwitz. Pemper se rappellerait ce nombre qu'Amon trouverait notoirement insuffisant. Bien que désappointé, le commandant ne s'en félicita pas moins d'avoir créé un petit vide que les Hongrois allaient bientôt combler.

L'index nominal du Dr Blancke n'était pas au point : les enfants n'avaient pas été enregistrés aussi méticuleusement que les adultes. La plupart de ces enfants qui, chacun le savait instinctivement, auraient été les premières victimes de la sélection, compte tenu de leur âge et de leur non-identité, avaient réussi à se tenir cachés au cours de ces deux dimanches.

Olek Rosner s'était dissimulé dans les combles d'un des baraquements avec deux autres enfants. S'abstenant de parler ou de satisfaire leurs besoins naturels, ils se tinrent immobiles pendant toute la journée du deuxième dimanche au milieu des poux et des rats. Les enfants savaient aussi bien que les adultes que les SS et les Ukrainiens n'aimaient pas se hasarder dans les combles. Ils pensaient que c'étaient des nids à typhus, et le Dr Blancke les avait bien avertis qu'une simple crotte de pou sur la moindre coupure était susceptible de déclencher une épidémie. Certains des enfants de Plaszow avaient d'ailleurs trouvé pendant plusieurs mois un refuge dans une petite baraque proche de la prison des hommes sur laquelle une pancarte : « ACHTUNG TYPHUS », avait été affichée.

Mais ce dimanche-là, l'*Aktion* sanitaire d'Amon paraissait beaucoup plus dangereuse aux yeux d'Olek Rosner que n'importe quel pou porteur d'épidémie. Certains des deux cent soixante-huit enfants qui s'étaient retrouvés avec leur ticket pour Auschwitz s'étaient, eux aussi, cachés au départ. A Plaszow, chaque enfant avait en fait sa cachette favorite. Certains avaient choisi des trous sous les baraques, d'autres la blanchisserie, d'autres encore une cahute derrière le garage. Certaines de ces cachettes étaient désormais éventées et ne pourraient plus servir.

Un autre groupe, celui des adultes qui connaissaient tel ou tel sous-officier, avait rejoint l'Appellplatz sans appréhension particulière. Himmler, on s'en souvient, avait dénoncé ce type de compromission : des Oberscharführers SS, qui pouvaient exécuter des prisonniers de sang-froid, avaient leurs chouchous, comme à l'école. Ces parents-là estimaient qu'au cas où leurs enfants seraient placés sur la liste noire, ils pourraient faire appel à leur protecteur SS.

Le premier dimanche, un orphelin âgé de treize ans pensait qu'il était plus ou moins à l'abri parce qu'il s'était fait passer pour un adulte au cours des appels précédents. Mais une fois nu, il avait été trahi par son corps. Pendant que les parents rassemblés sur l'Appellplatz hurlaient qu'on leur rende leurs enfants, que les haut-parleurs diffusaient une chanson insipide intitulée *Mammi, kauf mir ein Pferdchen* (Maman, achète-moi un poney), l'enfant était simplement passé d'un groupe à l'autre avec le même instinct infaillible qui avait autrefois sauvé le Petit Chaperon rouge, Plac Zgody. Personne, non plus, ne l'avait remarqué. Il se tenait debout, l'air presque aussi adulte que les autres, le cœur battant à tout rompre. Puis, prétextant une colique fulgurante, il demanda à un garde la permission de se rendre aux latrines.

Les latrines, tout en longueur, avaient été construites à l'extrémité du camp des hommes. Arrivé là, le gamin franchit la planche qui tenait lieu de siège et s'enfonça lentement dans le magma puant, se retenant par les bras de chaque côté de la fosse, et tentant de trouver des prises pour ses genoux ou ses orteils de chaque côté des parois. L'odeur le suffoquait. Un essaim de mouches lui collait à la figure. Quand ses pieds touchèrent enfin le fond de la fosse, il crut entendre un murmure au-dessus du bourdonnement des mouches qu'il prit pour une hallucination.

– Ils vous cherchent ?

Puis une autre voix :

– Hé ! faites gaffe, c'est notre cachette !

Il y avait dix autres enfants dans la fosse.

Amon, dans son rapport, avait utilisé le mot *Sonderbehandlung* – traitement spécial. Le terme tomberait plus tard dans le domaine public, mais c'était la première fois que Pemper le voyait noir sur blanc. Il avait une connotation tranquillisante, voire médicale, mais Mietek savait désormais de quel genre de médecine il était question.

Un télégramme envoyé le matin même à Auschwitz par Amon était encore plus explicite sur ce « traitement spécial ». Amon expliquait que pour rendre toute évasion encore plus difficile, il avait donné des ordres pour que les gens du groupe sélectionnés abandonnent tous leurs habits civils au départ des trains et revêtent la tenue rayée des prisonniers. Dans la mesure où il y avait pénurie de ce type de vêtements, les uniformes de prisonniers que les candidats de Plaszow au traitement spécial portaient en arrivant à Auschwitz devraient être réexpédiés immédiatement au camp de concentration de Plaszow pour usage ultérieur.

Les quelques enfants de Plaszow qui avaient été épargnés, et dont le plus grand nombre était constitué par le petit groupe qui avait partagé la fosse des latrines avec l'orphelin, durent désormais se tenir cachés ou essayer de se faire passer pour des adultes jusqu'au jour où ils seraient débusqués et expédiés dans le lent convoi vers Auschwitz qui serait leur dernier voyage. Les wagons à bestiaux fonctionnèrent ainsi tout l'été. Ils emmenaient des renforcements en hommes et en matériel vers l'est, en direction de Lwow, là où le front s'était stabilisé. Une fois revenus à vide, on les immobilisait pendant de précieuses heures le long d'embranchements ferroviaires perdus, pendant que des médecins SS supervisaient avec toute la vigilance requise les cohortes toujours renouvelées d'hommes et de femmes nus en train de courir.

29

Assis dans le bureau d'Amon, toutes fenêtres ouvertes pour essayer de recueillir le moindre souffle de brise dans la moiteur de cet été, Oskar, dès les préliminaires, eut l'impression que la petite conférence était bidon. A voir leurs regards se détacher d'Amon pour observer par la fenêtre les wagonnets chargés de pierres, une carriole ou un camion, on aurait pu penser que Madritsch et Bosch partageaient cet avis. Seul l'Untersturmführer John qui prenait des notes éprouvait le besoin de se tenir bien droit sur sa chaise et de garder son col de chemise boutonné.

Amon les avait convoqués pour ce qu'il appelait une conférence sur les problèmes de sécurité. Bien que désormais le front se fût stabilisé, disait-il, l'avance des forces russes jusqu'aux faubourgs de Varsovie avait donné un coup de fouet aux mouvements de résistance sur l'ensemble du territoire du gouvernement général. Du coup, les juifs cherchaient de plus en plus à s'évader. Ils ne savaient pas, les innocents, poursuivait Amon, qu'ils étaient bien plus en sécurité derrière leurs barbelés qu'au sein des partisans polonais tueurs de juifs. Quoi qu'il en soit, tout le monde devait prendre des précautions contre une attaque de partisans, ou, pis encore, une attaque combinée de partisans et de prisonniers.

Oskar essaya d'imaginer les partisans se ruant sur Plaszow, délivrant les Polonais et les juifs, les incorporant immédiatement dans leurs rangs. Un rêve. Qui pouvait y croire ? Et pourtant, Amon tentait de les convaincre que *lui* y croyait. Cette petite convocation devait avoir un but précis, Oskar en était certain. Mais lequel ?

– Si les partisans débarquent chez vous, Amon, j'espère que ce ne sera pas un soir où j'aurai été invité, plaisanta Bosch.

– Amen, amen, murmura Schindler.

Après cette mini-conférence dont chacun ignorait encore la véritable cause, Oskar emmena Amon vers sa voiture garée devant les bureaux administratifs. Il ouvrit le coffre qui renfermait une selle superbe, décorée des motifs de la région de Zakopane, un coin montagneux situé au sud de Cracovie. Oskar estimait nécessaire de continuer à graisser la patte d'Amon, d'autant plus que les sommes versées au titre de l'emploi des prisonniers ne tombaient plus dans l'escarcelle du Hauptsturmführer Goeth mais étaient envoyées directement à la filiale cracovienne du quartier général du général Pohl à Oranienburg.

Oskar proposa de ramener Amon à sa villa. Avec la selle, bien sûr.

Par une journée aussi étouffante, certains des hommes attelés aux wagonnets ne faisaient pas d'excès de zèle. Mais le cadeau que venait de recevoir Amon avait tempéré ses humeurs, et de toute façon les nouveaux règlements lui interdisaient de sauter de sa voiture pour tirer à vue sur les travailleurs mollassons. La voiture, après avoir longé les baraques, arriva à l'embranchement ferroviaire où s'alignaient les wagons à bestiaux. Oskar sut immédiatement qu'ils étaient pleins. Quelque chose comme une brume de chaleur s'élevait au-dessus des wagons. Et le bruit que faisait la locomotive ne parvenait pas à noyer les gémissements et les suppliques pour un peu d'eau.

Oskar s'arrêta pour écouter. La selle très onéreuse dont il venait de faire cadeau lui permettait de prendre certaines libertés et de poser quelques questions. Amon lui sourit avec indulgence.

– Ce sont des gens de Plaszow et du camp de travail de Szebnie, expliqua-t-il. Avec, en plus, quelques Polonais et quelques juifs de Montelupich. On les expédie à Mauthausen. Ils se plaignent, maintenant, ajouta Amon avec un sourire bizarre. Eh bien, ils n'ont pas fini de se plaindre...

Les toits des wagons rougeoyaient sous l'effet de la chaleur.

– Vous ne voyez pas d'inconvénient à ce que j'appelle votre brigade de pompiers ? demanda Oskar.

Amon émit un petit rire du genre : « Qu'est-ce qu'il va bien encore pouvoir imaginer ? » et qui laissait entendre que si jamais quelqu'un s'avisait d'alerter les pompiers, il aurait affaire à lui. Mais évidemment, dans le cas d'Oskar, c'était différent. Oskar était un tel original ! Et cette histoire fournirait un excellent sujet de conversation dans les dîners en ville.

Amon fut quand même sidéré quand il vit Oskar appeler les gardes ukrainiens pour leur demander de rameuter la brigade de pompiers juifs. Oskar savait pourtant bien ce qu'était Mauthausen. En arrosant ces wagons, est-ce qu'on n'allait pas redonner à ces gens un souffle d'espoir ? Et, quel que soit le code de valeurs auquel on se référât, cette lueur d'espoir ne ferait-elle pas qu'ajouter à leurs souffrances ? Tandis qu'on arrosait les toits des wagons qui laissaient échapper un nuage de vapeur, Amon se sentait partagé entre deux sentiments : « A quoi bon ? » et : « Après tout, si ça l'amuse ! » Neuschel, qui était descendu de son bureau, souriait et secouait la tête, comme s'il n'en croyait pas ses yeux, tandis que des wagons s'échappaient des cris de gratitude. Grün, le garde du corps d'Amon, bavardait avec l'Untersturmführer John en s'esclaffant de temps à autre. Les tuyaux, même complètement déroulés, n'atteignaient guère que la première moitié du train. Oskar demanda alors à Amon de lui prêter un camion et quelques Ukrainiens pour aller faire chercher d'autres lances d'incendie à Zablocie.

– Ce sont des tuyaux qui mesurent deux cents mètres, crut devoir préciser Oskar.

Amon, on ne sait trop pourquoi, semblait s'amuser comme un fou.

– Mais bien sûr, je vous autorise à prendre un camion.

Amon aurait fait n'importe quoi pour que la vie fût une éternelle comédie.

Oskar remit aux Ukrainiens un message destiné à Bankier et à Garde. Quand ils furent partis, Amon, qui était entré dans le jeu, autorisa l'ouverture des portes des wagons et l'enlèvement des cadavres aux visages gonflés qui se trouvaient à l'intérieur. Il demanda même qu'on donne quelques seaux d'eau aux survivants. Les officiers et sous-officiers SS qui assistaient à la scène n'en revenaient pas : « Il ne croit quand même pas qu'il va sauver ces gens, non ? »

Quand les lances d'incendie d'Emalia furent mises en place, que tous les wagons furent arrosés, la plaisanterie prit des dimensions encore plus extravagantes. Oskar, dans sa note, avait demandé à Bankier de se rendre dans son appartement et de rapporter des provisions : cigarettes, liqueurs, saucisses, fromage, etc. Oskar remit les provisions au sous-officier qui se tenait dans le dernier wagon. Bien que tout cela se passât au vu et au su de tout le monde, le bonhomme semblait un peu gêné de se voir confier ce magnifique cadeau empoisonné. Il le planqua tout de suite à l'arrière du wagon au cas où l'un des officiers présents aurait eu la velléité d'aller le dénoncer. Malgré tout, Oskar paraissait en si bons termes avec le commandant que le sous-officier prit ses ordres respectueusement.

– A chaque arrêt sur la voie, dit Oskar, veillez à ouvrir les portes des wagons.

Quelques années plus tard, deux survivants de ce convoi, les Drs Rubinstein et Feldstein, feraient savoir à Oskar que le sous-officier avait ouvert les portes régulièrement, et qu'il avait fait passer des seaux d'eau quand l'occasion s'en présentait. Cela permit aux prisonniers d'atteindre Mauthausen dans des conditions supportables. Pour la plupart d'entre eux, ce serait le dernier réconfort.

Quand on imagine Oskar marchant de long en large au bord de la voie ferrée, passant pour un bouffon aux yeux de SS rigolards afin d'apporter à des prisonniers inconnus ce dernier témoignage futile de chaleur humaine, on se dit que l'homme n'était pas seulement téméraire. Il avait la foi qui soulève les montagnes. Amon lui-même, s'il avait été dans un état normal, aurait décelé que son ami Oskar avait basculé de l'autre côté. Jusqu'ici, tous les témoins avaient pris le manège de Herr Direktor pour une bonne plaisanterie : le déploiement des tuyaux jusqu'aux derniers wagons, le pot-de-vin remis au sous-officier sous les yeux de ses collègues... Mais il aurait suffi que leur humeur change pour que Scheidt, ou John, ou Hujar, décident d'avoir la peau d'Oskar en envoyant une simple lettre de délation à la Gestapo. Tout directeur qu'il fût, il serait immédiatement conduit à Montelupich, et, compte tenu de ses antécédents, il finirait probablement à Auschwitz. Amon commençait d'ailleurs à s'inquiéter sérieusement de la façon dont Oskar traitait ces morts en sursis, comme s'il s'agissait de parents pauvres qui voyageaient en troisième classe, certes, mais sur lesquels on veillait pour qu'ils arrivent sains et saufs à destination.

Il devait être à peu près 2 heures de l'après-midi quand la locomotive commença à tracter le convoi en direction de la voie principale. On pouvait remballer les tuyaux. Schindler reconduisit Amon à sa villa. Le commandant sentait son ami préoccupé, et, pour la première fois, il se permit de lui donner quelques conseils :

– Il faut vous décontracter, mon vieux. Vous ne pouvez pas vous mettre à courir après chaque convoi qui part...

Adam Garde, un ingénieur qui était prisonnier à Emalia, remarqua lui aussi que l'humeur d'Oskar avait changé. Dans le courant de la nuit du 20 juillet, un SS vint réveiller Garde qui dormait profondément dans sa baraque. Herr Direktor avait appelé la permanence des gardes pour leur dire qu'il était absolument nécessaire qu'il voie Garde immédiatement pour raison professionnelle.

Garde trouva Oskar en train d'écouter la radio, le visage sanguin. Il y avait une bouteille et deux verres sur son bureau, et, derrière, une carte de l'Europe en relief qu'il avait fait mettre quelque temps auparavant. Il n'avait jamais éprouvé le besoin d'avoir ce genre de carte au moment de la poussée allemande. Mais aujourd'hui, Oskar semblait prendre un intérêt tout particulier au rétrécissement des frontières. Sa radio était branchée sur la Deutschlandsender, et non pas, comme la plupart du temps, sur la B.B.C. La radio diffusait une musique solennelle comme c'était souvent le cas avant des informations importantes.

Oskar paraissait écouter avec beaucoup d'attention. Il se leva à l'entrée de Garde et fit signe au jeune ingénieur de prendre un siège. Il se servit rapidement du cognac et le tendit à son interlocuteur.

– Il y a eu un attentat contre Hitler, dit Oskar.

On l'avait annoncé un peu plus tôt dans la soirée et Hitler aurait survécu. Ils avaient promis qu'il allait s'adresser sous peu au peuple allemand. Mais rien ne s'était produit. Les heures passaient et on ne l'avait toujours pas entendu. Ils continuaient à diffuser de la musique de Beethoven, comme le jour où Stalingrad était tombée.

Oskar et Garde restèrent plusieurs heures à l'écoute. Un juif et un Allemand, penchés ensemble sur une radio – toute la nuit si nécessaire –, pour savoir si Hitler était mort, voilà qui frisait la sédition. Adam Garde se sentait envahi par les mêmes bouffées d'espoir. Il remarqua qu'Oskar faisait des gestes empreints de mollesse, comme si l'éventualité de la mort du Führer lui avait dénoué les muscles. Il buvait lentement, presque rituellement.

Si c'est vrai, disait Oskar, alors les Allemands, les Allemands normaux comme lui-même, auraient enfin une possibilité de rachat. Simplement parce que quelqu'un proche de Hitler avait eu le cran d'en débarrasser la terre. C'est la fin des SS, poursuivait Oskar. Himmler sera en prison demain matin.

Oskar fumait cigarette sur cigarette.

– Mon Dieu, soupira-t-il, voir la fin de tout cela !

Le bulletin de 10 heures ne fit que confirmer les informations précédentes. Il y avait eu un attentat contre Hitler, mais il avait fait long feu. Le Führer serait sur les ondes dans quelques minutes. Mais les heures passaient et Hitler ne parlait toujours pas. Oskar se mit à gamberger comme le feraient de nombreux Allemands au fur et à mesure que la guerre s'approcherait de son terme.

– Les ennuis sont derrière nous, dit-il. Le monde a recouvré la raison. L'Allemagne peut désormais s'allier avec l'Ouest contre les Russes.

Les espérances de Garde étaient plus modestes. Au

pire, il souhaitait retrouver un ghetto qui serait un vrai ghetto, comme au temps de François-Joseph.

Au fur et à mesure qu'ils buvaient, que la musique s'éternisait, il leur semblait de plus en plus probable que les ondes allaient leur annoncer la mort qui permettrait à l'Europe de recouvrer la santé. Ils seraient à nouveau citoyens à part entière du vieux continent. Il n'y aurait plus de prisonniers et de Herr Direktor. La radio continuait de promettre un prochain message, et; plus elle promettait, plus Oskar se sentait transporté d'allégresse.

A minuit, nouvelle promesse. Mais ils n'y prêtèrent guère attention. Ils se sentaient déjà plus légers dans cette Cracovie post-hitlérienne. Ils envisageaient que demain, on danserait dans toutes les rues, et que personne n'oserait troubler la fête. La Wehrmacht arrêterait Frank dans son château de Wawel et encerclerait l'immeuble des SS dans la rue Pomorska.

Peu avant 1 heure du matin, Hitler prononça un message en provenance de Rastenburg. Oskar était tellement persuadé que jamais plus il n'entendrait cette *voix-là* qu'il ne la reconnut pas, en dépit du ton qui lui était pourtant familier. Il pensait qu'il s'agissait simplement d'un membre quelconque du parti. Mais Garde avait bien écouté le discours, dès le premier mot, et il savait *qui* le prononçait.

– Camarades allemands, disait la voix, si je vous adresse aujourd'hui la parole, c'est d'abord pour que vous entendiez ma voix, que vous sachiez que je ne suis pas blessé et que je vais bien. C'est aussi pour vous mettre au courant d'un crime sans précédent dans toute l'histoire allemande.

Le discours, qui dura environ quatre minutes, se termina par une mise en garde contre les conspirateurs. « Cette fois-ci, nous allons régler nos comptes avec eux de la manière dont nous, nazis, avons l'habitude de le faire. »

Adam Garde, ce soir-là, ne s'était pas laissé aller à gamberger aussi fort qu'Oskar. Hitler était plus qu'un homme. C'était tout un système avec de multiples ramifications. Même s'il venait à mourir, rien ne prouvait que le système changerait profondément. De plus, mourir en l'espace d'une soirée, ce n'était pas dans la nature d'un phénomène tel que Hitler.

Oskar s'était tellement convaincu de la mort du Führer qu'il semblait abasourdi.

– J'ai bâti des châteaux en Espagne, dit-il.

Il remplit les deux verres de cognac, poussa la bouteille en direction de Garde et ouvrit une boîte de cigarettes.

– Prenez la bouteille et les cigarettes, dit-il. Et puis, essayez de vous reposer. Nous devrons attendre encore un peu de temps avant d'être libres.

Garde, un peu sonné par le cognac et les nouvelles contradictoires qui avaient émaillé la soirée, n'avait pas relevé qu'Oskar parlait d'être « libres », comme si Oskar et lui étaient tous deux dans le même pétrin et qu'ils dussent attendre tous deux passivement d'être libérés. Mais de retour sur sa paillasse, Garde se mit à réfléchir. Il trouvait étonnant que Herr Direktor lui ait tenu ces discours. Lui, d'habitude si rationnel, si serein, se mettait à avoir un comportement pathologique. Il trouvait ça bizarre.

A la fin de l'été, des rumeurs commencèrent à circuler rue Pomorska et dans les camps autour de Cracovie sur de nouveaux réaménagements. Amon avait appris de façon indirecte que les camps seraient désaffectés. Oskar se posait des questions.

En fait, la conférence sur les problèmes de sécurité n'avait que très peu à voir avec l'éventualité d'une attaque des mouvements de résistance. Il s'agissait surtout de la fermeture des camps. Amon avait convoqué Oskar, Madritsch et Bosch pour se sentir épaulé. Il serait plus à l'aise pour traiter de certains problèmes avec Wilhelm Koppe, le nouveau chef SS de la police du quartier général de Cracovie.

Quand il se trouva dans le bureau de Koppe, Amon joua le jeu de l'homme soumis à une terrible tension nerveuse. Son visage reflétait le poids de ses préoccupations. Il faisait craquer ses jointures, comme si Plaszow était déjà en état de siège. Il répéta à Koppe la même histoire qu'il avait servie à Oskar et aux autres : des mouvements de résistance avaient éclos à l'intérieur du camp ; les sionistes avaient pris contact avec les éléments les plus radicaux de l'armée du peuple polonaise et de l'Organisation juive de combat. L'Obergruppenführer devait savoir qu'il était pratiquement impossible d'interdire toute communication avec l'extérieur – on pouvait très bien faire parvenir des messages dans une miche de pain. Mais au premier signal de résistance active, lui – Amon Goeth –, en tant que commandant, devrait prendre immédiatement les mesures nécessaires. La question était la suivante : s'il ouvrait le feu d'abord, et s'occupait de la paperasse à envoyer à Oranienburg ensuite, est-ce que le très distingué Obergruppenführer Koppe l'épaulerait ?

« Aucun problème », dit Koppe. Lui-même ne tenait pas les bureaucrates en grande estime. Quand, l'année passée, il avait été appelé à diriger, en tant que chef de la police du Wartheland, les convois de camions remplis d'Untermenschen dans des coins isolés, il n'avait pas demandé à Oranienburg la permission de brancher les tuyaux d'échappement à l'intérieur pour gazer les prisonniers. C'était le genre d'opération spontanée qui défiait toute velléité de paperasserie.

– Bien sûr, il faudra exercer votre jugement, dit-il à Amon. Mais je vous couvrirai.

Oskar avait eu l'impression au cours de la conférence qu'Amon n'était pas vraiment préoccupé par le problème des partisans. S'il avait su alors que Plaszow devait être liquidé, il aurait compris le sens de la manœuvre d'Amon. Celui-ci se faisait en fait du souci à propos de Wilek Chilowicz, le chef de la police auxiliaire juive du camp. Une bonne partie du trafic illégal d'Amon se faisait par l'intermédiaire de Chilowicz. Celui-ci connaissait Cracovie comme sa poche. Il savait exactement où aller pour liquider au marché noir la farine, le riz ou le beurre que le commandant retenait sur les rations des prisonniers. Il connaissait les intermédiaires qui pouvaient écouler les bijoux fabriqués dans l'atelier de joaillerie par des artisans comme Wulkan. Et puis, il n'y avait pas que Chilowicz, mais toute sa tribu derrière lui : Mme Marysia Chilowicz, sa légitime épouse ; Mietek Finkelstein, l'associé ; Mme Ferber, la sœur de Chilowicz ; M. Ferber. S'il existait une aristocratie à l'intérieur de Plaszow, c'était bien celle des Chilowicz. Ils étaient un rang au-dessus du commun des prisonniers, mais l'expérience qu'ils avaient accumulée était à double tranchant ; ils en savaient autant sur Amon que sur n'importe quel misérable tourneur employé chez Madritsch. Si, une fois Plaszow démantelé, on les expédiait dans un autre camp, qu'arriverait-il ? Amon était persuadé qu'ils essaieraient de négocier tout ce qu'ils savaient sur ses combines dès qu'ils se sentiraient menacés. Ou même dès qu'ils auraient l'estomac creux.

Chilowicz, de son côté, ne se sentait pas très à l'aise. Amon se doutait que l'homme devait savoir qu'on ne lui permettrait pas de quitter Plaszow. Aussi décida-t-il de lui tendre un piège. Il fit appeler Sowinski, un auxiliaire SS recruté dans la région du haut Tatras en Tchécoslovaquie. Celui-ci devrait prendre contact avec Chilowicz et lui proposer un moyen d'évasion. Amon était certain que l'autre mordrait à l'hameçon.

Sowinski joua très bien son rôle. Il dit à Chilowicz qu'il pourrait le faire passer avec toute sa tribu hors du camp dans un des camions équipés pour rouler à la fois à l'essence et au gazogène. S'il roulait à l'essence, on pourrait cacher pas mal de gens dans l'énorme chaudière à bois, au moins une demi-douzaine de personnes.

Chilowicz, comme prévu, était intéressé. Mais il faudrait d'abord que Sowinski contacte quelques amis de l'extérieur pour qu'ils fournissent un véhicule qui serait au point de rendez-vous avec le camion. Il paierait en diamants. Il voulait aussi un gage de confiance : Sowinski pourrait-il lui fournir une arme ?

Amon remit à Sowinski un pistolet de calibre 38 dont il avait pris soin de limer le percuteur. Chilowicz n'éprouverait pas le besoin de tester l'arme avant son évasion. D'ailleurs, il n'en aurait pas l'occasion. Mais Amon qui aurait découvert un prisonnier muni d'un pistolet serait en tout cas couvert auprès de Koppe et d'Oranienburg.

C'est par un beau dimanche de la mi-août que Sowinski, au volant d'un camion, alla récupérer le clan Chilowicz qui attendait dans un entrepôt de matériel de construction. Après que tout le monde se fut caché dans la chaudière, le camion prit la rue Jerozolimska en direction de la sortie. Là, il faudrait montrer patte blanche, mais il n'y aurait pas de problème. Ils seraient bientôt à l'air libre. En attendant, les cœurs battaient à tout rompre dans l'espace confiné de la chaudière.

Amon, Amthor, Hujar et Ivan Scharujew, un Ukrainien, attendaient au portail. Sourire aux lèvres, ils commencèrent à inspecter le camion sans se presser, se réservant la fouille de la chaudière pour la bonne bouche. Ils feignirent une énorme surprise quand ils découvrirent les Chilowicz tassés comme des sardines et mourant de peur. Amon ne fut pas long à trouver le pistolet dissimulé dans la botte d'un Chilowicz dont les poches étaient pleines de diamants que des prisonniers désespérés lui avaient remis en échange de quelque faveur.

La rumeur se répandit d'autant plus vite dans le camp que c'était le jour de repos : les Chilowicz ont été condamnés à mort. La nouvelle fut accueillie avec les mêmes sentiments de crainte et d'inquiétude qui avaient prévalu l'année précédente quand on avait appris que Spira et ses OD venaient d'être fusillés. Chacun pesait le pour et le contre. Avaient-ils désormais plus ou moins de chances de s'en sortir ?

Tous les membres du clan Chilowicz furent exécutés un à un d'une balle dans la nuque. Ce fut Amon lui-même, désormais obèse et hépatique, qui se chargea de Chilowicz. Les cadavres furent alignés sur l'Appellplatz. On leur avait collé des pancartes sur la poitrine :

« CEUX QUI VIOLENT LES JUSTES LOIS PEUVENT S'ATTENDRE À UNE MORT SEMBLABLE. »

Les prisonniers de Plaszow jugèrent que, pour une fois, cette épitaphe allait dans le sens de la morale.

Ce même jour, Amon rédigea deux longs rapports, l'un destiné à Koppe, l'autre à la section D du général Glücks. Il expliquait comment il avait sauvé Plaszow des préliminaires d'une insurrection en arrêtant et en exécutant les principaux conspirateurs qui s'apprêtaient à s'évader du camp. Quand il eut terminé son premier jet, qu'il l'eut revu et corrigé, il était déjà 11 heures du soir. Trop tard pour le faire taper par Frau Kochmann qui était si désespérément lente. Aussi le commandant donna-t-il l'ordre d'aller secouer Mietek Pemper dans sa baraque et de l'amener au pas de course. Quand celui-ci arriva à la villa, Amon commença par lui dire d'un ton neutre qu'il le soupçonnait d'avoir été en cheville avec les Chilowicz. Pemper, complètement abasourdi, cherchait désespérément ce qu'il allait bien pouvoir répondre. S'apercevant que la couture d'une jambe de son pantalon était complètement défaite, il finit par dire :

– Mais comment aurais-je pu m'enfuir habillé de la sorte ?

Le ton désespéré de la réponse sembla satisfaire Amon. Il dit au garçon de s'asseoir et lui donna des instructions sur la façon dont il fallait taper le rapport et numéroter les pages.

– Et je veux un travail de première classe, ajouta-t-il en tapotant les feuillets de son brouillon.

« Nous y voilà, pensa Pemper. Il pourrait me tuer maintenant sous prétexte de tentative d'évasion, ou plus tard parce que j'aurai vu ce qu'il a mis dans son rapport. »

Au moment où Pemper quittait la villa avec ses feuillets en main, Amon le rappela pour lui donner une dernière instruction :

– Quand vous taperez la liste des insurgés, laissez un espace en blanc au-dessus de ma signature pour que je puisse y inscrire un dernier nom.

Pemper s'inclina discrètement pour signifier qu'il avait compris. Il resta figé pendant une seconde en cherchant désespérément quelque inspiration qui puisse faire revenir Amon sur cette décision de laisser un espace en blanc. Car l'espace, bien naturellement, c'était pour lui, Mietek Pemper. Mais rien de plausible ne lui venait à l'esprit.

– Très bien, Herr Kommandant, finit-il par dire.

Pendant qu'il se dirigeait vers les bureaux de l'administration, Pemper, complètement traumatisé, se rappelait une lettre qu'Amon lui avait fait taper au début de l'été. Elle était adressée à son père, l'éditeur viennois, qui avait souffert d'une allergie au cours du printemps. La lettre, pleine de bons sentiments filiaux, souhaitait au vieil homme une meilleure santé. Pemper se rappelait cette lettre parmi tant d'autres parce que, une demi-heure à peine avant qu'il eût été appelé chez le commandant pour la taper, Amon avait exécuté une archiviste. Pour lui, une exécution n'avait pas plus de poids qu'une allergie. Et quand il lui prenait l'idée de dire à un dactylo de laisser un blanc pour y inscrire ultérieurement son nom, il allait de soi que le dactylo s'exécutait docilement.

Pemper resta plus d'une heure devant sa machine à écrire et finit par laisser l'espace en blanc. Ne pas le faire aurait été de toute façon suicidaire. Quelques jours plus tôt, Stern et ses amis avaient fait circuler des rumeurs comme quoi Schindler avait en tête de faire transférer d'autres prisonniers dans son camp, une sorte d'opération de secours, avaient-ils dit. Mais les rumeurs en provenance de Zablocie ne signifiaient désormais plus rien. Mietek tapait les rapports. Mietek laissait dans chaque rapport un espace en blanc pour qu'on puisse y inscrire son nom. Tout ce qu'il avait pu engranger sur les actions criminelles d'Amon ne lui servirait désormais plus à rien.

Quand les rapports, tapés de façon irréprochable, furent enfin prêts, il retourna à la villa. Il se tint debout près d'une fenêtre pendant qu'Amon relisait le tout. Pemper se demandait si l'on accrocherait une pancarte sur son cadavre :

« AINSI MEURENT TOUS LES JUIFS BOLCHEVIQUES ! »

– Vous pouvez aller vous coucher, finit par dire Amon.

– Herr Kommandant ?

– J'ai dit que vous pouviez aller vous coucher.

Pemper quitta la villa. Ses jambes se dérobaient sous lui. Amon ne pouvait pas le laisser vivant. Mais peut-être le commandant pensait-il qu'il avait tout le temps pour le tuer. En attendant, un jour de plus à vivre, c'était toujours ça de gagné.

L'espace en blanc était en fait destiné à un vieux prisonnier qui avait trempé dans des combines avec John et Hujar et leur avait laissé entendre qu'il avait un petit sachet plein de diamants planqué à l'extérieur du camp. Tandis que Pemper dormait du sommeil de l'homme qui vient d'échapper à la mort, Amon fit chercher le vieil homme et lui offrit la vie sauve contre les diamants. Quand il les eut récupérés, il exécuta le prisonnier et ajouta son nom sur les rapports où il prétendait avoir tué la rébellion dans l'œuf.

30

Les ordres de l'OKH (le haut commandement) avaient été déposés sur le bureau d'Oskar : vu la situation, Plaszow et ses camps annexes, dont Emalia, devraient être désaffectés. Les prisonniers d'Emalia se rendraient à Plaszow en attendant d'être regroupés ailleurs. Oskar allait être obligé de fermer son entreprise de Zablocie aussi rapidement que possible, ne laissant sur place que les quelques techniciens nécessaires au démantèlement de l'usine. Il pourrait obtenir des instructions supplémentaires en s'adressant aux services du redéploiement, OKG, Berlin.

Oskar commença par piquer une rage... Le ton de la missive donnait la mesure de celui qui l'avait mitonnée : un quelconque fonctionnaire qui se souciait comme d'une guigne de ce qui se passait à l'Est. Berlin se foutait pas mal de savoir qu'Oskar et ses prisonniers avaient tissé des liens basés sur la confiance, le respect, et, plus que tout, le pain, acheté au marché noir. Voilà qu'aujourd'hui Oskar devait ouvrir ses portes, laisser filer ses gens. Et filer où ? Cela, la lettre ne le disait pas. Et c'était le pire. Frank, le gouverneur général, avait eu le mérite de la franchise quelque temps auparavant :

– Quand, en fin de compte, nous finirons par gagner la guerre, vous pourrez faire de la chair à saucisses ou tout ce qu'il vous plaira avec les Polonais, les Ukrainiens et toute cette racaille de feignants.

Frank, au moins, avait le courage de ses convictions. A Berlin, on fermait pieusement les yeux en parlant simplement de « regroupement ».

Amon savait ce que cela voulait dire, et il le dit carrément à Oskar lorsque celui-ci vint lui rendre visite. Les hommes de Plaszow seraient envoyés à Gröss-Rosen. Les femmes à Auschwitz. Gröss-Rosen était un énorme camp de basse Silésie où l'entreprise allemande Terre et Pierre exploitait à mort les prisonniers affectés aux carrières de la région. A Auschwitz, on se débarrassait d'eux d'une manière plus expéditive.

Quand la nouvelle de la fermeture d'Emalia se propagea dans les ateliers et les baraques, les prisonniers de Schindler pensèrent immédiatement que c'en était fini du sanctuaire. Les Perlman, dont la fille munie de faux papiers avait plaidé la cause auprès d'Oskar, firent leurs maigres bagages en soupirant :

– Emalia nous a donné un sursis d'un an, une nourriture adéquate pendant un an, et le bonheur d'être à l'abri des brutalités quotidiennes.

Désormais, il ne leur restait plus qu'à mourir.

Levartov, le rabbin, s'était lui aussi résigné au pire. Il devait se rendre chez Amon pour finir un travail quelconque. Edith Liebgold, que Bankier avait réussi à placer dans l'équipe de nuit de Zablocie aux premiers jours du ghetto, remarqua qu'Oskar passait des heures à discuter avec ses chefs d'équipe, mais qu'il ne venait plus vers les travailleurs pour leur faire des promesses mirobolantes. Peut-être se sentait-il aussi dérouté que tous les autres par les ordres venus de Berlin. Oskar ne jouait plus les prophètes comme la première nuit où elle s'était trouvée dans les ateliers d'Emalia, il y avait de cela trois ans et plus.

Malgré tout, à la fin de l'été, alors que les prisonniers faisaient leur paquetage avant de partir pour Plaszow, la rumeur circula qu'Oskar était en train de négocier leur rachat. Il en avait parlé à Garde. Il l'avait confirmé à Bankier. Chacun se persuadait presque de l'avoir entendu le dire de sa voix rauque et paternelle. Mais quand les premiers d'entre eux se retrouvèrent rue Jerozolimska devant les bureaux de l'administration de Plaszow et qu'ils virent les squelettes humains en train de pousser les wagonnets, ils se dirent que les promesses d'Oskar n'étaient plus qu'un douloureux souvenir.

La famille Horowitz était de retour à Plaszow. Le père, Dolek, avait réussi à les faire transférer à Emalia l'année précédente. Et maintenant, ils étaient tous là à nouveau : la mère, Regina ; le gamin, Richard, six ans ; la fille, Niusia, onze ans, affectée à nouveau à l'atelier des brosses et qui pouvait contempler des fenêtres les camions se dirigeant vers la colline du fort autrichien et la fumée des bûchers sur lesquels on brûlait les cadavres. Ainsi Plaszow était exactement comme quand elle l'avait quitté. Il lui était impossible de concevoir qu'il y aurait jamais une fin à tout cela.

Pourtant son père était persuadé qu'Oskar parviendrait à les faire sortir de là. Il allait faire une liste. Une liste qu'il soumettrait à Amon. La Liste. Celle qui annoncerait des lendemains qui respirent.

De fait, un soir qu'il se trouvait dans la villa d'Amon, Oskar fit miroiter l'idée de quitter Cracovie avec un certain nombre de ses ouvriers. C'était une nuit paisible qui annonçait l'automne, et Amon semblait ravi d'avoir Oskar pour hôte. Les Drs Blancke et Gross l'avaient averti que s'il ne cessait pas de boire et de bâfrer comme il le faisait, ils ne lui donnaient que quelques mois à vivre. Aussi les visiteurs étaient-ils rares ces temps-ci.

Ils s'assirent et commencèrent à boire au rythme plus tempéré d'Amon. Oskar en vint tout de suite au fait. Voilà. Il voulait démanteler son usine et aller l'installer en Tchécoslovaquie. Il emmènerait ses ouvriers qualifiés et il aurait sans doute besoin d'autres ouvriers qualifiés en provenance de Plaszow. Il allait solliciter l'aide des services du redéploiement pour trouver un site approprié quelque part en Moravie, et il demanderait à l'Ostbahn de lui fournir les moyens nécessaires au transport des machines et du matériel. Il serait très reconnaissant si Amon voulait bien lui accorder son soutien. Le mot « reconnaissance » faisait tout de suite vibrer quelques cordes sensibles chez Amon. Soit, si Oskar obtenait la coopération des services administratifs, Amon donnerait son aval pour qu'on établisse une liste de travailleurs.

Quand les deux hommes se furent mis d'accord, Amon demanda un jeu de cartes. Il affectionnait particulièrement le vingt-et-un, un jeu qui interdisait à l'adversaire, notamment quand il s'agissait d'officiers subalternes, de le laisser gagner sans que cela paraisse trop patent. Un vrai jeu, donc, qui ne permettait pas la flagornerie. Oskar, de toute façon, n'était pas d'humeur à perdre ce soir-là. Il graisserait suffisamment la patte d'Amon quand il s'agirait d'établir la liste.

Le commandant débuta par des enjeux modestes, comme si les médecins lui avaient aussi ordonné de mettre la pédale douce de ce côté-là. Mais peu à peu, d'un commun accord, les deux adversaires firent monter la mise initiale jusqu'à cinq cents zlotys. Oskar tira le vingt et un – as et valet –, ce qui signifiait qu'Amon allait devoir payer le double de la mise.

Manifestement, cela le mit de mauvaise humeur, mais il prit sur lui de ne pas trop le montrer. Helena Hirsch, déguisée comme à l'accoutumée en servante bien stylée, apporta du café. Elle avait l'œil droit complètement poché et paraissait si frêle et si petite qu'on se demandait comment Amon arrivait à la battre sans se plier en deux. La fille connaissait bien Oskar maintenant, mais elle ne lui adressa pas un regard. Il lui avait promis l'année passée de la sortir de là. C'est vrai que quand il venait à la villa, il s'arrangeait pour faire un saut à la cuisine et prendre de ses nouvelles. C'était mieux que rien, mais ça n'avait pas modifié sa vie d'une manière quelconque. Quelques semaines auparavant, par exemple, quand la soupe n'avait pas été servie à la température correcte – Amon était particulièrement pointilleux sur les problèmes de soupe, de chiures de mouche et de puces sur ses chiens –, le commandant avait appelé et Ivan et Petr et leur avait ordonné de l'emmener près du bouleau qui se trouvait dans le jardin pour la fusiller. Debout derrière ses fenêtres à la française, il semblait prendre un immense plaisir au spectacle de la fille trottant devant Petr armé d'un mauser et qui le suppliait.

– Petr, tu sais qui tu vas fusiller ? C'est Helena. Helena qui te donne des gâteaux. Tu ne pourrais pas tuer Helena, n'est-ce pas ?

– Je sais bien, Helena. Je ne veux pas. Mais si je ne le fais pas, c'est *moi* qui serai fusillé, répondait Petr en serrant les dents.

Elle appuya sa tête contre le tronc de l'arbre. Ayant si souvent demandé à Amon pourquoi il ne la tuait pas, elle ne voulait pas lui donner la dernière joie de la voir se débattre. Mais c'était presque impossible. Elle flageolait sur ses jambes et tremblait si fort qu'il devait s'en apercevoir. Et soudain, elle entendit Amon appeler de la fenêtre.

– Ramène-moi cette salope ! On aura tout le temps de la fusiller plus tard. En attendant, il y a peut-être encore quelque espoir de faire son éducation.

Parfois, sans raison aucune, entre deux accès de sauvagerie, il se mettait à jouer les maîtres bienveillants. Il lui avait dit un matin :

– Vous êtes vraiment une servante bien stylée. Si vous avez besoin de références, après la guerre, je serai heureux de vous en donner.

Cela ne voulait strictement rien dire et elle faisait la sourde oreille. D'ailleurs, n'était-elle pas à moitié sourde depuis qu'il lui avait crevé un tympan d'un coup de poing ? Tôt ou tard, elle le savait, il la tuerait dans un de ses accès de rage.

Vu la vie qu'elle menait, le sourire d'un visiteur n'était qu'un maigre réconfort. Elle plaça l'énorme cafetière d'argent devant le commandant – il buvait encore son café, copieusement sucré, par pots entiers –, fit une petite révérence, et quitta la salle.

En moins d'une heure, Amon avait accumulé des pertes d'un montant de trois mille sept cents zlotys. Il se plaignait amèrement de son manque de chance. Oskar proposa de varier les enjeux. Il aurait besoin d'une servante en Moravie, une fois qu'il se serait installé. Impossible de trouver là-bas des servantes aussi intelligentes et stylées que Helena Hirsch. Toutes des rustres. Oskar proposa un dernier tour, quitte ou double. Si Amon l'emportait, Oskar lui paierait sept mille quatre cents zlotys. S'il tirait un vingt et un, ce serait le double, quatorze mille huit cents zlotys.

– Mais si *je* gagne, ajouta Oskar, vous mettez Helena Hirsch sur ma liste.

Amon voulait réfléchir à deux fois.

– De toute façon, lui dit Oskar, elle finira à Auschwitz.

Mais Amon s'était en quelque sorte attaché à elle. Elle faisait désormais si bien partie des meubles qu'il imaginait mal de pouvoir la perdre à propos d'un pari. Quand il réfléchissait à la fin de Helena, il pensait sans doute que ce serait lui qui l'amènerait. De sa propre main. Dans un accès de rage passionnée. S'il la jouait aux cartes et s'il venait à perdre, il ne pourrait même plus évoquer le plaisir sadique de ce meurtre en famille.

Schindler avait déjà demandé à Amon de laisser Helena venir à Emalia. Mais l'autre avait refusé. L'année passée, à cette même époque, on aurait pu croire encore que Plaszow allait durer pendant des décennies, que le commandant et sa servante vieilliraient ensemble, au moins jusqu'au jour où un manquement quelconque viendrait mettre un point final à ces relations. Personne, à cette époque, n'aurait imaginé que ces relations allaient devoir toucher à leur fin parce que les armées russes se trouvaient devant Lwow. Oskar avait fait sa proposition sur un ton badin. Un esprit plus porté vers la métaphysique aurait pu imaginer que c'étaient Dieu et Satan qui allaient faire une partie de bras de fer pour la conquête d'une âme. Mais Oskar ne se demandait même pas s'il avait le droit de faire de cette fille l'enjeu d'un pari. S'il perdait, les chances de pouvoir la tirer de ce guêpier seraient bien minces. Et toutes les chances étaient minces cette année-là. Y compris les siennes.

Oskar se leva et se mit à chercher du papier à lettres avec l'en-tête officiel. Puis il écrivit un texte qu'Amon devrait signer s'il perdait la partie : *Je donne l'autorisation que le nom de la prisonnière Helena Hirsch figure sur la liste des ouvriers qualifiés devant être transférés avec les usines DEF de Herr Oskar Schindler.*

Amon avait la donne. Il distribua à Oskar un huit et un cinq. Oskar redemanda des cartes : cinq et as. Ça irait. Puis Amon prit ses propres cartes : un quatre et un roi.

– Grand Dieu ! s'exclama-t-il.

Amon n'employait jamais de jurons obscènes, trop

vulgaires à son gré. Il eut un petit rire qui sonnait faux.

– Ma première donne, expliqua-t-il, était un trois et un cinq. Avec un quatre, ça allait encore. Et voilà que je tire ce sacré roi.

Il finit par signer la lettre. Oskar rassembla ses gains et les remit quand même à Amon.

– Prenez soin de la fille, dit-il. Jusqu'au jour où nous devrons tous partir.

Au fond de sa cuisine, Helena Hirsch ignorait qu'elle allait devoir sa vie à un coup du sort.

Oskar avait dû raconter à Stern les événements de la soirée car des rumeurs commencèrent à circuler non seulement dans les bureaux administratifs mais aussi dans les ateliers : Oskar avait un plan. Il y avait une liste Schindler. On aurait fait n'importe quoi pour figurer dessus.

31

Qui était exactement Schindler ? Quelles étaient ses motivations profondes ? Les survivants qui ont connu Herr Direktor en sont encore à formuler des hypothèses. La plupart des juifs de Schindler que nous avons rencontrés s'interrogent toujours : « Je ne sais pas ce qui l'a poussé à faire ce qu'il a fait. » Notons d'abord qu'Oskar était un joueur-né, mais c'était aussi un grand sentimental qui aimait faire le bien et que ça se sache. Il y avait aussi chez lui un côté anar qui le portait à tourner en ridicule l'ordre établi. Sous l'écorce d'une sensualité débridée, il était finalement profondément humain. La bestialité de certains de ses concitoyens le dégoûtait profondément. Mais tout cela n'explique qu'en partie la ténacité dont il fit preuve pour sauver du désastre les gens d'Emalia en cet automne 1944.

Et pas seulement ces gens-là. Au début de septembre, il alla à Podgorze rendre visite à Madritsch qui employait plus de trois mille prisonniers dans sa fabrique d'uniformes. L'usine devait être démantelée. Madritsch garderait ses machines à coudre, mais ses prisonniers iraient Dieu sait où.

– Si nous combinions nos efforts, dit Oskar, nous pourrions tirer quatre mille prisonniers du pétrin : les miens et les vôtres. On pourrait les transférer dans un endroit un peu moins dangereux. En Moravie, par exemple.

Les prisonniers de Madritsch ont toujours révéré sa mémoire. Le pain et les poulets qu'il parvenait à faire entrer dans l'usine étaient payés de sa poche et à ses risques. On pouvait le trouver plus équilibré qu'Oskar. Et c'est vrai qu'il était moins flambeur, moins caractériel. Il n'avait jamais été mis en état d'arrestation. Mais il avait poussé la compassion humaine jusqu'à ses extrêmes limites et il aurait sans doute terminé ses jours à Auschwitz s'il ne s'était pas révélé astucieux et énergique.

Oskar était en train de lui faire miroiter un petit camp Madritsch-Schindler quelque part dans la région des Jesenik, un petit havre industriel, bien à l'écart de tout.

Madritsch comprenait que ce serait la solution idéale, mais il tergiversait. Bien sûr, la guerre était perdue, mais le système mis en place par les SS devenait encore plus implacable. Oskar avait évidemment raison de penser que les prisonniers de Plaszow finiraient dans les chambres à gaz, mais quelle que fût sa détermination, il fallait aussi compter sur celle du quartier général SS et de ses exécutants, les commandants des camps de concentration.

Toutefois, il ne dit pas non. Il lui fallait réfléchir. Peut-être, sans le dire à Oskar, éprouvait-il quelque réticence à se lancer dans une aventure industrielle conjointe avec un comparse aussi impétueux que Herr Schindler.

Oskar reprit la route sans avoir pu obtenir une réponse claire de Madritsch. Il se rendit à Berlin et invita à dîner le colonel Erich Lange.

– Je peux, sans aucun problème, reconstituer mon usine d'obus, dit Oskar. Le transfert des machines ne pose aucune difficulté.

Lange fut parfait. Il pouvait garantir les contrats. Il

appuierait totalement les requêtes d'Oskar auprès des services du redéploiement et des services administratifs allemands de Moravie.

Lange, dira plus tard Oskar, était un officier qui agissait dans l'ombre. Il lui avait fourni son appui en toute occasion. C'était un homme à principes. Son sens du devoir l'obligeait à travailler à l'intérieur d'un système qu'il méprisait. Et son sens moral lui dictait d'avaliser des choses qui allaient parfois contre le système.

– Ça peut se faire, dit Lange. Mais il faudra de l'argent. Pas pour moi. Pour les autres.

Lange présenta Oskar à un officier des services du redéploiement de l'OKH, rue Bendler. Le déménagement envisagé ne présentait pas d'obstacle majeur. Mais il y avait un problème. Le Gauleiter de Moravie, qui faisait la pluie et le beau temps depuis son château de Liberec, n'avait jamais toléré des camps de travailleurs juifs dans sa province. Ni les SS, ni l'Inspection des armements n'avaient encore réussi à le faire revenir sur cette décision. Peut-être un certain Sussmuth, ingénieur de la Wehrmacht qui travaillait pour l'Inspection des armements dans les bureaux de Troppau, pourrait donner un coup de main. Oskar pourrait également voir avec Sussmuth quels sites pourraient se révéler propices en Moravie. Mais Herr Schindler pouvait compter sur le soutien des services du redéploiement...

– Mais vous devez bien comprendre qu'ils sont harassés, qu'ils subissent en ce moment des restrictions pénibles, et qu'ils seraient d'autant plus prompts à donner leur réponse si l'on faisait un geste. Les pauvres habitants des villes que nous sommes n'arrivent plus à se procurer des jambons, des liqueurs, des cigares, des vêtements, du café, enfin, vous voyez bien...

L'officier devait penser qu'Oskar disposait des réserves de la moitié de la Pologne. En fait, il dut acheter au prix fort, dans les boutiques du marché noir de Berlin, les victuailles du paquet-cadeau destiné au gentleman des services du redéploiement. Un vieux portier de l'hôtel Adlon pouvait fournir à Herr Schindler un excellent schnaps au prix imbattable de quatre-vingts Reichsmark la bouteille. Et envoyer moins de douze bouteilles à l'officier du redéploiement pourrait paraître mesquin. Le café et les havanes atteignaient des prix démentiels. Oskar n'en acheta pas moins une bonne quantité. Et si l'excellent gentleman devait circonvenir le gouverneur de Moravie, il lui faudrait prendre des forces. Un jambon aiderait, peut-être.

Pendant qu'Oskar poursuivait ses négociations, Amon Goeth fut arrêté.

Quelqu'un avait dû le dénoncer. Un officier subalterne jaloux, peut-être. Ou encore un citoyen dont le sens civique avait été choqué par l'atmosphère de débauche qui régnait dans la villa. Un officier supérieur SS nommé Eckert fut chargé d'enquêter sur les combines financières d'Amon. Les cartons que ce dernier faisait de son balcon sur les prisonniers ne l'intéressaient nullement. L'enquête devait porter uniquement sur les détournements de fonds, les trafics de marché noir, plus quelques plaintes déposées par des officiers subalternes pour mauvais traitements.

Amon était en permission chez son père à Vienne quand on vint l'arrêter. Les SS firent une perquisition dans un appartement que le Hauptsturmführer Goeth avait en ville. Ils découvrirent dans une cachette une somme de quatre-vingt mille Reichsmark dont Amon ne pouvait pas expliquer la provenance. Et près d'un million de cigarettes entassées jusqu'au plafond. L'appartement viennois d'Amon ressemblait plus, on le voit, à un entrepôt qu'à un pied-à-terre.

Il pourrait paraître surprenant à première vue que des SS – ou plutôt les officiers du bureau V des services de sécurité du Reich – veuillent mettre aux arrêts un serviteur aussi zélé que le Hauptsturmführer Goeth. Mais, ils avaient commencé à mettre leur nez dans les combines des camps et avaient même essayé de coincer Koch, le commandant de Buchenwald. Comme d'ailleurs le célèbre Rudolf Höss : ils avaient interrogé une juive qui, soupçonnaient-ils, était enceinte des œuvres de cette superstar du système concentrationnaire. Quoi qu'il en soit, Amon, fou de rage d'avoir été pris la main dans le sac, ne pouvait guère espérer se voir blanchi.

Ils l'enfermèrent dans une prison SS de Breslau en attendant les conclusions de l'enquête et un jugement. Ils révélèrent leur ignorance sur ce qui se passait à Plaszow en allant interroger Helena Hirsch qu'ils soupçonnaient d'avoir trempé dans les combines d'Amon. Au cours des mois suivants, ils lui feraient subir deux interrogatoires dans le petit bâtiment qui faisait office de prison à Plaszow. On lui demanderait de fournir des détails sur les intermédiaires qu'Amon utilisait pour ses trafics au marché noir, sur la façon dont il faisait marcher l'atelier d'orfèvrerie, la boutique de tailleur, la fabrique de tissus d'ameublement. Elle ne fut ni battue ni menacée. Ils n'en étaient pas moins persuadés qu'elle faisait partie d'un gang qui la brutalisait. Même au cours de ses rêves les plus extravagants, Helena n'aurait jamais pu imaginer qu'elle eût pu être sauvée parce qu'un jour Amon serait arrêté par ses pairs. Mais elle croirait devenir folle quand ces gens tenteraient de la persuader qu'elle avait été sa complice.

– Chilowicz aurait pu vous expliquer pas mal de choses, avait-elle dit. Mais Chilowicz est mort.

C'étaient malgré tout des policiers expérimentés, et ils finirent par se convaincre que la fille ne pourrait rien leur donner d'autre que quelques informations sur la somptueuse cuisine de la villa. Ils auraient pu la questionner sur ses marques et ses cicatrices, mais ils savaient que le sadisme n'était pas un motif qui pût faire condamner Amon. Ils avaient tenté de mener une enquête sur les brutalités exercées à Sachsenhausen, mais des gardes armés leur avaient interdit l'entrée du camp. A Buchenwald, ils avaient trouvé un sous-officier prêt à témoigner contre le commandant. On l'avait retrouvé mort dans sa cellule. Le directeur de la commission d'enquête SS avait donné l'ordre qu'on administre à quatre prisonniers russes le type de poison retrouvé dans l'estomac du sous-officier. Il les regarda mourir et obtint ainsi sa preuve contre le commandant et le médecin du camp. Il put les faire poursuivre pour meurtre et sadisme. Mais on conviendra que c'était une étrange façon de faire justice. Et cela renforçait la conviction du personnel des camps qu'il fallait se serrer les coudes et supprimer les mouchards. Les hommes du bureau V ne posèrent donc aucune question à Helena Hirsch sur ses blessures. Ils s'en tinrent au détournement de fonds et finirent par la laisser tranquille.

Ils interrogèrent également Mietek Pemper qui eut le bon sens de ne pas trop en dire sur Amon, et surtout pas sur ses crimes contre l'humanité. Il n'avait guère que des rumeurs à rapporter sur les combines d'Amon. Il jouait à merveille son rôle de sténo bien consciencieux appelé à taper des documents non classifiés.

– Herr Kommandant n'aurait jamais discuté de ces choses avec moi, répondit-il la plupart du temps.

Mais quelle que fût sa contenance, on le sentait aussi stupéfait que Helena Hirsch de la tournure prise par les événements. S'il existait une chose au monde qui pût *lui* donner quelque espoir de survivre, c'était bien l'arrestation d'Amon. Car il savait parfaitement combien de temps il lui restait à vivre : une fois les Russes parvenus à Tarnow, Amon dicterait sa dernière lettre et assassinerait son dactylo. Pour Mietek, il fallait donc à tout prix qu'Amon ne fût pas libéré trop tôt.

Mais les enquêteurs n'étaient pas seulement intéressés par les bonnes affaires d'Amon. L'Oberscharführer Lorenz Landsdorfer avait dit à l'enquêteur SS qui interrogeait Pemper que le Hauptsturmführer Goeth avait dicté à son sténo des directives destinées à la garnison du camp, en cas d'une attaque par les partisans. Amon avait expliqué à Pemper la façon dont ces directives devraient être tapées et lui avait même montré, comme exemple, des directives du même ordre concernant d'autres camps de concentration. L'enquêteur, effrayé à l'idée qu'un juif eût pu être mis au courant de documents aussi secrets, ordonna l'arrestation immédiate de Pemper.

Ce dernier passa deux semaines misérables dans une cellule attenante aux baraques des SS. Il ne fut pas maltraité, mais les enquêteurs du bureau V et deux juges SS l'interrogèrent quotidiennement. Il croyait lire dans leurs regards que la seule chose à faire serait de le fusiller. Au cours d'un de ses interrogatoires, Pemper finit par leur dire :

– Pourquoi me gardez-vous ici ? Une prison en vaut une autre. Et de toute façon, je suis condamné à vie.

Il voulait que cessent les tergiversations : ou on le relâchait, ou on le fusillait. Pemper passa quelques heures pénibles pendant que ses juges se concertaient. Finalement, la porte de sa cellule s'ouvrit et on lui dit de regagner sa baraque. Ce ne serait pas la dernière fois, cependant, que Pemper serait interrogé sur les affaires du commandant Goeth.

Les subordonnés et amis d'Amon ne se pressaient pas pour aller témoigner en sa faveur. Prudence d'abord. Ils attendaient de voir la tournure des choses. Bosch, qui avait tellement bu à la table du commandant, avait dit à l'Untersturmführer John qu'il serait dangereux d'essayer de soudoyer ces enquêteurs déterminés du bureau V. Quant au supérieur d'Amon, Scherner, il avait été envoyé faire la chasse aux partisans. Il finirait par être tué dans une embuscade montée dans les forêts de Niepolomice. Amon se trouvait donc entre les mains de gens d'Oranienburg qui n'avaient jamais participé aux soirées de la Goethhaus – ou s'ils l'avaient fait, ils en avaient conçu soit du dégoût, soit de la jalousie.

Une fois relâchée, Helena Hirsch, qui travaillait désormais pour le nouveau commandant, le Hauptsturmführer Büscher, reçut une missive amicale d'Amon lui demandant de lui expédier un paquet contenant quelques vêtements, quelques livres, romans et polars, et quelques bonnes bouteilles qui le réconforteraient dans sa cellule. C'était une lettre qui aurait pu lui être envoyée par quelqu'un de la famille. *Auriez-vous la gentillesse de rassembler quelques objets ?* pouvait-on lire. Et pour finir : *J'espère vous revoir très bientôt.*

Oskar ne perdait pas son temps. Il s'était rendu dans la petite ville de Troppau pour y rencontrer l'ingénieur Sussmuth. Il avait à tout hasard pris avec lui quelques bouteilles de cognac et quelques diamants, mais il se trouva qu'il n'en eut pas besoin. Sussmuth dit à Oskar qu'il avait déjà proposé l'installation de quelques camps de travailleurs juifs aux confins de la Moravie afin de continuer à produire le matériel que réclamait l'Inspection des armements. Ces camps seraient placés sous le contrôle d'Auschwitz ou de Gröss-Rosen dans la mesure où ces deux établissements étendaient leur juridiction sur un territoire qui débordait les frontières polono-tchécoslovaques. Mais les travailleurs y seraient plus en sécurité que dans les grandes nécropoles comme Auschwitz.

Sussmuth s'était cassé les dents. Le gouverneur de Moravie avait repoussé toutes ses propositions. Mais il n'avait jamais eu d'appuis en haut lieu. Or voici qu'Oskar se présentait. Oskar qui avait le soutien du colonel Lange et des services du redéploiement. Ça pourrait être l'appui qui lui manquait.

Sussmuth disposait d'une liste des sites susceptibles d'accueillir les usines que l'avance russe obligeait à fermer. Il y avait à Brinnlitz, un village très proche de Zwittau, la ville natale d'Oskar, une grosse usine de textile qui appartenait aux frères Hoffman de Vienne. A Vienne, ils donnaient dans les produits laitiers, mais ils étaient venus dans les Sudètes avec l'armée allemande (exactement ce qu'avait fait Oskar à Cracovie), et avaient réussi à créer un petit empire dans le textile. Il y avait là-bas un immense atelier qui ne servait qu'à entreposer les machines tombées en désuétude. L'usine était reliée par voie ferrée à la gare de Zwittau où le beau-frère d'Oskar dirigeait le service marchandises.

– Les frères Hoffman sont des profiteurs de guerre, dit Sussmuth en souriant. Ils ont des appuis locaux : le conseil régional et le chef du district sont dans leur poche. Mais vous, vous avez le colonel Lange derrière vous.

Sussmuth promit qu'il écrirait immédiatement à Berlin pour recommander qu'on fît bon usage de l'entrepôt des Hoffman.

Oskar connaissait Brinnlitz depuis son enfance. C'était un village peuplé d'Allemands. Les Tchèques, eux, l'auraient baptisé Brnenec. Les citoyens de Brinnlitz ne seraient sans doute pas très enthousiastes à l'idée d'accueillir un millier de juifs ou plus dans leur vicinité. Les gens de Zwittau où Hoffman recrutait une partie de sa main-d'œuvre ne seraient pas chauds non plus. Cette contamination de leur petite ville rustico-industrielle à ce stade de la guerre ne pourrait guère que leur apporter des ennuis.

Oskar décida quand même d'aller repérer le site. Il préféra s'abstenir de rendre visite aux Hoffman. L'un des frères, P.-D.G. de l'entreprise, avait la réputation d'être un coriace, et il ne voulait surtout pas lui mettre la puce à l'oreille. Il put cependant se promener dans l'entrepôt qu'il lorgnait sans être inquiété. C'était un bâtiment vieillot de deux étages qui donnait sur une cour de bonnes dimensions. Au niveau du sol, les plafonds étaient hauts. On y avait entreposé des vieilles machines et des ballots de laine vierge. Le premier étage pourrait faire office de bureau et d'atelier pour la petite machinerie. Le plancher ne serait pas assez résistant pour accueillir les grosses presses. Mais il y avait suffisamment de place au niveau du sol pour installer les grosses machines de la DEF et réserver un petit coin pour l'appartement du directeur. On ferait au premier étage un dortoir pour les prisonniers.

L'endroit convenait parfaitement à Oskar. Il repartit à Cracovie bien déterminé à tout faire : il dépenserait ce qu'il faudrait. Il irait voir Madritsch à nouveau. Car Sussmuth pourrait peut-être aussi repérer un coin pour Madritsch. Il devait bien y avoir à Brinnlitz d'autres vieilles usines qui ne servaient à rien.

Il découvrit à son retour qu'un bombardier allié, descendu par un avion de chasse de la Luftwaffe, s'était écrasé sur les deux dernières baraques qui faisaient fonction de prison. La carlingue noircie se dressait piteusement sur les décombres.

Il ne restait guère à Emalia que quelques prisonniers affectés à la maintenance. Ils avaient vu l'avion tomber en flammes. Deux membres de l'équipage avaient été tués. Les gens de la Luftwaffe qui étaient venus sur place avaient dit à Adam Garde qu'il s'agissait d'un bombardier Stirling et que les morts étaient australiens. L'un tenait encore dans ses mains les restes carbonisés d'une bible. Deux autres membres de l'équipage avaient sauté en parachute. L'un avait été retrouvé mort, emmêlé dans ses cordes dans une forêt environnante. L'autre avait été recueilli par les partisans. Le bombardier devait larguer des caissons de vivres et de munitions aux partisans qui tenaient les forêts situées à l'est de Cracovie.

Si Oskar avait eu besoin de quelque élément nouveau pour lui donner raison, c'en était un. Des gens venus d'un misérable trou d'Australie étaient morts pour que Cracovie change de mains. Il téléphona immédiatement au fonctionnaire de l'Ostbahn en charge du roulement du matériel et l'invita à dîner afin de discuter des dispositions qu'il comptait prendre pour évacuer la DEF.

Une semaine après l'entrevue Oskar-Sussmuth, le ministère des Armées avertit le gouverneur de Moravie que la fabrique d'obus de Herr Schindler serait évacuée dans un des entrepôts de l'usine textile des Hoffman à Brinnlitz. Sussmuth dit à Oskar au téléphone que les ronds-de-cuir de Moravie ne pourraient rien faire d'autre qu'essayer de mettre des bâtons dans les roues. Mais les Hoffman et d'autres membres du parti de la région de Zwittau avaient déjà tenu une conférence pour déterminer les moyens dont ils pourraient disposer pour faire échouer le plan d'Oskar. Le Kreisleiter du parti à Zwittau avertit Berlin par lettre que l'intrusion de prisonniers juifs en provenance de Pologne mettrait en danger la santé des Allemands de Moravie. La méningite qui avait été définitivement vaincue réapparaîtrait sans doute dans la région. Sans compter que la petite usine d'armements d'Oskar qui était d'une importance négligeable attirerait les bombardiers alliés qui ne manqueraient pas de causer de sérieux dégâts aux usines de textile. L'afflux d'un nombre important de criminels juifs dans le camp Schindler ferait peser un danger réel sur la population honnête de Brinnlitz et constituerait une tumeur cancéreuse sur le flanc de Zwittau.

Les protestations de cet acabit n'avaient aucune chance d'être retenues dans la mesure où elles arrivaient directement sur le bureau d'Erich Lange à Berlin. Quant aux lettres expédiées à Troppau, l'honnête Sussmuth en faisait son affaire. Il n'en reste pas moins que des affiches apparurent sur les murs de la ville natale d'Oskar :

« PAS DE CRIMINELS JUIFS ICI. »

Pendant ce temps, Oskar payait. Il payait la Commission du redéploiement de Cracovie pour qu'elle délivre le plus rapidement possible les permis nécessaires pour le transfert des machines. Il payait la Banque centrale pour qu'elle donne son aval au transfert des fonds bancaires. La monnaie n'était pas en grande faveur à cette époque, aussi payait-il en marchandises – kilos de thé, chaussures de cuir, tapis, café, conserves de poisson. Il passait des après-midi entiers à marchander les denrées réclamées par les fonctionnaires dans les petites rues proches du marché de Cracovie. Il était persuadé que sans cela, ces messieurs le feraient lanterner jusqu'à ce que le dernier juif fût envoyé à Auschwitz.

Sussmuth avertit Oskar que des gens de Zwittau l'avaient accusé de faire du marché noir auprès de l'Inspection des armements. « S'ils m'écrivent à moi, disait Sussmuth, vous pouvez parier qu'ils expédient le même type de lettres au chef de la police de Moravie, l'Obersturmführer Otto Rasch. Il serait peut-être utile d'aller voir Rasch et de lui faire un numéro de charme. »

Oskar avait connu Rasch quand celui-ci était chef de la police SS de Katowice. Et, par chance, Rasch était un ami personnel du P.-D.G. de Ferrum AG de Sosnowiec avec qui Oskar avait été en relation d'affaires. Mais en se rendant à Brno pour essayer de contrer ses détracteurs, Oskar ne comptait pas seulement sur quelques gages éphémères d'amitié. Il avait apporté avec lui un superbe diamant qu'il sortit négligemment de sa poche au cours de son entretien. Quand le diamant atterrit de l'autre côté du bureau devant Rasch, Oskar sut tout de suite qu'il tenait désormais solidement le front de Brno.

Oskar estima par la suite qu'il avait dû dépenser en pots-de-vin plus de cent mille Reichsmark, soit environ trois cent vingt mille francs actuels. Aucun des survivants n'a jamais contesté ce chiffre, encore que certains l'aient jugé en deçà de la réalité.

Il avait rempli ce qu'il appelait une liste préparatoire et l'avait déposée auprès des services administratifs. Elle contenait plus d'un millier de noms – ceux de tous les prisonniers du camp d'Emalia, plus quelques autres. Celui de Helena Hirsch y figurait, bien sûr, et Amon n'était pas là pour argumenter.

La liste s'accroîtrait considérablement si Madritsch acceptait enfin de jouer le jeu. Aussi Oskar continua-t-il à plaider l'affaire auprès de Titsch, son allié, qui avait l'oreille de Madritsch. Les prisonniers proches de Titsch étaient au courant du problème. Celui-ci leur avait dit sans aucune ambiguïté : « Il faut qu'il y ait une liste, et il faut que vous soyez dessus. »

Parmi les tonnes de paperasseries qui circulaient à Plaszow, il n'y avait guère que la douzaine de feuillets d'Oskar qui fût porteuse d'espoir.

Madritsch n'arrivait toujours pas à se décider. Devait-il faire alliance avec Oskar ? Ajouter trois mille noms à la liste ?

L'ordre chronologique des noms portés sur la liste d'Oskar est encore aujourd'hui auréolé d'un certain mystère, comme il convient d'ailleurs à toute légende. Le mystère ne porte pas sur l'existence même de la liste – on peut en voir une copie dans les archives de Yad Vashem. Ni même sur les noms de ceux qu'Oskar et Titsch avaient oublié de faire figurer et qu'ils ajoutèrent en dernière minute. Mais les circonstances de l'établissement de cette liste encouragent les légendes. Les survivants se rappellent cette liste avec une telle émotion que la réalité se brouille. La liste, c'était le bien absolu. C'était la vie. Au-delà de ces quelques feuillets bourrés de noms, il n'y avait plus qu'un trou noir.

Certains parmi les élus de cette liste se rappellent qu'il y eut une soirée d'adieux dans la villa de Goeth, une petite fête où SS, directeurs et cadres des différentes usines se réunirent pour fêter les bons moments passés ensemble. Certains avancent même que Goeth était là, mais cela paraît impossible dans la mesure où les SS ne relâchaient jamais quelqu'un sous caution. D'autres pensent que la petite fête eut lieu dans les appartements d'Oskar, au-dessus de l'usine. Au cours des deux années précédentes Oskar avait donné là de nombreuses et très divertissantes soirées. Un prisonnier se rappelle qu'au début de 1944, alors qu'il était veilleur de nuit, il avait vu Oskar descendre de son appartement vers 1 heure du matin pour échapper au bruit que ses hôtes faisaient en haut. Il avait apporté deux gâteaux, deux cents cigarettes et une bouteille pour son ami, le veilleur de nuit.

Quel que soit l'endroit où cette soirée eut lieu, on sait qu'y participèrent le Dr Blancke, Franz Bosch, et, selon certains, l'Oberführer Julian Scherner qui aurait pris quelques jours de permission pour se reposer de sa chasse aux partisans. Madritsch était là également, ainsi que Titsch qui dira plus tard que c'est au cours de cette soirée que Madritsch informa Oskar qu'il ne viendrait pas avec lui en Moravie.

– J'ai fait tout ce que j'ai pu pour les juifs, lui avait-il dit.

Et c'était vrai. Mais il n'arrivait pas à se persuader du bien-fondé d'aller en Moravie malgré tous les arguments que Titsch lui avait assenés au cours des derniers jours.

Madritsch était un homme juste. Et il sera plus tard honoré comme tel. Mais il ne croyait pas que l'affaire de Moravie pût être mise sur les rails. S'il l'avait cru, tout laisse à penser qu'il aurait essayé.

Ce que l'on sait encore à propos de cette soirée, c'est qu'il y avait un élément d'urgence : la liste de Schindler devait être remise ce même soir. Tous les survivants sont formels sur ce point. Ils n'ont pu d'ailleurs être mis au courant que par Oskar qui, il est vrai, avait tendance à embellir l'histoire. Mais au début des années 60, Titsch confirmera ce point. Peut-être le nouveau commandant de Plaszow, le Hauptsturmführer Büscher, avait-il dit à Oskar : « Allez, Oskar, assez tergiversé. Il me faut maintenant tous les noms pour qu'on puisse s'occuper du transport. » Peut-être l'Ostbahn avait-elle fixé une date limite au-delà de laquelle elle ne pourrait plus assurer ce transport ?

A la fin de la liste d'Oskar, précédant les signatures officielles, Titsch se mit à taper les noms des prisonniers de Madritsch. Il y en eut presque soixante-dix, qu'Oskar et Titsch ajoutèrent de mémoire. Parmi eux, la famille Feigenbaum – la fille, une adolescente, était atteinte d'un cancer incurable des os ; le fils, Lutek, qui n'avait pas vingt ans, possédait une toute petite expérience de réparateur de machines à coudre. Désormais, ils seraient des experts hautement qualifiés dans la fabrication de munitions. Pendant que se poursuivait la soirée, que les invités chantaient, riaient, buvaient et fumaient comme des sapeurs, Oskar et Titsch, relégués dans un coin, s'interrogeaient mutuellement pour essayer de savoir l'épellation correcte de ces sacrés patronymes polonais.

A la fin, Oskar dut modérer l'ardeur de Titsch.

– On a déjà dépassé la limite autorisée, dit-il. Ils vont nous faire des ennuis si nous continuons.

Titsch n'en continuait pas moins de chercher des noms, sachant que le lendemain matin, il se maudirait au réveil d'avoir oublié tel ou tel. Mais il était épuisé à tant vouloir faire revivre des gens rien qu'en pensant à eux.

La liste devait cependant passer entre les mains du secrétaire du personnel, Marcel Goldberg. Büscher, le nouveau commandant, n'était là, en fait, que pour replier le camp, et peu lui importait qui figurait sur la liste, pourvu que le nombre des partants restât dans les limites fixées. Mais Goldberg pouvait très bien prendre sur lui de changer quelques noms. Les prisonniers connaissaient le bonhomme : un pourri. Et notamment Juda Dresner, le père de Janke et de Danka, l'oncle du Petit Chaperon rouge, dont l'épouse s'était vu refuser une place dans le double mur de sa voisine. « Il a payé Goldberg », dirait simplement la famille pour expliquer comment ils se retrouvèrent sur la liste. Ils ne surent jamais le montant du pot-de-vin. Wulkan, le joaillier, se retrouva sur la liste avec sa femme et son fils. Probablement de la même manière.

Poldek Pfefferberg avait entendu parler de la liste par un sous-officier SS, Hans Schreiber, un jeune homme dans les vingt-cinq ans qui avait une réputation aussi féroce que ses camarades mais dont Pfefferberg était devenu plus ou moins le protégé à la faveur des relations complexes qui s'établissaient dans tous les camps entre gardes et prisonniers. Cette heureuse relation avait débuté un jour où Pfefferberg, en tant que responsable de sa baraque, devait superviser le nettoyage des fenêtres. Schreiber, à qui l'on avait confié l'inspection de ce travail, découvrit des traces de poussière sur un carreau et commença à froncer les sourcils de la manière qui annonçait une exécution. Pfefferberg perdit son calme et dit tout crûment à Schreiber qu'il savait aussi bien que lui que les carreaux étaient propres, et que s'il cherchait simplement un prétexte pour l'exécuter, eh bien, qu'il le fasse tout de suite. Contrairement à tout ce à quoi on pouvait s'attendre, cette sortie avait beaucoup amusé Schreiber qui, depuis, prenait de temps en temps de ses nouvelles et lui donnait parfois une pomme pour Mila. Au cours de l'été 1944, Poldek l'avait supplié de faire sortir Mila d'un convoi de prisonnières destinées au sinistre camp de Stutthof sur la Baltique. Mila était déjà dans la colonne prête à monter dans le train quand Schreiber apparut, brandissant une feuille de papier et appelant son nom. Une autre fois – c'était un dimanche –, il arriva ivre mort dans la baraque de Pfefferberg et se mit à pleurnicher devant Poldek et les autres prisonniers médusés en se reprochant « les choses affreuses » qu'il avait faites à Plaszow. Il avait l'intention d'aller expier ses fautes sur le front de l'Est. Et c'est finalement ce qu'il fit.

Mais à ce moment-là, il avait contacté Poldek pour lui parler de la liste et lui dire qu'il fallait absolument qu'il figure dessus. Poldek se rendit dans les bureaux de l'administration pour supplier Goldberg de l'inscrire ainsi que Mila. Schindler avait souvent rendu visite à Pfefferberg dans le garage du camp au cours de l'année passée, et il lui avait toujours promis son soutien. Mais Poldek était devenu un tel expert en soudure que les contremaîtres du garage – qui ne devaient la vie qu'au fait qu'ils produisaient un travail de haute qualité – ne le laisseraient jamais partir. Goldberg tenait la liste en main – il y avait déjà ajouté son propre nom –, et voici maintenant que Pfefferberg, un vieil ami d'Oskar qui avait été souvent invité dans son appartement de la rue Straszewskiego, en appelait à ses bons sentiments pour figurer dessus.

– Vous avez des diamants ? demanda Goldberg.

– C'est sérieux ou quoi ?

– Pour figurer sur la liste, il faut des diamants, rétorqua Goldberg gonflé comme une baudruche par le prodigieux pouvoir qu'il détenait désormais.

Maintenant que le grand amateur de musique viennoise, le Hauptsturmführer Goeth, se trouvait en prison, les frères Rosner, musiciens attitrés de la cour, se sentaient les mains libres pour tenter d'être mis sur la liste. Comme Dolek Horowitz, d'ailleurs, qui avait réussi à placer sa femme et ses enfants à Emalia. Horowitz avait toujours travaillé dans l'entrepôt central de Plaszow et avait réussi à accumuler un petit trésor. C'est grâce à cela qu'il persuada Marcel Goldberg de le mettre sur la liste avec sa femme, son fils, et sa petite-fille.

Les frères Bejski, Uri et Moshe, dont l'un était réparateur et l'autre dessinateur industriel, y figuraient aussi. Uri avait quelques connaissances des armes et Moshe des talents de forgeur. Est-ce pour cette raison qu'on les y avait inscrits ?

Josef Bau, le petit fiancé cérémonieux, ferait éventuellement, lui aussi, partie des élus, mais sans qu'il le sût. Connaissant son caractère, on peut assurer que s'il fit des avances à Goldberg, ce ne fut pas seulement pour son propre compte, mais aussi pour celui de sa mère et de sa femme. Il s'apercevrait trop tard que lui seul était porté comme partant.

Quant à Stern, Herr Direktor l'avait inscrit dès le début. Stern était en quelque sorte son confesseur et Oskar prêtait toujours beaucoup d'intérêt à ses suggestions. Depuis le 1er octobre, aucun prisonnier juif n'avait obtenu la permission de sortir de Plaszow. Et l'on avait envoyé des gardes autour des baraques pour empêcher les prisonniers juifs de négocier l'achat de pain avec des Polonais. Le prix du pain au marché noir avait atteint un niveau tel qu'il était devenu presque impossible de l'exprimer en zlotys. Autrefois, on pouvait échanger une miche contre un pardessus, une tranche de deux cent cinquante grammes contre un maillot de corps en bon état. Maintenant il fallait des diamants.

Au cours de la première semaine d'octobre, Oskar et Bankier se rendirent à Plaszow pour une raison quelconque et allèrent, comme à leur habitude, voir Stern dans le bureau de la construction. Le bureau de Stern était dans le même couloir que celui d'Amon, désormais absent. On pouvait donc parler beaucoup plus librement qu'auparavant. Stern parla à Schindler des prix exorbitants du pain de seigle.

– Faites en sorte de remettre cinquante mille zlotys à Weichert, murmura Oskar en direction de Bankier.

Le Dr Michael Weichert était président de l'ancienne Entraide juive, maintenant baptisée Bureau du secours juif. On lui avait permis de conserver son cabinet parce qu'on le disait expert en soins capillaires, mais surtout parce qu'il avait de sérieux appuis dans la Croix-Rouge allemande. Bien que pas mal de prisonniers juifs eussent toutes sortes de réserves à son égard – il passera en cour de justice après la guerre et sera acquitté –, Weichert était exactement le type de personnage à se procurer du pain avec cinquante mille zlotys et à le faire passer à Plaszow.

Oskar et Stern poursuivirent leur conversation. Les cinquante mille zlotys n'étaient qu'une parenthèse, nécessaire certes, mais ils préféraient parler des temps incertains et de la façon dont Amon devait apprécier sa cellule à Breslau. Un peu plus tard dans la semaine, tout un lot de pain acheté au marché noir fut introduit dans le camp sous des lots de vêtements, de charbon ou de ferraille. En moins d'une journée, le prix du pain était retombé à son niveau habituel.

Ce petit exemple d'heureuse complicité entre Oskar et Stern serait suivi de beaucoup d'autres.

32

Une personne au moins, rayée par Goldberg pour faire place à d'autres – parents, sionistes, spécialistes ou généreux donateurs –, a toujours tenu Oskar pour responsable de cette affaire.

En 1963, la Martin Buber Society allait recevoir une lettre pitoyable d'un ancien prisonnier d'Emalia. Oskar, disait-il, avait promis à un certain nombre de gens de les tirer d'affaire. Tous ces gens, ces travailleurs, c'étaient eux qui l'avaient rendu riche. Pourtant certains d'entre eux n'ont pas figuré sur la liste. Cet homme pensait réellement qu'il avait été trahi et qu'Oskar était responsable de l'enfer qu'il avait vécu par la suite : Gröss-Rosen, la terrible falaise de Mauthausen d'où l'on jetait les prisonniers, et, plus que tout peut-être, cette marche de la mort insensée qui se terminerait avec la guerre.

Cette lettre frappée de la colère du juste prouve s'il en était besoin que, en dehors de la liste, point ou peu de salut. Mais blâmer Oskar pour les tripatouillages de Goldberg me paraît particulièrement injuste. Dans le chaos des derniers jours, les autorités du camp auraient signé n'importe quelle liste pourvu que le nombre des figurants ne dépassât pas d'une façon trop flagrante la limite des mille cent prisonniers accordés à Oskar. Oskar ne pouvait pas non plus être derrière Goldberg à chaque moment de la journée. Déjà, il passait le plus clair de ses heures de bureau à ergoter avec des fonctionnaires, et les soirées à leur graisser la patte.

Il devait obtenir des services du général Schindler, où il avait pourtant pas mal d'amis, les autorisations spéciales pour le transport des grosses machines Hilo et des presses. Mais certains fonctionnaires vétilleux avaient soulevé des problèmes susceptibles de faire capoter toute l'affaire.

Un rond-de-cuir de l'Inspection des armements avait découvert que les machines destinées à la fabrication des obus avaient été délivrées à Oskar sur la recommandation de la section berlinoise de l'Inspection des armements et avec l'aval du service de contrôle des licences. Aucun de ces deux organismes n'avait été notifié du transfert en Moravie. Or, il fallait absolument obtenir leur avis favorable. Cela prendrait peut-être un mois. Or, Oskar ne disposait pas d'un mois. Plaszow serait vidé à la fin d'octobre et tous les prisonniers seraient transférés soit à Gröss-Rosen, soit à Auschwitz. Le problème fut finalement résolu comme à l'habitude, à coups de pots-de-vin.

Oskar avait d'autres soucis. Que manigançaient les services SS de police qui s'occupaient d'Amon ? En fait, il s'attendait presque à être arrêté ou, en tout cas, soumis à des interrogatoires serrés sur les relations qu'il entretenait avec l'ancien commandant. Heureux encore qu'il ait anticipé la chose, car Amon, pour expliquer ses quatre-vingt mille Reichsmark, n'avait rien trouvé de mieux à dire que :

– C'est Oskar Schindler qui me les a remis pour que j'y aille doucement avec les juifs.

Oskar se devait donc de garder des contacts avec quelques amis de la rue Pomorska qui pourraient éventuellement lui dire dans quelle direction allait tourner le vent.

Dans la mesure où son camp de Brinnlitz allait être placé sous la juridiction du KL de Gröss-Rosen, il lui fallait également se mettre en relation avec le commandant de Gröss-Rosen, le Sturmbannführer Hassebroeck. Cet homme serait responsable de plus de cent mille morts. Mais, tant au téléphone qu'au cours d'un entretien qu'il eut ensuite avec Oskar, il apparut que ces morts-là ne pesaient guère sur sa conscience. Les gentlemen-tueurs, Schindler en avait trop rencontré pour ignorer comment les prendre. Il remarqua que Hassebroeck lui était presque reconnaissant d'étendre son empire jusqu'aux confins de la Moravie. Car Hassebroeck se voyait déjà à la tête d'un empire. Il avait sous sa juridiction cent trois camps annexes. (Brinnlitz serait le cent quatrième et constituerait un superbe fleuron avec ses mille et quelques prisonniers et ses usines performantes.) Soixante-dix-huit de ces camps étaient situés en Pologne, seize en Tchécoslovaquie, dix en Allemagne. C'était un fromage dont Amon lui-même n'aurait jamais pu rêver.

Oskar n'en pouvait plus de caresser les gens dans le sens du poil et de remplir des circulaires. Aurait-il eu le temps de surveiller les agissements de Goldberg, il n'est pas certain qu'il eût pu les contrôler. Quoi qu'il en soit, les survivants témoigneront que le jour et la nuit qui précédèrent la fermeture du camp, ils eurent l'impression de sombrer dans un chaos indescriptible. Goldberg – Lord des Listes – jouait les partants dans le désordre.

Il avait été sollicité par le Dr Idek Schindel pour qu'il l'inscrive, ainsi que ses deux frères. Goldberg avait différé sa réponse et Schindel ne découvrirait que le 15 août, alors que tous les prisonniers mâles étaient rassemblés pour le départ, que ni lui ni ses frères n'étaient inscrits. Ils tentèrent pourtant de s'immiscer dans le groupe des partants. Ce fut une scène du Jugement dernier : les exclus tentant de rejoindre le groupe des élus, tandis que l'ange exterminateur – dans ce cas l'Oberscharführer Müller – jouait les justiciers. Il s'approcha du médecin, un fouet à la main, et le frappa à tour de bras sur le visage tandis qu'il lui demandait avec un sourire amusé : « Pourquoi diable tenez-vous tant à rejoindre ce groupe ? »

Schindel resterait à Plaszow encore un petit moment avec quelques autres prisonniers laissés en arrière-garde pour démanteler le camp. Il serait ensuite expédié à Auschwitz dans un wagon bourré de femmes malades, puis laissé pour compte dans un coin de Birkenau. Et pourtant, la plupart des prisonniers qui, comme lui, échappèrent aux fours crématoires parce qu'on les avait oubliés finirent par s'en tirer. Schindel serait ensuite envoyé à Flossenburg et participerait avec ses frères à une de ces marches de la mort que connurent les derniers prisonniers des camps. Il finirait par s'en tirer, mais son plus jeune frère serait tué au cours de cette marche, l'avant-veille de l'armistice. On comprend pourquoi la liste d'Oskar, sans que lui-même puisse être tenu pour responsable – ce qui n'était pas le cas de Goldberg –, donne encore des sueurs froides aux survivants, comme elle leur en avait donné au cours de ces derniers jours d'octobre 1944.

Tout le monde a une histoire à raconter sur la façon dont il fit ou ne fit pas partie de la liste. Henry Rosner s'était aligné dans le groupe des partants quand un sous-officier aperçut le violon qu'il portait sous son bras. Sachant qu'Amon ne manquerait pas d'exiger des soirées musicales quand il reviendrait de prison, il fit sortir Rosner du rang. Celui-ci se dépêcha de cacher le violon sous son manteau, le manche bien collé contre son bras, avant de rejoindre le groupe des partants et de monter dans un wagon. Mais Rosner était de ceux qui avaient toujours reçu d'Oskar les assurances les plus fermes. Comme les Jereth, d'ailleurs, le vieux Jereth de la fabrique de caisses et Mme Chaja Jereth, qualifiée pour la circonstance de *Metallarbeiterin*, ouvrière métallurgiste. Les Perlman et les Levartov, vieux habitués d'Emalia, étaient aussi partants. En dépit des manipulations de Goldberg, Oskar avait en fait réussi à faire figurer sur la liste presque tous les gens qu'il voulait y mettre, encore qu'il y eût quelques surprises de dernière minute. Il était en tout cas trop blasé pour s'étonner que Goldberg lui-même se retrouvât dans le groupe des élus.

Mais il y eut d'autres rajouts, plus heureux ceux-là. Poldek Pfefferberg, par exemple, oublié par inadvertance, et écarté par Goldberg faute d'avoir pu lui fournir des diamants... Il fit savoir qu'il échangerait bien une miche de pain ou quelques vêtements contre une bouteille de vodka. Une fois la bouteille en main, il obtint la permission de se rendre à la baraque des sous-officiers, rue Jerozolimska, où Schreiber était de garde. Il lui donna la bouteille et le supplia d'obliger Goldberg à le faire figurer sur la liste ainsi que sa femme Mila.

– Schindler nous aurait mis dessus s'il n'avait pas eu un trou de mémoire, plaidait-il.

– C'est vrai, répondit l'autre. Il serait normal que vous soyez sur la liste tous les deux.

On se demande encore pourquoi des individus comme Schreiber ne se sont pas posé la question à l'époque : « Si cet homme et cette femme méritent d'être sauvés, pourquoi pas les autres ? »

Quand vint la minute de vérité, les Pfefferberg se retrouvèrent dans le bon groupe. Comme, à leur grande surprise, Helena Hirsch et sa jeune sœur pour laquelle elle aurait tout fait afin qu'elle survive.

Le dimanche 15 octobre 1944, quelque huit cents prisonniers mâles de Plaszow figurant sur la liste de Schindler se tenaient prêts à embarquer dans des wagons alignés au bout de l'embranchement ferroviaire qui menait au camp. Les femmes ne suivraient que huit jours plus tard. Il y avait d'autres wagons sur la voie, contenant mille trois cents prisonniers pour Gröss-Rosen. Mais ceux destinés au « personnel » de Schindler étaient nettement séparés des autres. Allaient-ils devoir passer par Gröss-Rosen avant d'atteindre la Moravie ? Les avis étaient partagés. Ils savaient de toute façon que le voyage serait long, qu'ils devraient ronger leur frein dans les gares de triage, que les convois prioritaires les relégueraient parfois pendant plusieurs heures sur les voies de garage. La première neige était tombée la semaine précédente, et ils devraient affronter le froid. On avait remis à chaque prisonnier trois cents grammes de pain pour toute la durée du voyage, et il n'y avait qu'un seau d'eau dans chaque wagon. Pour les besoins naturels, il faudrait réserver un coin du wagon, et s'ils étaient trop tassés, ils urineraient et poseraient leur culotte là où ils se trouveraient. Ils étaient prêts à tout pour, en fin de compte, se retrouver chez Schindler. Les trois cents femmes qui suivraient le dimanche suivant prendraient le convoi dans le même état d'esprit.

Quelques prisonniers remarquèrent que Goldberg voyageait bien léger. Sans doute avait-il planqué ses diamants en lieu sûr, chez des intermédiaires de Cracovie. Ceux qui espéraient encore qu'il pouvait faire quelque chose pour un frère, une sœur ou un oncle lui réservèrent un petit espace où il pût s'asseoir confortablement. Les autres s'entassèrent, genoux au menton. Richard Horowitz, âgé de six ans, était dans les bras de son père. Olek, neuf ans, s'était vu aménager une petite niche par son père, Henry Rosner.

Cela dura trois jours. Parfois, quand ils se trouvaient coincés sur les voies de garage, leur haleine se transformait en glace. L'air était si rare que quand un souffle arrivait, il vous nouait l'estomac, tant il était froid, ou vous le soulevait, tant il était fétide. Le train fit enfin sa dernière halte. On ouvrit les portes. Les prisonniers étaient censés sortir à l'allure d'un homme d'affaires qui aurait un rendez-vous important. Les gardes SS préposés à l'accueil, courant dans tous les sens, braillaient que la puanteur était épouvantable.

– Allez, à poil ! Tout le monde à poil ! Revue de poux ! hurlaient les sous-officiers.

Ils empilèrent leurs vêtements et se dirigèrent, entièrement nus, vers le camp. A 6 heures du soir, ils étaient toujours tout nus sur l'Appellplatz. La neige avait tenu dans les forêts environnantes ; le sol était gelé. Ce n'était pas un camp de Schindler. Ils étaient à Gröss-Rosen. Ceux qui avaient graissé la patte à Goldberg le regardaient avec des lueurs de meurtre dans les yeux, tandis que les SS, douillettement engoncés dans leurs capotes, circulaient entre les rangs et cravachaient les fesses de ceux qui tremblaient trop ouvertement de froid.

Aucune baraque n'étant disponible, ils restèrent sur l'Appellplatz toute la nuit. C'est seulement au milieu de la matinée, le jour suivant, qu'on leur trouva un abri. Quand ils évoquent ces dix-sept heures de veille dans un froid à vous percer les os, les survivants ne font état d'aucun mort. Peut-être que la vie chez les SS ou même à Emalia les avait suffisamment endurcis pour affronter une nuit pareille. Et il est vrai que la plupart s'accrochaient encore à l'espoir de Brinnlitz avec assez d'énergie pour ne plus sentir le froid.

Oskar aurait l'occasion de rencontrer plus tard des prisonniers qui auraient été exposés encore bien plus longtemps aux morsures du froid. On sait en tout cas que le vieux M. Garde, le père d'Adam Garde, survécut à cette nuit, comme d'ailleurs les enfants Rosner et Horowitz.

Vers 11 heures, le lendemain matin, on les emmena aux douches. Poldek Pfefferberg, entassé contre ses camarades, surveillait la pomme au-dessus de sa tête avec une certaine appréhension. Qu'est-ce qui allait en sortir ? Eau ou gaz ? Ce fut de l'eau. Mais avant qu'elle ne jaillît, des Ukrainiens circulèrent dans les rangs pour la tonte. Tout devait y passer : crâne, aisselles, pubis. Il fallait se tenir debout, le regard bien droit, pendant que l'Ukrainien coupait les poils avec un vieux rasoir émoussé.

– Ça ne coupe pas, votre truc, se permit de dire un prisonnier.

– Ah ! oui, eh bien, on va voir ! répondit l'Ukrainien qui lui taillada la jambe.

Après la douche, on leur remit le pyjama rayé qui faisait office d'uniforme pour les prisonniers, et on les entassa dans des baraques. Les SS avaient une méthode éprouvée pour faire tenir le plus de prisonniers possible au mètre carré : ils les mettaient en ligne et les faisaient s'asseoir jambes écartées, bien tassés les uns contre les autres. Grâce à cette méthode, ils parvinrent à faire tenir deux mille hommes dans trois baraques. Des kapos allemands assis sur des chaises le long d'un mur surveillaient la foule, fouet en main. Les hommes étaient soudés si étroitement les uns aux autres que pour aller aux latrines, quand les kapos le permettaient, il fallait prendre le risque de marcher sur la tête et les épaules des autres prisonniers qui ne se privaient pas d'exprimer leur mécontentement.

Il y avait, au milieu d'une des baraques, une popote

où l'on faisait cuire du pain et chauffer une soupe aux navets. En revenant des latrines, Poldek Pfefferberg découvrit que la popote était dirigée par un ancien sous-officier de l'armée polonaise qu'il avait connu au tout début de la guerre. Le sous-officier donna une tranche de pain à Poldek et le laissa dormir près du feu. Les autres, en revanche, passèrent la nuit dans leur position inconfortable.

Chaque jour ils devaient se rendre sur l'Appellplatz et rester là pendant plus de dix heures, au garde-à-vous, sans broncher. Le soir, après la soupe moins épaisse qu'un brouet, ils pouvaient quand même aller d'une baraque à l'autre, serrer des mains, parler, avant de reprendre, au coup de sifflet de 21 heures, leur curieuse position pour la nuit.

Au cours du deuxième jour, un officier SS vint sur l'Appellplatz à la recherche du scribouillard qui avait établi la « liste Schindler ». Plaszow avait tout simplement omis d'en envoyer une copie à Gröss-Rosen. On amena Goldberg, tremblant de froid, dans un bureau où on lui demanda de refaire la liste de mémoire. Travail difficile qu'il ne parvint pas à mener à bien en l'espace d'une journée. Quand il se retrouva le soir dans sa baraque, il fut littéralement assailli par tous ceux qui espéraient voir encore leur nom figurer sur la liste. Cette sacrée liste irradiait encore un halo de rêve et de rancune, même si elle n'avait réussi, pour le moment, qu'à mener les élus à Gröss-Rosen. Pemper et quelques autres firent le siège de Goldberg pour qu'il y inclût le Dr Alexander Biberstein, frère de Maek Biberstein qui avait été le premier président du Judenrat de Cracovie. Avant le départ de Plaszow, Goldberg avait laissé entendre à Biberstein qu'il était bien sur la liste. Ce n'est qu'une fois le convoi en route que le médecin s'aperçut qu'il avait été berné. Mais même dans l'environnement sinistre de Gröss-Rosen, Mietek Pemper se sentait assez sûr de ses bases pour menacer Goldberg de représailles après la guerre si le nom de Biberstein n'était pas ajouté dès le lendemain matin.

Le troisième jour, les huit cents hommes dont les noms figuraient sur la nouvelle liste furent séparés du reste des prisonniers et conduits une nouvelle fois dans la salle de douches. Ils furent ensuite autorisés à s'asseoir devant leurs baraques où ils restèrent quelques heures à bavarder. Puis, départ vers la voie ferrée et embarquement dans les wagons à bestiaux après une maigre distribution de pain. Aucun des gardes affectés à leur surveillance ne semblait connaître leur destination. Ils s'assirent sur les plates-formes de la manière prescrite. Tous avaient en tête la carte de l'Europe centrale et, en se guidant sur les rayons de soleil qui filtraient à travers les bouches d'aération fixées au sommet des wagons, ils essayaient de déterminer la direction prise par le train. Hissé sur les épaules de ses compagnons, Olek Rosner, l'œil collé à une de ces bouches, décrivait le paysage : montagnes et forêts. Les experts en navigation décrétèrent que le train devait se diriger vers le sud-est. C'est-à-dire en direction de la Tchécoslovaquie. Mais personne n'osait encore prononcer le mot magique.

Il leur fallut près de deux jours pour couvrir les quelque deux cents kilomètres qui les séparaient de Zwittau. On les fit descendre au petit matin dans la gare avant de les mener en colonne à travers une ville encore endormie qui dégageait une atmosphère de la fin des années 30. Même les graffitis sur les murs : « PAS DE JUIFS A BRINNLITZ », fleuraient leur avant-guerre. Les prisonniers avaient tellement pris l'habitude de vivre dans un monde où tout leur était tabou qu'ils trouvaient un peu naïf de la part des gens de Zwittau que ceux-ci veuillent simplement les garder « hors » de quelque chose.

Après une marche de cinq ou six kilomètres le long de la voie ferrée dans un paysage de collines, ils arrivèrent dans le petit village industriel de Brinnlitz où toute une partie de l'usine Hoffman avait été transformée en *Arbeitslager* (camp de travail), avec miradors, barbelés, portail d'entrée, baraque pour les gardes et dortoir pour les prisonniers.

Alors qu'ils arrivaient au portail, Oskar apparut dans la cour de l'usine. Il portait un chapeau tyrolien flambant neuf.

33

Le camp avait été équipé aux frais d'Oskar, comme à Emalia. Selon les normes bureaucratiques en vigueur, tous les camps destinés à la production industrielle devaient être construits aux frais du propriétaire de l'usine. On estimait que l'utilisation d'une main-d'œuvre bon marché méritait bien quelques compensations. En fait, les grands favoris du régime, les Krupp ou les Farben, avaient bâti leurs camps avec des matériaux fournis par des entreprises gérées par les SS, et la main-d'œuvre leur était prêtée. Oskar, qui, lui, ne comptait pas parmi les favoris, n'avait droit à rien. Bosch lui avait fourni – à un prix que celui-ci estimait très inférieur au cours du marché noir – quelques wagons de ciment, et deux ou trois tonnes d'essence et de fuel nécessaires à la production et à la livraison des marchandises. Oskar avait rapporté tout ce qu'il avait pu récupérer comme barbelés d'Emalia. En plus des matériaux de première nécessité pour isoler le camp et faire marcher l'usine, il était tenu de fournir des barrières équipées de fils à haute tension, des latrines, une baraque pour les gardes SS, des bureaux administratifs, un dispensaire et des cuisines. Sans compter tout ce qu'avait empoché le Sturmbannführer Hassebroeck lorsqu'il était venu de Gröss-Rosen en tournée d'inspection. A savoir : cognac, services en porcelaine, thé (par kilos entiers, se souviendra Oskar), plus ses « honoraires » d'inspection, plus la « contribution » aux secours d'hiver prélevée par la section D. Tout cela, bien évidemment, sans reçu. « Sa voiture avait un coffre immense », se rappellera Oskar. En tout cas, il n'y avait aucun doute que Hassebroeck, dès octobre 1944, avait déjà commencé à traficoter les comptes de Brinnlitz.

Les inspecteurs envoyés par Oranienburg devaient, eux aussi, empocher leur dû. Quant aux matières premières et aux équipements nécessaires au fonctionnement de l'usine, la plupart encore en transit, il faudrait deux cent cinquante wagons de marchandises pour les transporter. C'était miracle, témoignera Oskar, ce que les fonctionnaires de l'Ostbahn parvenaient à accomplir dans une période où tout allait à vau-l'eau si l'on arrivait à les motiver suffisamment.

Mais le plus extravagant, c'est qu'Oskar, toujours sémillant sous son nouveau petit chapeau, n'envisageait aucune perspective industrielle sérieuse, contrairement aux Krupp, Farben et autres qui pouvaient utiliser comme bon leur semblait la main-d'œuvre esclavagiste juive. Comme elle était loin, l'époque où il était arrivé à Cracovie brûlant de faire fortune ! Aujourd'hui, il n'avait plus cette ambition. Il n'avait d'ailleurs aucune courbe de production en tête.

Il est vrai qu'à Brinnlitz, il aurait été difficile de produire quoi que ce soit dans la pagaille ambiante. La plupart des presses, des tours et des perceuses étaient encore dans la nature. Il faudrait couler des tonnes de ciment pour renforcer les planchers. L'annexe destinée à Schindler était encore pleine des vieilles machines de Hoffman. Malgré cela, Oskar devait verser chaque jour sept Reichsmark cinquante pour chacun de ses huit cents ouvriers soi-disant hautement qualifiés, six Reichsmark pour ceux qui n'étaient que « qualifiés », soit à peu près l'équivalent de cent douze mille francs actuels par semaine. La note atteindrait cent cinquante mille francs quand arriverait la main-d'œuvre féminine.

Sur le plan commercial, c'était de la folie pure. Mais Oskar avait quand même décidé de célébrer l'événement en s'achetant un petit chapeau tyrolien.

La vie sentimentale d'Oskar avait également pris un autre cours. Frau Emilie Schindler était venue de Zwittau pour vivre dans l'appartement du rez-de-chaussée. Brinnlitz, contrairement à Cracovie, était trop proche de son lieu de résidence pour qu'elle puisse tolérer de vivre séparée de son mari. Bonne catholique, elle n'avait guère le choix qu'entre deux solutions : soit une séparation dûment formalisée, soit la vie conjugale à nouveau. A première vue, on aurait pu supposer qu'elle jouait les femmes mariées qui acceptent une solution bancale faute de trouver une voie de garage. Certains prisonniers se demandaient quelle serait sa réaction quand elle se rendrait compte du type d'usine et du type de camp qu'Oskar était en train d'aménager. Ils ignoraient qu'Emilie apporterait sa propre contribution discrète, et cela non pas par devoir conjugal mais par conviction.

Ingrid était venue avec Oskar à Brinnlitz pour travailler dans l'usine, mais elle logeait hors du camp et n'était là que pendant les heures de bureau. Leurs relations s'étaient considérablement rafraîchies et elle ne vivrait plus jamais avec Oskar. Mais elle ne lui en tenait pas rancune, et Oskar irait d'ailleurs souvent lui rendre visite dans son appartement. Quant à Klonowska, elle était restée à Cracovie, là encore sans amertume. Oskar la reverrait d'ailleurs à l'occasion de voyages à Cracovie et elle lui rendrait encore bien des services quand les SS chercheraient à nouveau à lui créer des ennuis. Mais il serait erroné de croire qu'il s'était acheté une conduite simplement parce que ses relations avec Ingrid et Klonowska prenaient un tour plus serein et se terminaient sans animosité.

Sitôt les prisonniers arrivés, il leur dit que les femmes ne devraient pas tarder et qu'elles n'auraient guère plus de retard que celui qu'ils avaient connu. Il se trompait. Le voyage des femmes fut très différent du premier. Après avoir été embarquées à Plaszow avec quelques centaines d'autres prisonnières, elles se retrouvèrent au bout de quelques heures devant les portes d'Auschwitz-Birkenau. Une fois les wagons ouverts, elles descendirent sur l'immense place coupant le camp en deux où des SS, hommes et femmes, commencèrent à faire le tri en parlant calmement et en affectant une indifférence terrifiante. Quand une femme ne bougeait pas assez vite à leur gré, ils lui donnaient un coup de matraque, sans mauvaise humeur, simplement comme s'il s'agissait d'un geste professionnel pour que les cadences soient maintenues. Les SS affectés au tri le long des voies de garage de Birkenau commençaient à trouver leur travail mortellement ennuyeux. Ils avaient déjà entendu toutes les histoires, toutes les suppliques. Ils connaissaient toutes les ficelles.

Debout sous les projecteurs, les femmes s'interrogeaient sur la signification de tout cela. Mais, bien qu'engourdies, gelées, les pieds collés dans cette boue qui symbolisait Birkenau, elles suivaient avec attention les gesticulations des femmes SS et la consigne qu'elles adressaient aux médecins en uniforme: « Schindlergruppe. » Les médecins tournaient alors les talons et les laissaient en paix pour quelque temps.

Elles pataugèrent dans la boue jusqu'à la salle d'épouillage et de douches où des femmes SS, matraque en main, leur donnèrent l'ordre de se déshabiller. Mila Pfefferberg, qui, comme la plupart des prisonniers des camps, avait entendu parler des pommes de douche dont sortaient des gaz mortels, poussa un soupir de soulagement quand l'eau glacée se mit à couler.

Certaines d'entre elles pensaient qu'après la douche on leur tatouerait un numéro sur le bras. Elles avaient entendu dire que c'était la procédure standard pour ceux reconnus aptes au travail. Les autres iraient alimenter les fours. Les deux mille prisonnières arrivées avec elles et qui n'étaient pas des Schindlerfrauen avaient été triées en fonction des normes tout à fait aléatoires appliquées à Auschwitz. En fait, c'était un peu la loterie. Rebecca Bau avait eu son tatouage, comme sa belle-mère, une robuste femme. Une fille de Plaszow, âgée de quinze ans, s'était réjouie que son numéro tatoué comporte deux 5, un 3 et deux 7, tous chiffres pleins de promesses selon le *Tashlag*, le calendrier juif. Le tatouage était le dernier espoir. Celui qui l'avait savait qu'il irait dans un des camps de travail d'Auschwitz où il aurait encore au moins une chance.

Quand les Schindlerfrauen, toujours sans tatouage, se furent rhabillées, on les conduisit dans une baraque sans vitres située dans la partie du camp réservée aux femmes. Il y avait au milieu de la pièce un petit poêle en briques réfractaires. Mais pas de couchettes superposées. Les Schindlerfrauen devraient dormir à deux ou trois sur chacune des maigres paillasses posées à même le sol d'argile qui suintait l'humidité et détrempait tout. C'était bien un dortoir de la mort, en plein milieu de Birkenau. Elles s'installèrent, mal à l'aise et tremblantes de froid, dans cet univers de boue.

Elles n'arrivaient plus à imaginer un petit village, quelque part en Moravie. Dans cet univers de transit de Birkenau abritant la population d'une ville, il y avait parfois deux cent cinquante mille prisonniers, Polonais, juifs, Tsiganes en train d'attendre. Quelques milliers d'autres se trouvaient à Auschwitz, le camp originel où résidait encore le commandant Rudolf Höss.

Et dans le complexe industriel d'Auschwitz 3, plusieurs dizaines d'autres milliers de prisonniers travaillaient tant qu'ils le pouvaient encore. Les gens de Schindler n'avaient qu'une vague idée du nombre de sous-hommes qui peuplaient le royaume d'Auschwitz. Ils avaient vu la fumée s'élever en permanence au-dessus des crématoires et des bûchers, à l'extrémité ouest de l'énorme complexe, au-delà des bouleaux. Ils n'étaient pas loin de penser que la marée était en train de les pousser petit à petit là-bas, inexorablement. Mais en dépit de toutes les rumeurs qui sont partie prenante de la vie des camps, jamais ces femmes n'auraient pu imaginer le nombre de prisonniers qu'on pouvait expédier chaque jour dans les chambres à gaz quand le système rendait bien : neuf mille, selon Höss.

Ces femmes ignoraient également qu'elles étaient arrivées à Auschwitz à un moment où les revers militaires allemands et les négociations secrètes engagées entre Himmler et le comte suédois Folke Bernadotte modifiaient quelque peu les données du camp. Les Russes ayant découvert dans le camp de Lublin cinq cents caissons de Zyklon B et plusieurs fours crématoires contenant des ossements humains, la chape de silence sur les camps d'extermination imposée par les Allemands était enfin levée. La nouvelle avait fait le tour du monde. Himmler, qui prétendait à la succession de Hitler et voulait redorer son blason, était prêt à promettre aux Alliés que c'en était fini des chambres à gaz. Il n'envoya cependant aucune directive à cet effet avant octobre 1944 – la date précise est encore du domaine des hypothèses. Une copie de la directive avait été envoyée au général Pohl à Oranienburg ; l'autre à Kaltenbrunner, chef des services de sécurité du Reich. On continua cependant à gazer les juifs de Plaszow, de Theresienstadt et d'Italie jusqu'à la mi-novembre. D'après les recoupements qui ont été faits, la dernière sélection pour les chambres à gaz a dû avoir lieu le 30 octobre 1944.

Pendant leur première semaine à Auschwitz, les prisonnières du groupe Schindler s'attendaient au pire. Même plus tard, alors que les dernières victimes des chambres à gaz poursuivaient leur marche à la mort vers l'extrémité ouest de Birkenau, que les crématoires et les bûchers consumaient les piles de cadavres en attente, elles ne remarquèrent aucune modification sensible dans les affaires quotidiennes du camp. De toute façon, la plupart de ceux qui échappèrent aux chambres à gaz furent tués par balles un peu plus tard – ce fut le cas de tous ceux qui travaillaient aux fours crématoires –, ou moururent de maladie ou d'épuisement.

Quoi qu'il en soit, le groupe Schindler fut soumis à de nombreuses inspections médicales au cours des mois d'octobre et de novembre. Certaines prisonnières avaient été séparées du gros de la troupe dès l'arrivée et expédiées dans les baraques réservées aux incurables. Les médecins d'Auschwitz – Josef Mengele, Fritz Klein, Konig et Thilo – ne se contentaient pas de faire le tri sur les voies de garage de Birkenau. Ils circulaient partout dans le camp, assistaient aux appels, allaient dans les salles de douches et demandaient avec un sourire : « Quel âge avez-vous, grand-mère ? »

Mme Clara Sternberg et Mme Lola Krumholz, âgées de soixante ans, se retrouvèrent ainsi dans une baraque réservée aux vieillards qu'on laissait tranquillement mourir sans grever les dépenses de l'administration. Pensant que Niusia, sa frêle petite-fille âgée de onze ans, n'échapperait pas à une « inspection de douches », Mme Horowitz l'avait cachée dans un sauna désaffecté. Une des gardes SS, une jolie blonde qui avait toujours l'air en rogne, avait bien repéré la manœuvre, mais n'avait cependant rien dit. Il fallut l'acheter en lui donnant une broche que Mme Horowitz avait réussi à cacher. Une autre, manifestement lesbienne, avait fait quelques avances à d'autres prisonnières. Durent-elles céder ?

De temps à autre, un ou plusieurs médecins arrivaient devant la baraque pendant l'appel. Dès qu'elles les voyaient rappliquer, les prisonnières tentaient de se colorer les joues en les frottant à l'argile. Au cours d'une de ces « visites », Regina Horowitz avait placé des pierres sous les pieds de Niusia pour la faire paraître plus grande. Mengele, cheveux gris bien qu'encore jeune, vint lui demander l'âge de sa fille. Il l'accusa de mentir et la jeta au sol. Les femmes qui tombaient sous les coups au cours d'une inspection étaient immédiatement saisies par des gardes, traînées jusqu'à la barrière électrifiée dressée à la limite du camp des femmes, et projetées sur cette barrière. Quand Regina, arrivée à mi-chemin, eut repris ses esprits, elle supplia les gardes de la relâcher. Ce qu'ils firent on ne sait trop pourquoi. Elle rejoignit les rangs en catimini et retrouva sa fille pétrifiée d'angoisse sur son tas de cailloux.

Les inspections pouvaient avoir lieu à tout moment du jour et de la nuit. Les femmes du groupe Schindler durent s'aligner dehors au beau milieu d'une nuit glaciale pendant que les SS fouillaient leur baraque. On disait de ce bourbier d'Auschwitz, comme on l'avait dit des Flandres au cours de la Grande Guerre, que tout – les routes, les toits, les voyageurs – pouvait bien être ailleurs transformé en glace, là, on pataugeait encore dans la boue. Mme Dresner s'est longtemps rappelé la boue de cette nuit-là.

Quand elle avait quitté Plaszow avec sa fille Danka,

les deux femmes n'avaient emporté que les seuls vêtements d'été dont elles disposaient encore. Danka portait un chemisier, une veste légère et une jupe marron. Ce soir-là, la neige avait commencé de tomber et Mme Dresner avait suggéré à sa fille d'aller déchirer un morceau des couvertures en loques pour le porter sous sa jupe. Les SS découvrirent la couverture déchirée au cours de la fouille de la baraque.

L'officier qui dirigeait l'inspection appela l'Alteste de la baraque – une Hollandaise qui était arrivée la veille – et lui annonça qu'elle serait fusillée ainsi que la prisonnière sur laquelle on retrouverait un pan de couverture.

Mme Dresner murmura à l'oreille de Danka :

– Enlève-la ; je vais essayer de la remettre dans la baraque.

C'était faisable. Les baraques étaient au niveau du sol, sans marches. Une femme dans la dernière rangée pouvait essayer de s'y faufiler à reculons. Danka avait appris qu'au moment du danger, il fallait obéir à sa mère, comme le jour où elle avait dû se cacher dans le double mur de la rue Dabrowski. Elle retira la vieille guenille. Pendant que Mme Dresner se trouvait dans la baraque, un officier SS passa dans le groupe et extirpa d'une rangée une femme qui pouvait avoir l'âge de Mme Dresner – probablement Mme Sternberg. Il la fit conduire à un endroit du camp où elle pourrait dire adieu à tous ses rêves de Moravie.

Il est possible que les autres prisonnières n'aient pas mesuré la portée de ce petit événement. Il signifiait en fait qu'à Auschwitz, aucun groupe de prisonniers – fussent-ils étiquetés « hautement qualifiés » – ne pouvait être sûr du lendemain. Les Schindlerfrauen pas plus que les autres. D'autres groupes de prisonniers, eux aussi réservés pour des « tâches industrielles importantes », avaient déjà disparu. L'an passé, la section W du général Pohl avait expédié de

Berlin à Auschwitz des trains entiers d'ouvriers qualifiés juifs. I. G. Farben, qui était alors à court de main-d'œuvre, avait obtenu de la section W l'autorisation de prélever un contingent. La section W avait poussé l'obligeance jusqu'à suggérer au commandant Höss de faire décharger le train chez I. G. Farben plutôt que devant les chambres à gaz d'Auschwitz-Birkenau. Le premier train transportait mille sept cent cinquante prisonniers mâles. Mille furent immédiatement gazés. Sur les quatre mille prisonniers des trains suivants, deux mille cinq cents furent envoyés à la mort dès leur arrivée. Si les services administratifs d'Auschwitz traitaient de cette manière I. G. Farben et la section W, pourquoi auraient-ils pris des gants avec les ouvrières d'un obscur fabricant de casseroles ?

Dans les baraques où étaient entassées les prisonnières de Schindler, il faisait aussi froid que dehors. Les fenêtres qui n'avaient pas de vitres semblaient avoir pour seul but de créer des courants d'air. La plupart des femmes, affligées de crampes et souffrant de dysenterie, devaient faire leurs besoins dans l'unique baril prévu à cet effet, planté à l'extérieur au milieu de la boue, et sur lequel veillait une prisonnière qui touchait pour cette tâche un bol de soupe supplémentaire. Mila Pfefferberg, prise un soir d'une crise de colique, tituba jusqu'au baril où la prisonnière responsable – une brave dame que Mila avait connue dans son enfance – lui en interdit l'usage. Il fallait attendre qu'arrive une autre prisonnière qui aiderait Mila à le vider. Aucun argument ne put ébranler cette femme qui, en quelques jours à peine, avait accédé à un échelon supérieur, celui de dame-pipi, grâce à la surveillance de ce baril de merde. Elle en était venue à croire qu'elle était désormais détentrice des tables de l'hygiène et de la santé.

Une autre prisonnière arriva, haletante, et frénétiquement pressée. C'était une jeune fille qui avait connu la dame en charge du baril en des temps meilleurs, quand elle était la digne épouse d'un notable juif de Cracovie. Elle se sentait trop intimidée pour discuter. Les deux filles s'emparèrent du baril pour aller le vider trois cents mètres plus loin. Sur le chemin du retour, la fille demanda à Mila :

– Eh bien, où est-il donc Schindler, maintenant ?

Cette question, chacune devait bien se la poser, mais personne n'osait trop la formuler. Ou, si on le faisait, c'était rarement sur ce ton mi-ironique, mi-désespéré. Une jeune veuve d'Emalia, Lusia, âgée de vingt-deux ans, ne cessait de répéter :

– Vous verrez, ça finira par se faire. Un jour ou l'autre, on se retrouvera toutes dans un petit coin bien chaud de Moravie ; on mangera toutes la bonne soupe de Schindler.

Elle ne savait pas elle-même pourquoi elle continuait à répéter cela, inlassablement. A Emalia, personne ne l'avait jamais entendue prédire quoi que ce soit. Elle faisait tranquillement ses heures de travail, avalait sa soupe et dormait. Pour elle, un jour de survie, c'était toujours ça de gagné. Maintenant qu'elle était malade et tiraillée par la faim, pourquoi s'obstinait-elle à peindre l'avenir en rose ? Peut-être voulait-elle se persuader qu'Oskar ne se serait jamais permis de faire de vaines promesses ?

Quelque temps après, alors qu'on les avait transférées dans une autre baraque plus proche des fours crématoires, alors qu'elles ignoraient si leur prochain déplacement serait en direction des douches ou des chambres à gaz, Lusia continua de prêcher son message d'optimisme. Il est vrai que même à ce moment de l'Histoire, alors qu'on les avait poussées inexorablement jusqu'au bord de l'abîme, les Schindlerfrauen refusaient de se laisser aller au désespoir. Ce n'était pas leur genre. On pouvait même en voir quelques-unes qui continuaient à échanger entre elles quelques bonnes recettes de l'avant-guerre.

A Brinnlitz, rien n'était prêt. Dans les dortoirs du premier étage, pas de lits superposés, seulement une couche de paille sur le plancher. Mais les chaudières fonctionnaient, et il faisait bon. Les cuistots n'étaient pas là et les prisonniers durent avaler crus les navets qui s'empilaient dans la cuisine. Pourtant, tout s'organisa assez vite : on fit chauffer la soupe, cuire le pain, et l'ingénieur Finder commença à répartir les tâches. Mais les prisonniers, à moins que les SS ne fussent aux alentours, ne semblaient pas particulièrement motivés. Peut-être un sixième sens leur avait-il soufflé que Herr Direktor n'était plus partie prenante de l'effort de guerre. Les cadences mollissaient. Pressentant qu'Oskar ne se sentait plus concerné par la productivité, le travail au ralenti leur tenait lieu de petite vengeance.

La mollesse dans l'effort n'était pas la chose la mieux partagée dans les camps de travail à cette époque. Partout en Europe, des millions d'esclaves s'épuisaient jusqu'à l'extrême limite de leur ration quotidienne de six cents calories pour faire bonne impression et retarder leur transfert vers les camps de la mort. A Brinnlitz, ces esclaves-là découvraient l'étrange liberté de pouvoir manier la pelle au ralenti sans que les sanctions s'abattent.

Ce laisser-aller n'était pas évident pendant les premiers jours. Trop de prisonniers se faisaient du souci pour leurs femmes. Dolek Horowitz avait une épouse et une fille là-bas. Les frères Rosner, leurs épouses. Pfefferberg se demandait si Mila avait pu supporter le choc d'Auschwitz. Tout le monde pressait Oskar de donner des assurances.

– Je les ferai venir, coupait Schindler de sa voix rauque.

Il ne donnait pas d'explications. Il n'allait pas s'étendre sur les innombrables pots-de-vin nécessaires pour mener à bien son entreprise. Il ne parlait pas de la liste envoyée au colonel Erich Lange qui, de son côté, multipliait les efforts.

– Je les ferai venir.

Un point, c'est tout.

La garnison détachée à Brinnlitz avait donné à Oskar quelques raisons d'espérer. C'étaient des réservistes déjà un peu pépères qui avaient été rappelés pour permettre aux jeunes de partir au front. Le pourcentage des lunatiques était beaucoup moins élevé qu'à Plaszow et Oskar savait leur caresser le ventre, en leur donnant l'accès aux popotes où l'on distribuait une nourriture un peu primaire, certes, mais abondante. Il leur rendit visite dans leur baraque et tint le discours, ô combien de fois ressassé, sur les qualifications uniques de ses prisonniers, sur l'importance de sa production de guerre : des obus antitanks, soulignait-il, et des douilles pour un projectile encore tenu secret. Il demanda à ces bons bougres de SS de ne pas faire d'intrusions intempestives dans les ateliers. Elles pourraient nuire à la productivité des travailleurs.

Leur attitude semblait indiquer que cette petite ville tranquille leur convenait admirablement. Ici, ils pourraient peut-être échapper au cataclysme. Pourquoi iraient-ils pousser des coups de gueule dans les ateliers comme un Goeth ou un Hujar ? Ils ne voulaient surtout pas que Herr Direktor puisse leur tenir grief de quoi que ce soit.

Une incertitude, cependant. Le commandant du détachement SS n'était pas encore sur place. Il devait être quelque part entre Brinnlitz et le camp de travail de Budzyn où l'on fabriquait des éléments du bombardier Heinkel jusqu'à ce que l'avance russe oblige les Allemands à se replier. Oskar savait que cet homme-là serait plus vif, plus jeune, plus fouineur. Lui interdire l'accès des ateliers serait peut-être une autre paire de manches.

Quand tout semblait se mettre en place, qu'on perçait les toits pour les emplacements des grosses machines Hilo, que le béton coulait, que les sous-officiers SS rêvaient déjà de la *dolce vita*, et qu'Emilie se retrouvait plongée dans la vie conjugale, Oskar fut arrêté pour la troisième fois.

La Gestapo arriva au moment du déjeuner. Oskar, qui s'était rendu ce matin-là à Brno pour affaires, n'était pas dans son bureau. Un camion venait juste d'arriver de Cracovie chargé d'un éventail des petits trésors personnels de Herr Direktor : cigarettes, caisses de vodka, cognac, champagne. Toutes ces marchandises étaient-elles, comme certains l'affirmeront plus tard, la propriété de Goeth qu'Oskar avait accepté de rapatrier en Moravie en échange du soutien que Goeth lui avait accordé pour son transfert à Brinnlitz ? Dans la mesure où Goeth, en prison depuis un mois, n'avait plus son mot à dire, on peut estimer que tous ces articles appartenaient bien à Oskar.

En tout cas, les camionneurs qui allaient décharger le pensaient et ils devinrent un peu nerveux à la vue des hommes de la Gestapo dans la cour de l'usine. Ils disposaient, en tant que « conducteurs », d'un laissez-passer qui leur permettait de sortir de l'enceinte de l'usine. Ils en profitèrent pour conduire le camion près d'un petit cours d'eau où ils déversèrent la totalité des bouteilles. Ils réussirent quand même à cacher deux cent mille cigarettes sous un gros transformateur.

Une telle quantité de cigarettes et de liqueurs ne pouvait signifier qu'une chose : Oskar, toujours au courant des vraies valeurs commerciales, ne comptait plus désormais pour vivre que sur les échanges au marché noir.

Ils remisèrent le camion dans le garage au moment où la sirène annonçait la soupe de midi. Les jours précédents, Herr Direktor avait déjeuné avec les prisonniers, et les camionneurs espéraient bien qu'il ne dérogerait pas à l'habitude : ils pourraient ainsi lui expliquer où était passée la cargaison.

Quand il revint de Brno peu de temps après, il dut s'arrêter devant les deux hommes de la Gestapo qui, main levée, lui interdisaient l'entrée de l'usine. Ils lui donnèrent l'ordre de descendre de voiture.

– Ceci est mon usine, dit Oskar. Si vous voulez que nous discutions, veuillez monter. Ou bien, suivez-moi jusqu'à mon bureau.

Il entra dans la cour tandis que les deux hommes le suivaient au petit trot de chaque côté de la voiture.

Une fois dans le bureau, ils se mirent à le questionner sur ses relations avec Goeth, sur les bonnes affaires qu'ils auraient faites ensemble.

– Ecoutez, dit Oskar. J'ai ici quelques valises qui appartiennent à Herr Goeth. Il m'a demandé de les mettre à l'abri en attendant qu'il soit relâché.

Les hommes de la Gestapo voulurent vérifier le contenu des valises. Oskar leur demanda de le suivre et, voyant Frau Schindler, il la leur présenta très froidement. Les valises d'Amon, pleines de vêtements civils et de vieux uniformes datant de l'époque où il était encore un jeune et fringant sous-officier, ne présentaient aucun intérêt. C'est alors que les hommes de la Gestapo mirent Oskar en état d'arrestation.

– Vous n'avez aucun droit d'arrêter mon mari à moins que vous ne nous en communiquiez la raison, dit Emilie d'une voix agressive. Berlin ne sera pas très heureux d'apprendre cela.

Oskar lui demanda de se calmer.

– N'oubliez pas de prévenir mon amie Klonowska d'annuler tous mes rendez-vous, ajouta-t-il.

Emilie savait ce que cela voulait dire. Klonowska tenterait de joindre au téléphone toutes les grosses huiles de sa connaissance, Martin Plathe à Breslau, les gens du général Schindler... Un des hommes du bureau V prit une paire de menottes et les passa aux poignets d'Oskar. Ils l'emmenèrent dans leur voiture jusqu'à la gare de Zwittau et l'accompagnèrent dans le train à destination de Cracovie.

Il semble que cette nouvelle arrestation l'impressionna plus que les deux précédentes. Cette fois-ci, aucune histoire ne circula sur des colonels SS éperdus d'amour qui auraient partagé sa cellule et avec qui il aurait ingurgité d'impressionnantes quantités de vodka. Oskar racontera plus tard comment les choses se sont passées. Alors que les hommes du bureau V l'escortaient à travers le grand hall néoclassique de la gare de Cracovie, un certain Huth vint à leur rencontre. C'était un ingénieur civil de Plaszow qui s'était toujours aplati devant Amon mais qui avait la réputation d'être très serviable. Peut-être cette rencontre était-elle fortuite, mais il est probable que Huth travaillait en cheville avec Klonowska. Alors que Huth tentait de serrer les mains prisonnières d'Oskar, un des hommes du bureau V lui demanda :

– Ça vous amuse de serrer les mains des prisonniers ?

– Cet homme, Herr Direktor Schindler, est un industriel important, un homme très réputé ici à Cracovie. Jamais je ne pourrai le considérer comme un prisonnier, répondit l'autre qui avait sans doute préparé son petit discours à l'avance.

Oskar n'en fut pas moins mis dans une voiture qui le conduisit jusqu'à la rue Pomorska à travers les rues maintenant familières de la ville. Ils le placèrent dans une cellule semblable à celle qu'il avait connue lors de sa première arrestation, avec lit, chaise, lavabo, mais dont les fenêtres étaient munies de barreaux. Bien qu'il eût adopté l'attitude d'un gros ours tranquille, il ne se sentait pas à l'aise. Quand ils l'avaient arrêté en 1942, après son trente-quatrième anniversaire, les rumeurs sur les chambres de torture de la rue Pomorska donnaient froid dans le dos, certes, mais elles restaient encore vagues. Aujourd'hui, il n'y avait plus rien de vague dans tout cela. Oskar savait pertinemment que les hommes du bureau V ne se priveraient pas de le torturer s'ils voulaient vraiment obtenir la peau d'Amon.

Herr Huth vint lui rendre visite ce soir-là avec un plateau-repas et une bouteille de vin. Il lui dit s'être entretenu avec Klonowska et Oskar oublia de lui demander si la rencontre à la gare avait été arrangée entre eux. Quoi qu'il en soit, Klonowska, d'après Huth, était en train de mobiliser les vieux amis.

Une commission d'enquête composée de douze personnes dont un juge des tribunaux SS lui fit subir un interrogatoire le lendemain. Oskar nia qu'il avait remis de l'argent au commandant afin que celui-ci « y aille doucement avec les juifs », comme il était consigné dans le témoignage d'Amon.

– J'ai pu éventuellement lui accorder un prêt, dit-il.

– Et pourquoi cela ? voulurent-ils savoir.

– Je dirige une usine essentielle à l'effort de guerre, répondit Oskar en jouant sur un registre maintes fois éprouvé. Ma main-d'œuvre est composée de travailleurs hautement qualifiés. Si on ne les laisse pas en paix, cela implique une perte à la fois pour moi, pour l'Inspection des armements et pour l'effort de guerre. S'il m'arrivait de repérer dans la masse des prisonniers de Plaszow un ouvrier qualifié dont j'avais besoin, bien évidemment je demandais au commandant de me l'envoyer. Et il me le fallait vite, sans passer par tous les services administratifs. Mon seul critère, comme celui de l'Inspection des armements, c'était la productivité. En considération pour les bons offices de Herr Kommandant, il se peut que je lui aie accordé un prêt.

Ce type de défense impliquait la mise en cause de son vieux compagnon de beuverie. Peu importait à Oskar. Les yeux brillant d'innocence, la voix sereine, le ton persuasif, Oskar, sans l'avouer ouvertement, était bel et bien en train de dire aux enquêteurs que cet argent lui avait été extorqué. Ça ne les impressionna pas outre mesure. On l'enferma à nouveau.

L'interrogatoire se poursuivit pendant quatre jours. On ne le battait pas, mais ces enquêteurs-là semblaient véritablement trempés dans l'acier. A un moment, il dut nier qu'il eût été l'ami d'Amon.

– Ce n'est pas mon genre, grogna-t-il en direction des gens du bureau V qui avaient sans doute été mis au courant des rumeurs circulant sur le compte d'Amon et de ses jeunes ordonnances.

Amon, lui, n'aurait sans doute rien compris à l'attitude d'Oskar. Pourquoi celui-ci le méprisait-il ? Pourquoi révélait-il des choses sur son compte aux enquêteurs SS ? Il est vrai qu'Amon entretenait quelques illusions sur le thème de l'amitié. Quand il était en proie au vague à l'âme, il aurait été prêt à parier que Mietek Pemper et Helena Hirsch lui vouaient un dévouement sans bornes. Dans la mesure où il ignorait qu'Oskar était lui aussi bouclé dans une cellule de la rue Pomorska, il aurait aussi bien pu dire aux enquêteurs : « Appelez mon vieil ami Schindler, il témoignera en ma faveur. »

Oskar dut son salut au fait qu'il n'avait jamais vraiment trempé dans les combines d'Amon. Il lui avait donné des conseils, présenté des intermédiaires, mais il n'en avait jamais retiré un bénéfice quelconque. Il n'avait jamais touché un zloty des pourcentages qu'Amon prélevait sur les rations des prisonniers, sur les bijoux de l'atelier d'orfèvrerie, sur les vêtements de la boutique du tailleur, ou sur les tissus de la fabrique de décoration d'appartements. Mais il mentait d'une façon si désarmante (même pour des policiers retors), il assenait certaines vérités avec une naïveté si touchante, et il dominait avec un tel sang-froid les moments où ses interlocuteurs se laissaient prendre à son jeu que les autres finirent par y perdre leur latin. Quand les gens du bureau V finirent par avoir l'air d'accepter la version d'Oskar sur les quatre-vingt mille zlotys prêtés à Amon (ou plutôt extorqués), Oskar demanda innocemment si cette somme pourrait lui être restituée, à lui, Herr Schindler, industriel au-dessus de tout soupçon.

Mais surtout, les déclarations d'Oskar sur son rôle industriel semblaient concorder avec les faits. Quand le bureau V téléphona au colonel Erich Lange, celui-ci témoigna de la valeur des « produits » Schindler en regard de l'effort de guerre. Sussmuth, appelé à Troppau, déclara que l'usine d'Oskar était engagée dans la fabrication d'« armes secrètes ». Nous verrons que ce n'était pas entièrement faux. Mais, présenté de cette façon, c'était à la fois inexact et plein de sous-entendus. Le Führer n'avait-il pas promis des armes secrètes ? La promesse jouait désormais en faveur d'Oskar. Par rapport aux armes secrètes, de quel poids auraient bien pu peser les jérémiades des fonctionnaires de Zwittau ?

Oskar commençait pourtant à trouver son emprisonnement bien pesant. Au cours du quatrième jour, un de ses interrogateurs vint dans sa cellule non pas pour le questionner, mais pour lui cracher au visage. Heureusement, la salive n'atteignit que le revers de son veston. Mais l'homme vociférait, le traitait de lèche-cul de youpins, de tripoteur de juives... Oskar s'est toujours demandé si ce petit incident n'avait pas été programmé.

Au bout d'une semaine, il envoya un message à l'Oberführer Scherner par l'intermédiaire de Huth et de Klonowska. Le bureau V, disait-il en substance, exerçait une telle pression sur lui qu'il se demandait s'il pourrait encore longtemps répondre évasivement à des questions qui pourraient mettre en cause l'ancien chef de la police. Scherner, qui était alors affecté à la lutte antipartisane où il trouverait bientôt la mort, s'empressa de rappliquer rue Pomorska et déclara tout de go à Oskar qu'il estimait scandaleux ce qui s'était passé.

– Et Amon ? demanda Oskar, pensant que l'autre allait aussi classer cette affaire sous la rubrique « scandales ».

– Il n'a que ce qu'il mérite.

Ainsi, tout le monde semblait tourner le dos à Amon.

– Ne vous tracassez pas, dit Scherner en partant. On vous sortira de là.

On le relâcha le matin du huitième jour. Oskar, cette fois-ci, ne demanda pas de voiture pour le raccompagner. Il ne demanda rien du tout, d'ailleurs, s'estimant déjà assez heureux de se retrouver sur le trottoir glacé qui bordait la prison. Il prit plusieurs tramways pour se rendre à sa vieille usine de Zablocie sur laquelle veillaient quelques vigiles polonais. De là, il appela Emilie.

Moshe Bejski, un dessinateur de Brinnlitz, évoquera plus tard la confusion qui suivit le départ d'Oskar. Tout le monde s'interrogeait. Les rumeurs les plus folles circulaient. Stern, Maurice Finder, Adam Garde et quelques autres étaient allés trouver Emilie pour discuter des problèmes d'intendance, de travail et de sommeil. Ils comprirent tout de suite qu'Emilie était partie prenante dans cette affaire. Ce n'était pas une femme heureuse, et elle se sentait d'autant plus frustrée par l'arrestation d'Oskar que ni l'un ni l'autre n'avaient eu encore le temps de se réconcilier avec l'idée de vivre de nouveau en commun. Mais il apparut clairement à Stern et aux autres qu'elle n'était pas seulement là, dans ce petit appartement du rez-de-chaussée, par devoir conjugal. Elle aussi se sentait responsable du sort des prisonniers par conviction morale et religieuse. Une image du Sacré-Cœur, que Stern avait déjà eu l'occasion de voir dans des maisons de catholiques polonais, pendait à un mur de l'appartement. Est-il utile de préciser qu'il n'en avait jamais vu dans les appartements d'Oskar à Cracovie ? Ce n'était d'ailleurs pas exactement le type d'image pieuse qui pouvait réchauffer le cœur d'un juif quand il en apercevait une dans une cuisine polonaise. Mais ici, dans l'appartement d'Emilie, cette image semblait porteuse d'espoir.

A Auschwitz, dans cette autre planète où les femmes de Schindler vivaient entourées de ténèbres, Rudolf Höss régentait son domaine en maître absolu. Les lecteurs du *Choix de Sophie* de William Styron auront eu un aperçu de la personnalité de cet homme. Bien différent d'Amon, certes, plus froid, plus courtois, plus cérébral, et néanmoins le grand sorcier dans ce royaume de cannibales. Bien qu'il eût, dans les années 20, assassiné un enseignant de la Ruhr qui avait dénoncé un « activiste » allemand et qu'il eût été emprisonné pour ce meurtre, à Auschwitz, il n'avait jamais tué quelqu'un de sa propre main. Il se considérait plutôt comme un technicien. Champion du Zyklon B – ces petits cristaux d'acide cyanhydrique qui se désintègrent au contact de l'air –, il avait engagé une polémique scientifique avec son rival, le Kriminalkommissar Christian Wirth dont dépendait le camp de Belzec et qui animait l'école des tenants de l'oxyde de carbone. Le chimiste Kurt Gerstein, officier SS, avait assisté un jour à la mise à mort d'un groupe de prisonniers juifs mâles, entassés dans les chambres à gaz de Belzec. Grâce aux méthodes scientifiques préconisées par le Kommissar Wirth, l'agonie avait duré plus de trois heures. Le développement continu d'Auschwitz et le déclin de Belzec témoignent aux yeux de l'Histoire que la technologie préconisée par Höss était plus efficace que l'autre.

Quand, en 1943, Rudolf Höss fut muté pour devenir pendant quelque temps directeur adjoint de la section D d'Oranienburg, Auschwitz était déjà plus qu'un camp de travail. Plus qu'un symbole de l'efficacité nazie. C'était un univers qui avait basculé cul par-dessus tête, un lieu où toutes les normes n'étaient pas seulement érodées mais inversées, un peu comme un trou noir sur la croûte terrestre où tout le mal se serait concentré, où l'histoire, la religion, les us et coutumes auraient été aspirés, où les noms qu'on donnait aux choses ne signifiaient plus rien, sauf leur contraire. On appelait « caves de désinfection » les chambres à gaz en sous-sol, « salles de douches » celles du rez-de-chaussée. L'Oberscharführer Moll, qui avait la charge d'expédier les cristaux à travers les toits des « caves » et les murs des « salles », ordonnait la mise en route en hurlant : « Allez, donnez-leur quelque chose à mâcher. »

Höss, retourné à Auschwitz en mai 1944, commandait l'ensemble du camp à l'époque où les femmes de Schindler étaient à Birkenau, dans des baraques très proches de l'endroit où habitait l'Oberscharführer Moll dont la folie était légendaire. Oskar s'est-il colleté avec Höss lui-même pour obtenir de récupérer ses trois cents prisonnières ? On l'a dit. Et il est certain qu'il a dû avoir avec Höss de nombreuses conversations téléphoniques, ainsi, sans doute, qu'un échange de bonnes manières. Mais il devait également compter avec le Sturmbannführer Fritz Hartjenstein, commandant d'Auschwitz 2, c'est-à-dire d'Auschwitz-Birkenau, et avec l'Untersturmführer Franz Hössler, le jeune officier en charge du cantonnement des femmes.

On sait qu'Oskar délégua une jeune personne munie d'une valise emplie de liqueurs, de jambons et de diamants pour tenter de circonvenir ces trois fonctionnaires. Certains prétendent qu'à la suite de cette visite, Oskar se rendit lui-même sur place accompagné d'un officier SA très influent, le Standartenführer Peltze qui, selon la version d'Oskar, se serait révélé plus tard être un agent britannique. D'autres affirment qu'Oskar se tint délibérément à l'écart d'Auschwitz et se rendit plutôt à Oranienburg et à l'Inspection des armements pour inciter des gens haut placés à faire pression sur Höss.

Stern a raconté plus tard sa version des faits au cours d'une cérémonie à Tel-Aviv : après qu'Oskar fut relâché, Stern, « sous la pression de certains de ses amis », supplia Oskar de faire quelque chose pour les femmes captives à Auschwitz. Pendant qu'ils discutaient, une secrétaire (Stern ne dit pas laquelle) entra dans le bureau. Schindler évalua la jeune fille du regard et lui mit sous les yeux une bague sertie d'un beau diamant. Ce bijou lui plairait-il ? La jeune fille parut très excitée.

– Prenez la liste des femmes, lui aurait dit Oskar. Trouvez-vous une grosse valise et remplissez-la avec les meilleurs alcools et les meilleurs produits que vous pourrez trouver dans la cuisine. Et partez pour Auschwitz. Vous savez que le commandant a un certain penchant pour les jolies filles. Si vous arrivez à le convaincre de relâcher les prisonnières, vous aurez la bague. Et beaucoup plus encore.

Voilà bien une scène digne de l'Ancien Testament

où parfois, pour épargner la tribu, on offrait une jeune fille à l'envahisseur. Mais c'est aussi une scène typique de cette Europe centrale sous le joug nazi, avec ses relents de corruption et de femmes à vendre.

Selon Stern, la fille s'exécuta. Mais quand Oskar s'aperçut qu'elle n'était pas rentrée au bout de quarante-huit heures, il partit lui-même en compagnie de ce Peltze pour tenter de régler l'affaire.

La légende veut cependant qu'Oskar ait envoyé une petite amie dans le lit du commandant – que ce soit Höss, Hartjenstein ou Hössler – et qu'elle ait laissé plusieurs diamants sur l'oreiller. D'autres, comme Stern, affirment que c'était « une de ses secrétaires », d'autres encore qu'il s'agissait d'une jolie SS blonde de la garnison de Brinnlitz qui deviendrait plus tard la maîtresse d'Oskar.

Emilie Schindler, pour sa part, a raconté que cette émissaire, âgée de vingt-deux ou vingt-trois ans, était une fille de Zwittau dont le père avait été un vieil ami de la famille Schindler. Elle était revenue récemment des territoires occupés en Russie où elle exerçait la fonction de secrétaire dans les services administratifs. C'était une amie d'Emilie, et elle se serait portée volontaire pour cette mission. Oskar, bien qu'il ne se refusât rien de ce côté-là, n'était pourtant pas du genre à immoler une amie de la famille sur l'autel du sexe.

Donc, le mystère demeure. On ignore jusqu'où allèrent les relations de cette jeune fille avec ces messieurs d'Auschwitz. Une chose est certaine, cependant : elle se rendit dans ce royaume des ombres et y fit preuve de courage.

Oskar racontera plus tard les propos que lui tenaient les fonctionnaires d'Auschwitz : « Vos prisonnières sont déjà là depuis plusieurs semaines. Elles ne valent plus rien sur le marché du travail. Oubliez donc ces trois cents-là. On vous en trouvera trois cents autres. Ce ne sont pas les esclaves qui manquent... »

Déjà, en 1942, un sous-officier SS avait tenu le même genre de discours dans la gare de Prokocim :

– Pourquoi vous efforcer de vouloir récupérer tel ou tel prisonnier en particulier, Herr Direktor ? Tous ces numéros sont interchangeables.

Oskar jouait à nouveau sur le même registre qu'à Prokocim : « Ce sont des ouvriers hautement qualifiés dans la fabrication des munitions. Je les ai formés moi-même pendant de longues années. Ils ont atteint un niveau de technicité qui est unique. Je sais ce que valent ces gens. Et ils ont tous un nom. Un point, c'est tout. »

On lui objectait que figurait sur la liste une fille, âgée de neuf ans, d'une dame Phila Rath. Une autre, âgée de onze ans, fille de Regina Horowitz.

– Herr Direktor voudrait-il nous faire croire que ces enfants âgés respectivement de neuf et onze ans sont des ouvriers hautement qualifiés ?

– Elles polissent les douilles des obus de 45 mm, répondait Oskar. Elles ont été sélectionnées en raison de leurs mains très fines qui peuvent se glisser à l'intérieur des douilles comme aucune main ne pourrait le faire.

Ces petites négociations se faisaient soit au téléphone, soit en tête à tête. Oskar en rendait compte au petit cercle de ses amis prisonniers qui, à leur tour, les répercutaient aux autres. Qu'Oskar eût mis en avant la finesse des mains de ces enfants pour polir l'intérieur des douilles n'avait en fait rien à voir avec la réalité. Mais il s'était déjà servi plus d'une fois de cet argument. En 1943, au beau milieu de la nuit, une orpheline de quatorze ans, Anita Lampel, avait été sommée de se rendre sur l'Appellplatz de Plaszow. Oskar était là, en train de discuter avec l'Alteste du camp des femmes, une matrone qui n'avait pas l'air commode. Elle tenait les mêmes propos que Höss ou Hössler tiendraient plus tard à Auschwitz.

– Vous n'allez pas me dire que vous avez besoin d'une ouvrière de quatorze ans à Emalia ? Vous n'allez pas me faire croire que le commandant Goeth vous a autorisé à mettre une fille de quatorze ans sur la liste des départs pour Emalia ? (L'Alteste craignait d'être punie si l'on découvrait que l'on avait manipulé les listes.)

Anita Lampel, qui n'avait vu Oskar que très rarement, fut suffoquée de l'entendre répliquer :

– Je l'ai sélectionnée moi-même pour la valeur industrielle de ses mains fines et longues. Herr Kommandant a d'ailleurs approuvé ce choix.

Anita Lampel, désormais à Auschwitz, avait grandi. Sa « valeur industrielle » ne tenait plus à ses doigts longilignes. Mais l'argument valait pour d'autres, notamment pour les filles de Mme Horowitz et de Mme Rath.

Les fonctionnaires d'Auschwitz avaient sans doute raison de penser que les prisonnières d'Oskar avaient perdu toute valeur sur le marché du travail. Des femmes aussi jeunes que Mila Pfefferberg, Helena Hirsch ou sa sœur ne pouvaient s'empêcher de se tordre quand elles étaient prises d'une crise de colique au beau milieu d'une inspection. Mme Dresner avait perdu tout appétit et ne parvenait même pas à ingurgiter l'infâme brouet quotidien. Danka essayait bien de forcer dans la bouche de sa mère quelques cuillerées tiédasses qui l'auraient au moins réchauffée, mais sans succès. Bientôt, Mme Dresner serait réduite à l'état de « musulmane », une appellation forgée dans les camps à partir d'actualités filmées que certains se rappelaient avoir vues avant guerre sur la famine dans les pays arabes et qui s'appliquait aux prisonniers ayant franchi la ligne séparant les vivants en sursis des morts en puissance.

Clara Sternberg, une femme âgée d'à peine quarante ans, avait été séparée du groupe Schindler pour être mise dans ce qu'on pourrait appeler une baraque de « musulmans ». Chaque matin, les mourants devaient s'aligner devant la porte pour la sélection que Mengele lui-même ne répugnait pas à faire. Les femmes se frottaient les joues avec l'argile d'Auschwitz, elles se redressaient tant qu'elles le pouvaient, elles étouffaient pour ne pas se laisser aller à une quinte de toux.

Clara, après une inspection, se sentit vidée de toutes les réserves qui lui avaient permis de tenir jusqu'alors. Elle avait un mari et un garçon à Brinnlitz, mais ils lui semblaient désormais aussi éloignés que la planète Mars. Elle n'arrivait pas à imaginer ce que pouvait être Brinnlitz, ni comment son mari et son fils pouvaient bien vivre là-bas. Elle sortit de sa baraque en titubant à la recherche d'une barrière électrifiée. Quand elle était arrivée, il lui avait semblé qu'il y en avait partout. Mais aujourd'hui qu'elle en cherchait une, elle n'en trouvait pas. Les allées boueuses se succédaient, bordées par les mêmes misérables baraques. Elle aperçut enfin une vieille connaissance de Plaszow, une femme originaire de Cracovie, comme elle.

– Où sont les barrières électrifiées ? lui demanda-t-elle.

Dans son état de détresse, c'était, après tout, une question raisonnable, et Clara ne doutait pas une seconde que s'il restait quelque trace de compassion chez cette femme, elle ne manquerait pas de lui indiquer où aller. La réponse que lui fit cette femme pourrait paraître absurde, et pourtant, elle mettait en évidence un aspect de la situation qui dépassait leur propre calvaire.

– Ne va pas te jeter sur la barrière, Clara. Si tu fais cela, tu ne sauras jamais ce qui t'est arrivé.

Cette affirmation était sans doute la seule qui pût faire réfléchir les candidats au suicide : « Si tu te tues, tu ne sauras jamais la fin de l'histoire. » Bien que Clara en fût arrivée au point où l'histoire lui importait peu, elle accepta la réponse et retourna à sa baraque. Une fois à l'intérieur, elle se retrouva encore plus perturbée qu'auparavant. Mais elle ne songeait plus au suicide.

A Brinnlitz, ça tournait au drame. Oskar était toujours par monts et par vaux. Il allait d'un bout à l'autre de la Moravie avec ses casseroles, ses diamants, ses liqueurs et ses cigares. C'était parfois vital. Biberstein a fait état des médicaments et des instruments de médecine qu'avait reçus la *Krankenstube* de Brinnlitz. Rien à voir avec les succédanés de l'époque. Oskar avait dû graisser la patte aux gérants des dépôts pharmaceutiques de la Wehrmacht et à quelque directeur d'hôpital de Brno.

Quelle que fût la raison de son absence, il n'était pas là quand arriva dans les ateliers un inspecteur de Gröss-Rosen accompagné de l'Untersturmführer Josef Liepold qui ne manquait jamais une occasion de venir fourrer son nez dans l'usine. La mission de l'inspecteur, approuvée par Oranienburg, était claire : il devait sélectionner dans les camps annexes de Gröss-Rosen des enfants qui serviraient aux expérimentations du Dr Josef Mengele à Auschwitz. Olek Rosner et son petit-cousin Richard Horowitz qui, pensant ne rien avoir à craindre chez Schindler, jouaient à cache-cache dans un atelier annexe au milieu des machines hors d'usage, furent immédiatement repérés. De même que le fils du Dr Leon Gross qui avait soigné le diabète d'Amon, mais qui avait surtout assisté le Dr Blancke au cours d'une *Aktion* sanitaire et qui aurait à répondre encore de quelques autres crimes. L'inspecteur fit remarquer à l'Untersturmführer Liepold que ces enfants n'étaient certainement pas des travailleurs essentiels pour l'effort de guerre. Liepold, un petit bonhomme très brun, était encore un SS convaincu, bien que moins givré qu'Amon. Peu lui importait qu'on embarque ces garnements.

Au fur et à mesure de la tournée d'inspection, ils en découvrirent d'autres : le garçon de Roman Ginter, âgé de neuf ans. Ginter connaissait Oskar depuis les débuts du ghetto de Cracovie. C'est lui qui fournissait à Plaszow les déchets métalliques en provenance de la DEF. Mais l'inspecteur et l'Untersturmführer Liepold se souciaient comme d'une guigne des services passés. Le petit Ginter se retrouva bientôt au portail au milieu du groupe des enfants. Le fils de Frances Spira, dix ans et demi, était ce jour-là perché sur un grand escabeau pour nettoyer les vitres. Il échappa à la rafle.

Les ordres prescrivaient que les parents devaient être rassemblés avec les enfants, sans doute pour éviter les scènes de panique. Rosner, le violoniste, Horowitz, Roman Ginter furent donc arrêtés. Le Dr Leon Gross sortit précipitamment du dispensaire pour tenter de négocier avec les SS. Il chercha à persuader l'inspecteur qu'il n'était pas un prisonnier quelconque, mais un ami du régime. En vain. Un Unterscharführer SS armé d'une mitraillette fut chargé d'escorter le groupe à Auschwitz.

Ils allèrent de Zwittau à Katowice, en haute Silésie, par train de voyageurs. Henry Rosner s'attendait à voir les autres passagers manifester leur hostilité. Aussi fut-il surpris quand il vit une femme traverser le couloir, l'air grave et déterminé, et donner à Olek et à quelques autres un peu de pain et une pomme, tout en regardant le sergent SS bien droit dans les yeux, comme pour le provoquer. L'Unterscharführer se contenta de lui faire un petit salut de la tête. Quand le train s'arrêta à Usti, il laissa les prisonniers aux soins de son adjoint pour aller acheter au buffet des biscuits et du café dont il fit la distribution. Rosner et Horowitz s'enhardirent jusqu'à engager la conversation avec lui. Et au fur et à mesure qu'ils parlaient, les prisonniers se demandaient si cet Unterscharführer-là était bien de la même race policière que les Amon, les Hujar ou les John qu'ils avaient connus.

– Je vous emmène à Auschwitz, leur dit-il. Je dois repartir avec un groupe de femmes pour Brinnlitz.

Paradoxalement, Rosner et Horowitz furent les premiers prisonniers de Brinnlitz à découvrir que les femmes de Schindler allaient quitter Auschwitz au moment même où eux y partaient.

Ils n'en revenaient pas. Ils passèrent la nouvelle aux enfants.

– Ce gentil monsieur va ramener vos mamans à Brinnlitz.

Rosner et Horowitz demandèrent à l'Unterscharführer s'il accepterait de prendre une lettre pour Manci et une autre pour Regina. Il leur prêta son propre papier à lettres. Rosner indiqua à Manci un point de chute à Podgorze où ils se retrouveraient éventuellement si, toutefois, ils s'en tiraient tous les deux. Une fois les lettres terminées, le SS les mit dans sa poche. Rosner se demandait ce qu'avait fait cet homme au cours des dernières années. Est-ce qu'il avait été, lui aussi, contaminé ? Est-ce qu'il avait, lui aussi, gueulé son enthousiasme quand les sorciers, sur les estrades, hurlaient : « Les juifs sont responsables de nos malheurs ? »

Au cours du voyage, Olek blottit sa tête contre Henry et se mit à pleurer. Il ne voulait pas dire pourquoi. Poussé par son père, il finit par avouer son désarroi à l'idée que tout cela, c'était sa faute.

– Tu vas te retrouver à Auschwitz à cause de moi, sanglotait-il.

Henry aurait pu tenter de le calmer en lui racontant des histoires, mais ça n'aurait sans doute pas marché. Les enfants connaissaient l'existence des chambres à gaz. Et ils toléraient mal qu'on leur serve des salades.

L'Unterscharführer n'avait sans doute pas entendu ce qu'avait dit le gosse. Et pourtant, il se pencha vers eux, les yeux remplis de larmes. Olek le regardait, surpris de constater qu'il pouvait encore exister chez des hommes comme lui des sentiments de compassion, et même, à lire son regard, de fraternité.

– Je sais ce qui arrivera, dit-il. On a perdu la guerre. Vous aurez le tatouage. Vous vous en sortirez.

Henry avait l'impression que cet homme avait dit cela pour lui-même plus que pour l'enfant, comme s'il voulait se rassurer, et bien ancrer dans sa mémoire cette promesse qu'il venait de faire. Une promesse qui, dans les années à venir, lorsqu'il se remémorerait ce voyage, lui serait un réconfort.

L'après-midi du jour où elle avait cherché la barrière électrifiée pour en finir, Clara Sternberg entendit des rires et des appels en provenance des baraques où se trouvaient les Schindlerfrauen. Elle alla jeter un coup d'œil et aperçut ses anciennes compagnes alignées le long d'une barrière intérieure au camp des femmes, certaines vêtues de pantalons et de chemisiers. Bien que la plupart fussent réduites à l'état de squelettes, elles bavardaient gaiement entre elles. Même la blonde SS qui les surveillait semblait gagnée par la bonne humeur, sans doute à l'idée qu'elle aussi allait quitter Auschwitz.

– Schindlergruppe, proclama-t-elle, vous allez d'abord vous rendre aux douches, puis au train.

Elle détachait toutes les syllabes, ayant sans doute conscience d'annoncer un événement unique.

Les femmes des autres baraques jetaient un regard chargé d'envie sur le groupe des « élues ». L'événement paraissait tellement incongru que tout le monde était fasciné. C'est vrai que pour les autres, ça ne changerait rien à leur propre vie, ça ne rendrait pas l'air d'Auschwitz plus respirable, mais c'était quand même stupéfiant.

Pour Clara Sternberg, cependant, pour Mme Krumholz, elle aussi reléguée dans une baraque pour morts-vivants, la vue de leurs anciennes compagnes sur le chemin de la délivrance devenait quelque chose d'insupportable.

– Je vais les rejoindre, annonça tout d'un coup Mme Krumholz à la kapo hollandaise qui veillait sur sa baraque.

La kapo tenta de l'en empêcher en faisant valoir toutes sortes de raisons :

– Vous êtes bien mieux ici. Si vous partez avec elles, vous mourrez en route, dans les wagons à bestiaux. Et de plus, il faudra que j'explique pourquoi vous n'êtes pas là.

– Eh bien, vous leur direz que c'est parce que je fais partie de la liste Schindler, répondit Mme Krumholz. Tout a été réglé. Il faut que la liste soit complète. Ça ne fait aucun problème.

Elles continuèrent à discuter pendant quelque temps et finirent par parler de leurs familles et de leurs origines respectives. Peut-être cherchaient-elles un point d'accord, un petit quelque chose qu'elles auraient eu en commun ? Précisément, la Hollandaise s'appelait aussi Krumholz.

– Mon mari, je crois, est à Sachsenhausen, annonça la dame Krumholz hollandaise.

– Et le mien, sans doute à Mauthausen, ainsi que mon fils, répondit la dame Krumholz de Cracovie. Mais moi, je dois aller en Moravie, dans le camp de Schindler. C'est là que vont toutes ces femmes, là, derrière la barrière.

– Elles ne vont nulle part, croyez-moi. Personne ne va nulle part, sauf là où vous savez.

– Mais ces femmes pensent qu'elles vont quelque part, s'il vous plaît... suppliait Mme Krumholz de Cracovie.

Même si ces femmes de Schindler se faisaient des illusions, elle voulait au moins pouvoir les partager.

La kapo finit par se laisser persuader et, bien que convaincue que son geste ne changerait finalement rien, elle ouvrit la porte de la baraque.

Une barrière séparait désormais Mme Krumholz et Mme Sternberg du groupe des femmes. Ce n'était pas une barrière électrifiée comme celle qu'on avait dressée sur le périmètre du camp. Elle avait été néanmoins construite selon les critères de la section D, avec dix-huit rangées de fils de fer barbelés qui se resserraient au sommet. Plus bas, il y avait un espace d'environ douze centimètres entre chaque rangée, mais ces rangées étaient plantées en séries, chaque série elle-même espacée d'environ vingt-cinq centimètres. Ce jour-là – tous les témoignages concordent, y compris celui des intéressées – Mme Krumholz et Mme Sternberg accomplirent un exploit : elles réussirent à se faufiler entre les barbelés et à rejoindre leurs anciennes compagnes pour pouvoir au moins rêver de liberté avec elles. Elles s'étaient tortillées comme des vers à travers l'espace étroit qui séparait deux rangées de fils pour pouvoir se retrouver sur la liste Schindler. Leurs vêtements étaient en lambeaux, leurs chairs labourées. Personne n'avait tenté de les arrêter, parce que personne ne croyait cela possible. D'ailleurs, les autres prisonnières, celles qui ne faisaient pas partie du groupe Schindler, ne voyaient pas bien pourquoi elles avaient fait cela : après cette barrière, il y en aurait une autre, et puis encore une autre, et ainsi de suite jusqu'à la dernière barrière, électrifiée celle-là, et réputée infranchissable. Mais pour Mme Krumholz et pour Mme Sternberg, il n'y avait qu'une barrière. Et elles venaient de la franchir. Leurs vêtements rapiécés s'accrochaient en lambeaux aux barbelés. Elles étaient presque nues. Elles ruisselaient de sang. Mais elles étaient avec les autres, dans le groupe Schindler.

Rachela Korn, âgée de quarante-quatre ans, qui se trouvait dans une baraque réservée aux malades, avait réussi à sortir par une fenêtre avec l'aide de sa fille. Pour elle, comme pour les deux autres, se retrouver au milieu du groupe Schindler, c'était comme une résurrection. Tout le monde les félicitait.

Dans la salle de douches, elles durent toutes passer à la tonte. Des femmes armées de rasoirs traçaient de grands sillons dans les nids à poux de leur crâne, de leurs aisselles et de leur pubis. Après la douche, elles se rendirent nues jusqu'au dépôt où étaient stockés les vêtements des morts. Elles ne purent s'empêcher d'éclater de rire quand elles se virent le crâne rasé et affublées d'oripeaux. Le spectacle de Mila Pfefferberg, pesant à peine plus de trente kilogrammes à l'époque, et vêtue d'une robe qui avait dû appartenir à une robuste matrone, déclencha une telle crise d'hilarité que ces femmes, à demi mortes de faim, se mirent à exécuter des numéros de clown, à qui ferait le plus rire les autres.

– Qu'est-ce que Schindler va bien pouvoir faire avec toutes ces vieilles peaux ? demanda une SS à sa collègue.

– Ce n'est pas notre affaire, répliqua l'autre. Qu'il ouvre un asile de vieillards si ça lui chante.

Quels que fussent les espoirs qu'on pouvait nourrir, embarquer dans un train était toujours une expérience traumatisante. Même par temps de grand froid, les prisonniers ressentaient toujours une impression d'étouffement qu'accentuait l'obscurité ambiante. Quand les enfants entraient dans un wagon, ils se précipitaient vers les rares rayons de lumière qui filtraient à travers les parois. C'est ainsi que Niusia Horowitz courut à un bout du wagon pour profiter d'un interstice entre deux planches mal clouées qui lui permettait de voir ce qui se passait à l'extérieur. L'œil rivé au trou, elle contemplait un groupe d'enfants un peu désordonné proche de la barrière qui délimitait le camp des hommes. Ils faisaient des signes avec une insistance inhabituelle en direction du train. Niusia trouvait étrange qu'un gosse du groupe eût une telle ressemblance avec son petit frère âgé de six ans alors que celui-ci était en sécurité chez Schindler. Plus étrange encore que le garçon à ses côtés fût la doublure de son cousin, Olek Rosner. Et soudain, elle comprit. C'était Richard, c'était Olek.

Elle tira sa mère par la manche pour qu'elle regarde à son tour. Il lui fallut un peu de temps, à elle aussi, mais elle finit par identifier les deux enfants. Elle se mit à gémir. La portière était bouclée maintenant. Tous les prisonniers se retrouvaient dans l'obscurité, tassés les uns contre les autres. Le moindre mouvement, la moindre manifestation d'espoir ou de panique devenaient contagieux. Tous se mirent à gémir. Manci Rosner avait écarté sa belle-sœur pour pouvoir regarder à son tour. Elle vit son garçon qui faisait de grands signes et se mit à sangloter.

La portière s'ouvrit à nouveau et un sous-officier apparut.

– Qu'est-ce que c'est que tout ce bruit ? demanda-t-il.

Manci et Regina se frayèrent un chemin jusqu'à lui.

– C'est notre enfant, là-bas, dirent-elles d'une seule voix.

– Mon garçon, ajouta Manci. Je veux lui montrer que je suis toujours vivante.

Il les fit descendre sur le ballast.

– Quel est votre nom ? demanda-t-il à l'une d'elles.

Elles se demandaient pourquoi cette question. Quand elles le virent fouiller dans sa poche, elles pensèrent immédiatement qu'il allait sortir un pistolet. En fait, il cherchait les lettres de leurs maris. Il fit un bref compte rendu du voyage qu'il venait d'effectuer avec eux. Manci lui demanda s'il ne pourrait pas leur accorder la permission de passer sous le wagon, comme si elles devaient satisfaire un besoin pressant. On tolérait ce genre de choses quand les trains prenaient trop de retard. Il leur donna l'autorisation.

Sitôt qu'elle fut sous le wagon, Manci sortit le petit sifflet dont elle se servait pour guider Henry et Olek sur l'Appellplatz de Plaszow. Olek reconnut immédiatement le signal et se mit à agiter les bras. Il prit la tête de Richard entre ses mains pour la diriger vers l'endroit précis où se trouvaient leurs mères, accroupies entre les essieux.

Tout le monde se mit à envoyer des signaux frénétiques, puis Olek tendit le bras en direction des deux femmes et releva sa manche pour bien montrer le tatouage qu'il portait au bras. Les femmes se mirent à applaudir pour faire savoir qu'elles avaient bien compris. Olek, à son tour, releva sa manche. Le message était clair : « Regardez. Nous sommes bons pour le service. »

Ce n'était pas entièrement rassurant et les deux femmes se demandaient comment ils avaient bien pu se retrouver ici. L'explication serait sans doute dans les lettres. Elles les ouvrirent, les lurent, et recommencèrent à agiter les bras.

Olek écarta les doigts d'une main pour indiquer qu'il avait dans sa paume quelques pommes de terre pas plus grosses qu'une bille.

– Regardez, criait-il, ne vous faites pas de souci. On a de quoi manger.

Manci l'avait entendu très distinctement.

– Où est ton père ? demanda-t-elle.

– Au travail. Il va revenir bientôt. J'ai gardé ces patates pour lui.

Le jeune Richard, lui, ne put s'empêcher de crier :

– *Mamushka, mamushka, mamushka*, j'ai si faim...

Lui aussi avait quelques pommes de terre dans sa paume qu'il gardait pour son père.

Dolek et Rosner, le violoniste, faisaient partie d'une équipe qui travaillait dans la carrière. Ce fut Henry qui arriva le premier. Il leva un bras pour bien montrer son tatouage, puis l'autre, en signe de triomphe. Manci pouvait cependant voir qu'il tremblait de froid bien qu'il fût en sueur.

Il n'avait pas eu la vie particulièrement douce à Plaszow, mais au moins, quand il en avait terminé de ses sérénades dans la villa d'Amon, il pouvait aller dormir dans l'atelier de peinture. Ici l'orchestre accompagnait aussi parfois un groupe de condamnés vers les « salles de douches ». Mais ce n'était pas son genre de musique qu'il jouait.

Quand Richard aperçut Dolek qui arrivait à son tour, il lui fit signe de venir les rejoindre près de la barrière. Dolek pouvait voir maintenant le visage creusé des femmes sous les essieux du wagon. Les deux hommes craignaient par-dessus tout que leurs épouses ne se proposent de rester ici. Mais qu'y auraient-elles fait ? De toute façon, elles ne pouvaient pas être avec leurs fils dans le camp des hommes. Et là où elles étaient, accroupies sous un train qui ne manquerait pas de quitter Auschwitz avant la fin du jour, c'était une situation de rêve que leur auraient enviée tous les autres prisonniers. L'idée de pouvoir se retrouver tranquillement en famille au milieu de cet enfer était de toute façon illusoire, et se bercer de cette illusion, c'était choisir la mort. Dolek et Henry se mirent à leur parler sur un ton qu'ils voulaient le plus jovial possible, comme de bons bourgeois en temps de paix qui auraient décidé d'emmener leurs enfants en vacances sur la Baltique pendant que leurs épouses iraient se reposer ensemble à Carlsbad.

– Fais bien attention à Niusia, répétait Dolek comme pour rappeler à sa femme qu'ils avaient un autre enfant et que cet enfant-là était dans le wagon, au-dessus de Regina.

La sirène mugit dans le camp des hommes. Ça valait mieux. Les pères et les enfants durent s'éloigner de la barrière. Manci et Regina retournèrent dans leur wagon. On ferma la portière. Elles étaient vidées. Rien, désormais, ne pourrait plus les surprendre.

Le train démarra dans l'après-midi, et, comme toujours, chacun se mit à gamberger. Mila Pfefferberg se disait que si leur point de chute n'était pas la Moravie de Schindler, la moitié des femmes tassées dans le wagon ne survivraient pas à une autre semaine. Elle-même pensait qu'elle n'avait plus que quelques jours à vivre. Lusia, sa fille, avait la scarlatine. Mme Dresner, qui cajolait Danka, semblait mourante, fouaillée par la dysenterie.

Dans le wagon de Niusia Horowitz, les prisonnières pouvaient voir des montagnes et des forêts de pins à travers la fente. Certaines des femmes avaient visité cette région dans leur enfance ; elles reconnaissaient le paysage familier qui leur donnait l'impression d'aller vers une partie de campagne en dépit des remugles que dégageait le wagon. Elles communiquaient la bonne nouvelle aux autres...

– On y arrive...

Soit, mais où ? Encore une arrivée manquée, et ce serait vraiment la fin.

Il faisait très froid le lendemain quand on leur

donna l'ordre de sortir des wagons. Elles étaient enveloppées de brouillard. Des plaques de glace collaient aux essieux. La locomotive chuintait, comme pour essayer de repousser le froid. Mais en tout cas, ce n'était pas l'air puant, chargé d'acide, d'Auschwitz. Elles se trouvaient quelque part sur une voie de garage, en pleine campagne. Elles durent s'aligner en colonne, et « en marche ». Tout le monde toussait. Leurs pieds, enveloppés dans de vieux chiffons, répondaient mal. Elles aperçurent un grand portail, et, derrière, une bâtisse garnie d'énormes cheminées, exactement comme à Auschwitz. Les SS étaient là, tapant dans leurs mains, pour essayer de se réchauffer. Les SS, les cheminées... Etaient-elles en train de vivre le même cauchemar ? Une jeune femme proche de Mila Pfefferberg se mit à pleurer.

– Tout ce voyage pour arriver devant les mêmes cheminées ! sanglotait-elle.

– Mais non, dit Mila. Ils ne perdraient pas leur temps comme ça. Ils nous auraient liquidées à Auschwitz.

Elle se retrouvait dans le même état d'esprit que Lusia, sans bien savoir d'où pouvait lui venir cette bouffée d'optimisme.

Mais en approchant du portail, elles aperçurent quelqu'un qui signifiait le salut : Herr Schindler. Oui, c'était bien lui, dépassant les autres d'une tête. Le chapeau tyrolien qu'il s'était offert pour célébrer son retour au pays natal lui donnait comme un air de fête. A ses côtés, un petit officier SS, tout noiraud. C'était l'Untersturmführer Liepold, le commandant de Brinnlitz. Oskar avait compris – comme ses prisonniers le comprendraient bientôt – que Liepold n'en était pas encore arrivé aux conclusions que s'étaient forgées les bons pépères de sa garnison. Lui croyait encore à la « solution finale ». Mais, bien qu'il fût l'adjoint hautement qualifié du Sturmbannführer

Hassebroeck et le symbole même de l'autorité sur place, ce fut Oskar qui sortit du groupe à la rencontre des femmes. Elles semblaient pétrifiées à la vue du sorcier émergeant du brouillard. Certaines esquissèrent un vague sourire. Mila Pfefferberg, comme beaucoup d'autres, a cet instant gravé dans sa mémoire. C'était le moment où la vie avait vaincu la mort. Quelques années plus tard, devant les caméras de la télévision allemande, une femme de ce groupe tentera d'expliquer ce qu'elle avait ressenti : « Il était notre père, il était notre mère, il était notre salut. Jamais, jamais il ne nous a laissées tomber. »

Oskar, avec une assurance toute pontificale, leur adressa des promesses qui tenaient du miracle :

– Nous savions que vous arriviez. Zwittau nous avait prévenus. Le pain et la soupe vous attendent. Vous n'avez plus rien à craindre. Je suis là désormais.

L'Untersturmführer pouvait bien donner des signes d'irritation, il ne pouvait rien faire après un tel discours. Rien. Et il se tut pendant qu'Oskar faisait pénétrer les prisonnières dans la cour de l'usine.

Les hommes avaient appris la nouvelle. Tout le monde se penchait au balcon du dortoir. Steinberg et son fils cherchaient Clara, les Feigenbaum, Nocha et sa petite fille, Juda Dresner, Janek... Le vieux M. Jereth, le rabbin Levartov, Ginter, Garde, et même Marcel Goldberg écarquillaient les yeux pour repérer leurs épouses. Mundek Korn cherchait non seulement sa mère et sa sœur, mais aussi Lusia, la jeune fille qui refusait de broyer du noir et pour qui il éprouvait une certaine tendresse. Quant à Bau, il se sentait envahi par une immense tristesse dont il lui serait difficile d'émerger : il savait désormais que ni sa mère ni sa femme ne viendraient jamais à Brinnlitz. En apercevant Chaja Wulkan dans la cour de l'usine, Wulkan, le joaillier, ne put s'empêcher de sentir monter une bouffée de gratitude à l'idée que dans cette époque atroce, quelques individus n'hésitaient pas à s'engager pour secourir des condamnés.

Pfefferberg agitait un paquet qu'il avait gardé précieusement pour Mila : un écheveau de laine volé dans l'ancien entrepôt des Hoffman et deux aiguilles à tricoter qu'il avait confectionnées lui-même dans l'atelier de soudure. Le fils de Frances Spira, âgé de dix ans et demi, avait mis un poing dans sa bouche pour s'empêcher de crier à la vue de sa mère. Il savait que les SS ne manqueraient pas de le repérer.

Les femmes s'avancèrent en trébuchant sur les pavés de la cour. Certaines d'entre elles étaient si malades, si maigres qu'elles en étaient méconnaissables. D'autant que toutes avaient le crâne rasé et portaient les oripeaux glanés à Auschwitz. C'était pourtant un événement extraordinaire. Aucune autre réunion de ce type ne s'était jamais produite et ne se produirait jamais plus dans cette Europe mutilée. Jamais un groupe de déportés à Auschwitz n'aura été sauvé de cette façon-là.

On amena les femmes dans un dortoir tapissé de paille. Les lits de camp n'étaient pas encore arrivés. Une SS leur servit un bol de soupe épaisse où nageaient quelques morceaux de viande. Le fumet qui s'en dégageait leur rappelait la promesse d'Oskar : « Ici, vous n'avez plus rien à craindre. »

Mais elles ne pouvaient pas toucher leurs hommes : leur dortoir était en quarantaine. Même Oskar, après consultation avec l'équipe médicale, se méfiait de ce qu'elles avaient pu ramener d'Auschwitz.

Il y avait pourtant quelques failles dans le système de quarantaine : une brique descellée au-dessus du lit de camp du jeune Moshe Bejski permettait un échange de messages qui fonctionna de manière ininterrompue pendant les premiers jours. Les latrines des femmes disposaient d'un petit trou d'aération qui donnait en haut d'un mur des ateliers. Pfefferberg empila des caisses et aménagea une niche qui permettait à un homme de s'asseoir et de communiquer. Enfin, la barrière de barbelés qui coupait en deux le balcon attenant aux dortoirs n'empêchait pas les groupes de se former de part et d'autre. Les prisonniers s'amusaient beaucoup des conversations qu'échangeaient à cet endroit les vieux Jereth.

– Etes-vous allée à la selle aujourd'hui, ma mie ? s'inquiétait M. Jereth dont l'épouse était à peine remise des crises de colique dont la plupart des prisonnières avaient été frappées à Birkenau.

Tout le monde craignait le dispensaire et personne ne voulait y aller. Le souvenir de Plaszow et des traitements à l'essence infligés par le Dr Blancke aux mourants était encore dans toutes les mémoires. Même ici, on ne pouvait pas écarter la possibilité d'une inspection éclair du type de celle qui avait valu aux enfants de se retrouver à Auschwitz. Les circulaires concoctées à Oranienburg étaient très claires : aucun malade gravement atteint ne devait séjourner dans les dispensaires de ces camps de travail dont la seule fonction était de procurer une main-d'œuvre d'esclaves. Il n'empêche. Le dispensaire de Brinnlitz était rempli de femmes. Janka Feigenbaum, la jeune fille atteinte de cancer, était là. Sans doute allait-elle mourir, mais au moins mourrait-elle au milieu des siens. Mme Dresner et une bonne douzaine d'autres prisonnières, incapables d'avaler quoi que ce soit sans le régurgiter, se trouvaient également dans le dispensaire. Lusia et deux autres jeunes filles atteintes de scarlatine avaient été mises à l'écart dans la chaufferie du sous-sol. Au moins, là, il faisait bon.

Emilie s'affairait dans le dispensaire avec toute l'efficacité et la discrétion d'une nonne. Les prisonniers qui démontaient les machines de Hoffman pour les entreposer dans un abri situé à quelque distance ne remarquaient même pas ses allers et retours. « C'était, dira l'un d'entre eux, une épouse soumise et effacée. » En fait, tous ceux qui n'étaient pas au dispensaire n'avaient d'yeux que pour leur héros providentiel : Oskar le Magnifique.

Oskar, il est vrai, avait des attentions touchantes. Un soir qu'il était venu dans l'atelier des tours où travaillait l'équipe de nuit, il avait remis à Manci Rosner le violon de Henry. Il l'avait récupéré dans un entrepôt de Gröss-Rosen un jour où il était allé voir Hassebroeck. Cela lui avait coûté cent Reichsmark. En lui tendant l'instrument, il lui avait souri d'une manière qui semblait dire : « Voilà déjà le violon, mais vous verrez, le mari, ce sera pour bientôt. »

De tels gestes pouvaient faire oublier que derrière Herr Direktor, il y avait aussi une femme. Les malades, elles, ne l'oubliaient pas, car Emilie était bien présente parmi elles. Elle les nourrissait de semoule qu'elle avait trouvée Dieu sait où et qu'elle préparait dans sa cuisine avant de l'envoyer à la *Krankenstube*. Le Dr Alexander Biberstein pensait que Mme Dresner n'avait plus que quelques jours à vivre. Emilie la nourrit elle-même de semoule pendant sept jours consécutifs. La dysenterie finit par être vaincue. L'exemple de Mme Dresner semblait bien confirmer ce qu'avait dit Mila Pfefferberg : si Oskar ne les avait pas tirées de Birkenau, la plupart d'entre elles n'auraient pas vécu une semaine de plus.

Emilie prodiguait également ses soins à Janka Feigenbaum, la jeune fille de dix-neuf ans atteinte du cancer. Lutek, son frère qui travaillait dans l'usine, voyait Emilie passer et repasser avec de la nourriture destinée à Janka. « Elle était sans doute fascinée par Oskar, témoignera-t-il. Qui ne l'était pas ? Et pourtant, on sentait bien que c'était une sacrée bonne femme. »

Quand Feigenbaum cassa ses lunettes, ce fut Emilie qui s'occupa de lui en procurer d'autres. L'ordonnance traînait depuis des années au milieu des dossiers d'un oculiste de Cracovie. Emilie s'arrangea pour qu'une personne qui se rendait à Cracovie puisse mettre la main sur l'ordonnance et fasse faire les lunettes sur place. Feigenbaum avait été d'autant plus touché par ce geste qu'il allait exactement à l'opposé d'un système qui voulait que les juifs soient myopes, et même aveugles. On a fait circuler de nombreuses histoires sur les lunettes qu'Oskar aurait fait faire pour tel ou tel prisonnier. On peut se demander si la légende d'Oskar n'a pas fini par rejeter Emilie dans l'ombre, de la même manière que la légende d'Arthur ou de Robin des Bois a relégué leurs compagnons dans les coulisses.

34

Les médecins qui travaillaient à la *Krankenstube*, les Drs Hilfstein, Handler, Lewkowicz et Biberstein, s'inquiétaient à l'idée qu'ils allaient finir par découvrir un jour ou l'autre un cas de typhus. Pas seulement parce que le typhus était une terrible maladie, mais parce que c'eût été un prétexte pour fermer Brinnlitz et pour expédier les malades dans la sinistre baraque de Birkenau, « ACHTUNG TYPHUS », où on les laissait mourir. Une semaine après l'arrivée des femmes, alors qu'Oskar effectuait une visite au dispensaire, Biberstein lui annonça qu'il pensait avoir décelé deux cas : maux de tête, malaise général, forte fièvre, bref, tous les signes annonciateurs. Il faudrait isoler ces deux-là quelque part dans l'usine.

Biberstein n'avait pas besoin de faire un dessin à Oskar. Tout le monde savait que les poux véhiculaient le microbe et que les prisonniers étaient remplis de poux. L'incubation durait environ deux semaines. Combien de douzaines, de centaines de prisonniers seraient-ils atteints ? Même après l'installation des nouveaux lits de camp, les gens étaient trop tassés dans les dortoirs. Les amoureux se passaient la vermine au cours de leurs brèves rencontres dans quelque coin obscur des ateliers. Les poux allaient-ils avoir raison d'Oskar ?

Il donna des ordres à exécuter immédiatement : construction d'une salle d'épouillage au premier étage, avec douches et lessiveuses pour faire bouillir le linge. La chaudière du sous-sol fournirait la vapeur. Les soudeurs devraient travailler d'arrache-pied pour monter la tuyauterie le plus rapidement possible. Ce type de projet faisait évidemment l'unanimité. Les grosses machines Hilo, désormais plantées sur leurs assises de béton, pouvaient bien témoigner de l'incomparable effort industriel que les prisonniers étaient prêts à consentir... En fait, à Brinnlitz, ce qui comptait, c'étaient les productions annexes. Les femmes tricotaient des chandails avec les écheveaux de laine raflés dans l'entrepôt des Hoffman. Elles ne s'activaient vraiment derrière leurs machines que quand un officier ou un sous-officier SS traversait les ateliers pour se rendre au bureau de Herr Direktor, ou quand Fuchs et Schoenbrun, les deux ingénieurs civils, d'une incompétence notoire, sortaient de leurs bureaux.

L'Oskar de Brinnlitz était bien le même Oskar que les anciens d'Emalia avaient connu : bon vivant et chaud lapin. Un jour que Mandel et Pfefferberg s'étaient retrouvés exténués et en eau après avoir soudé des tuyaux pendant des heures et des heures, ils décidèrent d'aller se rafraîchir en montant jusqu'au réservoir d'eau situé au sommet d'un des ateliers. On y accédait par une série de passerelles et d'échelles en fer. Quelle ne fut pas leur surprise de constater que le réservoir était déjà occupé : Oskar, complètement nu, flottait à la surface. Une SS blonde, celle qui avait accepté la broche de Regina Horowitz pour prix de son silence, partageait la piscine improvisée, sa charmante poitrine pointant vers le ciel. La vue des deux hommes ne parut pas troubler Oskar. Pour lui, la pudeur était un concept aussi difficilement concevable que, disons, l'existentialisme. Les deux voyeurs malgré eux apprécièrent beaucoup, de leur côté, les formes de la jeune fille.

Ils s'excusèrent et partirent aussitôt, hochant la tête et riant comme des écoliers. Oskar, imperturbable, continuait à folâtrer au-dessus d'eux.

Il n'y eut pas d'épidémie. Biberstein rendit grâces au ciel et surtout à la station d'épouillage. Quand la dysenterie disparut, il rendit grâces à la nourriture. Son témoignage figure dans les archives de Yad Vashem : au début de leur séjour dans le camp, la ration quotidienne dépassait deux mille calories par personne. Dans toute l'Europe en proie à un terrible hiver, seuls les juifs de Brinnlitz étaient aussi bien nourris.

On ne servait pas que de la soupe. Il y avait aussi du porridge. Un prisonnier se rendait régulièrement au petit moulin construit sur la rivière dans laquelle avaient été déversées les caisses de liqueurs d'Oskar. Mundek Korn se rappelle qu'une fois là-bas, il suffisait de ficeler le bas du pantalon et de le remplir de flocons d'avoine par la ceinture. Certes, on n'avait pas la démarche très assurée quand on passait au retour devant les sentinelles. Une fois dans le camp, deux gaillards vous soulevaient au-dessus d'un chaudron dans lequel s'écoulait la précieuse nourriture.

Les faux laissez-passer étaient la spécialité de Moshe Bejski et de Josef Bau qui travaillaient dans le bureau de dessin. Oskar s'y rendit un matin avec, en main, des documents frappés du cachet des services de ravitaillement du gouvernement général de Pologne. Ses meilleurs contacts pour obtenir de la nourriture au marché noir se trouvaient encore à Cracovie. Il faisait les arrangements par téléphone. Mais pour que les vivres passent la frontière, il fallait des papiers d'accompagnement émis par le secrétariat à l'Alimentation du gouvernement général. Oskar indiqua à Bejski le cachet apposé sur les documents qu'il avait en main.

– Vous pouvez m'en faire un comme ça ? demanda-t-il.

Bejski était passé maître dans l'art de fabriquer des faux à l'aide de toute une panoplie de rasoirs et de lames soigneusement effilées. Il allait bientôt remettre à Oskar le premier des cachets « officiels » fabriqués à Brinnlitz, ces fameux cachets qui deviendraient l'emblème de la contre-bureaucratie. Car il y en aura beaucoup d'autres : cachet du gouvernement général, du gouverneur de Moravie, cachets pour les autorisations de circuler qui allaient permettre aux prisonniers de conduire des camions jusqu'à Brno ou Olomouc et d'y faire provision de pain, d'essence, de farine, de tissu ou de cigarettes. La réserve de nourriture était tenue par Leon Salpeter, un pharmacien de Cracovie qui avait été membre du Judenrat de Marek Biberstein. Il y stockait les lots misérables expédiés de Gröss-Rosen par Hassebroeck, plus tout le reste : légumes, céréales, farine, etc., achetés au marché noir grâce à l'argent d'Oskar et au talent de faussaire de Bejski.

« Brinnlitz, racontera un des anciens prisonniers, ce n'était pas la joie. Mais à côté des autres camps, c'était le paradis. » Les prisonniers savaient qu'on manquait partout de nourriture et qu'en dehors du camp, peu de gens mangeaient à leur faim.

Et Oskar ? Est-ce qu'Oskar calquait ses propres rations sur celles des prisonniers ?

Cette question m'a toujours valu une réponse amusée. « Oskar ? Mais pourquoi l'aurait-il fait ? Il était Herr Direktor. Qui aurait bien pu lui reprocher ses repas ? » Réponse suivie d'une petite moue au cas où on aurait eu l'air un peu dubitatif. « Mais vous ne comprenez pas. On était tellement reconnaissant d'être là ! On savait bien ce qui se passait ailleurs. »

Oskar, comme au tout début de son mariage, avait à nouveau la bougeotte. Il s'absentait de Brinnlitz assez souvent. Stern, qui faisait en quelque sorte office d'intendant, l'attendait parfois toute la nuit. Emilie veillait avec lui. Itzhak ne s'est jamais formalisé des vadrouilles d'Oskar comme en témoigne un discours qu'il prononcera après la guerre. « Il circulait de jour comme de nuit, pas seulement pour trouver de la nourriture pour les juifs de Brinnlitz – grâce à de faux papiers forgés par un de ses prisonniers –, mais aussi pour acheter des armes et des munitions au cas où les SS auraient pris sur eux de nous exterminer quand viendrait la grande débandade. » Ce portrait d'un Herr Direktor parcourant la Moravie en tous sens pour venir en aide à ses travailleurs témoigne de la gratitude et de l'amitié que lui vouait Stern. Mais Emilie avait sans doute compris que toutes les absences d'Oskar n'étaient pas à mettre au compte de la solidarité.

Oskar était en tournée le jour où Janek Dresner, dix-neuf ans, fut accusé de sabotage. Dresner ignorait tout du travail en usine. A Plaszow, on l'employait à la station d'épouillage où il distribuait des serviettes aux SS venus prendre une douche quand il ne faisait pas bouillir les vêtements remplis de poux des prisonniers (il avait d'ailleurs attrapé le typhus et ne s'en était tiré que parce que son cousin, le Dr Schindel, l'avait fait entrer au dispensaire sous prétexte d'angine).

Le responsable du « sabotage » était en fait l'ingénieur Schoenbrun, l'un des directeurs techniques allemands : c'est lui qui avait transféré Dresner de l'atelier des tours à celui des grosses presses. Les techniciens avaient travaillé plusieurs semaines à mettre au point le calibrage des presses, mais la première fois où Dresner appuya sur le bouton de mise en marche, cela provoqua un court-circuit qui fissura une des plaques. Schoenbrun commença par engueuler copieusement le garçon avant de faire un rapport circonstancié qu'il expédia aux sections D et W d'Oranienburg, à Hassebroeck à Gröss-Rosen, et à l'Untersturmführer Liepold qui dirigeait le camp de Brinnlitz.

Le lendemain matin, Oskar n'était toujours pas rentré. Stern choisit de mettre le courrier au placard. Mais Liepold avait déjà reçu son rapport, délivré par porteur. Fidèle aux instructions, celui-ci attendait le feu vert de Hassebroeck et d'Oranienburg avant de procéder à l'exécution par pendaison du « saboteur ». Deux jours plus tard, Oskar n'était toujours pas réapparu.

– Il doit faire une sacrée java, commentait-on dans les ateliers.

Schoenbrun finit par découvrir que Stern avait planqué le courrier. Il piqua une rage et dit à Stern que son nom figurerait dans le rapport. L'autre commençait à connaître la musique : s'il n'avait pas expédié le rapport, c'était par simple courtoisie vis-à-vis de Herr Direktor. Celui-ci devait être mis au courant. Herr Direktor serait consterné d'apprendre qu'un prisonnier avait cassé une machine et qu'il lui en coûterait au moins dix mille Reichsmark pour la réparer. Il fallait attendre Herr Direktor pour que lui aussi puisse ajouter ses propres commentaires.

Herr Direktor finit par réapparaître. Stern se précipita sur lui pour le mettre au courant de ce qui venait de se passer. L'Untersturmführer Liepold attendait également Oskar. Il venait de trouver un bon prétexte pour fourrer son nez dans la marche de l'usine, et il allait s'en saisir.

– Je présiderai l'audience, dit-il à Oskar. Vous, Herr Direktor, devrez témoigner par écrit de l'étendue des dégâts.

– Eh ! une minute, dit Oskar. C'est *ma* machine qu'on a cassée. C'est *moi* qui présiderai.

Liepold n'était pas d'accord. Selon lui, le prisonnier était sous la juridiction de la section D.

– Mais la machine, elle, est sous la juridiction de l'Inspection des armements, répliqua Oskar. De plus, je ne peux pas autoriser la constitution d'un tribunal dans mes ateliers. Si Brinnlitz avait été une fabrique de chaussures, soit. Cette affaire n'aurait eu qu'un impact limité sur la production. Mais n'oubliez pas que je dirige une usine de munitions, que je fabrique des pièces pour des armes secrètes. Je ne peux pas prendre le risque de la moindre perturbation au sein de la main-d'œuvre.

Oskar finit par convaincre Liepold. Celui-ci, conscient des hautes protections de Herr Direktor, ne voulait sans doute pas pousser le bouchon trop loin. L'audience eut lieu un soir dans un des ateliers de la DEF. Le tribunal était composé d'un président, Herr Oskar Schindler, et de deux assesseurs, Herr Schoenbrun et Herr Fuchs. Une jeune Allemande remplissait le rôle de greffière. L'accusé se retrouva donc devant une cour qui avait toutes les apparences de la légalité. Aux termes de la circulaire émise le 11 avril 1944 par les services de la section D, Janek allait devoir franchir le premier échelon d'un processus qui, une fois donné le feu vert de Hassebroeck et d'Oranienburg, le conduirait à la potence dans la cour de l'usine devant tous les prisonniers rassemblés, y compris ses parents et sa sœur.

Janek remarqua qu'Oskar s'était départi de toute familiarité à son égard. Il ne connaissait guère Herr

Direktor que par ce que les autres, et notamment son père, lui en avaient dit. Aussi fut-il un peu surpris quand Oskar commença à lire le rapport de Schoenbrun avec la tête de marbre de circonstance. L'homme était-il à ce point affecté par la détérioration de sa machine ? Jouait-il la comédie ?

Une fois terminé l'énoncé des faits, Herr Direktor en vint aux questions. Dresner expliqua qu'il ne connaissait pas la machine. Cela l'avait rendu nerveux et il avait commis une erreur. Il assura Herr Direktor qu'il n'y avait aucun parti pris de sabotage dans cette affaire.

– Si vous n'avez pas les qualifications requises pour la fabrication des armes, vous ne devriez pas être ici, interrompit Schoenbrun. Herr Direktor m'a donné l'assurance que tous les prisonniers qui se trouvaient ici étaient hautement qualifiés dans cette branche. Et vous êtes là, Häftling Dresner, en train de plaider l'incompétence.

Schindler donna l'ordre au prisonnier sur un ton comminatoire de dire très exactement ce qui s'était passé. Dresner expliqua les préparatifs pour la mise en route de la machine, le déclenchement, les quelques tours à vide, le branchement, la folle accélération, puis la casse. Herr Schindler paraissait s'énerver de plus en plus. Ses yeux jetaient des éclairs pendant qu'il marchait de long en large. Quand Dresner tenta d'expliquer qu'il avait voulu apporter une modification au système de contrôle, Schindler s'arrêta brusquement, hors de lui.

– Qu'est-ce que vous dites ? hurla-t-il en direction du garçon.

– J'ai ajusté le système de pression, Herr Direktor, répéta Dresner.

Oskar se précipita sur lui et lui expédia un crochet à la mâchoire. L'autre accusa nettement le coup. Il avait mal, et pourtant il se sentait mieux. Car Oskar, le dos tourné aux autres juges, avait lancé en même temps que son poing un clin d'œil tel qu'on ne pouvait pas se méprendre sur sa signification.

– La bêtise, la bêtise de ces gens ! poursuivait Oskar en levant les bras au ciel. Je n'arrive pas à y croire !

Puis, se tournant vers Schoenbrun et Fuchs comme pour les prendre à témoin :

– *J'aimerais* qu'ils soient assez intelligents pour commettre un acte de sabotage délibéré. A ce moment-là, je pourrais au moins avoir leur peau de métèques. Mais qu'est-ce que vous voulez faire avec de tels imbéciles ? On perd vraiment son temps.

Il serra les poings comme s'il allait frapper Dresner à nouveau.

– Fous-moi le camp ! hurla-t-il.

En quittant la salle, Dresner entendit Oskar dire aux autres qu'il valait mieux oublier toute l'affaire.

– J'ai un excellent Martell, là-haut, ajouta-t-il.

La manœuvre, si habile qu'elle eût été, ne fut sans doute pas du goût de Liepold ni de Schoenbrun. La session ne s'était pas terminée de façon formelle. Il n'y avait pas eu de jugement. Mais ils ne pouvaient quand même guère se plaindre : Oskar avait accepté qu'un tribunal fût constitué et il avait pris les choses avec tout le sérieux nécessaire.

La façon dont Dresner racontera cette histoire plus tard laisse supposer que les prisonniers de Brinnlitz ne se maintenaient en vie que grâce à une succession de tours de force qui tenaient de la prestidigitation. Et de fait, le camp de Brinnlitz, l'usine de Brinnlitz étaient, de par leur nature même, une vaste calembredaine toujours recommencée.

35

Car l'usine ne produisait rien. « Pas un seul obus », diront les prisonniers de Brinnlitz en hochant la tête dubitativement. Aucun des obus de quarante-cinq millimètres, aucune des douilles fabriquées là-bas ne pourra jamais être utilisé. Oskar fera lui-même des comparaisons entre la production de DEF-Cracovie et celle de DEF-Brinnlitz. A Zablocie, l'usine de matériel de cuisine avait fabriqué pour plus de seize millions de Reichsmark de produits. L'usine de munitions, pour cinq cent mille Reichsmark. A Brinnlitz, on ne fabriquait pratiquement plus de matériel de cuisine car il n'y avait plus de débouchés. « Quant à la production du matériel de guerre, ajoutera Oskar sans rire, elle fut en proie à de nombreuses difficultés techniques dès le début. » En fait, il parviendra à expédier un camion de « pièces de munitions » d'une valeur de trente-cinq mille Reichsmark. « Mais ces éléments étaient déjà semi-finis quand ils étaient arrivés à Brinnlitz, témoignera Oskar. En faire moins et continuer à évoquer les difficultés du démarrage aurait paru de plus en plus suspect et nous aurait attiré des ennuis, pour moi comme pour mes juifs. D'autant que le ministre de l'Armement, Albert Speer, relevait de mois en mois les quotas de production. »

En freinant cette production au maximum, Oskar

courait plusieurs dangers. Au ministère de l'Armement, on le tenait en piètre estime. Mais surtout, les autres fabricants de munitions étaient furibards. Pour éviter la destruction de tout un ensemble au cours d'un bombardement aérien, les responsables allemands avaient imaginé de fragmenter la production : une usine fabriquait les douilles, une autre les amorces, une troisième mettait les charges dans les obus et assemblait le tout. Les obus fabriqués à Brinnlitz suivaient ainsi une filière qui leur valait d'être contrôlés à chaque étape par des ingénieurs dont Oskar ignorait tout et qu'il ne pouvait pas joindre. Il ne se privait pas de montrer à Stern, à Finder, à Pemper ou à Garde les lettres de protestation qu'il recevait. Elles le faisaient hurler de rire.

Le 28 avril 1945, Oskar célébrait son trente-septième anniversaire en buvant du cognac en compagnie de Stern et de Mietek Pemper. Ce jour-là, comme nous le verrons plus tard, la vie des prisonniers ne tenait qu'à un fil : le Sturmbannführer Hassebroeck avait lancé l'ordre de les mettre à mort. Mais pour l'instant, Oskar et ses deux prisonniers semblaient beaucoup s'amuser à la lecture d'un télégramme en provenance de l'usine d'assemblage de matériel de guerre de Brno. Le texte indiquait que les obus antitanks fabriqués à Brinnlitz étaient de si mauvaise qualité qu'ils avaient échoué à tous les tests de contrôle. Le calibrage était défectueux, et ils n'avaient pas été moulés à la bonne température, si bien qu'ils se fendillaient.

– C'est le meilleur cadeau d'anniversaire que j'aie reçu, se pâmait Oskar. Au moins je sais que mes obus ne seront pas responsables de la mort de quelque pauvre bougre.

Cet incident jette une lumière sur les deux extrêmes de la frénésie ambiante. D'un côté, voici Oskar, l'industriel, qui se réjouit de ne rien produire. De l'autre, le technocrate allemand, à demi fou, qui, sachant que Vienne est tombée, que les armées du maréchal Koniev viennent d'opérer leur jonction avec les Américains sur l'Elbe, croit encore dur comme fer qu'une petite usine de munitions cachée dans les collines de Moravie a encore le temps d'améliorer sa production et de se sacrifier sur l'autel de la discipline et de l'effort de guerre.

Mais à la lecture de ce télégramme, une question se pose : comment Oskar a-t-il bien pu tenir pendant sept mois dans ces conditions-là ?

Les gens de Brinnlitz nous ont parlé de toute une série d'inspections et de vérifications effectuées par les hommes de la section D ou les ingénieurs de l'Inspection des armements qui, carnets de contrôle en main, venaient régulièrement fourrer leur nez dans les chaînes de production. Oskar ne manquait jamais de les traiter royalement à déjeuner ou à dîner. La bonne chère étant rare à l'époque, les inspecteurs profitaient largement de l'aubaine. Les prisonniers qui travaillaient sur les tours, les presses ou les fours se rappellent en avoir vu certains tanguer dans les ateliers en exsudant de forts relents d'alcool. Ils racontent l'histoire d'un fonctionnaire qui s'était vanté, au cours d'une des dernières tournées d'inspection de la guerre, que Schindler ne parviendrait jamais à l'amadouer, ni par les bons sentiments ni par le ventre. Oskar lui aurait fait un croc-en-jambe dans l'escalier raide menant des ateliers aux dortoirs, et l'autre se serait retrouvé en bas avec le crâne fêlé et une jambe cassée. Les prisonniers ne se sont cependant jamais mis d'accord sur l'identité du personnage. Certains ont avancé le nom de Rasch, chef SS de la police de Moravie. Oskar ne s'est jamais vanté de l'affaire. Mais l'anecdote est assez symptomatique du rôle providentiel attribué à Oskar. Et il va de soi que ces gens avaient bien raison de se conforter en faisant circuler ce genre d'histoires, qu'elles fussent vraies ou fausses. Après tout, c'étaient eux qui couraient les plus gros dangers, et c'est eux qui auraient eu à payer les pots cassés si la légende s'était brisée.

Une des raisons pour lesquelles Brinnlitz tirait son épingle du jeu des inspections tenait à la roublardise des ouvriers. Les indicateurs de contrôle des fours, trafiqués par les électriciens, indiquaient la température optimale alors que la température réelle des fours était inférieure de quelques centaines de degrés.

– J'ai écrit aux fournisseurs, tempêtait Oskar devant les inspecteurs en jouant l'industriel bafoué qui voit ses bénéfices disparaître.

Il s'en prenait aux fondations, à l'incompétence des superviseurs allemands. Il évoquait une fois de plus les « difficultés de démarrage » et faisait miroiter la fabrication de montagnes de munitions dès que les problèmes initiaux seraient réglés.

Dans le secteur des machines-outils, tout semblait également normal. Les machines paraissaient calibrées à la perfection alors qu'il y avait un jeu d'un micro-millimètre. La plupart des inspecteurs repartaient de Brinnlitz les bras chargés de bouteilles de cognac et de cigarettes, débordant généralement de sympathie pour un homme confronté avec des problèmes d'une telle ampleur.

Stern racontera qu'Oskar achetait parfois des caisses de munitions à d'autres fabricants et qu'il les faisait passer pour siennes. Pfefferberg corroborera ce témoignage. Quoi qu'il en soit, Brinnlitz tenait bon.

Oskar invitait de temps en temps d'importants fonctionnaires régionaux qu'il savait hostiles à venir faire un tour de l'usine et à dîner. Ces gens n'étaient pas des experts en matière d'armements, mais ils avaient reçu des mises en garde contre Oskar signées Liepold, Hoffman ou quelques gestapistes locaux qui n'ignoraient rien du séjour de Herr Direktor rue Pomorska. Ils avaient expédié des missives à tous les fonctionnaires locaux, régionaux, et même aux pontes de Berlin pour dénoncer la moralité douteuse d'Oskar, ses relations équivoques, ses violations des lois raciales. Sussmuth l'avait averti des monceaux de lettres parvenues à Troppau. Oskar invita donc Ernst Hahn – un ivrogne invétéré, dira-t-il –, directeur adjoint du bureau de Berlin consacré à l'aide aux familles des SS. Hahn avait décidé de venir à Brinnlitz avec Frank Bosch, son ami d'enfance, compagnon de beuverie, et assassin de la famille Gutter. Oskar estimait que ce genre de relations publiques était suffisamment utile pour qu'il remise sa dignité au vestiaire.

Quand il se présenta aux portes de l'usine, Hahn portait très exactement l'uniforme dans lequel Oskar aurait souhaité le voir : rutilant, bardé de médailles comme il seyait à un vieux troupier qui avait vécu la création du parti. Son adjoint était tout aussi flamboyant.

Liepold, qui occupait une maison en location à l'extérieur du camp, avait été convié aux festivités. Cette soirée le mit hors de lui. Car Hahn – dont l'uniforme pompeux fera l'objet des sarcasmes d'Oskar – témoignait d'une affection sans bornes pour son hôte. Il est vrai que la plupart des ivrognes tombaient dans le même panneau. Mais Liepold était désormais convaincu que s'il continuait à envoyer des lettres de délation aux hautes autorités, elles pourraient bien atterrir sur le bureau d'un compagnon de bouteille de Herr Direktor, et que ça pourrait finir par lui retomber sur le nez.

Le lendemain matin, Oskar raccompagnait ses illustres hôtes à Zwittau. Tout le monde avait l'air très gai dans la voiture. Les nazis locaux saluaient au garde-à-vous sur les trottoirs cette vision fugitive de la splendeur du Reich.

Hoffman, pour sa part, était toujours resté sur son quant-à-soi. Il n'y avait – au dire d'Oskar – aucune possibilité d'exploiter la main-d'œuvre de ses trois cents prisonnières. La plupart passaient leur temps à tricoter. Et Dieu sait que le tricot n'était pas un passe-temps fortuit quand il fallait subir cet hiver rigoureux vêtu simplement d'un pyjama rayé. Hoffman s'était plaint formellement auprès des SS des vols perpétrés par les prisonnières dans les ballots de laine entreposés dans les annexes.

– Un scandale, fulminait-il, qui témoigne des véritables activités de la prétendue fabrique de munitions.

Un jour qu'Oskar rendait visite à Hoffman, le vieil homme paraissait jubiler.

– Nous avons envoyé une pétition à Berlin pour réclamer votre départ, déclara-t-il. Cette fois-ci, nous avons pris soin d'inclure des témoignages assermentés indiquant que votre usine fonctionne en contravention avec les lois économiques et raciales. Nous avons mentionné le nom d'un ingénieur invalidé de la Wehrmacht, actuellement à Brno, qui pourrait prendre le contrôle de l'usine et y faire du travail sérieux.

Oskar, l'air repentant, tenta de fournir à Hoffman quelques explications. Mais il téléphona immédiatement à Berlin pour demander au colonel Erich Lange de laisser dormir le dossier accusateur expédié par Hoffman et sa clique. Un compromis permit à Oskar de s'en tirer moyennant une amende de huit mille Reichsmark. Mais pendant tout le cours de cet hiver 1944-1945, les fonctionnaires civils et nazis de Zwittau ne cessèrent de l'accabler de mises en demeure, qu'il s'agisse de ses prisonniers ou de problèmes d'écoulement des eaux.

Lusia, qui allait passer tout l'hiver isolée dans un coin du sous-sol de l'usine, avait fait l'expérience de la méthode Schindler vis-à-vis des inspecteurs SS.

Les autres filles, pratiquement guéries, avaient rejoint le reste du groupe. Mais Lusia était en proie à des fièvres récurrentes. Ses articulations lui faisaient mal, ses aisselles étaient remplies de furoncles. Le Dr Handler, malgré l'avis contraire du Dr Biberstein, en avait percé quelques-uns avec un couteau de cuisine. Lusia savait qu'elle avait trouvé le seul coin d'Europe où une jeune juive à demi morte avait encore une chance de s'en tirer grâce aux soins qu'on lui prodiguait.

Coincée dans sa petite niche bien chaude proche de la chaudière, elle n'avait qu'une idée très vague de la succession des jours et des nuits. Aussi ne sut-elle pas à quel moment la porte donnant sur l'escalier s'ouvrit brusquement. Ce n'était pas Emilie Schindler qui, elle, était beaucoup plus discrète. Elle se raidit dans son lit en entendant un martèlement de bottes. Etait-ce une *Aktion* ?

En fait, il s'agissait de Herr Direktor, accompagné de deux officiers de Gröss-Rosen. Les bottes faisaient un boucan de tous les diables sur les marches de fer. Les hommes écarquillaient les yeux dans la pénombre. Lusia pensa que sa fin était venue. Elle serait la victime expiatoire qui calmerait les humeurs assassines de ces hommes et permettrait aux autres de s'en tirer. Bien qu'elle fût partiellement cachée par la chaudière, Oskar ne fit rien pour la dissimuler. Il s'approcha même de son lit pour lui adresser la parole devant les deux SS qui semblaient légèrement ivres.

– N'ayez aucune inquiétude, dit-il. Tout ira bien.

Paroles d'une banalité exemplaire qu'elle allait se remémorer toute sa vie. Car Oskar s'était approché tout près d'elle, comme pour bien signifier qu'elle n'était pas un cas contagieux.

– C'est une juive, annonça-t-il en faisant la moue. Je ne voulais pas la mettre dans la *Krankenstube*. Inflammation de toutes les articulations. De toute façon, elle n'en a plus pour longtemps. Ils lui ont donné au maximum trente-six heures.

Il se lança alors dans des explications sur les circuits d'eau chaude, la tuyauterie, les manomètres, les conduits de vapeur pour la salle d'épouillage. Il circulait dans la pièce en indiquant du doigt tel ou tel mécanisme, totalement indifférent à Lusia et à son lit de camp, comme si tout cela faisait partie du système de chauffage. Lusia se demandait si elle devait ouvrir ou fermer les yeux. Elle s'ingéniait à paraître encore plus mourante qu'elle n'était. En faisait-elle trop ? Apparemment pas, car Oskar, tout en poussant les deux hommes dans l'escalier, lui envoya un petit sourire. Lusia resterait encore six mois dans ce réduit avant de retrouver l'air libre et un monde complètement transformé.

Au cours de l'hiver, Oskar se constitua un petit arsenal qui alimenta la légende : certains prétendent que les armes avaient été achetées aux mouvements de résistance tchécoslovaques. C'est peu probable. Oskar n'avait pas caché son appartenance au parti nazi en 1938 et 1939, et il aurait sans doute jugé imprudent de contacter les résistants. On sait, en tout cas, que la plupart des armes furent fournies par quelqu'un au-dessus de tout soupçon : l'Obersturmbannführer Rasch lui-même, chef de la police de Moravie. La petite réserve comprenait des carabines, des armes automatiques, quelques pistolets et quelques grenades. Oskar dira plus tard qu'il avait obtenu le lot « sous le prétexte de pouvoir défendre son usine et pour le prix d'une très jolie bague offerte à l'épouse de Rasch ».

Nous n'avons que peu de détails sur le marchandage effectué au château Spilberk de Brno, siège des bureaux de Rasch. Mais on peut les imaginer. Herr Direktor, préoccupé par l'éventualité d'une attaque de partisans, se dit prêt à mourir, revolver en main, pour défendre son usine. Mais il aurait d'abord sacrifié son épouse, pour lui éviter le pire. Il évoque également la possibilité d'une poussée russe qui amènerait les barbares aux portes de son fief. Ses ingénieurs dévoués, Fuchs et Schoenbrun, ses techniciens compétents, sa secrétaire allemande, tous ces gens-là méritent de pouvoir se défendre. Ces sombres propos laissent un goût amer dans la bouche. Aussi Oskar préférerait-il entretenir Herr Obersturmbannführer de choses plus attrayantes. Il connaît sa passion pour les beaux bijoux. Et justement, il en a trouvé un superbe la semaine dernière. Peut-il le lui montrer ? « Dès que je l'ai vu, j'ai pensé immédiatement à Frau Rasch », dira Oskar en posant négligemment la bague sur le sous-main de l'Obersturmbannführer.

Uri Bejski, le frère du faussaire, un beau garçon plein de dynamisme, fut chargé de veiller sur les armes. C'était un protégé d'Emilie qui lui avait donné les clés de l'appartement des Schindler où il allait et venait comme bon lui semblait. Le fils Spira était également dans les petits papiers de Frau Schindler qui lui donnait régulièrement des tartines de margarine.

Uri forma trois commandos de prisonniers comprenant chacun cinq hommes. Parmi eux, Lutek Feigenbaum, quelques anciens de l'armée polonaise comme Pfefferberg, et ceux que les prisonniers appelaient les « gars de Budzyn ». Tous s'entraînèrent au maniement des armes, notamment des Gewehr 41 W, dans un entrepôt annexe.

Les « gars de Budzyn » étaient des officiers et des hommes de l'ancienne armée polonaise qui avaient survécu à la liquidation du camp de Budzyn placé sous le commandement de l'Untersturmführer Liepold. Tous ces hommes, une cinquantaine, très marqués politiquement, travaillaient dans les cuisines d'Oskar. Ils s'étaient familiarisés avec le marxisme pendant leur séjour dans le camp de travail et souhaitaient l'avènement d'une Pologne communiste. Ironie du sort, ils avaient trouvé un havre dans les cuisines bien chaudes d'un capitaliste notoirement apolitique, Herr Oskar Schindler.

Ils entretenaient de bons rapports avec les prisonniers juifs, qui, mis à part un petit groupe de sionistes, se préoccupaient beaucoup plus de survivre que de faire de la politique. Certains d'entre eux apprirent donc avec Uri Bejski le maniement des armes automatiques dont n'avait jamais disposé l'armée polonaise dans les années 30.

On peut imaginer que Frau Rasch aurait eu une attaque si elle avait vu se refléter dans son superbe diamant l'image de ce qu'il avait coûté : une bande de juifs et de marxistes armés de mitraillettes.

36

Les vieux camarades de beuverie d'Oskar, notamment Amon et Bosch, avaient fini par se persuader que celui-ci était atteint d'un virus projuif. Ils ne lui en voulaient pas pour autant. Ils avaient connu d'autres gens, bien sous tous rapports, frappés du même mal : une partie de leur cerveau avait été attaquée par une sorte de bactérie magique. Leur aurait-on demandé si la maladie était contagieuse, ils auraient répondu « oui », sans hésitation. Et ils auraient cité, pour étayer leur thèse, le cas de l'Oberleutnant Sussmuth.

Au cours de l'hiver 1944-1945, Oskar et Sussmuth complotèrent pour tenter de faire sortir trois mille femmes d'Auschwitz, par groupes de trois cents à cinq cents, afin de les installer dans des petits camps de Moravie. Oskar usait de son influence, de son entregent, et versait des pots-de-vin. Sussmuth s'occupait de la paperasserie. Certaines usines de textile de Moravie, dont les propriétaires n'étaient pas aussi farouchement antijuifs que les Hoffman, manquaient cruellement de main-d'œuvre. Cinq au moins de ces usines – à Freudenthal, Jagerndorf, Liebau, Grulich et Trautenau – acceptèrent des contingents de prisonnières d'Auschwitz et installèrent des camps pour les recevoir. Ce n'était pas exactement le paradis, et cela d'autant moins que les SS avaient là une liberté d'action que Liepold ne pourrait jamais espérer avoir. Oskar dira lui-même que ces femmes vivaient « dans des conditions insupportables ». Mais au moins, les garnisons SS étaient composées là d'hommes d'un certain âge, moins rigides, moins fanatiques. Bien sûr, il fallait se soustraire au typhus, porter sa faim en bandoulière. Mais au moins, ces petits camps disséminés dans la campagne échapperaient aux ordres d'extermination qui seraient lancés au printemps.

A cette époque, le virus projuif avait peut-être frappé Sussmuth, mais il avait terrassé Oskar. Celui-ci avait demandé qu'on lui envoie trente métallos supplémentaires. On sait qu'il avait perdu tout intérêt dans la production de son usine, mais il pensait que trente ouvriers qualifiés en plus apporteraient un surcroît de crédibilité à son entreprise auprès de la section D. Et il désirait ces trente-là avec la même passion dévorante qu'on voyait se consumer sur la poitrine du Sacré-Cœur dans la cuisine d'Emilie. Connaissant les faiblesses de Herr Direktor, il serait difficile de le canoniser. Mais au moins, à défaut de sauver les âmes, il voulait sauver les corps.

Moshe Henigman, un des trente métallos, a laissé un document racontant leur délivrance tout à fait inattendue. Peu après Noël quelque dix mille prisonniers d'Auschwitz 3 qui travaillaient pour la fabrique d'armes Krupp Weschel-Union, pour la compagnie Terre et Pierre, pour l'usine Farben de carburants synthétiques et pour une usine de démontage d'avions durent quitter Auschwitz pour se rendre à pied, en colonne, jusqu'à Gröss-Rosen. Peut-être l'organisateur du transfert envisageait-il qu'une fois arrivés en basse Silésie, les prisonniers seraient affectés dans les petits camps de travail de la région. Manifestement, les SS qui accompagnaient les détenus n'en avaient cure. Personne ne s'était soucié des températures polaires qui s'étaient abattues sur la région en ce début d'hiver. Personne ne s'était soucié de nourrir la colonne. Les boiteux, les geignards, les asthmatiques étaient impitoyablement sortis des rangs et exécutés. Au bout de dix jours, dira Henigman, il ne restait guère que mille deux cents prisonniers sur les dix mille qui avaient pris la route. Au nord, les armées de Koniev avaient franchi la Vistule près de Cracovie : désormais toutes les routes qu'aurait dû prendre la colonne en direction du nord-ouest étaient coupées. On parqua les survivants dans un camp SS proche d'Opole où le commandant établit une liste des ouvriers qualifiés. Les sélections s'opéraient quotidiennement. Ceux qui n'étaient pas déclarés « bons pour le travail » étaient immédiatement exécutés. Les hommes, à l'appel de leur nom, ignoraient ce qui allait suivre : un croûton de pain ou une balle dans la nuque. Henigman eut la chance d'être sélectionné dans le bon groupe et se retrouva avec quelque trente autres camarades dans un wagon placé sous la supervision d'un soldat SS et d'un kapo. Le train devait se diriger vers le sud. « On nous avait donné un peu de nourriture pour le voyage, se rappelle Henigman. On n'en croyait pas nos yeux. »

Henigman racontera par la suite l'atmosphère totalement irréelle de leur arrivée à Brinnlitz. « On n'arrivait pas à imaginer qu'il pût encore exister quelque part un camp où les hommes et les femmes étaient ensemble, où il n'y avait pas de brutalités, pas de kapos. » Il en rajoutait quelque peu. A Brinnlitz, les hommes et les femmes étaient séparés. De temps à autre, la blonde petite amie SS d'Oskar ne pouvait s'empêcher de distribuer quelques paires de claques. Et le jour où quelqu'un dénonça à Liepold un prisonnier qui avait volé une patate dans les cuisines, le malheureux dut rester juché toute une journée sur un tabouret placé au milieu de la cour de l'usine, avec une patate coincée dans sa bouche dégoulinante de salive et une pancarte : « JE SUIS UN VOLEUR DE POMMES DE TERRE », accrochée au cou.

Pour Henigman, tout cela n'était que broutilles. « Comment pourrait-on décrire ce qui nous arrivait ? dira-t-il. On venait de quitter l'enfer. On se retrouvait au paradis. »

Quand Oskar le vit pour la première fois, il lui déclara amicalement :

– Refaites-vous d'abord une santé. Quand vous serez d'aplomb pour travailler, vous le direz aux superviseurs.

Henigman n'en revenait pas. Il se trouvait brusquement sur une autre planète.

Trente personnes sur dix mille, ce n'était évidemment pas beaucoup. Mais nous n'avons jamais voulu présenter Oskar sous les traits d'un dieu tout-puissant des opérations de sauvetage. Retenons simplement qu'il en a sauvé bien d'autres, comme Pfefferberg ou Helena Hirsch, qu'il a tenté de sauver le Dr Leon Gross et Olek Rosner, qu'il a fait avec la Gestapo de Moravie des marchandages dont on ne sait pas le prix, mais qui ont dû lui coûter une fortune.

Benjamin Wrozlawski, un prisonnier du camp de Gliwice, fut l'objet d'un de ces marchandages. Gliwice se trouvait dans une région soumise à la juridiction d'Auschwitz. Quand Koniev et Joukov lancèrent leur offensive du 12 janvier, tous les camps de la région d'Auschwitz durent être évacués. Les prisonniers de Gliwice furent placés dans des trains en direction de Fernwald. C'est au cours de ce transfert que Wrozlawski et un de ses amis, Roman Wilner, réussirent à sauter du convoi en marche. Un des rares moyens de s'échapper consistait à desceller une bouche d'aération et à se hisser sur le toit des wagons. Mais la plupart du temps, les gardes juchés aux deux extrémités du train tiraient sur les candidats à la belle.

Wilner, bien que blessé, parvint à s'échapper et traversa la frontière de Moravie avec son compagnon avant d'être repris à Troppau par les hommes de la Gestapo.

Après qu'ils eurent été fouillés et placés en détention, un gestapiste entra dans leur cellule pour leur annoncer qu'on ne leur ferait aucun mal. Ils n'avaient évidemment aucune raison de le croire. L'officier ajouta qu'il n'allait pas envoyer Wilner à l'hôpital malgré sa blessure, car celui-ci serait immédiatement happé à nouveau dans les rouages du système.

Les deux hommes restèrent environ deux semaines dans leur cellule, le temps que la Gestapo marchande avec Oskar le prix de leur transfert à Brinnlitz. Pendant tout ce temps, l'officier SS continua de leur faire savoir qu'ils étaient sous sa protection. Cette idée paraissait tellement absurde aux prisonniers que quand on les fit sortir de leur cellule, ils étaient persuadés qu'on allait les fusiller. Eh bien non ! Un SS les prit en charge et les accompagna dans un train en direction de Brno.

L'arrivée à Brinnlitz leur parut tenir de la magie. Exactement ce que Henigman avait ressenti. Wilner se retrouva dans le dispensaire sous la supervision de quatre médecins, les Drs Handler, Lewkowicz, Hilfstein et Biberstein. Quant à Wrozlawski, on le plaça dans un mini-dortoir pour convalescents établi dans un coin des ateliers. Herr Direktor allait souvent s'informer de leur santé. Tout cela semblait si irréel que Wrozlawski ne pouvait s'empêcher de broyer du noir. « Le dispensaire, jusqu'ici, c'était la première marche du gibet, dira-t-il plus tard. Alors, bien sûr, je me posais des questions. » On le nourrissait de porridge. Schindler venait lui rendre visite fréquemment. Il ne parvenait toujours pas à comprendre.

Les bonnes manières d'Oskar avec la Gestapo locale lui avaient permis d'augmenter de onze fugitifs son contingent de prisonniers. Ces onze-là auraient dû être fusillés.

Tel-Aviv, 1963. Le Dr Steinberg témoigne à son tour. Il était médecin dans un des petits camps de travail situés aux confins de la Moravie. Au fur et à mesure que la Silésie tombait aux mains des Russes, il devenait difficile pour les SS d'exercer un contrôle direct sur tous les camps annexes. Dans le camp de Steinberg qui comprenait environ quatre cents prisonniers, on fabriquait des pièces d'avion pour la Luftwaffe. La nourriture y était rare, le travail exténuant.

Ayant entendu parler de Brinnlitz, Steinberg parvint à obtenir un laissez-passer et un camion de l'usine pour s'y rendre. Il décrivit à Oskar les conditions lamentables qui prévalaient dans le camp de la Luftwaffe. Herr Direktor proposa aussitôt de lui allouer une partie de ses réserves de nourriture... Mais il faudrait trouver une raison valable pour permettre à Steinberg de venir régulièrement à Brinnlitz. Il n'aurait qu'à prétendre qu'il avait besoin de secours médicaux que lui donneraient les quatre médecins affectés au dispensaire du camp.

Grâce à ce subterfuge, Steinberg put se rendre deux fois par semaine à Brinnlitz pour y embarquer certaines quantités de pain, de semoule, de pommes de terre et de cigarettes. Quand Schindler se trouvait près de la réserve de vivres au moment de son arrivée, il faisait semblant de regarder ailleurs.

Steinberg n'a jamais su exactement le tonnage de provisions récupérées de cette manière, mais il affirma que sans cela, au moins cinquante prisonniers du camp de la Luftwaffe seraient morts au cours de l'hiver.

Une autre opération, presque aussi étonnante que

celle qui permit à quelques milliers de prisonniers de quitter Auschwitz, aboutit au sauvetage de cent vingt prisonniers de Goleszow, une fabrique de ciment appartenant à l'entreprise SS Terre et Pierre située à l'intérieur d'Auschwitz 3. L'évacuation d'Auschwitz battait son plein au cours du mois de janvier 1945. Les gens de Goleszow se retrouvèrent dans des wagons à bestiaux, et, si leur évacuation s'effectua dans des conditions aussi épouvantables que pour les autres détenus, au moins certains purent-ils s'en tirer.

La plupart des déportés d'Auschwitz étaient sur les routes à cette époque. Dolek Horowitz avait été expédié à Mauthausen tandis que le jeune Richard restait sur place avec un groupe d'enfants. Les Russes, qui allaient les délivrer un peu plus tard, après que les SS eurent évacué le camp, témoigneront à juste titre que ces enfants avaient été utilisés pour des expériences médicales. Henry Rosner et Olek (alors âgé de neuf ans, mais qui apparemment ne servait plus à rien en tant que cobaye) durent faire une marche forcée de près de cinquante kilomètres. Ceux qui ne pouvaient pas suivre étaient immédiatement fusillés. Arrivés à Sosnowiec, on les embarqua dans des wagons. Un garde SS censé faire le tri des enfants et des adultes prit sur lui de laisser Olek avec Henry. Les wagons étaient tellement bondés que les prisonniers durent rester debout, tassés les uns contre les autres. Sitôt que l'un d'entre eux mourait de froid ou de soif, un prisonnier suspendait le cadavre dans sa couverture à des crocs de boucher fixés au toit. Cela faisait de la place pour les survivants. Henry eut l'idée de suspendre ainsi Olek en lui faisant une espèce de sangle avec sa couverture. Le gamin voyageait ainsi plus confortablement et, juché sur son perchoir, il pouvait à chaque arrêt crier aux Allemands qui se trouvaient sur les quais d'envoyer des boules de neige à travers les grilles d'aération. Les prisonniers, mourant de soif, se disputaient les fragments qui parvenaient à l'intérieur.

Le train roula pendant sept jours, jusqu'à Dachau. A l'arrivée, la moitié des prisonniers du wagon des Rosner étaient morts. Quand on ouvrit les portes, plusieurs cadavres roulèrent sur le ballast. Olek, sitôt descendu, se précipita sous le wagon pour décrocher un morceau de glace qu'il se mit à lécher avidement. C'est ainsi qu'on voyageait en Europe au cours de ce mois de janvier 1945.

Pour les prisonniers de Goleszow, ce fut encore pire. La feuille de route des deux wagons, conservée dans les archives de Yad Vashem, indique que les prisonniers voyagèrent pendant plus de dix jours sans aucune nourriture, les portes des wagons scellées par le gel. R..., un gamin de seize ans, se rappelle qu'ils essayaient de détacher la glace qui se formait sur les parois pour apaiser leur soif. On ne les laissa même pas sortir à Birkenau. On exécutait à tout-va au cours de ces derniers mois de la guerre, et manifestement, on n'avait pas de temps à perdre avec eux. Les deux wagons, parfois abandonnés sur des voies de garage, parfois accouplés à nouveau à une locomotive, allaient d'un endroit à l'autre. Les commandants des camps refusaient de prendre en charge ce bétail humain sous prétexte qu'il n'avait plus aucune valeur industrielle, et parce que les possibilités d'hébergement avaient atteint l'extrême limite du tolérable.

Fin janvier, au petit matin, les wagons furent abandonnés sur une voie de garage de Zwittau. Oskar raconte qu'un ami lui téléphona du dépôt ferroviaire pour lui signaler des grattements, des gémissements et des appels en provenance de deux wagons. Ces appels étaient lancés en autant de langues qu'il y avait de nationalités à bord : Slovènes, Polonais, Tchèques, Allemands, Français, Hongrois, Hollandais et Serbes. Oskar dit à son correspondant (sans doute son beau-frère) d'envoyer les wagons à Brinnlitz.

D'après Stern, il faisait - 30 °C ce matin-là. Selon Biberstein, toujours soucieux de précision, il faisait au moins - 20 °C. Poldek Pfefferberg dut quitter précipitamment sa paillasse, armé d'une torche à acétylène, pour débloquer les portes coincées par le gel.

Il est difficile de décrire ce qu'il aperçut. Dans chaque wagon, les prisonniers avaient placé au centre, en pyramide, les cadavres gelés, recroquevillés. Parmi les survivants, noirs de froid et puant atrocement, aucun ne devait peser plus de trente-cinq kilogrammes.

Oskar s'activait dans les ateliers pour préparer un coin susceptible d'accueillir ces gens. Les prisonniers démontaient les dernières machines obsolètes de Hoffman pour faire de la place. On étalait la paille. Schindler était déjà allé voir Liepold pour l'avertir de l'arrivée des gens de Goleszow dont l'Untersturmführer, pas plus que les commandants des autres camps, ne voulait entendre parler.

– Vous n'allez tout de même pas me dire que ces gens sont des ouvriers qualifiés en matière d'armement ! fulminait-il.

Oskar reconnaissait la validité de ce point de vue, mais il se proposait de les inscrire quand même sur les registres et de verser six Reichsmark par jour pour chacun d'entre eux.

– Je pourrai les utiliser une fois qu'ils auront récupéré, disait-il.

Liepold était conscient des deux aspects du dilemme. Premièrement, il lui paraissait difficile de briser la détermination d'Oskar. Deuxièmement, Hassebroeck pourrait bien s'estimer satisfait de toucher des redevances supplémentaires. Liepold accepta finalement de les voir figurer sur les registres, et même d'antidater l'événement. Oskar, de cette manière, devrait payer pour des prisonniers qui n'avaient pas encore franchi les grilles de son usine.

On les enveloppa dans des couvertures et on les allongea sur la paille. Emilie arriva avec deux prisonniers portant un énorme baquet de porridge. Les médecins commencèrent à appliquer des pommades sur les membres gelés. Le Dr Biberstein avait dit à Oskar que ces gens avaient un besoin urgent de vitamines, mais il doutait qu'on puisse encore en trouver où que ce soit en Moravie.

On avait transporté les seize cadavres dans un abri. En contemplant les membres recroquevillés, le rabbin Levartov jugea qu'il serait difficile de les enterrer à la manière orthodoxe : celle-ci n'autorisait pas la rupture des os. Il faudrait de toute façon discuter du problème avec le commandant, qui voudrait sans doute s'en tenir aux directives de la section D recommandant l'incinération des corps. Les chaudières de Brinnlitz étaient d'ailleurs assez puissantes pour qu'un cadavre se volatilise en quelques minutes. Mais, par deux fois déjà, Schindler avait refusé cette méthode.

La première fois, ce fut à l'occasion du décès de Janka Feigenbaum, morte dans le dispensaire quelque temps auparavant. Liepold avait immédiatement donné l'ordre de brûler le cadavre. Oskar savait par Stern que cette façon de se débarrasser des morts était considérée comme sacrilège aussi bien par les Feigenbaum que par le rabbin Levartov. Peut-être lui aussi, par un vieux reste de catholicisme, trouvait-il ce procédé barbare puisque l'Eglise catholique, à cette époque, condamnait l'incinération. Oskar avait non seulement refusé à Liepold l'utilisation des chaudières, mais il avait demandé aux charpentiers de faire un cercueil, et c'est lui qui avait fourni le cheval et la charrette pour permettre à Levartov et à la famille d'aller enterrer la jeune fille dans les bois.

Le père et le frère de Janka marchaient derrière la charrette, comptant soigneusement leurs pas pour bien repérer la tombe afin d'aller récupérer le corps une fois la guerre terminée.

Quand la vieille Mme Hofstatter mourut à son tour, Liepold fit valoir à nouveau les directives de la section D. Oskar n'en tint aucun compte et, à la requête de Stern, fit construire un cercueil dans lequel on apposa une plaque sur laquelle était gravée la fiche d'identité de la vieille dame. Levartov fut autorisé à quitter le camp accompagné du *minyan* – le chœur des dix hommes appelés à réciter la prière des morts – afin que l'enterrement s'effectue selon les rites.

Stern fait remonter aux funérailles de Mme Hofstatter la demande d'Oskar pour qu'un coin du cimetière chrétien de Deutsch-Bielau, un village des environs, fût réservé aux juifs. Oskar se serait rendu un dimanche au presbytère pour faire une proposition au curé. Un conseil de la paroisse, aussitôt assemblé, aurait accepté de lui vendre un morceau de terrain adjacent au cimetière. On sait cependant que certains membres du conseil s'opposèrent à cette décision en arguant que la loi canon devait être interprétée à la lettre et que les corps des païens ne sauraient reposer en terre chrétienne.

D'autres prisonniers ont affirmé qu'Oskar avait acheté le terrain au moment de l'arrivée des gens de Goleszow. Le curé de la paroisse aurait alors indiqué à Oskar le coin du cimetière réservé aux suicidés, en suggérant que les morts de Goleszow fussent enterrés à cet endroit. Oskar aurait répliqué qu'il ne s'agissait pas là de suicide, mais d'un véritable génocide.

Quoi qu'il en soit, le décès de Mme Hofstatter a dû coïncider avec l'arrivée des morts de Goleszow. Ils furent tous enterrés selon le rite hébraïque dans le cimetière juif de Deutsch-Bielau.

Ces rites funéraires avaient eu un énorme impact sur le moral des prisonniers. Ils avaient vu les corps squelettiques, complètement tordus, qui n'avaient plus aucune apparence d'humanité. Le rituel religieux restaurait un peu de dignité humaine, aux morts comme aux vivants.

Un Unterscharführer SS d'un certain âge, grassement payé par Oskar, veillait à la bonne tenue du cimetière.

Emilie Schindler avait pris sur elle de traiter personnellement quelques affaires pressantes. Munie de faux laissez-passer procurés par Bejski, elle était partie, accompagnée de deux prisonniers, dans un camion chargé de vodka et de cigarettes en direction de la ville minière d'Ostrava, proche de la frontière polonaise. Grâce aux contacts de son mari, elle réussit à échanger sa cargaison contre des baumes antigelures, des sulfamides et ces quelques pilules vitaminées que Biberstein se désespérait de pouvoir se procurer. Emilie semblait avoir chaussé les bottes d'Oskar. Elle se mettait à voyager.

Ces premiers morts furent les derniers. Les gens de Goleszow étaient des « musulmans », c'est-à-dire des personnes qui, selon les critères de l'époque, n'avaient aucune chance de s'en tirer. Emilie ne croyait pas aux critères. Elle passait son temps à les nourrir. « Aucun de ces mourants n'aurait survécu sans les soins d'Emilie », affirmera Biberstein. Non seulement ils survécurent, mais ils commencèrent à vouloir se rendre utiles. Aussi, un magasinier demanda-t-il un jour à l'un d'entre eux de transporter une caisse dans un des ateliers. « Excusez-moi, monsieur, répondit l'homme. La caisse pèse trente-cinq kilos, et moi je n'en pèse que trente-deux. Ça paraît difficile, non ? »

Rien ne fonctionnait. Ni les machines ni la main-d'œuvre. C'est dans cette ambiance de débâcle qu'arriva Amon Goeth, à nouveau libre. Les SS l'avaient relâché pour cause de diabète. C'est vêtu d'un vieil uniforme dont les galons avaient disparu qu'il se présenta à Brinnlitz pour saluer les Schindler. Deux histoires circulent sur les motifs de sa visite. Il serait venu pour récupérer un petit trésor dont Oskar aurait eu la charge. Ou alors pour tenter d'obtenir un poste de direction dans l'usine. Peut-être cherchait-il simplement à se planquer.

Son séjour en prison l'avait considérablement amaigri. Il avait le visage dégonflé. Mis à part son teint jaune-bistre, il ressemblait beaucoup plus à l'Amon qui avait débarqué à Cracovie au début de l'année 1943 pour liquider le ghetto. Mais son regard avait changé : il était vide. Les prisonniers, ébahis, contemplaient cette silhouette de l'au-delà qui leur rappelait les pires cauchemars. Helena Hirsch, pétrifiée, souhaitait par-dessus tout qu'il disparaisse à nouveau. Tandis qu'Amon traversait la cour de l'usine pour se rendre au bureau d'Oskar, quelques ouvriers se mirent à siffler, d'autres témoignèrent leur mépris en crachant à terre. Les femmes qui tricotaient levaient leur ouvrage dans un geste de défi. Manifestement, il y avait de la vengeance dans l'air. Et Amon le savait. Ces gens qu'il avait terrorisés étaient encore là, bien vivants. Et ils lui signifiaient leur mépris.

Si Goeth voulait trouver un travail à Brinnlitz – le seul endroit sans doute où un Haupsturmführer sous surveillance aurait pu envisager de se refaire une santé –, il en fut pour ses frais. Comment Oskar s'y prit-il ? Peut-être par la seule magie de son verbe. Peut-être en le payant. La vieille méthode, quoi ! Herr Direktor, par courtoisie, tint à faire visiter son usine à Amon. Dans les ateliers, les réactions devenaient franchement hostiles, au point qu'Amon demanda à

Oskar de punir les prisonniers pour manque de respect. Herr Direktor murmura qu'il ne manquerait pas de prendre des sanctions et exprima la haute estime dans laquelle il tenait Herr Goeth.

Les SS n'avaient pas refermé entièrement le dossier. Un juge du tribunal SS était même venu à Brinnlitz quelques semaines auparavant pour interroger Mietek Pemper sur les activités de gestion de son ancien patron. Avant que ne débute l'interrogatoire, Liepold avait averti Pemper de se montrer prudent. « Le juge vous expédiera à Dachau pour être exécuté quand il vous aura tiré les vers du nez », avait-il dit en guise d'explication. Pemper, très prudemment, avait tout fait pour convaincre le juge qu'il n'avait eu que des fonctions très subalternes à Plaszow.

Amon savait que Pemper avait été appelé à témoigner sur son cas. Aussi essaya-t-il de le coincer pour tenter d'en savoir plus. Il était évidemment furibard de constater qu'un de ses anciens prisonniers puisse témoigner contre lui devant un tribunal SS. Pemper en était conscient. Il avait devant lui un homme fatigué, désabusé, désormais impuissant, et portant sur son visage un masque lugubre qui s'harmonisait parfaitement avec son uniforme miteux. Mais allez donc savoir ? Est-ce que sa véritable nature n'allait pas resurgir ?

– Le juge m'a averti de ne parler en aucun cas ni à qui que ce soit de mon interrogatoire, dit Pemper.

Amon, furieux, menaça de dénoncer à Herr Schindler son comportement. C'était, en fait, un aveu d'impuissance. Il n'avait jamais demandé auparavant à Oskar la permission de châtier qui que ce soit.

Le surlendemain de l'arrivée d'Amon, les femmes affichaient un petit air de triomphe. Elles savaient qu'il ne pouvait plus rien leur faire. Elles réussirent même à en persuader Helena Hirsch. Pas suffisamment, cependant, pour éviter des nuits agitées à l'ancienne esclave de Goeth.

La dernière fois que les prisonniers virent Amon, on l'emmenait en voiture à la gare de Zwittau. Jamais, jusqu'ici, une de ses visites ne s'était terminée sans que le sol s'effondre sous les pieds d'un pauvre couillon. Il était clair, désormais, qu'il n'avait plus aucun pouvoir. Et pourtant, un bon nombre de prisonniers n'osèrent pas le regarder en face au moment de son départ. Trente ans plus tard, Amon hanterait encore les nuits des survivants de Plaszow. De Buenos Aires à Sydney, de New York à Cracovie, de Los Angeles à Jérusalem, des hommes se réveilleraient encore avec des sueurs froides. « Quand vous voyiez Goeth, dira Poldek Pfefferberg, vous voyiez la mort. »

Amon aurait sans doute aimé voir figurer cette épitaphe sur sa tombe.

37

Tous les prisonniers avaient voulu participer à la célébration du trente-septième anniversaire d'Oskar. Un métallo lui avait confectionné un petit coffret à bijoux. Niusia Horowitz, âgée de douze ans, avait répété longuement la phrase en allemand qu'elle allait lui servir lorsqu'il se présenterait dans les ateliers :

– Herr Direktor, dit-elle d'une voix intimidée, tous les prisonniers vous souhaitent beaucoup de bonheur à l'occasion de vos trente-sept ans.

C'était le jour de sabbat, et ça tombait bien. Tous les prisonniers se rappelleront ce sabbat-là. Oskar avait débuté les festivités au petit matin en buvant avec quelques amis un excellent cognac, et en se pâmant d'aise au reçu du télégramme qui lui reprochait les qualités douteuses de ses produits. Il avait réussi à se procurer une énorme quantité de pain blanc qui avait été judicieusement réparti : tant pour la garnison SS, tant pour Liepold qui roupillait encore, tant pour les prisonniers. Les SS, ainsi mis dans le coup, ne pourraient guère protester contre la distribution faite aux prisonniers. Tout le monde eut droit à sept cent cinquante grammes. D'où venait ce pain ? Peut-être le propriétaire du moulin, Daubek, celui qui tournait le dos quand un prisonnier remplissait ses culottes d'avoine, avait-il fait un geste ? Mais, plus qu'un aliment, ce pain apparaissait comme le symbole d'un jour faste.

Il n'y avait pourtant guère lieu de se réjouir. Quelques jours auparavant, Liepold avait reçu un télégramme de Gröss-Rosen signé du commandant Hassebroeck, lui donnant des instructions sur le sort des prisonniers en cas de percée russe. Il y aurait une ultime sélection. Les plus âgés et les moins valides devraient être immédiatement exécutés. Les autres devraient rejoindre Mauthausen à pied.

Bien qu'ignorant ces instructions, les prisonniers subodoraient que quelque chose se tramait. Des rumeurs avaient circulé toute la semaine à propos de Polonais qui auraient été envoyés pour creuser des fosses communes dans les bois environnants. Pendant toute une journée, la distribution de pain blanc avait relégué ces rumeurs dans l'oubli. Pourtant, chacun sentait confusément qu'une période dangereuse se préparait.

Herr Kommandant Liepold n'était pas plus au courant du télégramme que les prisonniers. Le pli avait été remis à Mietek Pemper dans l'antichambre du bureau de Liepold, et celui-ci, après l'avoir ouvert à la vapeur, l'avait immédiatement porté à Oskar.

– Dans ce cas, dit Oskar, il va falloir se débarrasser de l'Untersturmführer Liepold.

Les deux hommes pensaient que Liepold était le seul SS de la garnison susceptible d'obéir à ce type d'instructions. Motzek, l'adjoint du commandant, un Oberscharführer ayant passé la quarantaine, pourrait sans doute provoquer un massacre en étant pris de panique. Mais assassiner trois mille cent personnes de sang-froid, c'était une autre paire de manches.

Quelques jours avant son anniversaire, Oskar se mit à inonder Hassebroeck de doléances confidentielles sur l'attitude « excessive » de Liepold. Il alla rendre visite à Rasch, le très influent chef de la police de Brno, pour se plaindre également. Il avait apporté des copies de lettres expédiées au général Glücks à Oranienburg et avait envoyé les mêmes copies à Hassebroeck. Oskar misait sur le fait que Hassebroeck se rappellerait ses bontés passées et sans doute futures ; qu'il prendrait note des pressions exercées par Oskar tant auprès d'Oranienburg que de Brno pour obtenir le déplacement de Liepold et qu'il ordonnerait le transfert de ce dernier sans chercher à enquêter sur la conduite de l'Untersturmführer vis-à-vis des prisonniers.

C'était une manœuvre typiquement schlindérienne, à la fois téméraire et tordue. Mais l'enjeu était de taille. Il y allait du sort de tous les hommes de Brinnlitz, du prisonnier n° 68821, Hirsch Kriser, un mécano de quarante-huit ans, jusqu'au prisonnier n° 77196, Jarun Kiaf, un ouvrier spécialisé de vingt-sept ans, survivant du convoi de Goleszow. De toutes les femmes, à commencer par Berta Aftergut, n° 76201, vingt-neuf ans, jusqu'à Jenta Zwetschenstiel, n° 76500, trente-six ans.

Oskar suscita des raisons supplémentaires de se plaindre de la conduite du commandant en l'invitant à dîner dans son appartement au-dessus de l'usine, le 27 avril, soit la veille de son anniversaire. Vers 11 heures du soir, les prisonniers de l'équipe de nuit, un peu interloqués, virent s'avancer, titubant, un commandant Liepold ivre mort, soutenu par un Herr Direktor qui, lui, paraissait sobre. Liepold, les pupilles dilatées, n'arrivait pas à ajuster suffisamment son regard pour reconnaître tel ou tel ouvrier. Cela le mettait en rage.

– Bande d'enculés de juifs ! hurlait-il en pointant son doigt vers le plafond. Vous voyez cette poutre ? C'est là que je vous pendrai tous. Tous !

Oskar le poussait affectueusement par l'épaule, murmurant à son oreille :

– Bien sûr, bien sûr. Mais pas cette nuit, non ? Une autre fois.

Le jour suivant, Oskar appelait Hassebroeck et les autres pour leur faire part de l'incident : le commandant se promène ivre mort dans mes ateliers, il pique des crises de rage et menace même mes ouvriers d'exécution immédiate. Mais ce ne sont pas des ouvriers ! Ce sont des techniciens de très haut niveau qui équipent des armes secrètes, etc. Bien que Hassebroeck eût été responsable de la mort de milliers de prisonniers, bien qu'il jugeât que tous les travailleurs juifs dussent être liquidés à l'approche des Russes, il accepta, en attendant cette échéance, de considérer l'usine de Brinnlitz comme un cas spécial.

– Liepold, insistait Oskar, ne cesse de me dire qu'il souhaiterait se retrouver à un poste de combat. Il est jeune, il est solide, il est volontaire.

Hassebroeck dit qu'il allait y réfléchir. Liepold, entre-temps, soigna sa gueule de bois pendant toute la journée où l'on célébrait l'anniversaire d'Oskar.

Herr Direktor en profita pour prononcer un discours étonnant en réponse aux vœux d'anniversaire qu'on lui adressait. Il avait bu toute la journée, et pourtant tout le monde s'accorde à reconnaître que rien n'en transparut dans son allocution. Nous n'avons pas le texte de ce discours, mais celui d'un autre, prononcé à dix jours d'intervalle, soit le 8 mai, et qui, d'après ceux qui l'ont écouté, avait la même teneur que le précédent.

En fait, ce n'était pas à proprement parler un discours, mais plutôt un compte rendu des nouvelles perspectives qui allaient être offertes aux prisonniers. Il voulait qu'ils prennent conscience que leur statut était désormais modifié, comme celui des SS, d'ailleurs. Longtemps auparavant, il avait dit à un groupe de ses travailleurs, dont Edith Liebgold, qu'ils verraient la fin de la guerre. Ce petit don de prophète, il l'avait exercé à plusieurs reprises avec une foi inébranlable, et notamment en novembre, quand les prisonnières d'Auschwitz étaient arrivées à Brinnlitz et qu'il leur avait dit : « Vous n'avez plus rien à craindre, désormais. Vous êtes avec moi. » La magie du verbe. Peut-être à une autre époque et dans d'autres circonstances Herr Direktor serait-il devenu un tribun démagogue du type Huey Long de la Louisiane, dont le talent consistait à persuader ses auditeurs qu'il leur fallait réaliser un front commun pour résister à l'influence perverse de leurs concitoyens.

Le discours d'anniversaire fut prononcé de nuit, en allemand, devant tous les prisonniers rassemblés dans un atelier. Quand Oskar entama sa péroraison, Poldek Pfefferberg sentit ses cheveux se dresser sur sa tête. Car le personnel allemand était là. Et les prisonniers étaient gardés par un détachement de SS. Pfefferberg scrutait les visages fermés de Schoenbrun et de Fuchs, les gueules impassibles des SS, l'arme automatique à l'épaule. « Ils vont le tuer, pensait-il. Et tout va s'effondrer. »

Le discours était axé sur deux promesses. D'abord, l'effondrement de la tyrannie était proche. Il parla des SS comme s'ils étaient, eux aussi, prisonniers des forces du mal et qu'ils aspiraient à leur libération. Beaucoup d'entre eux, expliqua-t-il, avaient été enrôlés de force dans les Waffen SS. Sa seconde promesse fut encore plus directe : il resterait à Brinnlitz jusqu'à la fin des hostilités, « et même cinq minutes plus tard », ajouta-t-il. Pour les prisonniers, ce discours était synonyme d'espoir. Oskar leur disait clairement qu'il n'y aurait pas de tombes creusées à la va-vite dans les bois environnants.

Le corps des SS avait été copieusement insulté. On saurait plus tard, d'après leurs réactions, comment ils avaient pris le discours. Mais Herr Direktor les avait avertis qu'il resterait à Brinnlitz au moins aussi longtemps qu'eux, et que, par conséquent, il deviendrait témoin.

Pourtant Oskar ne se sentait pas aussi sûr de lui qu'il en avait l'air. Il confessera plus tard qu'il craignait certaines réactions d'unités en retraite. Pas seulement les SS, saisis de panique et désespérés, mais aussi les troupes de Vlasov qui cantonnaient aux alentours de Brinnlitz. Ces soldats, membres de l'armée de libération russe, avaient été recrutés l'année passée, conformément aux directives de Himmler, parmi la masse de prisonniers russes. Ils avaient pour chef le général Andreï Vlasov, un ancien général de l'armée russe, capturé devant Moscou trois ans auparavant. Ces gens étaient particulièrement teigneux car ils n'avaient plus rien à perdre. Ils savaient que Staline voulait leur peau et que les Alliés la lui donneraient. Aussi noyaient-ils leur désespoir dans la vodka. Ce qui n'arrangeait rien.

Deux jours après l'anniversaire d'Oskar, l'Untersturmführer Liepold reçut sa nouvelle affectation. Il était transféré dans un bataillon d'infanterie SS cantonné près de Prague. Le commandant fit ses bagages et partit sans un murmure. Il avait souvent dit au cours des dîners chez Oskar, notamment après la seconde bouteille, qu'il préférerait aller se battre. Les officiers supérieurs de la Wehrmacht ou des SS qui, en cours de retraite, avaient été invités à dîner chez Oskar ces derniers temps, l'avaient tous conforté dans ses résolutions. Il est vrai que le commandant n'avait pas les mêmes raisons que les autres d'être persuadé que la cause était bien finie.

Il n'est guère probable qu'il ait appelé Hassebroeck avant son départ. Les communications téléphoniques devenaient de plus en plus aléatoires. Les Russes avaient investi Breslau et n'étaient plus qu'à un jet de pierre de Gröss-Rosen. Ainsi, laissant l'Oberscharführer Motzek en place, Josef Liepold « s'en alla-t-en guerre ». Ses vœux étaient exaucés.

Oskar ne croisait pas les bras en attendant la fin. Au cours des premiers jours de mai, il apprit – peut-être en téléphonant à Brno où les lignes fonctionnaient encore – qu'un des entrepôts où il s'approvisionnait venait d'être évacué. Il partit aussitôt en camion avec une demi-douzaine de prisonniers et franchit les postes de contrôle routiers en agitant ses faux laissez-passer « dûment signés et estampillés par les plus hautes autorités de Bohême et de Moravie », comme il l'annonçait sans sourciller. Quand ils arrivèrent sur place, l'entrepôt était en feu. Il y avait eu quelques bombardements aériens, mais surtout les armées allemandes avaient pour consigne d'incendier toutes les réserves avant de décamper. On se battait au centre de la ville où des résistants tchécoslovaques tentaient de déloger la garnison allemande. Herr Schindler n'en donna pas moins l'ordre de faire reculer le camion jusqu'au quai de chargement de l'entrepôt, fit défoncer une des portes et s'empara de tout un lot de cigarettes Egipski.

Ce petit intermède de piraterie lui avait fait oublier un moment ses soucis, alimentés par des rumeurs qui circulaient dans toute la Slovaquie : les Russes fusillaient tous les civils allemands qui tombaient entre leurs mains. Les informations de la B.B.C. indiquant que la guerre pourrait être terminée avant que les armées russes ne s'emparent de Zwittau le réconfortèrent quelque peu.

Les prisonniers étaient eux aussi à l'écoute de la B.B.C. grâce aux talents de Zenon Szenwich et d'Arthur Rabner, deux techniciens qui n'avaient cessé de manipuler les postes de radio d'Oskar depuis leur arrivée à Brinnlitz. Zenon écoutait régulièrement à 2 heures du matin le bulletin de la B.B.C. dans son atelier de soudure, entouré de tous ses camarades de l'équipe de nuit. Un SS porteur d'un message urgent les découvrit une nuit autour du poste.

– On est en train de réparer la radio de Herr Direktor, dit Zenon sans se démonter. On pense qu'on a réussi.

Les prisonniers avaient espéré que la Moravie serait libérée par les Américains. Mais depuis qu'ils avaient appris qu'Eisenhower avait fixé à l'Elbe la limite de la poussée alliée, ils attendaient les Russes. Le petit groupe proche d'Oskar avait rédigé en hébreu un témoignage en sa faveur qui pourrait avoir quelque utilité au cas où il serait arrêté par les forces américaines qui comprenaient un bon pourcentage de juifs et un certain nombre de chapelains de foi hébraïque. Herr Direktor était d'ailleurs résolu à tomber entre les mains des Américains. Il partageait l'idée communément admise en Europe que les Russes étaient des barbares, et les rumeurs en provenance de l'Est semblaient le conforter dans cette opinion.

Quand la B.B.C. annonça la signature de l'armistice au petit matin du 7 mai, Oskar poussa un fameux soupir. Aux termes de cet armistice, le cessez-le-feu prendrait effet le lendemain 8 mai à minuit. Oskar réveilla Emilie et fit appeler Stern pour célébrer l'événement.

– La garnison SS ne bougera pas, lui affirma Oskar.

Si Stern avait pu prévoir la façon dont Herr Direktor allait mener les affaires, il en aurait eu des sueurs froides.

Dans les ateliers, les prisonniers continuaient à travailler comme si de rien n'était. Ils se sentaient même animés d'une ardeur nouvelle. Aux environs de midi, Herr Direktor fit transmettre par haut-parleur le discours de victoire de Winston Churchill. Lutek Feigenbaum, qui comprenait l'anglais, abandonna son poste de travail, saisi de stupeur. Les prisonniers entendaient pour la première fois une langue qu'un bon nombre d'entre eux allaient devoir pratiquer dans le Nouveau Monde. Les intonations churchilliennes, aussi familières à tous les peuples que celles du Führer défunt, frappaient les oreilles des SS toujours perchés sur les miradors. Mais au moins ceux-là avaient-ils cessé de regarder ce qui se passait dans le camp. Ils préféraient surveiller les alentours où, d'après les télégrammes reçus, les Russes approchaient. Ils savaient également que les partisans rôdaient désormais partout. L'Oberscharführer Motzek leur avait dit de rester à leur poste. Le devoir leur imposait d'ailleurs de le faire... ce devoir qui était leur raison de vivre et que tant de SS invoqueraient devant les tribunaux.

Pendant les deux journées fertiles en événements qui séparaient la signature de l'armistice de son application, Licht, un bijoutier, confectionna un cadeau plus personnel que celui offert à Oskar à l'occasion de son trente-septième anniversaire. Il s'était servi de quelques grammes d'or extraits de la mâchoire du vieux Jereth, l'ancien directeur de la fabrique de caisses. Chacun sentait bien – y compris les « gars de Budzyn » qui étaient pourtant des marxistes confirmés – qu'il vaudrait mieux qu'Oskar décampe avant l'arrivée des Russes. Tous les prisonniers, notamment le petit groupe proche d'Oskar – Stern, Finder, Garde, les Bejski, Pemper –, voulaient marquer l'événement. Soulignons qu'à ce moment précis de l'histoire, ils ignoraient encore s'ils parviendraient à s'en tirer. Et pourtant, leur souci principal était de faire un cadeau d'adieu.

A Brinnlitz, le seul matériau encore disponible était l'acier. Aussi le vieux Jereth fit-il une suggestion :

– Sans Oskar, les SS me les auraient de toute façon piqués, dit-il en ouvrant la bouche pour montrer la série imposante de bridges qui la garnissaient. Tout cela serait aujourd'hui empilé dans un entrepôt avec les quelques millions de dents des gens de Lublin, de Lodz ou de Lwow.

C'était quand même un peu délicat, mais Jereth insistait tellement qu'un prisonnier ayant quelques connaissances dentaires retira les bridges. Licht mit le tout dans un creuset et confectionna une bague portant en inscription ce verset du Talmud que Stern avait cité à Oskar dans les bureaux de Buchheister en octobre 1939 : « Celui qui sauve une seule vie sauve le monde entier. »

Au cours de ce même après-midi, deux prisonniers s'activaient autour de la Mercedes d'Oskar pour glisser dans la garniture intérieure des petites sacoches contenant les diamants de Herr Direktor. Cette journée leur paraissait bien étrange. Quand ils sortirent du garage, le soleil se couchait derrière les miradors hérissés de mitrailleuses toujours chargées, mais qui paraissaient aujourd'hui étrangement anodines. Tout le monde attendait quelque chose, mais quoi ?

Dans la soirée, Oskar demanda au commandant de rassembler les prisonniers dans un des ateliers, comme il l'avait fait pour son anniversaire. Les ingénieurs et les secrétaires allemands qui s'apprêtaient à filer pour échapper aux Russes assistaient au rassemblement. Comme Ingrid, d'ailleurs, la vieille flamme d'Oskar, qui quitterait bientôt Brinnlitz en compagnie de son frère, un jeune soldat relevant d'une blessure. Sachant la nature d'Oskar et le soin qu'il prit à ne pas laisser ses prisonniers démunis, on peut imaginer qu'Ingrid n'est pas partie sans biscuits. Sans doute se reverraient-ils plus tard, à l'Ouest.

Des gardes armés surveillaient les prisonniers assemblés. L'armistice ne prendrait effet que dans six heures, et les SS étaient liés par leur serment de ne jamais abandonner la cause. Les prisonniers avaient les yeux fixés sur eux et tentaient d'évaluer leurs états d'âme.

Quand on annonça que Herr Direktor allait prononcer à nouveau un discours, deux prisonnières qui connaissaient la sténo, Mlle Waidmann et Mme Berger, allèrent chercher un crayon et un bloc. Ce discours à bâtons rompus, prononcé par un homme qui serait bientôt un fugitif, fut sans doute beaucoup plus émouvant que la transcription Waidmann-Berger. Oskar reprit les thèmes qu'il avait évoqués lors de son anniversaire, mais cette fois-ci les choses étaient beaucoup plus claires. Les prisonniers étaient aujourd'hui les témoins privilégiés d'une nouvelle ère. Tous les autres – les SS, lui-même, Emilie, Fuchs, Schoenbrun – avaient désormais besoin d'aide.

« La reddition inconditionnelle de l'Allemagne vient d'être proclamée, dit-il. Après six années de folie meurtrière, l'Europe pleure ses morts et tente de restaurer la paix et l'ordre. Je souhaite que chacun d'entre vous fasse preuve de sang-froid et de discipline pour passer ce cap difficile avant de retourner dans quelques jours vers ses foyers détruits, à la recherche des membres de sa famille qui auront survécu à cette tragédie. Mais je vous conjure d'éviter à tout prix une panique dont les retombées seraient désastreuses. »

Il était clair que cette dernière phrase s'adressait à la garnison SS.

« Le général Montgomery, chef des forces alliées, poursuivit-il, a demandé à ses troupes d'agir avec le souci de respecter la vie humaine dans les territoires conquis, et de faire la distinction entre les Allemands coupables et ceux qui n'ont fait que leur devoir. Les soldats du front et tous les travailleurs obscurs qui ont servi la patrie ne seront pas tenus pour responsables de ce qu'a fait un groupe d'hommes qui se disaient allemands. »

Oskar était en train d'adopter une ligne de défense en faveur de ses compatriotes que tous les prisonniers qui survivraient à cette nuit-là verraient reprendre des millions de fois à l'avenir. Mais si quelqu'un avait bien le droit de prononcer ces mots et d'être entendu avec au moins un minimum de tolérance, c'était bien Herr Oskar Schindler.

« Des milliers d'Allemands ont été révoltés par la liquidation de millions d'entre vous, vos parents, vos enfants, vos frères. Des millions d'Allemands ignorent tout de l'étendue des atrocités commises. »

Les archives de Dachau et de Buchenwald, récupérées quelque temps plus tôt par les Alliés et diffusées sur la B.B.C., avaient permis aux Allemands d'apprendre pour la première fois « le monstrueux parti pris d'annihilation de leurs dirigeants ». Oskar réitéra sa demande pour que chacun se conduise d'une façon juste et humaine, et ne cherche pas à jouer les justiciers. « Si vous avez des accusations à porter, faites-le dans les lieux appropriés. Dans cette nouvelle Europe, il y *aura* désormais des juges, des juges incorruptibles qui vous entendront. »

Il parla ensuite avec un soupçon de nostalgie de ses rapports avec les prisonniers et évoqua la possibilité d'être mis, lui aussi, dans le lot commun avec les Goeth et les Hassebroeck.

« La plupart d'entre vous savent les obstacles que j'ai dû surmonter, les persécutions que j'ai dû endurer pour garder mes prisonniers. S'il était déjà difficile de défendre les quelques droits des travailleurs polonais, de leur procurer du travail pour empêcher leur déportation en Allemagne, de protéger leurs maisons et leurs quelques biens, vous pouvez imaginer ce qu'a pu être le combat pour défendre les travailleurs juifs. »

Il décrivit quelques-unes des difficultés rencontrées et remercia ses travailleurs d'avoir accepté de satisfaire aux demandes des hautes autorités en charge de la fabrication des armements. Ces remerciements pouvaient paraître ironiques vu la productivité quasi nulle de Brinnlitz. En fait, Herr Direktor était en train de leur dire : « Merci de m'avoir aidé à saboter le système. »

Il demanda aux prisonniers d'avoir une bonne pensée pour tous les gens de la région qui leur avaient fourni une aide : « Si, dans quelques jours, les portes de la liberté s'ouvrent pour vous, soyez-en d'abord reconnaissants à tous ceux de Brinnlitz et d'ailleurs qui vous ont secourus en vous fournissant des vivres et des vêtements. J'ai tout fait pour que vous soyez convenablement nourris, et je m'engage à tout faire encore pour assurer votre protection et votre pain quotidien, et cela jusqu'à minuit cinq, c'est-à-dire cinq minutes après l'entrée en vigueur de l'armistice.

« Ne vous rendez pas dans les maisons voisines pour voler ou piller. Montrez-vous dignes des millions de victimes qui étaient des vôtres, et abstenez-vous de tout acte individuel de vengeance ou de terreur. »

Oskar dit aux prisonniers qu'ils n'avaient jamais été acceptés dans la région. Les juifs de Schindler étaient tabous à Brinnlitz. Et pourtant, combien d'individus ne leur avaient-ils pas porté secours ? Daubek, le meunier, leur avait procuré de la nourriture à la limite de ses possibilités. « C'est en votre nom que je remercie le brave meunier Daubek qui a tout fait pour vous nourrir.

« Ne me remerciez pas. Remerciez plutôt tous ceux qui ont œuvré nuit et jour pour vous sauver de l'extermination. Remerciez ce petit groupe de gens intrépides, les Stern, les Pemper et tous les autres qui n'ont jamais cessé, notamment à Cracovie, de chercher à vous protéger et qui ont maintes fois risqué la mort pour le faire. Je veux aussi remercier mes proches collaborateurs qui m'ont tant aidé dans mon travail. »

Oskar se tourna alors vers les gardes SS et les remercia de s'être abstenus de tout acte de barbarie, dont leur corps avait été trop souvent coutumier. Quelques prisonniers se mirent à gamberger. « Il nous a demandé de ne pas les provoquer, mais qu'est-ce qu'il fait, lui ? » Car les SS resteraient des SS. On leur avait appris les limites à dépasser, et Oskar était en train de franchir ces limites.

« J'aimerais, poursuivit-il, remercier les gardes qui ont été transférés sans leur consentement des unités de l'armée ou de la marine dans les Waffen SS. En tant que chefs de famille, ils ont pu prendre conscience de l'ignominie des tâches qui leur étaient demandées. Ils ont agi ici d'une manière exemplaire. »

Les prisonniers restaient bouche bée devant le sang-froid de Herr Direktor. Ils ne parvenaient pas à comprendre que celui-ci était en train de conclure le travail de sape commencé lors de son anniversaire. Il réduisait à néant toute velléité qu'auraient eue les SS de se battre. Car, s'ils avalaient sa version de ce qui était « humain et correct », il ne leur restait plus qu'une chose à faire : décamper.

« Pour terminer, dit-il, je voudrais que nous fassions tous une minute de silence à la mémoire des innombrables victimes qui sont mortes au cours de ces années cruelles. » Tous obéirent. L'Oberscharführer Motzek comme Helena Hirsch ; Lusia, qui était remontée de sa cave la semaine passée ; et Schoenbrun, et Emilie, et Goldberg. Tous. Aussi bien ceux que démangeait l'envie de voir le temps passer le plus vite possible que ceux que démangeait l'envie de fuir.

Une minute de silence à côté des énormes presses Hilo, elles aussi désormais silencieuses, pour conclure la plus terriblement bruyante de toutes les guerres.

Une fois la cérémonie terminée, les SS quittèrent rapidement l'atelier. Les prisonniers se regardaient d'un drôle d'air, et se demandaient si c'étaient eux maintenant les propriétaires des lieux. Ils se massèrent autour d'Oskar et d'Emilie alors que ceux-ci s'apprêtaient à partir. Ils présentèrent la bague réalisée par Licht. Oskar admira le travail et montra à Emilie l'inscription qu'il demanda à Stern de traduire. Les prisonniers s'attendaient à ce qu'Oskar partît d'un grand rire quand il apprendrait que l'or venait des bridges de Jereth qui montrait en souriant les brèches dans sa mâchoire. Au lieu de cela, Oskar plaça solennellement la bague à son doigt. Bien que personne ne le comprît encore tout à fait, les prisonniers étaient en train de vivre le moment où ils retrouvaient leur dignité humaine, le moment où Oskar Schindler devenait tributaire de leurs cadeaux.

38

Tandis que les SS commençaient à déserter les lieux, les commandos entraînés par Uri Bejski faisaient circuler les armes achetées par Oskar. Sachant bien qu'il serait désastreux d'attirer l'attention d'une quelconque unité SS battant en retraite, ils espéraient pouvoir désarmer la garnison de Brinnlitz sans avoir à engager le combat. Mais s'ils ne parvenaient pas à un compromis, il faudrait qu'ils attaquent les miradors à la grenade.

En fait, le discours d'Oskar avait produit son effet. Les gardes à l'entrée de l'usine remirent leurs armes avec un soulagement évident. Quant au commandant Motzek, il se trouva nez à nez avec Poldek Pfefferberg et Jusek Horn, un autre prisonnier. Sous la menace des mitraillettes, Motzek supplia qu'on lui laisse la vie sauve comme l'aurait fait n'importe quel individu âgé de plus de quarante ans qui n'avait plus qu'un désir : rentrer chez lui. Pfefferberg s'empara du revolver du commandant qui, après quelques heures de détention, fut relâché et prit le chemin de sa maison.

Les miradors, qui avaient fait l'objet d'un plan d'attaque en règle, avaient été évacués. Les prisonniers prirent la précaution d'installer quelques-uns de leurs hommes en haut pour indiquer à quiconque passerait par là que tout était en ordre.

Aux alentours de minuit, tous les SS, hommes ou femmes, avaient disparu. Oskar fit appeler Bankier dans son bureau pour lui remettre la clé d'un entrepôt spécial qui abritait dix-huit camions remplis de manteaux, d'uniformes, de tissu, de lainages, de chaussures et de cinq cent mille bobines de fil. Toutes ces marchandises provenaient d'un stock qu'utilisait la marine pour ses patrouilles fluviales dans la région de Katowice. Oskar avait réussi, « grâce à quelques cadeaux », à les faire entreposer chez lui au moment de l'offensive russe en Silésie. D'après Stern, Oskar avait eu l'intention de remettre ce stock aux prisonniers à la fin de la guerre pour qu'ils disposent d'une monnaie d'échange. Oskar le confirmera : « Je voulais que mes travailleurs juifs aient quelques moyens de subsister. » Certains d'entre eux qui étaient du métier ont évalué la valeur de ce stock à plus de cent cinquante mille dollars.

Ces experts, Juda Dresner par exemple, qui avait dirigé sa propre filature dans la rue Stradom, ou Itzhak Stern qui travaillait dans les textiles, étaient tout à fait à même de pouvoir évaluer la valeur du lot.

Pour leur départ, Oskar et Emilie avaient revêtu des tenues de prisonniers. Quand ils arrivèrent dans la cour de l'usine pour faire leurs adieux, tout le monde pensa que ces tenues ne tromperaient personne quand ils tomberaient entre les mains des troupes alliées. Mais personne ne se permit de rire. Après tout, cette tenue correspondait à ce qu'Oskar avait été au cours de ces dernières années : prisonnier, lui aussi. A Brinnlitz comme à Emalia.

Huit prisonniers dont un couple, Richard et Anka Rechen, s'étaient portés volontaires pour accompagner Oskar et Emilie. Le plus âgé d'entre eux, Edek Reubinski, un ingénieur, n'avait que vingt-sept ans. C'est lui qui, plus tard, racontera les péripéties du voyage.

Emilie et Oskar, conduits par un chauffeur, prendraient la Mercedes. Les autres suivraient dans un camion chargé de nourriture, d'alcool et de cigarettes pour le troc. Oskar était anxieux de démarrer. Une partie du danger russe représenté par les traînards de Vlasov s'était estompée. Mais l'autre aspect se précisait : « les autres » seraient là au plus tard demain. Assis à l'arrière de la Mercedes dans leurs tenues de prisonniers, les Schindler avaient l'air de deux bourgeois se rendant à un bal costumé. Oskar n'en continuait pas moins de donner quelques ultimes instructions à Stern, quelques derniers ordres à Bankier et à Salpeter. Mais on voyait qu'il avait hâte de quitter les lieux. Quand le chauffeur, Dolek Grünhaut, tira sur le démarreur, rien ne se produisit. Oskar alla vérifier ce qui se passait sous le capot. Ce n'était plus le même homme qui avait prononcé quelques heures auparavant une allocution seigneuriale.

– Que se passe-t-il ? Que se passe-t-il ? répétait-il nerveusement.

Grünhaut avait du mal à trouver la panne dans l'obscurité. D'autant que ce n'était pas du tout ce à quoi il avait pensé. Un des prisonniers, pris de panique à l'idée du départ d'Oskar, avait coupé les fils du contact.

Pfefferberg partit au trot vers l'atelier de soudure, et revint avec ses outils. Il eut du mal à faire la réparation. Ses mains ne répondaient pas. Il est vrai qu'Oskar, l'œil fixé sur le portail où l'on s'attendait à voir pénétrer les Russes d'un instant à l'autre, ne faisait rien pour décontracter l'atmosphère. Enfin, le moteur se mit à ronfler, et la Mercedes démarra, suivie du camion.

Il y avait trop de nervosité dans l'air pour qu'on s'attarde à faire des adieux en règle, mais une lettre, signée par Hilfstein, Stern et Salpeter, témoignant de la belle conduite d'Oskar et d'Emilie, leur fut remise.

Le convoi Schindler franchit les portes de l'usine et, arrivé près de la voie ferrée, tourna à gauche en direction de Havlickuv Brod, vers ce qu'Oskar espérait être un bout d'Europe où il serait plus en sécurité. Stern et les autres restèrent debout dans la cour de l'usine pendant un bon moment. Ils étaient désormais livrés à eux-mêmes. Ils allaient devoir en assumer les conséquences.

Une fois les SS partis, le seul rescapé de la machine à tuer encore à Brinnlitz se trouva être un kapo allemand qui était venu de Gröss-Rosen avec le groupe Schindler. L'homme avait eu une réputation de sadique à Gröss-Rosen, et il s'était fait également quelques ennemis à Brinnlitz. Un groupe de prisonniers alla le tirer de son lit pour le ramener dans un atelier où on le pendit à cette même poutre dont l'Untersturmführer Liepold voulait faire usage pour les juifs.

Quelques prisonniers tentèrent bien d'intervenir, mais les exécuteurs étaient dans un tel état de fureur qu'il devenait impossible de les arrêter.

De nombreuses gens de Brinnlitz se rappelleront avec un profond dégoût ce premier homicide du temps de paix. Ils avaient vu Amon pendre l'ingénieur Krautwirt sur l'Appellplatz de Plaszow, et cette pendaison, ici, les rendait presque aussi malades, pour différentes raisons. Car Amon était Amon, et on ne pouvait pas espérer changer l'homme. Mais ces exécuteurs-là étaient leurs frères.

On laissa le kapo suspendu au-dessus des machines silencieuses bien après qu'il eut cessé de gigoter. La vue du cadavre était censée mettre du baume au cœur des prisonniers. Au lieu de cela, on les sentait perplexes. Quelques hommes qui n'avaient pas participé à la pendaison finirent par couper la corde et incinérèrent le corps. Brinnlitz était vraiment un camp qui ne répondait à aucune norme : le seul cadavre précipité dans les chaudières destinées aux juifs fut celui d'un Aryen.

Les prisonniers passèrent la journée du lendemain à se partager les stocks de la marine. Il fallut couper les rouleaux de tissu pour que chacun ait son dû. Et chacun, d'après Moshe Bejski, eut droit à trois mètres de tissu, un jeu de sous-vêtements et quelques bobines de coton. Quelques prisonnières se mirent aussitôt à confectionner les vêtements civils qui leur permettraient de passer inaperçus sur le chemin du retour. D'autres gardèrent ce petit pécule en prévision des jours à venir : ils l'échangeraient contre de la nourriture.

On fit également une distribution des cigarettes Egipski qu'Oskar avait raflées à Brno, ainsi que d'une bouteille de vodka par personne provenant de l'entrepôt dont Salpeter avait la charge. La plupart des prisonniers allaient garder cette bouteille beaucoup trop précieuse pour être bue.

Une colonne blindée en provenance de Zwittau s'approcha de Brinnlitz le surlendemain de l'armistice. Lutek Feigenbaum qui montait la garde à l'entrée de l'usine était démangé par l'envie d'envoyer une rafale de mitraillette en direction du premier tank qui s'approchait. Il réussit à calmer ses nerfs à temps. La colonne semblait avoir passé son chemin, quand un tankiste à l'arrière du convoi, pensant à juste titre que le camp était désormais entre les mains des juifs maudits, lâcha deux obus en direction des ateliers. L'un explosa dans la cour de l'usine, l'autre sur le balcon du dortoir des femmes. Cette manifestation de rancœur était tellement inattendue que les commandos armés n'eurent même pas le temps de répondre. Et ça valait sans doute mieux.

Une fois le dernier tank disparu, les hommes entendirent des gémissements en provenance du dortoir. Une fille, blessée par des fragments d'obus, était en état de choc. Et celles qui l'entouraient se soulageaient de tous les malheurs accumulés au cours des dernières années en se laissant aller bruyamment à leur chagrin. La fille, heureusement, n'avait que des blessures superficielles.

Le chauffeur d'Oskar, suivi du camion, avait collé à un convoi de la Wehrmacht pendant les premières heures de la fuite. En pleine nuit et en pleine débandade, il ne risquait pas grand-chose à le faire. A l'arrière de la colonne, les ingénieurs allemands faisaient sauter les ouvrages d'art. Il y avait parfois quelques échanges d'armes à feu avec les partisans tchèques. Oskar et sa suite, à un moment distancés, se retrouvèrent en plein milieu des partisans. « Très bon Herr messieurs-dames », jargonnait Oskar en montrant son petit groupe, échappés camp de travail. SS partis. Herr Direktor, parti. Ça est automobile Herr Direktor. »

Les Tchèques leur demandèrent s'ils avaient des armes. Reubinski, sorti du camion pour discuter, avoua qu'ils étaient en possession d'un fusil.

– Très bien, dit l'un des partisans. Vous feriez mieux de nous le donner. Si les Russes vous prennent avec une arme, ils pourraient ne pas comprendre. De toute façon, vos uniformes de prisonniers vous protégeront suffisamment.

Ils firent comprendre à Oskar et à sa troupe qu'il serait idiot de continuer à circuler sur des routes aussi peu sûres. Ils les dirigèrent sur une antenne de la Croix-Rouge tchécoslovaque où ils pourraient au moins trouver un abri pour la nuit.

Mais quand ils arrivèrent en ville, les officiels de la Croix-Rouge leur proposèrent d'aller coucher dans la prison municipale, l'endroit sans doute le plus sûr de la ville dans ces moments incertains entre guerre et paix. Le petit groupe abandonna ses véhicules sur la place, bien en vue des bureaux de la Croix-Rouge, et, muni de quelques bagages, alla dormir dans les cellules grandes ouvertes de la prison.

Le lendemain matin, les véhicules n'avaient plus du tout le même aspect : tout avait été démonté. Le capitonnage de la Mercedes était parti avec les diamants, le camion n'avait plus de pneus, et il ne restait plus des moteurs que le bloc. Les Tchèques furent très philosophes : « Nous devons tous nous attendre à perdre quelque chose dans des époques pareilles. » Peut-être soupçonnaient-ils Oskar, avec ses cheveux clairs et ses yeux bleus, d'être un SS en fuite.

Privé désormais de moyen de transport automobile, le petit groupe toujours en tenue rayée monta dans un train partant vers le sud en direction de Kaplice. Reubinski précisa qu'ils voyagèrent « jusqu'à la lisière de la forêt » et que, une fois là, « ils partirent à pied ». Dans cette région boisée située au nord de Linz, ils ne manqueraient pas de se trouver bientôt nez à nez avec les Américains.

De fait, après quelques heures de marche, ils tombèrent sur deux G.I.'s gardant une petite route en mâchonnant du chewing-gum. Un membre du groupe qui parlait l'anglais leur adressa la parole.

– Nous avons des ordres, dit un des soldats. Nous ne devons laisser personne passer sur cette route.

– Et par la forêt, c'est défendu ?

Le soldat continuait à mâcher son chewing-gum en réfléchissant. Drôle de race de ruminants !

– Je suppose que non, finit-il par dire.

Ils marchèrent dans la forêt pendant encore une demi-heure, et se retrouvèrent à nouveau sur la route où ils rencontrèrent une compagnie d'infanterie remontant vers le nord en colonne par deux. Le membre du groupe qui faisait office d'interprète s'adressa aux hommes de tête, et bientôt le commandant de l'unité, un capitaine, arriva en jeep pour les interroger. Désormais, il était inutile de biaiser. Ils annoncèrent qu'ils étaient juifs et qu'ils avaient travaillé pour Oskar, Herr Direktor. Ils pensaient être en terrain ami car ils savaient par la B.B.C. que les armées américaines comprenaient un bon nombre de soldats d'origine allemande ou juive.

– Ne bougez pas, dit le capitaine.

Il partit sans fournir d'explications, les laissant un peu perplexes entre les mains de jeunes soldats qui leur offraient des cigarettes de Virginie. Ces cigarettes, comme tout le reste, d'ailleurs – les jeeps, les équipements, les uniformes –, leur semblaient provenir d'un monde où tout était plus grand, plus beau, plus riche.

Emilie et les autres se faisaient du souci pour Oskar. Allait-il être retenu prisonnier ? Lui, impavide, s'était assis dans l'herbe où il respirait avec délices les effluves printaniers que dégageaient les bois. Il avait sa lettre en hébreu et pensait que ça devait suffire. Au bout d'une demi-heure, un groupe de G.I.'s dont l'allure était rien moins que militaire apparut. C'étaient des soldats juifs accompagnés d'un rabbin. Ils embrassèrent tout le monde, y compris Oskar et Emilie.

– Vous êtes les premiers survivants des camps que nous rencontrons, leur dirent-ils.

Quand l'émotion fut un peu retombée, Oskar présenta sa lettre au rabbin qui, pleurant à moitié, la traduisit aux autres Américains. Il y eut des applaudissements, de nouvelles embrassades, d'autres poignées de main. Les G.I.'s avaient l'air si jeunes, si confiants, si enthousiastes, et tellement marqués par l'Amérique, alors que leurs pères ou leurs grands-pères étaient peut-être originaires de cette vieille Europe, que le petit groupe Schindler les contemplait avec stupéfaction.

Oskar, Emilie et les autres furent, pendant deux jours, les hôtes du général commandant le régiment et du rabbin. Tout le monde fut aux petits soins pour eux.

Le rabbin leur remit ensuite une ambulance fraîchement interceptée dans laquelle le groupe put se rendre dans la ville en ruine de Linz, au nord de l'Autriche.

Au deuxième jour de la paix, les Russes n'étaient toujours pas arrivés à Brinnlitz. Les prisonniers n'étaient pas particulièrement ravis de devoir rester sur place plus longtemps que prévu. Ils avaient accroché des pancartes « ACHTUNG TYPHUS » au périmètre du camp, espérant ainsi dissuader les SS de s'approcher.

Trois partisans tchèques arrivèrent dans le courant de l'après-midi et interpellèrent les prisonniers postés en sentinelle.

– Tout est fini maintenant, dirent-ils. Vous pouvez partir quand vous voulez.

– On partira quand les Russes arriveront, répondit un des hommes qui faisaient partie des commandos. Jusque-là, on garde tout le monde ici.

Sa réponse reflétait la mentalité du prisonnier qui, après une longue période de détention, craint de retrouver brusquement sa liberté et qui préférerait une réinsertion par paliers. Mais elle était aussi une preuve de sagesse. Personne n'était assuré que les dernières unités allemandes aient bien disparu de la région.

Les Tchèques haussèrent les épaules et disparurent.

Cette nuit-là, Poldek Pfefferberg, qui était de garde à l'entrée principale, entendit un bruit de moteur sur la route. Cinq motos arborant les têtes de mort des SS s'arrêtèrent devant le portail. Les SS – tous jeunes, se souvient Pfefferberg – coupèrent les moteurs, descendirent de leurs véhicules et firent mine d'entrer tandis que les commandos discutaient de savoir s'ils allaient immédiatement ouvrir le feu.

Le sous-officier en charge du groupe semblait comprendre les risques de la situation. Il se tenait un peu en retrait du portail, les bras tendus comme pour montrer qu'il n'avait pas d'armes. Il avait besoin d'essence, dit-il, et il supposait qu'il pouvait en trouver dans un ancien camp de travail.

Pfefferberg persuada ses compagnons qu'il serait préférable de leur fournir l'essence et de les laisser filer ensuite sans créer d'incident. Qui sait si d'autres groupes SS rôdant dans les environs ne s'aviseraient pas de venir en entendant la fusillade ?

Les prisonniers ouvrirent le portail et allèrent chercher des bidons. Le sous-officier avait adopté vis-à-vis du chef des commandos – qui avait enfilé une salopette bleue pour avoir l'air un peu moins d'un détenu et un peu plus d'un militaire – une attitude presque de complicité, comme s'il trouvait tout à fait normal que des prisonniers en armes défendent leur propre prison.

– Vous savez que nous avons le typhus ici, dit Pfefferberg, en indiquant les pancartes.

Les SS se regardèrent les uns les autres.

– Nous avons déjà perdu une vingtaine de gens, poursuivit Pfefferberg. Nous en avons à peu près cinquante autres en quarantaine dans une des caves.

Les SS étaient fatigués. Ils étaient en fuite. Ils n'allaient pas, en plus, s'attirer des dangers bactériens.

Quand arrivèrent les bidons d'essence, ils exprimèrent leurs remerciements, s'inclinèrent et sortirent. Ils remplirent leurs réservoirs, alignèrent soigneusement contre la grille les quelques bidons qui ne pouvaient pas tenir dans les side-cars, enfilèrent leurs gants et partirent sans faire pétarader les moteurs, soit par discrétion, soit par souci d'économiser l'essence. Cette rencontre somme toute bien polie avec des hommes portant l'uniforme des légions nauséabondes de Heinrich Himmler sera, pour les prisonniers, la dernière.

Le camp fut libéré au cours du troisième jour par un seul officier russe qu'on vit arriver à cheval sur la route menant au portail. Au fur et à mesure qu'il approchait, les hommes s'aperçurent que le cheval était un poney et que les étriers sur lesquels reposaient les jambes arquées de l'officier touchaient presque terre. L'homme avait dû passer par des moments pénibles pour arriver enfin à libérer Brinnlitz : son uniforme était rapiécé, la bretelle de cuir de son fusil, sans doute rongée par la sueur et les intempéries, avait été remplacée par une cordelette, comme les rênes du poney. Le teint clair et l'aspect physique du jeune officier cadraient parfaitement avec l'idée que se sont toujours faite les Polonais des Russes : à la fois terriblement différents d'eux, et terriblement familiers.

Après quelques échanges en charabia polono-russe, il pénétra dans la cour tandis que la rumeur de son arrivée circulait dans les étages. Dès qu'il fut descendu de cheval, Mme Krumholz se précipita pour l'embrasser. Il sourit et demanda une chaise.

Il se jucha dessus pour dominer le groupe qui grossissait rapidement et entreprit de faire en russe un petit discours approprié à l'événement dont Moshe Bejski comprit l'essentiel. Ils venaient d'être libérés par la glorieuse armée soviétique. Ils étaient libres de se rendre en ville et d'aller, en fait, où bon leur semblait. Dans le paradis soviétique, on ne faisait pas la différence entre juifs et gentils, entre hommes et femmes, entre libérateurs et libérés. Les prisonniers ne devraient pas exercer de représailles contre leurs anciens oppresseurs. Les Alliés se chargeraient de les punir dans les règles. Ce qui comptait, c'était d'avoir enfin recouvré la liberté.

Il descendit de son perchoir et sourit pour indiquer qu'après ce petit discours formel, il était prêt à répondre aux questions. Quand, au bout d'un moment, il annonça dans un yiddish hésitant qu'il était lui-même un juif, la conversation prit une tournure tout à fait amicale.

– Vous êtes allé en Pologne ? demanda Bejski.

– Oui, j'en arrive.

– Est-ce qu'il y a encore des juifs là-bas ?

– Je n'en ai vu aucun.

Les prisonniers, en cercle, traduisaient la conversation et la relayaient au profit des plus éloignés.

– D'où êtes-vous ? demanda l'officier à Bejski.

– De Cracovie.

– J'étais à Cracovie il y a quinze jours.

– Et Auschwitz ? Vous savez quelque chose ?

– J'ai entendu dire qu'il y avait encore quelques juifs à Auschwitz.

Les prisonniers étaient pensifs. Le Russe était en train de leur faire le portrait d'une Pologne complètement vide. Cracovie serait-elle devenue un désert ?

– Est-ce que je peux faire quelque chose pour vous ? demanda l'officier.

Ils avaient besoin de nourriture et le Russe leur dit qu'il pourrait sans doute leur procurer avant la nuit une charrette de pain et peut-être un peu de viande de cheval.

– Mais vous devriez aller voir ce qu'ils ont en ville, suggéra l'officier.

Pour la plupart d'entre eux, cette proposition de sortir du camp et d'aller faire des emplettes en ville paraissait encore tout à fait inimaginable.

Les plus jeunes d'entre eux, comme Pemper et Bejski, suivirent l'officier qui s'apprêtait à repartir. Ils voulaient en savoir plus. S'il n'y avait plus de juifs en Pologne, ils n'avaient plus nulle part où aller. Ils ne s'attendaient pas à ce que l'autre leur donne des instructions, mais au moins pourrait-il peut-être leur indiquer ce qu'il fallait faire ? Le Russe hochait la tête dubitativement en détachant les rênes de son poney.

– Je ne sais pas, finit-il par dire. Je ne sais vraiment pas où vous devriez aller. N'allez pas vers l'est, en tout cas. Ça, je peux vous le dire. Mais n'allez pas vers l'ouest non plus.

Il se remit, lentement, à détacher les rênes, avant d'ajouter :

– Ils ne nous aiment pas. Nulle part.

Les prisonniers finirent par se décider à aller voir ce qui se passait dans le monde extérieur. Les jeunes furent les premiers à oser. Le lendemain de la libération, Danka Schindel gravit la petite colline située de l'autre côté de l'usine. Les fleurs commençaient à sortir de terre et elle pouvait apercevoir dans le ciel les premiers vols d'oiseaux migrateurs venant d'Afrique. Danka s'allongea sur l'herbe pour mieux apprécier la douceur et les senteurs printanières. Elle resta là si longtemps que ses parents furent pris d'inquiétude en se demandant si elle n'était pas allée au village et n'avait pas eu maille à partir avec quelque Allemand ou quelque Russe.

Goldberg fut sans doute le premier à quitter définitivement le camp. Il voulait se rendre à Cracovie pour récupérer les petits trésors qu'il avait entassés là-bas avant d'émigrer dès qu'il le pourrait au Brésil.

Les Russes qui avaient pris leurs quartiers à Brinnlitz avaient réquisitionné une villa sur la colline pour loger leurs officiers. Ils avaient envoyé au camp une carcasse de cheval que les prisonniers dévorèrent gloutonnement sans imaginer une seconde que cette nourriture très riche allait peser durement sur leurs estomacs après le régime de pain, de légumes et de porridge d'Emilie.

Lutek Feigenbaum, Janek Dresner et le jeune Sternberg allèrent musarder dans la ville quadrillée par des patrouilles de partisans tchèques. Les habitants d'origine allemande ne semblaient guère rassurés à la vue de ces prisonniers nouvellement libérés. Un épicier leur remit un sac de sucre qu'il avait gardé précieusement dans ses réserves. Le jeune Sternberg ne résista pas à la tentation d'en avaler à pleines poignées avant d'aller le vomir. Combien de prisonniers des camps allaient connaître cette expérience avant de comprendre qu'il leur faudrait une longue marche d'approche vers la liberté et l'abondance.

Le but de leur expédition était en fait de trouver du pain. Feigenbaum, membre des commandos, était armé d'un revolver et d'un fusil. Quand le boulanger leur eut répété pour la énième fois qu'il était à court de pain, les compagnons de Feigenbaum lui dirent de sortir son arme. L'homme, après tout, était un Sudetendeutsch et, en tant que tel, coresponsable de leurs malheurs. Feigenbaum pointa son pistolet sur le boulanger et se rendit dans l'arrière-boutique. Il y trouva la femme et les filles du patron, paniquées, implorant leur grâce, comme l'aurait fait n'importe quelle famille juive de Cracovie au cours d'une *Aktion*. Il se sentit envahi par la honte et salua les femmes avant de s'en aller rapidement.

Mila Pfefferberg connut une expérience similaire lors de sa première visite au village. Alors qu'elle arrivait sur la place, un partisan tchèque arrêta deux filles sudètes et les obligea à retirer leurs chaussures afin que Mila qui n'avait que de misérables galoches puisse en choisir une paire. Le partisan assista à l'échange et partit. Après quelques minutes de perplexité, Mila courut rattraper la fille pour lui rendre ses chaussures. « Elle ne m'a même pas dit merci », racontera Mila plus tard.

Les Russes avaient pris l'habitude de venir rôder dans le camp pendant la soirée. Ils cherchaient des femmes et Pfefferberg dut menacer de son pistolet un soldat qui s'était saisi de Mme Krumholz. (Celle-ci, dans les années à venir, ne manquerait pas de taquiner Pfefferberg : « Comment, j'avais la chance de ma vie, et ce polisson a cru bon de venir me couper l'herbe sous le pied ! ») Trois filles, plus ou moins volontaires, se rendirent à une soirée soldatesque et revinrent au bout de quelques jours en prétendant qu'elles s'étaient bien amusées.

L'atmosphère de Brinnlitz était en train de pourrir et les prisonniers commencèrent à déserter le camp. Certains d'entre eux qui avaient appris que leurs familles avaient été entièrement liquidées décidèrent de passer directement à l'Ouest. Ils ne voulaient plus jamais revoir la Pologne. Les deux Bejski réussirent à rejoindre l'Italie et à s'embarquer sur un paquebot sioniste en direction de la Palestine grâce à la vodka et aux coupons de tissu qu'ils parvinrent à échanger. Les Dresner regagnèrent l'Allemagne à pied à travers la Moravie et la Bohême. Janek fut parmi les dix premiers étudiants acceptés à l'université d'Erlangen de Bavière qui allait ouvrir ses portes à la rentrée scolaire.

Manci Rosner retourna à Podgorze à l'endroit où elle et Henry s'étaient donné rendez-vous à toutes fins utiles... Henry qui avait survécu à Dachau avec Olek se retrouva un jour dans une vespasienne de Munich en même temps qu'un autre homme qui portait la tenue rayée.

– Où avez-vous été emprisonné ? demanda-t-il.

– A Brinnlitz.

L'homme ajouta que tout le monde avait survécu là-bas à l'exception d'une vieille femme. Manci, elle, apprit que Henry était en vie par un cousin qui vint lui rendre visite en agitant un journal qui publiait la liste des Polonais rescapés de Dachau.

– Manci, embrasse-moi ! Henry et Olek sont vivants.

Regina Horowitz connut le même type de rendez-vous. Il lui avait fallu trois semaines pour faire avec sa fille Niusia le voyage de Brinnlitz à Cracovie. Elle parvint à louer une chambre en échange du tissu distribué à Brinnlitz et attendit le retour de Dolek qui ne tarda pas à arriver. Mais Richard manquait. Au cours de l'été, Regina vit un film sur Auschwitz tourné par les Russes et projeté gratuitement dans toutes les salles de Pologne. On voyait le camp des enfants, on voyait les enfants accrochés aux barbelés en attendant leur départ, on les voyait en rangs, sous la houlette des nonnes, qui les accompagnaient sur le chemin de la liberté. Richard était là, sur l'écran, partout. Regina quitta la salle en hurlant : « C'est mon fils, c'est mon fils ! » Elle savait désormais que Richard était vivant, qu'il avait été libéré par les Russes et qu'il avait sans doute été remis entre les mains d'une organisation de secours juive. De fait, le garçon avait été adopté par les Liebling qui pensaient que les Horowitz, de vieilles connaissances, étaient morts. Regina se procura l'adresse et arriva chez les Liebling à un moment où Richard chantait en battant la mesure sur une casserole : « Aujourd'hui, y'a d'la soupe, pour tout le monde. »

On imagine les retrouvailles. Mais Richard, après avoir vécu les pendaisons de Plaszow et d'Auschwitz, ne put jamais se rendre dans un parc d'attractions sans devenir hystérique à la vue des balançoires.

A Linz, le petit groupe d'Oskar se mit sous la protection des autorités américaines d'occupation qui expédièrent tout le monde vers un centre de tri pour déportés situé au nord de Nuremberg. Ils s'apercevaient à leurs dépens que la libération n'était pas chose facile.

Quand les Américains demandèrent au groupe s'il avait un point de chute, Richard Rechen mentionna une tante de Constance, sur le lac, de ce côté-ci de la frontière suisse, qui pourrait les héberger. Les huit anciens prisonniers avaient l'idée de faire passer les Schindler en Suisse pour leur éviter les désagréments qui ne manqueraient pas de survenir si tous les Allemands étaient mis au ban de la société. De plus, ils étaient tous candidats à l'émigration et pensaient qu'il serait plus facile de négocier leur départ à partir de la Suisse.

Reubinski a raconté que les relations avec le commandant américain du camp de Nuremberg avaient été cordiales. Mais il ne put, faute de matériel, leur fournir un camion pour se rendre à Constance. Ils traversèrent une partie de la Forêt-Noire, tantôt à pied, tantôt en train. Près de Ravensbrück, ils allèrent trouver le commandant américain en charge d'un camp de prisonniers à qui ils racontèrent leur odyssée depuis Plaszow jusqu'à Brinnlitz. Le commandant, qui avait une ascendance juive, sympathisa avec eux et les hébergea pendant quelques jours. Faute de pouvoir leur fournir un camion, il finit par dégoter un autocar qu'il chargea de provisions pour le voyage. Oskar avait encore sur lui des diamants d'une valeur estimée à plus de mille Reichsmark, mais il n'avait pas eu à s'en servir. Après tous ses marchandages avec les bureaucrates allemands, Herr Direktor n'arrivait pas à se faire à l'idée qu'on puisse obtenir quelque chose sans payer.

Ils garèrent l'autocar dans le village de Kreuzlingen, sur le bord du lac de Constance, dans la zone occupée par les forces françaises. Rechen se rendit dans une quincaillerie pour se procurer une paire de pinces. Il était encore en tenue de prisonnier, ce qui amena le propriétaire du magasin à s'interroger sur ce qu'il devait faire. Soit ce client était un prisonnier et, si on ne le servait pas, il irait se plaindre aux Français. Soit c'était un officier allemand déguisé en prisonnier, et, dans ce cas, il fallait qu'on l'aide. Rechen eut ses pinces.

La frontière entre l'Allemagne et la Suisse, délimitée par une barrière de barbelés, coupait Kreuzlingen en deux. Des sentinelles françaises de la Sécurité militaire montaient la garde. Le groupe s'approcha de la barrière à une extrémité et attendit un moment favorable pour couper les barbelés et passer en Suisse. Mais une villageoise qui s'était aperçue du manège se précipita pour alerter les gardes des deux côtés de la frontière. La police suisse les arrêta et les remit aux autorités françaises qui, après une fouille en règle, plaça les fugitifs dans des cellules séparées.

Les Français les prenaient sans aucun doute pour d'anciens gardiens de camp de concentration. Il est vrai qu'après leur hébergement chez les Américains, ils avaient pris suffisamment de poids pour autoriser le doute. On les interrogea séparément sur leur passé, sur les bijoux qu'ils transportaient. Chacun pouvait bien raconter son histoire sans essayer d'en rajouter, mais personne ne savait ce que les autres allaient dire. Ils craignaient que les Français n'arrêtent Oskar simplement parce qu'il était allemand, et chacun cherchait à le protéger en ne révélant pas la véritable identité de Herr Direktor.

Cela dura une semaine. Les Schindler s'étaient désormais suffisamment familiarisés avec la culture juive pour passer tous les tests. Mais l'allure d'Oskar et sa bonne santé témoignaient contre lui. Et la lettre en hébreu témoignant de la reconnaissance des juifs était restée à Linz dans les archives américaines.

Edek Reubinski, qui avait assumé les fonctions de chef du groupe des huit, dut subir des interrogatoires quotidiens. Au septième jour de son incarcération, il fut confronté avec un homme en civil qui parlait parfaitement le polonais et qui l'interrogea sur Cracovie, sur les lieux, sur les dates. Avoir retrouvé un compatriote eut raison des dernières réticences de Reubinski. Il se mit à pleurer et à tout raconter. Les autres furent alors appelés, un par un, pour donner leur version des faits, y compris les Schindler. Tout concordait. Les interrogateurs rassemblèrent alors le petit groupe. Le Français était en larmes. Un interrogateur en larmes, les ex-prisonniers n'en avaient jamais vu. Ils se sentaient transportés par un courant venu d'ailleurs. On les convia à un excellent déjeuner, et on les transféra dans un hôtel de Constance où ils purent apprécier pendant quelques jours une certaine qualité de la liberté aux frais du gouvernement de la France.

Quand Oskar se retrouva ce soir-là autour d'une table du restaurant de l'hôtel avec Emilie, Reubinski, les Rechen et les autres, tous ses biens avaient disparu. Les Soviets avaient confisqué son usine. Les Tchèques s'étaient emparés de ses bijoux. Il n'avait plus un sou vaillant. Ça ne semblait pas lui couper l'appétit. Il était là, assis devant une table bien garnie, avec quelques membres de ce qui serait désormais sa seule et unique famille.

ÉPILOGUE

Le printemps d'Oskar venait de prendre fin. Pour un homme tel que lui, les temps de paix ne seraient jamais aussi exaltants que les temps de guerre. Oskar et Emilie retournèrent à Munich où, pendant un moment, ils partagèrent un appartement avec les Rosner, désormais engagés par un restaurateur munichois et qui s'en tiraient assez bien financièrement. Un des anciens prisonniers d'Oskar fut atterré à la vue de son manteau rapiécé. Ses propriétés de Cracovie et de Moravie avaient été confisquées par les Russes, et le peu qui lui était resté de bijoux servait à acheter nourriture et liqueurs.

Quand les Feigenbaum arrivèrent à leur tour à Munich, ils y rencontrèrent sa dernière maîtresse en date, une jeune juive survivante des camps de la mort. La plupart des visiteurs, si indulgents qu'ils fussent pour les faiblesses d'Oskar, se sentaient malgré tout gênés vis-à-vis d'Emilie.

Mais Oskar n'avait pas changé. Il était toujours l'ami généreux, le dénicheur de denrées indénichables. Henry Rosner se rappelle qu'il avait réussi à remonter une filière pour se procurer des poulets à une époque où il n'y en avait plus un seul à Munich. Il n'avait plus guère, dans son petit cercle d'amis, que ceux de ses anciens travailleurs juifs désormais établis en Allemagne – les Rosner, les Pfefferberg, les Dresner, les Feigenbaum, les Sternberg. Quelques personnes malintentionnées diront qu'il était sage, à l'époque, pour quiconque ayant eu quelque responsabilité au sein du système concentrationnaire, d'avoir des amis juifs comme écran protecteur. En fait Oskar ne se souciait absolument pas de cet aspect des choses. Les Schindlerjuden étaient devenus véritablement sa famille.

Ils apprirent qu'Amon Goeth avait été capturé par les soldats de Patton alors qu'il était hospitalisé dans le sanatorium SS de Vad Tolz. Après un moment de détention à Dachau, il fut livré à la Pologne, prenant place parmi les tout premiers Allemands remis par les Alliés entre les mains des autorités polonaises pour passer en jugement. Un certain nombre d'anciens prisonniers furent appelés à témoigner au procès. Amon, toujours en plein délire, envisageait de faire venir Helena Hirsch et Oskar Schindler comme témoins de la défense. Oskar n'alla pas à Cracovie, mais ceux qui s'y rendirent retrouvèrent un Amon amaigri par son diabète, sans morgue, mais sans complexes. Tous les ordres de déportation et d'exécution avaient été donnés par ses supérieurs hiérarchiques, prétendait-il. C'étaient donc *leurs* crimes et pas les siens. Les témoins qui relataient les assassinats perpétrés par le commandant faisaient preuve, selon lui, de malice et d'exagération. Certes, quelques prisonniers avaient été exécutés pour actes de sabotage, mais le sabotage est inhérent à la guerre...

Mietek Pemper était assis au banc des témoins avec un autre rescapé de Plaszow qui ne put s'empêcher de dire en regardant Amon : « Cet homme me terrifie encore. » Pemper, le premier témoin appelé à la barre, dressa un tableau complet des crimes d'Amon. Le Dr Biberstein, Helena Hirsch, d'autres encore, racontèrent ce qu'ils avaient enduré. Amon fut condamné à mort et pendu à Cracovie le 13 septembre 1946, très exactement deux ans après son arrestation par les SS pour trafics en tout genre. Les journaux de Varsovie ont relaté son exécution : il monta à la potence la tête haute et fit le salut nazi avant de mourir.

A Munich, Oskar, appelé pour témoigner, identifia Liepold dans une file de prisonniers détenus par les Américains. Un ancien de Brinnlitz qui était aux côtés d'Oskar l'entendit dire à Liepold qui paraissait protester : « Vous voulez que *je* m'en charge ou vous préférez que je vous laisse entre les mains des cinquante juifs qui vous attendent en bas ? » Liepold fut également pendu, non pas pour les crimes commis à Brinnlitz, mais pour ses assassinats de Budzyn.

Oskar envisageait de s'exiler en Argentine. Il serait fermier comme tant d'autres Allemands qui cherchaient à se refaire là-bas une santé, mais pour d'autres raisons. L'instinct commerçant qui l'avait amené à Cracovie en 1939 le poussait désormais vers les rivages d'outre-Atlantique. Il était sans le sou. La Commission d'entraide, une organisation de secours international juive qui avait contacté Oskar pendant la guerre et qui connaissait son dossier, décida de lui venir en aide. En 1949, elle lui fit don de quinze mille dollars et lui délivra une attestation signée de M. W. Beckelman, vice-président de la Commission d'entraide. En voici le texte :

La Commission d'entraide américaine a vérifié scrupuleusement les activités de M. Schindler pendant la période de la guerre et la période de l'Occupation. Nous disons à toutes les organisations et à tous les individus susceptibles d'entrer en contact avec M. Schindler de faire tout ce qui leur sera possible pour lui venir en aide en reconnaissance des services passés...

Sous prétexte d'utiliser la main-d'œuvre juive dans un camp de travail nazi, d'abord en Pologne, ensuite dans les Sudètes, M. Schindler fut en mesure de protéger des juifs programmés pour la mort à Auschwitz et dans d'autres camps de concentration. « Le camp de Schindler à Brinnlitz, nous ont dit des témoins, fut le seul camp de tous les territoires occupés par les nazis où aucun juif ne fut mis à mort, ni même battu, et où tous les travailleurs juifs furent traités comme des êtres humains. »

Aujourd'hui qu'une nouvelle vie s'ouvre devant M. Schindler, aidons-le comme il nous a aidés.

Oskar partit pour l'Argentine avec une demi-douzaine de familles de Schindlerjuden à qui il paya le passage. Il s'établit avec Emilie dans une ferme des environs de Buenos Aires où il demeura une dizaine d'années. Les survivants de Brinnlitz imaginent mal Herr Direktor métamorphosé en fermier. Il n'était pas homme à rester en place. Certains diront qu'Oskar avait réussi à Emalia et à Brinnlitz parce qu'il était entouré d'hommes comme Stern et Bankier qui savaient mettre un frein à ses extravagances. Oskar, en Argentine, n'avait pour tout frein que cette femme pleine de bon sens et de dévouement : Emilie, sa femme.

La période agricole d'Oskar ne fut pas un succès. L'homme était fait pour la chasse, pas pour l'élevage. Il fit faillite en 1957 comme de nombreuses entreprises agricoles de la région. Emilie et Oskar se retirèrent dans une maison de San Vincente, un faubourg de Buenos Aires, que leur avait procurée le B'nai B'rith, une organisation juive. Oskar essaya de trouver un travail comme représentant de commerce. Mais il abandonna au bout d'un an et retourna en Allemagne. Sans Emilie.

Il vécut quelque temps à Francfort dans un petit

appartement et tenta de réunir les fonds nécessaires pour acheter une fabrique de ciment. Il avait déposé auprès du ministère des Finances une demande en compensation pour la perte de ses propriétés industrielles en Pologne et en Tchécoslovaquie. Sans succès. Plusieurs personnes ont affirmé que certains fonctionnaires nazis encore en poste ne mettaient aucun zèle à faire avancer ses dossiers. En fait, si la demande d'Oskar ne fut pas prise en compte, ce fut sans doute pour des raisons techniques, car on n'arrive pas à déceler une quelconque mauvaise foi bureaucratique dans la correspondance émanant des divers services administratifs.

La fabrique de ciment Schindler vit finalement le jour grâce à un don de la Commission d'entraide et à différents « prêts » d'anciens de Brinnlitz qui avaient bien réussi en Allemagne. Mais en 1961, l'affaire fut mise en liquidation : une longue série d'hivers rigoureux avaient ralenti considérablement l'industrie du bâtiment. Et surtout – certains survivants de l'époque en témoigneront –, Oskar était désormais incapable de s'adapter à tout travail de longue haleine. Cette faillite-là lui était en partie imputable.

Ayant appris ses ennuis, les Schindlerjuden d'Israël l'invitèrent à leurs frais. Un encart publicitaire parut dans un journal israélien en langue polonaise : tous les anciens de Brinnlitz qui avaient connu « Oskar Schindler, l'Allemand », étaient priés de contacter le journal. Oskar fut reçu triomphalement. Il avait un peu perdu de sa sveltesse ; ses traits s'étaient empâtés. Mais tous ceux qui l'avaient connu retrouvèrent à l'occasion des diverses réceptions le même Oskar indomptable. Deux faillites n'avaient en rien altéré son humour, son sens de la repartie, son charme contagieux et son penchant pour la bouteille.

La visite d'Oskar en Israël passa d'autant moins inaperçue qu'il était arrivé à l'époque où s'ouvrait le procès d'Adolf Eichmann. Le correspondant du journal britannique *Daily Mail* écrivit un éditorial mettant en parallèle l'action des deux hommes, et citant le préambule d'un appel lancé par les Schindlerjuden pour venir en aide à Oskar : « Nous n'oublions pas les malheurs d'Egypte, nous n'oublions pas Haman, nous n'oublions pas Hitler. Mais si nous n'oublions pas les méchants, nous nous rappelons les justes. Rappelons-nous Oskar Schindler. »

Certains survivants de l'holocauste avaient cependant du mal à croire qu'Oskar ait pu diriger un camp de travail où les brutalités n'existaient pas. Pour eux, c'était tout simplement inconcevable dans l'Allemagne en guerre.

– Comment expliquez-vous que vous connaissiez tous les officiers SS de la région de Cracovie et que vous ayez eu des contacts réguliers avec eux ? demanda un journaliste au cours d'une conférence de presse.

– A ce moment-là de l'histoire, répondit Oskar, il était plutôt difficile de discuter du sort des juifs avec le grand rabbin de Jérusalem.

Le bureau des témoignages de Yad Vashem avait demandé à Oskar, lorsqu'il était en Argentine, de lui fournir un récit de ses activités à Cracovie et à Brinnlitz. Maintenant le conseil d'administration de Yad Vashem, sur les instances d'Itzhak Stern, de Jakob Sternberg et de Moshe Bejski (l'ancien faussaire d'Oskar devenu un éminent légiste), envisageait de rendre un hommage officiel à Oskar. Le président du conseil d'administration était le juge Landau, membre de la Cour suprême de justice. C'est lui qui avait présidé au procès d'Eichmann. Yad Vashem avait sollicité et avait reçu une masse de témoignages sur la conduite d'Oskar. Quatre de ces témoignages étaient critiques : ils reprochaient à Oskar ses méthodes un peu musclées en affaires pendant les premiers mois de la guerre. Mais les témoins reconnaissaient qu'ils lui devaient la vie. Deux des témoignages avaient été envoyés par les C..., père et fils, dont nous avons déjà parlé. Oskar, selon eux, aurait installé sa maîtresse, Ingrid, comme gérante de leur commerce d'ustensiles de cuisine à Cracovie. Un troisième témoignage, signé de la secrétaire des C..., reprend les allégations de brutalités colportées par ces mêmes gens à l'époque – 1940 – où Stern en avait averti Oskar. Le quatrième témoignage provenait d'un homme qui aurait été possesseur de parts de l'usine Rekord de Cracovie à l'époque où Oskar l'avait rachetée.

Le juge Landau et son conseil durent trouver ces témoignages de peu d'intérêt par rapport à la masse de louanges qui s'accumulait dans leurs dossiers. Ils les écartèrent. De toute façon, ces quatre-là affirmaient devoir la vie à Oskar. Les juges se sont sans doute demandé pourquoi Oskar s'était donné tant de mal pour sauver des gens dont il aurait voulu se débarrasser.

La municipalité de Tel-Aviv fut la première à rendre un hommage officiel à Oskar. Le jour de son cinquante-troisième anniversaire, il inaugura, dans le parc des Héros, une plaque en témoignage d'amitié et de reconnaissance attestant qu'il fut le sauveur des mille deux cents prisonniers de Brinnlitz. Dix jours plus tard, à Jérusalem, on lui décerna le titre de « Juste », une très haute distinction remontant aux temps anciens, fondée sur l'assurance que, parmi la masse des gentils, le Dieu d'Israël marquerait toujours certains du sceau de Sa justice. Oskar fut invité à planter un caroubier dans l'avenue des Justes menant au mémorial de Yad Vashem. L'arbre est toujours là, avec sa plaque commémorative, dans le bosquet des « Justes ». Deux autres caroubiers portent une plaque en l'honneur de Julius Madritsch – qui avait réussi à protéger et à nourrir ses travailleurs d'une façon peu conforme avec les règles en vigueur chez les Krupp et les Farben – et de Raimund Titsch, le directeur de l'usine Madritsch à Plaszow. Sur cette petite crête rocailleuse, les arbres les plus grands ne dépassent pas trois mètres.

La presse allemande publia des articles sur la conduite d'Oskar pendant la guerre et sur les cérémonies de Yad Vashem. Ces articles louangeurs ne lui facilitèrent pas la vie. On le siffla dans les rues de Francfort, on lui jeta des pierres. Un groupe de travailleurs le conspua en disant tout fort qu'on aurait dû le brûler avec les juifs. En 1963, il frappa un ouvrier qui l'avait traité de « salope juive ». L'homme lui fit un procès en dommages et intérêts et le gagna, après que le juge eut sermonné Oskar.

Je me tuerais, écrit-il à l'époque à Henry Rosner qui résidait alors à New York, *si je ne savais pas que cela leur ferait tant plaisir.*

Ces humiliations accrurent sa dépendance. Les survivants de Brinnlitz étaient devenus ses seuls soutiens moraux et financiers. Il irait désormais passer chaque année quelques mois chez eux, toujours le bienvenu tant à Jérusalem qu'à Tel-Aviv, ayant table ouverte dans un restaurant roumain de la rue Ben-Yehudah de Tel-Aviv, encore que brimé parfois par Moshe Bejski qui, plein de sentiments filiaux à son égard, tentait de limiter les libations d'Oskar à trois doubles doses de cognac par soirée. Mais il retournerait toujours dans le pays qui lui avait permis d'exprimer sa mesure et où ne lui restait plus, à Francfort, qu'un petit appartement proche de la gare où ses angoisses lui remontaient au ventre. Poldek Pfefferberg envoya cette année-là une missive à tous les Schindlerjuden établis aux Etats-Unis d'Amérique. Il leur demandait de verser au moins un jour de leur salaire annuel à Oskar Schindler qui n'était plus qu'un homme « seul et découragé ».

Oskar passait désormais la moitié de l'année à se refaire une santé morale en Israël et l'autre moitié à se la détruire à Francfort. Il était continuellement à court d'argent.

Un comité dont Itzhak Stern, Jakob Sternberg et Moshe Bejski étaient les animateurs continua à harceler, de Tel-Aviv, le gouvernement ouest-allemand pour qu'Oskar obtienne une pension adéquate. Leurs démarches faisaient état de l'héroïsme d'Oskar pendant la guerre, de ses propriétés confisquées, de son état de santé, désormais fragile. La première réaction officielle du gouvernement allemand se limita à accorder à Oskar en 1966 la croix du Mérite au cours d'une cérémonie présidée par Konrad Adenauer. Il fallut attendre le 1er juillet 1968 pour que le ministère des Finances annonce qu'à partir de cette date Oskar recevrait une pension de deux cents marks par mois. Trois mois plus tard, l'évêque de Limburg remettait au nouveau pensionné la croix de Saint-Sylvestre, une distinction papale.

Oskar était toujours volontaire pour apporter ses témoignages sur les criminels de guerre au ministère de la Justice. En 1967, il fit parvenir un certain nombre d'informations confidentielles sur le personnel administratif de Plaszow. La transcription de ses témoignages indique qu'Oskar fut un témoin sans faiblesse, mais scrupuleux. S'il n'était pas certain des faits, il le disait sans ambages. Il blanchit ainsi quelques SS notoires dont Amthor, Zugsburger et la Fräulein Ohnesorge, pourtant réputée pour ses accès de colère. Il dit avoir reconnu Bosch en 1946 dans une gare de Munich et lui avoir demandé si, après Plaszow, il arrivait encore à dormir. Bosch, selon Oskar, voyageait à l'époque avec un passeport de la zone soviétique. Un contremaître de Plaszow, Mohwinkel, qui travaillait pour l'Inspection des armements, fut qualifié de « brute intelligente » dans un des rapports d'Oskar. Sur Grün, le garde du corps d'Amon, Oskar relate l'affaire Lamus, condamné à mort par Goeth et sauvé grâce au don d'une bouteille de vodka (les témoignages d'anciens prisonniers qui figurent dans les archives de Yad Vashem corroborent cette histoire). Quant au sous-officier Ritschek, il avait, dira Oskar, une très mauvaise réputation, « mais je n'ai jamais été témoin d'un de ses crimes ». Il n'y eut guère qu'une seule personne sur la liste du ministère de la Justice pour qui Oskar ait témoigné sa reconnaissance et son admiration : c'était l'ingénieur Huth qui l'avait secouru lors de sa dernière arrestation et que les prisonniers eux-mêmes tenaient en haute estime.

A l'approche de la soixantaine, Oskar commença à travailler pour les Amis allemands de l'Université hébraïque. Il avait obtenu ce poste par l'intermédiaire des Schindlerjuden qui tenaient absolument à lui redonner un but dans la vie. Il entreprit de solliciter des fonds auprès de généreux donateurs ouest-allemands. Son charme et son baratin légendaires furent mis à nouveau à contribution. Il réussit à mettre sur pied un programme d'échanges entre jeunes Israéliens et jeunes Allemands.

Bien que sa santé fût désormais chancelante, il continuait à vivre et à boire comme un jeune homme. Il était tombé amoureux d'une Allemande, Annemarie, rencontrée à l'hôtel King David de Jérusalem. Elle serait la bonne fée de ses dernières années.

Emilie, sa femme, vivait toujours à San Vincente, près de Buenos Aires, sans aide financière. Au moment où j'écris ce livre, elle est encore là-bas. Dans un document présenté par la télévision allemande en

1973, elle parle d'Oskar, de Brinnlitz, sans rancœur aucune. Elle avoue qu'Oskar n'avait pas été un personnage exceptionnel avant la guerre, qu'il ne le serait pas non plus après la guerre. Il avait eu en quelque sorte une grande chance d'avoir rencontré au cours de cette période terrible – entre 1939 et 1945 – des gens qui l'avaient obligé à se dépasser lui-même.

En 1972, lors d'une visite d'Oskar au bureau directeur des Amis américains de l'Université hébraïque à New York, trois Schindlerjuden, partenaires dans une grosse entreprise de bâtiment, organisèrent auprès de soixante-quinze autres anciens prisonniers de Brinnlitz une collecte de cent vingt mille dollars pour dédier à Oskar un étage du centre de recherche Truman de l'Université hébraïque. Une salle de lecture abriterait un *Livre de la vie* retraçant la conduite d'Oskar et citant les noms de toutes les personnes qu'il avait secourues. Deux des protagonistes, Murray Pantirer et Isak Levenstein, avaient seize ans quand Oskar les avait amenés à Brinnlitz. Aujourd'hui, les enfants d'Oskar étaient devenus ses parents, son recours, et les garants de son honneur.

Il était très malade. Les anciens médecins de Brinnlitz comme Alexander Biberstein le savaient. L'un d'entre eux avertit ses amis proches :

« Il ne devrait plus être en vie. Son cœur bat encore par pure opiniâtreté. »

Il eut une crise cardiaque dans son petit appartement de Francfort et mourut à l'hôpital le 9 octobre 1974. Le certificat de décès attribue la mort à un durcissement des artères cérébrales et des vaisseaux sanguins. Son testament faisait part d'une volonté déjà souvent exprimée auprès des Schindlerjuden : il voulait être enterré à Jérusalem. Deux semaines plus tard, un prêtre franciscain de la paroisse de Jérusalem donna son accord pour que Herr Oskar Schindler, un des membres de l'Eglise catholique parmi les moins assidus, soit enterré dans le cimetière latin de Jérusalem.

Il fallut un autre mois pour que le corps d'Oskar, reposant dans un cercueil plombé, traverse en grande pompe les petites rues allant de la vieille ville de Jérusalem au cimetière orthodoxe qui fait face à la vallée de Hinnom, appelée Gehenna dans le Nouveau Testament. Les photos de presse prises à l'occasion montrent, au milieu d'un cortège imposant où les juifs de Schindler étaient en très grand nombre, Itzhak Stern, Moshe Bejski, Helena Hirsch, Jakob Sternberg, Juda Dresner.

On le pleura sur cinq continents.

Grades SS et leur équivalent dans l'armée

Oberstgruppenführer	Général
Obergruppenführer	Lieutenant général
Gruppenführer	Major général
Brigadführer	Brigadier général
Oberführer	*Pas d'équivalent*
Standartenführer	Colonel
Obersturmbannführer	Lieutenant-colonel
Sturmbannführer	Commandant
Haupsturmführer	Capitaine
Obersturmführer	Lieutenant
Untersturmführer	Sous-lieutenant
Oberscharführer	*Pas d'équivalent*
Unterscharführer	Sergent
Rottenführer	Caporal

2316

Achevé d'imprimer en Europe (France)
par Maury-Eurolivres – 45300 Manchecourt
le 2 juin 2000.
Dépôt légal juin 2000. ISBN 2-290-30775-0
1er dépôt légal dans la collection : janvier 1988

Éditions J'ai lu
84, rue de Grenelle, 75007 Paris
Diffusion France et étranger : Flammarion